## 本书编委会

**主　编**

王　政

**副主编**

徐丽佳　朱勇刚　章晨婕

**编　委**

章建勇　杨飞翔　黄　琛　董仕璋
林继凯　樊茂娜　李若男　孟丽娟
郑航霄　罗璧君　程晓博　喻亚婷
迟少华　林佳仪　黎佳颖　张　臣

**编　辑**

郑佳妮　明瑞玲　晏　晶　王廷廷
朱春安　莫运媚　李　霞　于　蓓
武　晟　李柯娴　亢　如　徐　辉

**编写单位**

上海政博律师事务所
SHANGHAI ZHENGBO LAW OFFICE

# 医疗纠纷实务精要

## 疑难问题与案例解析

王 政／主编

中国法制出版社
CHINA LEGAL PUBLISHING HOUSE

# 序一

我和本书主编王政律师相识于民盟医疗论坛，当时他正参与主持民盟市委组织的关于医疗意外险的医疗高峰论坛会议，其对于防范化解医疗纠纷新颖而独到的见解引起了我的兴趣。从那以后，我一直在关注其成长。王政律师在其律师职业生涯中处理了大量不同类型的医疗纠纷案件，既代理过患方，也代理过医方，在医疗法律领域拥有深厚的理论功底和丰富的实践经验。在面对医疗法律领域的问题时，我也乐于与其进行交流研究。最为难能可贵的是，对于医疗纠纷的防范化解，王政律师和我秉持共同的理念与价值追求。

平心而论，绝大多数的医务工作者都具有崇高医德，正所谓医本仁术，德乃医本，仁心仁术，医者之本。但医疗纠纷之所以成为困扰病患和医生的难题，一方面是医疗工作者大都只专注于提升医术，其医疗法律知识相对薄弱；另一方面是医疗工作的特殊性决定了其高风险性，医生在诊疗过程中有很多无法规避的偶然性因素，即使是再细致的医务工作者，其职业生涯也有可能会遭遇医疗纠纷困扰。再者，当今的社会环境也对医疗提出了越来越高的要求，大众对医疗科学的了解还存在不足。

本书是王政律师的新书，我认为其最大的价值是在深刻理解医疗纠纷的基础上提出了切实可行的解决方案。通过近百个真实医疗纠纷案例，警醒读者关注医疗过程中可能存在的法律风险；通过医疗纠纷预防制度的设想，为缓和因医疗纠纷给医患双方造成的压力提供参考。王政律师新书中的很多观点，将为医疗纠纷的成功化解提供新的可能。

医疗纠纷的成因有其复杂渊源，为解决这个顽疾，需要医学、法学和社会心理学等更多学科之间相互配合，也需要从大力引入商业医疗保险等社会治理层面共同给出解决方案。王政律师作为老上海医科大学（现为复旦大学上海医学院）的学子，其职业生涯完成了从医生到医疗律师的蜕变，其本人以及本书更是起到了跨学科之间融汇交流的桥梁作用。本书是一个起点，我乐于见到今后有更多跨学科复合型人才以及著作，共同为中国医疗事业的发展进步提出切实可行的方案。

复旦大学上海医学院副院长　朱同玉

# 序二

我与本书的作者王政律师相识于2015年，在与其交往的过程中，我知晓了王政律师所擅长的领域是医疗纠纷法律事务。机缘巧合的是，我周围的同事和朋友当时正遭受医疗损害纠纷的困扰，需要通过诉讼维护自身权利。在王政律师多次成功地完成医疗纠纷的诉讼代理之后，我逐渐发现，王政律师通过多年业务积累，在医疗纠纷法律事务领域拥有丰富的实务经验以及深厚的理论功底。随着我们交往的不断深入，我了解到王政律师在其职业生涯中，为促进医患纠纷的化解，密切联系群众、关怀弱势群体、积极建言献策，其高度的社会责任感赢得了我的尊重，也使我对于医疗类法律学术研究成果在维护公平正义方面所具有的重要意义有了全新的认识。

近年来，患者对医疗服务水平的要求逐步提升，维护自身权益意识也不断提高。相较于普通的侵权类民事纠纷，医疗损害纠纷案件普遍涉及医疗专业知识，其复杂性已经超出了一般法律职业群体的认知范围。因此，涉及该类型案件，往往需要等待鉴定机构出具的鉴定意见作为关键性证据和审判参考。这可能会在一定程度上影响案件的审判周期。

基于此，王政律师凭借其从业多年来对医疗纠纷的深刻认知，在本书中提出了许多新颖而独到的见解，如统一鉴定人员资质准入标准等。另外，王政律师还提出设计新型医疗行为商业保险、加强互联网医院监管等，从制度设计层面提供了相关热点问题的解决思路。可以说，王政律师的这本新书问世，在医疗纠纷法律事务领域无论是对于理论学术研究还是案件实务操作都将具有里程碑式的意义。

我衷心地希望本书不仅能作为法律工作者、医务工作者、法学院学生、医学院学生学习医疗纠纷相关知识的参考书籍，而且能够为缓和医患矛盾、助力解决医疗纠纷发挥应有的作用。

上海政法学院副校长、博士生导师、教授　郑少华

# 自序

我本科毕业于上海医科大学（现复旦大学上海医学院），硕士毕业于华东政法大学。上海医科大学一直拥有浓厚的学术氛围和优良的学术传统，我作为其学生，一直被这种学术氛围所引导。我写这本书也是为了感恩母校，回馈我的师弟师妹们，也希望纾解医疗纠纷实务处理的困难。从这个角度来说，这本书的读者群体，一方面是律师、医生、法学院学生、法院法官，大家可以把本书当作一个行业内部的讨论，以期抛砖引玉；另一方面是医学院学生，这本书也可作为医学类的教科书，供大家参考学习。我希望借这本书帮助医学院的同学们了解其在未来执业后可能遇到的医疗纠纷以及如何预防医疗纠纷的发生，毕业后能够成长为一名更加优秀的医生，这是这本书社会价值的体现，也是我写这本书的初心。我曾在2014年出版《医疗损害处理指南》，但仍有许多改进空间，作为一名孜孜不倦、精益求精的律师，笔者时隔多年再撰写了本书，以期将多年执业心得和经验用于解决医疗纠纷面临的实际问题。

本书第一章至第四章是医疗案件实务经验的理论总结，对于想要了解医疗纠纷处理流程的读者来说，通过此书就能大概知道医疗纠纷的处理方式。

关于本书第五章，本书除了包含医疗纠纷处理实务知识，也融入了近年来我对医疗相关领域发展趋势的个人理解。我曾参与组建上海医疗事故处理中心；曾参与设计医疗事故责任险；在上海市民盟市委组织下，曾协办关于医疗意外险的医疗高峰论坛。在从事律师行业之前，我曾经做过保险公司的首席核保、精算，律师初期以做医疗损害纠纷为主。结合这些经历背景，我深知医疗行为的局限性和高风险性，为此，我希望用医疗责任险、医疗意外险、医务人员执业保险、健康险来分担医疗行为给医疗机构、医务人员、患方带来的风险。故本书的第五章详细探讨了这个问题。

关于本书第六章，我曾参与互联网医院民盟课题组研讨会，见证了互联网医疗的兴起，同时，我研究发现互联网医疗因其自身所固有的互联网属性，不仅具有传统的医疗领域问题，也具有其所独有的问题，如医疗信息泄露等医疗伦理等。于是我在本书的第六章写了互联网医疗纠纷的问题，希望与读者探讨。

关于本书第七章，本书收录的近百个案例是我作为律师以来经历的案件，“不积跬步，无以至千里；不积小流，无以成江海”。每一个案件的推进都凝聚了我的心血，可以称之为我的奋斗史，每个案例都体现了我处理医疗案件的思维。

我在给医护人员、医疗调解委员会等医疗系统人员或处理医疗纠纷的一线工作人员授课培训时，发现他们往往对医疗纠纷的发生和解决存在诸多困惑。目前，在国内能够将医疗案例汇编成册的书籍并不多见，因此我希望这本书能够让更多的人看见，通过真实的实务案例讲解的方式，加强他们对医疗纠纷以及如何妥善解决医疗纠纷的认知。需要说明的是，本书涉及的医学内容主要源自案例本身所获得的信息，仅供学习交流，非为医疗诊断，如有相关需求，还须医学专业机构判定。若有不足之处，还请读者不吝指正。

最后，就本书的顺利出版，我要在此感谢教导我的上海医科大学的老师、给予专业指导的医学专业人士；感谢上海政博律师事务所的同人、业界的良师益友的支持；感谢我的团队对本书做出的贡献。还要感谢帮助过上海政博律师事务所成长的所有人！愿此书的出版，能够为推动医疗领域健康发展、助力广大学子成长成才、公平公正处置医疗纠纷、增进医患双方理解信任奠定一块重要基石。

感谢张百田对本书提供的建设性意见和对医学相关内容所做的专业修正。

最后要特别感谢上海市卫生健康委员会医疗事故处理办公室主任万里涛博士对本书写作的全程专业指导。

王　政

2023年6月

目录

# 第一章
# 医疗纠纷概述

## 第一节　医疗纠纷概念

医疗纠纷有广义和狭义之分，广义的医疗纠纷是指病人及其亲属在因病就诊过程中与医疗机构及其工作人员因矛盾而产生的分歧和争议，既包括对诊疗护理过程中产生的后果认识不一致而发生的纠纷，也包括一些非诊疗的护理行为而引起的一般民事纠纷。而狭义的医疗纠纷则仅指由诊疗护理行为而产生的分歧和争议。① 本书讨论狭义的医疗纠纷。

医疗纠纷可以分为有过失的医疗纠纷和无过失的医疗纠纷。有过失的医疗纠纷包括医疗事故和医疗差错。《医疗事故处理条例》（国务院令第351号）第二条规定："本条例所称医疗事故，是指医疗机构及其医务人员在医疗活动中，违反医疗卫生管理法律、行政法规、部门规章和诊疗护理规范、常规，过失造成患者人身损害的事故。"第四条规定："根据对患者人身造成的损害程度，医疗事故分为四级：一级医疗事故：造成患者死亡、重度残疾的；二级医疗事故：造成患者中度残疾、器官组织损伤导致严重功能障碍的；三级医疗事故：造成患者轻度残疾、器官组织损伤导致一般功能障碍的；四级医疗事故：造成患者明显人身损害的其他后果的。具体分级标准由国务院卫生行政部门制定。"

① 赵衡文：《医疗纠纷的理论与实践》，中南大学出版社2005年版，第25页。

详见《医疗事故分级标准（试行）》（卫生部令第32号[①]）。

医疗差错是指不产生严重后果的医疗纠纷。无过失的医疗纠纷是指医疗意外，在本章第三节具体阐述。

## 第二节　医疗损害

### 一、医疗损害概述与相关主体

#### （一）医疗损害概述

1. 医疗损害的概念

医疗损害是指因医疗机构及其医务人员的故意或过失（即医疗过错），而对就医患者造成身体上或精神上的损害结果。在诉讼实践中，因医务人员的故意或者重大过失而造成患者医疗损害的，视情形可构成刑法意义上的“医疗事故罪”，由刑法对其进行调整；因医务人员的一般过失而造成患者医疗损害的，属民事侵权行为，依据《中华人民共和国民法典》（以下简称《民法典》）侵权责任编应由医疗机构承担医疗损害赔偿责任。根据《最高人民法院关于审理医疗损害责任纠纷案件适用法律若干问题的解释》（2020年修正）第一条规定：“患者以在诊疗活动中受到人身或者财产损害为由请求医疗机构，医疗产品的生产者、销售者、药品上市许可持有人或者血液提供机构承担侵权责任的案件，适用本解释。患者以在美容医疗机构或者开设医疗美容科室的医疗机构实施的医疗美容活动中受到人身或者财产损害为由提起的侵权纠纷案件，适用本解释。当事人提起的医疗服务合同纠纷案件，不适用本解释。”可见医疗损害不光包括患者在诊疗活动中受到的人身或者财产损害，还包括医疗产品产生

---

① 注：2013年3月，第十二届全国人民代表大会第一次会议批准了《国务院关于提请审议国务院机构改革和职能转变方案》，将卫生部的职责、国家人口和计划生育委员会的计划生育管理和服务职责整合，组建国家卫生和计划生育委员会。不再保留卫生部。2018年3月，第十三届全国人民代表大会第一次会议批准了《国务院机构改革方案》，将国家卫生和计划生育委员会、国务院深化医药卫生体制改革领导小组办公室、全国老龄工作委员会办公室的职责，工业和信息化部的牵头《烟草控制框架公约》履约工作职责，国家安全生产监督管理总局的职业安全健康监督管理职责整合，组建国家卫生健康委员会。不再保留国家卫生和计划生育委员会。下文对此不再进行提示。

的损害和患者在美容医疗机构或者开设医疗美容科室的医疗机构实施的医疗美容活动中受到的人身或者财产损害。

医疗损害的概念首次规定于2009年12月26日公布的《中华人民共和国侵权责任法》[①]，在此之前我国只有医疗事故的概念。2002年4月4日，国务院公布《医疗事故处理条例》（国务院令第351号）。随着2002年4月1日起施行的《最高人民法院关于民事诉讼证据的若干规定》明确规定医疗侵权纠纷案件举证责任倒置后，该类案件的数量有了明显的增长。[②] 从2002年到目前，我国处理医疗纠纷的制度设计和能力水平都有了一个很大的改善。

2. 医疗损害与医疗事故

目前医疗损害纠纷适用《民法典》和《最高人民法院关于审理医疗损害责任纠纷案件适用法律若干问题的解释》（2020年修正），但是医疗事故的概念依旧存在。医疗事故属于行政法上的概念，医疗损害属于民法上的概念，两者的关系如下：

（1）适用法律不同，前者适用行政规范《医疗机构管理条例》，后者适用民事规范，如《民法典》侵权责任法编；（2）处理的机构不同，前者由医院所在地的卫生监督所处理，后者由法院主管；（3）构成的标准不同，前者标准高，后者标准低，即能够构成医疗损害的不一定构成医疗事故；（4）处理的目的不同，前者是为了追究医院、医生的行政责任，后者是患者或者患者家属为了主张民事上的赔偿；（5）鉴定机构不同，前者由卫生监督所移送本区医学会鉴定，后者由法院移送医学会或者司法鉴定机构鉴定；（6）两者等级划分不同，前者适用《医学会医疗损害鉴定规则（试行）》，后者适用《医疗事故分级标准（试行）》。

### （二）医疗损害赔偿责任主体以及行政处罚对象

《民法典》第一千二百一十八条规定："患者在诊疗活动中受到损害，医疗

---

① 《中华人民共和国民法典》于2021年1月1日起实施，《中华人民共和国婚姻法》《中华人民共和国继承法》《中华人民共和国民法通则》《中华人民共和国收养法》《中华人民共和国担保法》《中华人民共和国合同法》《中华人民共和国物权法》《中华人民共和国侵权责任法》《中华人民共和国民法总则》同时废止。最高人民法院对相关司法解释也进行了废止或修改。本书对这类法律规范的时效性不再特别说明。

② 赖红梅：《医疗损害责任纠纷研究》，武汉大学出版社2021年版，第19页。

机构或者其医务人员有过错的，由医疗机构承担赔偿责任。”民事诉讼中，医疗损害的赔偿主体是医疗机构。实践中，我们遇到的当事人因为对医生不满意，想要直接告医生的情况是不存在的，但是如果医生涉及违法违规，则医生会受到行政机构的处罚。

针对医疗机构与医务人员的行政处罚，现对《医疗纠纷预防和处理条例》（国务院令第701号）第四十七条在实践中的具体适用进行分析。

1. 责令改正，警告。

前提是没有构成医疗损害，但鉴定意见书明确医方存在过错：

（1）未按规定制定和实施医疗质量安全管理制度。

分析：违反相关制度，但不构成医疗损害。

（2）未按规定告知患者病情、医疗措施、医疗风险、替代医疗方案等。

分析：告知方面确实存在问题，没有明确告知或签字存在问题，但不构成医疗损害。

（3）开展具有较高医疗风险的诊疗活动，未提前预备应对方案防范突发风险。

分析：做了预防措施，但没有考虑周全，也不构成医疗损害。

（4）按规定填写、保管病历资料，或者未按规定补记抢救病历。

分析：病历书写存在问题，但没有直接构成医疗损害因果关系。

（5）拒绝为患者提供查阅、复制病历资料服务。

分析：但事后立刻补救。

（6）未建立投诉接待制度、设置统一投诉管理部门或者配备专（兼）职人员。

分析：有制度，也有相关人员，但发生纠纷时，没有完全按照制度来处理。

（7）未按规定封存、保管、启封病历资料和现场实物。

分析：但及时补救，且不构成医疗损害后果。

2. 责任轻微，给予罚款。

（1）前提是构成医疗损害，并且责任程度在中间责任（包含中间责任）以下：

①未按规定制定和实施医疗质量安全管理制度。

分析：违反相关制度，构成医疗损害。

②未按规定告知患者病情、医疗措施、医疗风险、替代医疗方案等。

分析：告知方面确实存在问题，没有明确告知或签字存在问题，构成医疗损害。

③开展具有较高医疗风险的诊疗活动，未提前预备应对方案防范突发风险。

分析：没有预防措施，或者预防措施考虑不周全，构成医疗损害。

④未按规定填写、保管病历资料，或者未按规定补记抢救病历。

分析：病历书写存在问题，构成医疗损害因果关系。

⑤拒绝为患者提供查阅、复制病历资料服务。

分析：没有补救措施，且存在提供资料不齐全，构成医疗损害。

⑥未建立投诉接待制度、设置统一投诉管理部门或者配备专（兼）职人员。

分析：没有制度，没有相关人员，或者有制度和人员但不按照制度执行。发生纠纷时，相关人员惊慌失措，最后构成医疗损害。

（2）即使不构成医疗损害，或即使构成医疗损害，但责任程度在中间责任以下，按照轻微责任处理：

①未按规定封存、保管、启封病历资料和现场实物；

②未按规定向卫生主管部门报告重大医疗纠纷。

3. 情节严重，对直接负责的主管人员和其他直接责任人员给予或者责令给予降低岗位等级或者撤职的处分，对有关医务人员可以责令暂停 1 个月以上 6 个月以下执业活动。

前提是构成医疗损害，并且责任程度在主要责任（包含主要责任）以上：

（1）未按规定制定和实施医疗质量安全管理制度。

分析：违反相关制度，构成医疗损害主要责任以上。

（2）未按规定告知患者病情、医疗措施、医疗风险、替代医疗方案等。

分析：告知方面确实存在问题，没有明确告知或签字存在问题，构成医疗损害主要责任以上。

（3）开展具有较高医疗风险的诊疗活动，未提前预备应对方案防范突发风险。

分析：没有预防措施，或者预防措施考虑不周全，构成医疗损害主要责任以上。

（4）未按规定填写、保管病历资料，或者未按规定补记抢救病历。

分析：病历书写存在问题，构成医疗损害主要责任以上。

（5）拒绝为患者提供查阅、复制病历资料服务。

分析：没有补救措施，且存在提供资料不齐全，构成医疗损害主要责任以上。

（6）未建立投诉接待制度、设置统一投诉管理部门或者配备专（兼）职人员。

分析：没有制度，没有相关人员，或者有制度和人员但不按照制度执行。发生纠纷，构成医疗损害主要责任以上。

（7）未按规定封存、保管、启封病历资料和现场实物。

分析：构成医疗损害主要责任以上。

（8）未按规定向卫生主管部门报告重大医疗纠纷。

分析：构成医疗损害主要责任以上。

### （三）医疗损害赔偿申请主体

医疗损害赔偿申请主体，包括知情同意权主体、病历封存主体、诉讼主体等，即患者与其近亲属。《民法典》婚姻家庭编第一千零四十五条对近亲属的范围进行了规定：配偶、父母、子女、兄弟姐妹、祖父母、外祖父母、孙子女、外孙子女为近亲属。配偶、父母、子女和其他共同生活的近亲属为家庭成员。医疗损害责任纠纷中的近亲属与之有区分，其指父母、配偶、子女。近亲属顺位在理论上有法定监护说和继承权说。① 法定监护顺位说即根据《民法典》第二十八条适用监护人顺位。继承权顺位说即根据《民法典》第一千一百二十七条适用遗产继承顺位。

---

① 陆青、章晓英：《民法典时代近亲属同意规则的解释论重构》，载《浙江大学学报（人文社会科学版）》2020年第50卷第6期。

在知情同意权主体上，适用法定监护顺位有利于医疗机构更加有效地进行诊疗活动，而适用继承权顺位则由更多的近亲属共同决定医疗方案，更加符合患者的最佳利益。

在实践中，一般的诊疗活动的签字由患者本人来，涉及重要的诊疗活动时，需要由第一顺位的近亲属做出共同决定。在患者为限制民事行为能力人、无民事行为能力人的情况下应当由其监护人决定。若是完全民事行为能力的患者签订了授权书，则被授权主体的决定是有效的。笔者认为知情同意权的设置是为了保护患者的利益，应当选择更加了解患者病情的人来做出诊疗决定，所以在具体顺位问题上不能对医疗机构过于苛刻。

赔偿申请主体一般是患者本人。如患者为未成年人、精神病人或无民事行为能力人，由其法定代理人申请赔偿。如患者已死亡，由其继承人（第一顺序的配偶、父母、子女）申请赔偿。

## 二、医疗技术损害

医疗技术损害是指医疗机构及医务人员从事的病情检验、诊断，治疗方法的选择，治疗措施的执行，病情发展过程的追踪以及术后照护等医疗行为，不符合当时既存的医疗专业知识或技术水准，从而导致的损害。有两种过错形态：过错责任和过错推定。

关于过错责任，在适用过错责任原则的一般情况下，医疗机构及医务人员的医疗行为是否存在技术损害要件，须由原告即受害患者一方承担举证责任，即使是医疗过失要件，也由受害患者一方承担举证责任。《民法典》第一千二百二十一条规定：“医务人员在诊疗活动中未尽到与当时的医疗水平相应的诊疗义务，造成患者损害的，医疗机构应当承担赔偿责任。”即诊疗活动中未尽到与当时的医疗水平相应的诊疗义务的举证责任在患方。《最高人民法院关于审理医疗损害责任纠纷案件适用法律若干问题的解释》（2020 年修正）第十六条规定：“对医疗机构或者其医务人员的过错，应当依据法律、行政法规、规章以及其他有关诊疗规范进行认定，可以综合考虑患者病情的紧急程度、患者个体差异、当地的医疗水平、医疗机构与医务人员资质等因素。”

在实践中，诊疗过错的认定一般依赖于鉴定意见，法官也可能按照鉴定意见来作出判决。《医疗事故处理条例》第二十条规定："卫生行政部门接到医疗机构关于重大医疗过失行为的报告或者医疗事故争议当事人要求处理医疗事故争议的申请后，对需要进行医疗事故技术鉴定的，应当交由负责医疗事故技术鉴定工作的医学会组织鉴定；医患双方协商解决医疗事故争议，需要进行医疗事故技术鉴定的，由双方当事人共同委托负责医疗事故技术鉴定工作的医学会组织鉴定。"在某些案件中，如果当事人认为医学会作出的鉴定有不符合实际、不科学、不公正的情况，可以要求法院进行司法鉴定。

关于过错推定，《民法典》第一千二百二十二条规定："患者在诊疗活动中受到损害，有下列情形之一的，推定医疗机构有过错：（一）违反法律、行政法规、规章以及其他有关诊疗规范的规定；（二）隐匿或者拒绝提供与纠纷有关的病历资料；（三）遗失、伪造、篡改或者违法销毁病历资料。"患方若能够有证据来证明医方有《民法典》第一千二百二十二条的情况，法院可以进行客观审查，直接推定过错。若鉴定意见认为医方没有过错，患方也无法举证证明医疗机构及医务人员存在"法律推定过错"的情形，患方可以提供证明医方有过错的，具有高度盖然性的证据，使法官做出自由心证，但这在实践中是有难度的。因为法官并不是医学专家，不可以随意推翻专业的医学鉴定，否则可能会导致司法权滥用。

## 三、医疗伦理损害

### （一）医疗伦理损害概述

医疗伦理损害是指医疗机构及医务人员从事各种医疗行为时，未对病患充分告知或者说明其病情，未对病患提供及时有用的医疗建议，未保守与病情有关的各种秘密，或未取得病患同意即采取某种医疗措施或停止继续治疗等，而违反医疗职业良知或职业伦理上应遵守的规则的过失行为。医疗伦理损害适用过错推定原则，直接推定医疗机构的过失，除非医疗机构能够证明自己已经履行了相应义务，否则应当就其医疗伦理过错造成的损害承担赔偿责任。医疗伦理损害后果包括人身损害和精神损害。有时候虽然是否对病患告知病情对于死亡结果是一样的，但是会被认为告知的死亡结果和告知不足的死亡结果并不能等同。法官会以“精神损害赔偿”的形式对医方予以“惩戒”。

### （二）知情同意权

知情同意权又称医疗机构的告知义务，相关规定比较多。《民法典》第一千二百一十九条规定：“医务人员在诊疗活动中应当向患者说明病情和医疗措施。需要实施手术、特殊检查、特殊治疗的，医务人员应当及时向患者具体说明医疗风险、替代医疗方案等情况，并取得其明确同意；不能或者不宜向患者说明的，应当向患者的近亲属说明，并取得其明确同意。医务人员未尽到前款义务，造成患者损害的，医疗机构应当承担赔偿责任。”《医疗机构管理条例》第三十二条规定：“医务人员在诊疗活动中应当向患者说明病情和医疗措施。需要实施手术、特殊检查、特殊治疗的，医务人员应当及时向患者具体说明医疗风险、替代医疗方案等情况，并取得其明确同意；不能或者不宜向患者说明的，应当向患者的近亲属说明，并取得其明确同意。因抢救生命垂危的患者等紧急情况，不能取得患者或者其近亲属意见的，经医疗机构负责人或者授权的负责人批准，可以立即实施相应的医疗措施。”《医疗事故处理条例》第十一条规定：“在医疗活动中，医疗机构及其医务人员应当将患者的病情、医疗措施、医疗风险等如实告知患者，及时解答其咨询；但是，应当避免对患者产生不利后果。”

《民法典》第一千二百一十九条要求告知义务是具体的，不是笼统的；将原来的“书面同意”改成了“明确同意”。法条没有明确要求书面同意是不是对医疗机构的告知义务的减轻呢？并不是，在实践中出现了鉴定意见认定医方已经履行了告知义务，即提供了告知书上患方的书面签名，但是，医方在手术过程中确实与患者缺乏有效沟通，或者患者在术后并不清楚自己的病情。[①]“明确同意”比原来的“书面同意”更加人性化。对于患方来说，不是其签了字就可以免除医方的告知义务；而对于医方来说，告知义务作为医疗伦理损害适用过错推定责任，是否经过患者的明确同意需要其举证证明。

实践中，笔者曾投诉某医院违反相关告知义务，收到的处理意见认为医院并不是没有履行告知义务，而是没有执行《同意书》一式两份的规定。即认为

---

① 茆荣华：《〈民法典〉适用与司法实务》，法律出版社 2020 年版，第 862 页。

医院的惯例是在为每一个患者做内镜检查前均会与其签订《同意书》，以此判断医院已经履行相关的告知义务，即使在本案中医院无法提供有患者签字的《同意书》。这种认定方式与《民法典》第一千二百一十九条的规定完全不符，也不符合《医疗纠纷预防和处理条例》第四十七条第二项的规定。此案最后在鉴定会中，鉴定意见认定被告医院没有履行告知义务。

目前，已经有部分医院违反患者知情同意权被处罚的情况，但是一方面，医疗机构对患者知情同意权的保护意识有待加强，有的医疗机构没有对知情告知书进行详细解释就让患者草草签了字，术中或者术后也没有对患者的病情进行实时的释明，没有取得《民法典》第一千二百一十九条规定的患者的“明确同意”。另一方面，有的医疗机构无法把握好知情同意权和紧急救治之间的关系，过于强调告知义务，导致过犹不及。

《民法典》第一千二百一十九条规定的患者知情同意权在法律规范上已经比较完善，但是在实践中，特别是在医疗机构和卫生行政机构中的普及度却仍然有待提高，希望医疗法律制度能够进一步普及，进一步起到缓解医患纠纷的作用。

### （三）隐私权

隐私权在《民法典》第一千二百二十六条中有明确规定：“医疗机构及其医务人员应当对患者的隐私和个人信息保密。泄露患者的隐私和个人信息，或者未经患者同意公开其病历资料的，应当承担侵权责任。”医院掌握着大量的患者信息，应特别注意患者隐私权的保护。特别是在医美机构中，有的医生想要用治疗前后的对比图作为广告吸引顾客，但这种行为可能侵害患者的隐私权，也可能违反广告法。

目前在互联网医疗中，同样存在隐私权、个人信息保护的问题。本书将在第六章进行阐释。

## 四、医疗管理损害

### （一）医疗管理损害概述

曾有观点把医疗损害三分为医疗技术损害、医疗伦理损害和医疗产品损害，而医疗管理损害被列在医疗伦理损害之下。但是现在我国理论界和实务界将医疗管理损害从医疗伦理损害中独立出来，构成了医疗损害四分法。[①] 杨立新教授认为医疗管理损害应当属于过错责任，原因是医疗管理损害和医疗伦理损害责任不同，在医疗伦理损害责任中，医疗机构及医务人员的过错是违反医生职业伦理道德，违反医生良知的过错，而医疗管理过错则是违反医政管理规范、管理职责的过错，属于医疗管理的过错，性质并不相同，[②] 所以应当适用《民法典》第一千二百一十八条。该条规定："患者在诊疗活动中受到损害，医疗机构或者其医务人员有过错的，由医疗机构承担赔偿责任。"换句话说，医疗管理损害适用过错原则，需要原告方证明医方有主观过错，不然就无法构成医疗管理损害责任。

### （二）医疗管理损害的具体情形

1. 违反紧急救治义务的损害责任

医疗机构的紧急救治义务，根据《民法典》第一千二百二十条规定，因抢救生命垂危的患者等紧急情况，不能取得患者或者其近亲属意见的，经医疗机构负责人或者授权的负责人批准，可以立即实施相应的医疗措施。

在需要紧急救治时医院没有立即实施相应的医疗措施，其责任的承担具体还是要看过错在于医方还是患方。

2. 违反病历资料管理职责致害的责任

医疗机构有完整保存、及时提供病历资料的责任，这需要和医疗技术损害中的过错推定情形，即隐匿或者拒绝提供与纠纷有关的病历资料相区分。《民法典》第一千二百二十五条规定："医疗机构及其医务人员应当按照规定填写并妥善保管住院志、医嘱单、检验报告、手术及麻醉记录、病理资料、护理记录等病历资料。患者要求查阅、复制前款规定的病历资料的，医疗机构应当及时提供。"发生医疗纠纷，患方去医院复制封存病历时建议聘请律师陪同前往，若遭到医疗机构的阻挠或者拒绝，实质上是医疗机构违反了其管理病历资料之

① 最高人民法院民法典贯彻实施工作领导小组主编：《中华人民共和国民法典侵权责任编理解与适用》，人民法院出版社 2020 年版，第 412 页。

② 杨立新：《医疗管理损害责任与法律适用》，载《法学家》2012 年第 3 期。

责，侵害了患者对病历资料的所有权，建议报警处理。

3. 违反安全保障义务的责任

医疗机构对其场所内的公民是否有安全保障义务？《中华人民共和国基本医疗卫生与健康促进法》第四十六条规定："医疗卫生机构执业场所是提供医疗卫生服务的公共场所，任何组织或者个人不得扰乱其秩序。"该条文将医疗机构定义为公共场所。故一般认为医疗机构的一般安全保障义务适用《民法典》第一千一百九十八条的规定。

## 五、医疗产品损害

医疗产品损害指医疗机构在医疗过程中使用有缺陷的药品、消毒药剂、医疗器械以及血液及制品等医疗产品，因此造成患者人身损害的医疗行为。与其他医疗纠纷相比。医疗产品损害纠纷的主要特点是被告不再局限于医疗机构，可能还会涉及药品上市许可持有人、生产者、血液提供机构，甚至是网络交易第三方平台。《民法典》第一千二百二十三条规定："因药品、消毒产品、医疗器械的缺陷，或者输入不合格的血液造成患者损害的，患者可以向药品上市许可持有人、生产者、血液提供机构请求赔偿，也可以向医疗机构请求赔偿。患者向医疗机构请求赔偿的，医疗机构赔偿后，有权向负有责任的药品上市许可持有人、生产者、血液提供机构追偿。"也就是说，对于患者来说，药品上市许可持有人、生产者、血液提供机构、医疗机构承担连带责任。而对于医疗机构而言，其只是承担不真正的连带责任。所以在医疗产品损害纠纷中，法院不直接确定最终责任者，否则会影响到患者的权利行使。

医疗产品损害中的医疗机构还要符合"销售者"的特征。如果患者在医疗机构诊断后并没有购买药物，则该医疗机构并不符合"销售者"的定义。

《中华人民共和国药品管理法》第三十条规定："药品上市许可持有人是指取得药品注册证书的企业或者药品研制机构等。药品上市许可持有人应当依照本法规定，对药品的非临床研究、临床试验、生产经营、上市后研究、不良反应监测及报告与处理等承担责任。其他从事药品研制、生产、经营、储存、运输、使用等活动的单位和个人依法承担相应责任。药品上市许可持有人的法定代表人、主要负责人对药品质量全面负责。"

血液提供机构在我国主要指血站。血液本身不是产品，但是应该视为产品，[①] 适用《中华人民共和国产品质量法》，血液提供者与血液制品生产企业一样，承担无过错责任。

此外，《民法典》第一千二百零七条规定了产品的惩罚性赔偿，医疗产品作为特殊的产品也应当适用这一条。

## 第三节　医疗意外

### 一、医疗意外概述

医疗意外属于处理医疗纠纷的难点，因为医疗意外可以免除医疗机构的责任，这就说明了患方需要自己承担医疗损害后果。在实践中，医疗意外非常常见，由于临床医学是经验科学，医疗纠纷大部分难以明确因果关系，故此，医疗意外在所难免，其所致的医患纠纷长期以来影响医患关系。笔者认为，可以推广医疗意外险来对患方发生医疗损害的风险进行分担。

医疗意外的定义有以下两种学说：第一，特质说。根据《医疗事故处理条例》第三十三条第二项，在医疗活动中由于患者病情异常或者患者体质特殊而发生医疗意外的，不属于医疗事故。即认为医疗意外是指在诊疗护理过程中，由于病情异常或患者体质特殊而发生难以预料和防范的不良后果。笔者认为此说不能涵盖所有的医疗意外。第二，"无法抗拒""不可抗力"说。该学说认为，医疗意外是指在诊疗护理工作中，由于无法抗拒的原因，导致患者出现难以预料和防范的不良后果的情况。[②] 杨立新教授认为医疗意外是指由医务人员无法预料的原因造成的，或者根据实际情况无法避免的医疗损害后果。[③]

笔者的观点是用医疗意外险分担患者的医疗风险。根据《健康保险管理办

---

① 最高人民法院民法典贯彻实施工作领导小组主编：《中华人民共和国民法典侵权责任编理解与适用》，人民法院出版社 2020 年版，第 474 页。

② 徐运全：《医疗事故应对与医疗纠纷调解实例》，内蒙古人民出版社 2016 年版，第 3 页。

③ 杨立新：《最高人民法院关于医疗损害责任纠纷案件司法解释理解运用与案例解读》，中国法制出版社 2018 年版，第 81 页。

法》（中国银行保险监督管理委员会令2019年第3号）第二条第六款，医疗意外保险是指按照保险合同约定发生不能归责于医疗机构、医护人员责任的医疗损害，为被保险人提供保障的保险，笔者认为，医疗意外应当是在诊疗活动中，发生的因不能归责于医疗机构、医护人员责任的医疗损害。其构成要件有三：第一，损害主要发生在诊疗过程中；第二，损害的发生不能归责于医院和医生；第三，客观上产生了患者的损害。

## 二、医疗意外的具体情形

一是并发症。如该案例①：胆囊癌术后、梗阻性黄疸患者行胆道外引流置换术+胆道自制$^{125}$I粒子条植入（肝右前叶，左内叶胆管），术后出现胆汁性腹膜炎，急性胰腺炎，后患者行左内叶胆管自制$^{125}$I粒子条取出术+胆道外引流管更换术，术后出现急性肾功能衰竭，胰腺炎进一步加重，出现麻痹性肠梗阻，腹腔出血，腹膜炎，胆道、胸腹腔严重多重感染等一系列相关并发症。另外，并发症在牙科手术中也比较常见。拔牙后患者出现疼痛，出现干槽症的状况属于阻生齿拔除正常并发症；患者拔牙后出现下唇麻木，考虑与拔牙操作相关，但为拔牙术难以完全避免的并发症，尤其在下颌第三磨牙拔除时极易出现。

二是医疗器械的意外故障。虽然术前医生会对相关器械进行详细的检查，但是在手术过程中发生了故障，导致患者损害。

三是患者病情复杂、疑难，病情严重，且手术技术操作过于繁杂，难以控制病情的恶化而发生死亡。

四是由于患者的特殊体质，术中出现过敏反应，导致患者损害。

---

① 本书案例如未特别注明来源，系笔者为说明相关问题拟定或根据其代理案例改编而来。下文对此不再进行提示。

# 第二章
# 医疗案件证据保全

## 第一节　医疗案件证据概述

### 一、医疗案件证据概念

民事诉讼证据，是指在民事诉讼案件中，能够证明案件事实的依据。在民事诉讼中，案件事实是已经发生的事实，法院要对当事人有争议的民事法律关系作出正确的裁判，必须建立在对该民事法律关系产生、变更或消灭的事实予以认识的基础上，而要认识这些事实，就必须借助于各种证据，因此，证据在民事诉讼中具有十分重要的作用。①

医疗纠纷案件证据有其特殊性。医疗纠纷中医患双方分别有哪些权利义务，患者的病情按照医疗指南应当怎么治疗，医方实施了什么样的医疗行为，医方的医疗行为实际上达到了什么样的效果，都需要用证据来证明。因为医疗纠纷发生时，相关医疗行为已经实施完成，所以，只有用在医疗过程中产生的证据来还原事实。医疗纠纷证据既可以产生于医疗过程，如医疗机构根据患者的病情和治疗所书写的病历资料、治疗病人的医疗物品，也可以产生于与治疗相关的法律事实中，如在患者死亡的情况下，相关机构开具的死亡证明，患者近亲属的身份证明等。

---

① 王振中：《用证据说话：医疗纠纷官司证据指导》，法律出版社2008年版，第1页。

## 二、医疗案件证据的特点

### （一）医疗专业性

有学者认为，医疗行为，指以疾病的预防、患者身体状况的把握和疾病原因以及障害的发现、病情和障害治疗以及因疾病引起的痛苦的减轻，患者身体及精神状况改善等为目的对身心所作的诊察治疗行为①。医疗行为的专业性极强，医务人员所采取的医疗建议、治疗手段、防护措施，所运用的医疗器械都显现出医疗特有的专业性，在此过程中所产生的证据天然地具备医疗的专业性。

### （二）单方持有性

医疗纠纷证据是在诊疗过程中逐渐产生和形成的，比如病程记录、上级医师查房记录、会诊记录、医嘱单等，这些在诊疗过程中产生的证据通常都保存在医疗机构，由医疗机构单方持有。

发生医疗事故争议时，由医疗机构保管的病历资料是记录医疗行为和医疗过程的重要证据。不论由于什么原因造成病历资料毁损、灭失，都可能会造成整个医疗纠纷事实无法查清的后果。

### （三）容易篡改及灭失性

当可能发生医疗纠纷时，个别医疗机构或医务人员为了避免自身利益受损，有动机去修改、毁损已经形成的证据，同时由于医疗案件证据的单方持有性，医方具备修改病历资料的条件。简言之，在医疗纠纷中，医疗证据很容易为医方故意更改或为医方毁灭而造成遗失。

有些医疗纠纷产生于医疗行为后，患者在医院进行治疗期间并未发现造成损害，而是在医疗行为结束后才发现，而这时在医院使用过的医疗用具早已当作垃圾清理掉了。另外某些特殊物品如血液及其制品、部分药品等，需要专门的保存环境，如果没有及时采取专业的保存措施，极易因变质而失去证据效力。

---

① 龚赛红：《医疗损害赔偿立法研究》，法律出版社 2001 年版，第 1 页。

## 第二节　医疗案件证据分类

根据《中华人民共和国民事诉讼法》（以下简称《民事诉讼法》）第六十六条规定，证据包括：（一）当事人的陈述；（二）书证；（三）物证；（四）视听资料；（五）电子数据；（六）证人证言；（七）鉴定意见；（八）勘验笔录。证据必须查证属实，才能作为认定事实的根据。医疗证据属于证据的子门类，其具体分类将在下文分别述之。

### 一、当事人陈述

当事人陈述是指在诉讼中，当事人就与本案案情有关的事实所做的陈述。当事人陈述包括：当事人对案件事实的自述性材料、接受询问或调查的材料、答辩性材料、代理意见等。包括当事人对自己有利事实的陈述和不利事实的陈述。院方就医疗纠纷案件事实进行的陈述，也属于医疗纠纷中的当事人陈述。

当事人陈述的特点在于其本身具有的利益倾向性，趋利避害是当事人的本能，因此被认为是“最差的证人”①。在我国医疗纠纷案件的司法实践中，相比于其他法定证据形式，没有对当事人陈述进行审查的专门程序，当事人陈述往往不能独立作为证据使用，法庭对当事人陈述的采信一般有赖于其他证据的佐证。

### 二、书证

书证是以一定的物质作为载体，以文字、符号、图形、表格、数据等载体上记载的思想内容来证明案件的真实情况。② 书证是医疗案件中大量应用的一种证据，起着重要的作用。根据《民事诉讼法》第七十三条规定：书证应当提交原件。物证应当提交原物。提交原件或者原物确有困难的，可以提交复制品、照片、副本、节录本。提交外文书证，必须附有中文译本。

---

① ［德］奥特马·尧厄尼希：《民事诉讼法》，周翠译，法律出版社 2003 年版，第 295 页。

② 毕玉谦：《证据法要义》，法律出版社 2003 年版，第 66 页。

医疗案件中的书证主要有以下几类：

（1）病历资料

病历本又被称为诊疗记录，是医务人员对患者疾病的发生、发展、转归，进行检查、诊断、治疗等医疗活动过程的记录，是医务人员在医疗活动过程中形成的文字、符号、图表等资料的总和，包括门（急）诊病历和住院病历。发生医疗纠纷后，病历就成为最原始的证据资料。

门（急）诊病历记录分为初诊病历记录和复诊病历记录。初诊病历记录书写内容应当包括就诊时间、科别、主诉、现病史、既往史，阳性体征、必要的阴性体征和辅助检查结果，诊断及治疗意见和医师签名等。复诊病历记录书写内容应当包括就诊时间、科别、主诉、病史，必要的体格检查和辅助检查结果，诊断、治疗处理意见和医师签名等。急诊病历书写就诊时间应当具体到分钟。

（2）损害结果的书证

损害结果的书证虽然不能证明医疗机构在实施医疗行为时是否存在医疗过错，是否应当承担医疗损害赔偿责任，可是当存在医疗过错，应当承担医疗损害赔偿责任时，就显得尤为重要。因为根据相关法律规定，医疗纠纷可以赔偿因不当的医疗行为造成的直接经济损失，如医疗费、误工费、住院伙食补助费、护理费等费用项目。部分项目的金额是根据实际发生数额来确定，所以需要患方提供相关费用单据予以证明。如医疗费是按照医疗事故对患者造成的人身损害进行治疗所发生的医疗费用计算，包括挂号费、诊查费、化验费、医药费、住院费等，凭据支付。又如误工费是患者有固定收入的，按照本人因误工减少的固定收入计算，患者需提供收入减少的证明、工资证明等。

（3）其他书证

医疗案件中，其他书证主要是指双方当事人的身份证明类材料。

此类证据的作用在于证明医疗纠纷诉讼中的当事人是否适格，即当事人是否符合民事诉讼法规定的当事人的条件。《民事诉讼法》对原告资格做出了要求，根据其第一百二十二条第一项的规定，“原告是与本案有直接利害关系的公民、法人和其他组织”。如何判断原告具有“直接利害关系”是认定原告适格的重点。

医疗案件中原告要证明其是否与医疗纠纷存在利害关系，除了要提供接受医疗机构治疗的相关手续外，还要提供相应的身份证明，以证明本人和住院手续上的人为同一人。患方的身份证明主要有患者身份证复印件或户口簿、患方亲属关系证明。如患者死亡或不具有完全民事行为能力，则还需法定继承人或法定代理人（如配偶、父母、子女、兄弟姐妹等）的身份证及户口簿复印件。医疗机构为法人或其他组织的，应提交其主体登记资料，如工商营业执照副本，社团法人登记证等。

## 三、物证

物证指用外形、特征等说明待证事实的物品。医疗纠纷中的物证是指在医疗行为过程中产生的能够证明医疗损害的实物或者痕迹。

与言词证据相比，物证更客观、真实性更大。① 医疗行为中产生的针头、针管、输液管等证据相比于医疗纠纷中的证人证言、当事人陈述更为客观、真实，也不存在病历资料易被医务人员篡改、涂改的缺陷。但是在医疗过程中，患方往往不会意识到需要保存这些物证。当真正发生医疗损害时，再去收集这些物证，可能物证已经被丢弃或失去检测意义。

医疗纠纷民事诉讼中，常见的物证为患者用过的用以治疗疾病的医疗器械、造成损害后果的材料或药品，如医疗事故是由于医疗人员用错药、发错药导致的，则患者当时所服用药品的剩余药液及药品包装袋等属于物证，故患者及其家属应注意保存。

## 四、视听资料

视听资料是用录音、录像以及计算机等储存的资料来证明案件事实的证据材料，包括录音带、录像带、传真资料等。根据《最高人民法院关于适用〈中华人民共和国民事诉讼法〉的解释》第一百一十六条第一款，视听资料包括录音资料和影像资料。

医疗纠纷中的视听资料主要有病理切片、X 线片、B 超照片、MRI（磁共

---

① 刘燕玲：《证据法学》，中国民主法制出版社 2009 年版，第 112 页。

振成像）片，以及各种X线资料存贮光盘，整形病人术前术后的照片资料等。另外，医院和患者为避免发生争议，而对手术过程进行的全程录像或对医患纠纷进行的全程录音也是视听资料。视听资料是医疗证据中重要的证据之一，在医疗行为中，患者的疾病往往要通过相关仪器检查后形成如X线片、B超照片等视听资料，然后经过医务人员的分析才能得出患者的病症，才能对症下药，可见这些视听资料对于证明医务人员的医疗行为具有重要的意义。

## 五、电子数据

在互联网、智能手机日益普及的今天，有相当多的证据是以“电子数据”的形式存在的。医疗纠纷中主要使用到的电子数据证据有录音（如通话录音、现场录音）、录像（如手机录像、监控录像）、照片（如手机拍照、相机拍照、监控截图）。

根据《最高人民法院关于适用〈中华人民共和国民事诉讼法〉的解释》第一百一十六条第二款、第三款，电子数据是指通过电子邮件、电子数据交换、网上聊天记录、博客、微博客、手机短信、电子签名、域名等形成或者存储在电子介质中的信息。存储在电子介质中的录音资料和影像资料，适用电子数据的规定。由此可见，在实务中可根据信息存储的介质来区分视听资料与电子数据，电子数据更强调数据的记录方式，是指以电子方式记录的数据。

## 六、证人证言

证人证言指证人以口头或者书面方式所做的对案件事实的陈述。医疗纠纷民事诉讼中，证人证言也常常使用。证人应当出庭作证，根据《最高人民法院关于民事诉讼证据的若干规定》第六十八条规定，人民法院应当要求证人出庭作证，接受审判人员和当事人的询问。证人在审理前的准备阶段或者人民法院调查、询问等双方当事人在场时陈述证言的，视为出庭作证。双方当事人同意证人以其他方式作证并经人民法院准许的，证人可以不出庭作证。无正当理由未出庭的证人以书面等方式提供的证言，不得作为认定案件事实的根据。

医疗纠纷中主要的证人是在医院接受治疗的其他病人，或者是去医院探望的亲友。如在一起因呼吸机出现故障引发的医疗纠纷案件中，患者同病室的病人作为证人，证明呼吸机出现故障后长期鸣响，医疗机构却没有人来排除故障的事实。

证人证言具有较强的主观性和不稳定性，证人在感知了特定的案件事实后，大脑会将这些信息记录下来，但是这些记忆只是暂时性的，会随着时间的推进而变得模糊，甚至消失，因此要保全证人证言也是很不易的。

## 七、鉴定意见

鉴定意见一般被认为是鉴定人接受委托或聘请，运用自己的专门知识或技能，对案件中某些专门性问题进行分析、判断后所作出的结论性意见。[①]

目前，我国医疗损害鉴定分为医学会鉴定和司法鉴定两种类型。不论医学会还是司法鉴定机构开展医疗损害鉴定，都应当执行规定的标准和程序，尊重科学，恪守职业道德，对出具的医疗损害鉴定意见负责。

医疗损害鉴定意见是医疗专家应用专门知识所做出的鉴别和判断，具有较强证明力，在医疗纠纷诉讼中起着举足轻重的作用，是医疗纠纷处理和医疗案件审判的重要依据。法官常常将医疗损害鉴定意见作为裁决的主要根据，鉴定结果中的医方责任程度或原因力大小决定着法院最终判决医方所承担的责任比例。

## 八、勘验笔录

勘验笔录是对勘验活动的过程及所发现事实的客观记载，是指相关人员对案件争议有关的现场或者不能、不便拿到人民法院的物证，就地进行查验、拍照、测量所形成的资料。医疗纠纷中如果涉及对现场和物品的勘验检查，也会存在勘验笔录的证据。勘验笔录是保全证据的重要手段，其可以将医疗损害现场的相关物体和现象客观、真实地记录下来，为医疗损害责任鉴定提供相关依据。

① 何家弘：《新编证据法学》，法律出版社 2000 年版，第 242 页。

## 第三节 医疗案件证据保全

证据是诉讼过程中至关重要的材料，既是法院认定案件事实的根据，也是法院最后做出裁决的根据，所以认真准备证据材料常常是赢得诉讼的关键。证据保全即证据的固定和保管，是指在证据可能灭失或者以后难以取得的情况下，采取一定的措施将证据固定下来，以便保留证据的证明力。由于医疗证据的医疗专业性、单方持有性以及容易篡改及灭失性的特点，对医疗证据进行有效的证据保全，能够弥补医疗证据易于流失的缺陷，从而防止医疗证据被篡改和灭失。

### 一、医疗案件证据保全概述

《民事诉讼法》第八十四条第一款、第二款规定："在证据可能灭失或者以后难以取得的情况下，当事人可以在诉讼过程中向人民法院申请保全证据，人民法院也可以主动采取保全措施。因情况紧急，在证据可能灭失或者以后难以取得的情况下，利害关系人可以在提起诉讼或者申请仲裁前向证据所在地、被申请人住所地或者对案件有管辖权的人民法院申请保全证据。"

《医疗纠纷预防和处理条例》第二十四条第一款规定："发生医疗纠纷需要封存、启封病历资料的，应当在医患双方在场的情况下进行。封存的病历资料可以是原件，也可以是复制件，由医疗机构保管。病历尚未完成需要封存的，对已完成病历先行封存；病历按照规定完成后，再对后续完成部分进行封存。医疗机构应当对封存的病历开列封存清单，由医患双方签字或者盖章，各执一份。"

目前在我国发生的医疗纠纷中，医患双方主要是按照《医疗纠纷预防和处理条例》的规定来进行证据保全。《医疗纠纷预防和处理条例》中规定的证据保全行为是一种自力救济行为，医患双方对病历资料、可疑医疗物品进行封存和保管，以及进行尸检，是双方为了防止证据流失，而对证据进行的固定行为，是在起诉前的保全措施，此时还没有法院或卫生行政部门的介入，属于自力救济。由于医方对于医疗知识的掌握远超于患方，不能排除医方在证据封存的过程中，篡改、销毁证据的可能。所以患方在准备发起医疗纠纷诉讼前，需要了解医疗案件证据收集和保全的相关知识。

## 二、医疗案件证据收集与保全实务要点

因医疗过错行为导致医疗损害，患方要及时固定证据，如复印、封存、审核病历等，及时作出判断，找出两者的因果关系，为今后案件的调解、诉讼打下基础。

### （一）封存、复制病历

病历资料是医疗案件中最重要的书证，是进行医疗损害鉴定的主要证据，发生医疗纠纷后，患方应当做的第一件事情就是立即前往医院复制、封存病历。

《民法典》第一千二百二十五条规定："医疗机构及其医务人员应当按照规定填写并妥善保管住院志、医嘱单、检验报告、手术及麻醉记录、病理资料、护理记录等病历资料。患者要求查阅、复制前款规定的病历资料的，医疗机构应当及时提供。"

1. 提出及办理

封存病历的申请通常是向医疗机构的医疗纠纷办公室、医务科或医政科等机构提出，医方根据相关法律必须向患方提供。如果医方拒绝提供或篡改病历资料，应承担不利后果。根据《民法典》第一千二百二十二条规定，患者在诊疗活动中受到损害，有下列情形之一的，推定医疗机构有过错：（一）违反法律、行政法规、规章以及其他有关诊疗规范的规定；（二）隐匿或者拒绝提供与纠纷有关的病历资料；（三）遗失、伪造、篡改或者违法销毁病历资料。

2. 时间与时效

患方需要注意封存病历的时间紧迫性。《医疗纠纷预防和处理条例》第十五条第二款规定："因紧急抢救未能及时填写病历的，医务人员应当在抢救结束后 6 小时内据实补记，并加以注明。"病历晚封存一天，被篡改的风险就越高，为患方后期主张权利造成障碍，甚至可能直接导致败诉。

根据《民法典》第一百八十八条规定，向人民法院请求保护民事权利的诉

讼时效期间为三年。法律另有规定的，依照其规定。诉讼时效期间自权利人知道或者应当知道权利受到损害以及义务人之日起计算。患方要求封存病历，原因是认为医院对患者的身体健康或生命造成了损害，故诉讼时效应从封存病历之日起计算。病历封存后，如患方未与医方进行协商，也未提起医疗事故鉴定或民事诉讼，只要三年期满后诉讼时效终止，就应当启封病历。因此封存病历期限应当视为三年。

3. 内容

封存的病历为全部病历，包括客观病历及主观病历，患方需要特别注意医院的封存病历是否完整。

患方可封存的病历为所有客观病历：包括门（急）诊病历和住院病历中的住院志（即入院记录）、体温单、医嘱单、化验单（检验报告）、医学影像检查资料、特殊检查（治疗）同意书、手术同意书、手术及麻醉记录单、病理报告、护理记录、出院记录。主观病历包括死亡病例讨论记录、疑难病例讨论记录、上级医师查房记录、会诊意见、病程记录等。患者只有向法院起诉后，在法庭拆封封存病历后方能复制。如果是电子病历，就需要患方把电子病历打印出来，加上一些签字文书等纸质件，一并进行封存，目的只有一个，防止医方对病历进行篡改。

患方需要特别注意医院提供的复制资料是否完整，因为实践中多次发生医院只复制患者部分客观病历，不封存主观病历的情况。另外需要注意在复制的病历上，要有医院的盖章。例如某医院给患者复制的病历未盖章，后医院在法庭上拒绝承认复制病历的真实性。

门（急）诊病历一般由患方保存，发生医疗纠纷时，应尽快要回原件。患方需特别注意是否有病历涂改，是否有化验单缺失。

4. 主体

病人本人持本人有效身份证件到医院直接要求封存病历。

如果病人死亡，病人亲属应持病人的死亡医学证明和身份证明，证明申请人与病人之间的亲属关系，向医院申请封存病历。

如果病人授权其他人去调取，应当持病人的有效身份证件的复印件，并由病人在授权委托书上亲笔签名，委托书载明委托事项是复印和封存委托人于某时段在某医院的病历。如果病人死亡，病人亲属委托他人复印和封存病历，除上述证明外，还应当持病人亲属身份证复印件及其授权委托书。

5. 方式

如医院同意，建议患方在封存时，将病历编号，在每份病历空白处盖章（如有），然后放入封存袋，在封存袋边缘有缝的部分贴上封条，在封存袋边缘部分签名、盖章（如有），并注明封存日期、封存的内容，记录病历的页数，最后将封存袋拍照。也可以将贴有封条的封存件的封面复印，并由医院盖章确认复印件。

6. 特殊情形

如患者仍在继续治疗中，医院提供的封存病历是复印件，则患方需特别注意主观病历要封存在内；封存病历的时间段、封存的页数，在封存袋上注明。未来诉讼法院拆开封存时，复印件须与原件一一对应。

（二）其他需固定的证据

1. 与医疗纠纷可能有关的药品、器械等

如果涉及可能因药品、器械等导致的死亡，应立刻封存药瓶、补液单、血液制品、器械等相关证据。有些药物需要在适宜的环境下保存。以上物品的封存同病历的封存程序一样，需要在双方的签字和见证下进行。如果医方有更好的保存条件应当由医方进行保存，由此产生的费用在纠纷解决中一并得到处理。双方签字封存后，不管是否进行诉讼，都应当尽早对药品、器械等证据进行检验。医患双方可以协商选定检验机构，并进行书面记录。后期进行鉴定时，依法具有检验资格的检验机构对物品、实物作出的检验报告都属于鉴定所需材料。

案例：某患者补液时猝死，但患方没有及时封存补液瓶等证据，医方认为是患方没有及时要求，导致无法固定证据。

2. 影像资料

如涉及冠状动脉造影、X 射线片等，患方可向医疗机构索取相关复印件。

如医院推诿无法查询，可告知其相关资料需要保存 20 年。

3. 监控录像

医院中公共部位的监控录像，如果能证明一些事实问题也会成为相关证据，患方可向医院有关部门申请封存医院摄像记录等。

案例一：某患者剧烈胸痛，家属从夜间3点到早晨6点，多次至护士台请医生，但护士一直没找到医生，最后患者死亡。患者家属认为医务人员延误抢救，请相关部门立刻封存了病区内摄像资料，以证明医生确实三个小时未到，延误了抢救时机，最后医院承认过失予以赔付。

案例二：某美容院请执业医师给前来美容的某甲做脸部塑形手术，因消毒不彻底，造成某甲术后感染，整容不成反毁容。因该美容院不是正规的医疗机构，术后没有任何书面材料。某甲事后曾多次与该美容院协商赔偿事宜，并用微型录像机记录了商谈的过程和对话。后双方协商无果，某甲诉至法院，向法院提交的重要证据就是录像带，以证明损害的存在。

4. 证人证言

证人证言作为证据，需要请证人在证明文件上签名，并保留证人的身份证复印件，同时需要事先告知证人，可能要配合出庭作证。

案例一：某医院住院病人吃饭后，上了厕所，回来后坐在床上，说了句为什么头那么痛，然后倒在床上意识丧失。医方认为患者是在进食中发生意识丧失，属于噎死。但患方记录了当时病房内其他病友的证言，结合尸体解剖为脑出血的结论，证明患者不属于噎死。此案证人证言至关重要。

案例二：某医院住院患者凌晨1点被外来人员吵醒，与其理论时患者猝死，此案涉及医院的管理责任，后同病房其他两名病友作证，证明确实有外来人员打扰患者休息。

5. 每日医疗费用明细账

如怀疑医院变更医嘱单，可以复印每日医疗费用明细账做对比。

6. 尸体解剖

《医疗纠纷预防和处理条例》第二十六条规定："患者死亡，医患双方对死因有异议的，应当在患者死亡后48小时内进行尸检；具备尸体冻存条件的，可以延长至7日。尸检应当经死者近亲属同意并签字，拒绝签字的，视为死者近亲属不同意进行尸检。不同意或者拖延尸检，超过规定时间，影响对死因判定的，由不同意或者拖延的一方承担责任。尸检应当由按照国家有关规定取得相应资格的机构和专业技术人员进行。医患双方可以委派代表观察尸检过程。”

尸体解剖可以让患方了解死因。患方需要特别注意的是，如果拒绝或拖延尸体解剖，影响对死因判定，由拒绝或者拖延的患方承担责任；同时患方应选择非该医院所属医学院的解剖室。

案例：某医院住院病人术后 24 小时死亡，死因不明，医方书面出具了要求尸体解剖的资料，患方拒绝。后来起诉至法院，因死因不明，且患方拒绝尸体解剖，法院判患方败诉。

尸体解剖的结果是把“双刃剑”，有时对患方有利，有时对医院有利，但尸体解剖结果是金标准，以下案件即围绕此开展。

案例一：某患者连续三天到某医院急诊，医院认为其为普通感冒，没有检查其腹部，没有做 CT，没有留观①，结果三天后患者死亡，经尸体解剖为急性阑尾炎穿孔死亡。根据此尸体解剖结果，医院愿意赔偿。

案例二：某患者因肺炎连续六天到某医院门诊就诊，但医方一直未留观，也未及时更换抗生素，最后患者死亡，尸体解剖结果为患者因肺炎死亡。根据此尸体解剖结果，医院愿意赔偿。

案例三：某患者腹痛，剖腹探查术后 1 天即死亡，尸体解剖结果发现患者是因全身各脏器功能衰竭，肺出血、脑出血死亡，与医院的剖腹探查手术关联不大。

对于医疗纠纷中的证据材料，如果无法在前期取得，可以在准备诉讼前或诉讼中尽快向法院申请证据保全或调取。尤其是病历材料的许多内容并不需要患者签字，患方很难证明病历被篡改，所以证据的保全一定要尽快尽早。

最后，患方要注意，发生医疗纠纷，需要证据保全时，即使个别医院有欺骗、撒谎、不提供完整的客观病历的行为，患方也不能有过激行为，否则对患方是极为不利的。

---

① 留观，即留院观察，通常指病人在病情未稳定时医生采取的观察病人身体情况的措施。下文对此不再进行提示。

# 第三章
# 医疗损害鉴定

## 第一节　医疗损害鉴定相关制度发展沿革

### 一、医疗损害鉴定概述

医疗损害鉴定，是指医疗机构及其医务人员因为在日常医疗行为中存在法定过错并造成患者人身损害而导致的医疗损害民事诉讼中，人民法院对于医疗技术等专门问题对外委托的鉴定统一称为医疗损害鉴定。①

### 二、医疗损害鉴定发展历程

20 世纪 50 年代末期至 70 年代末期，医疗损害纠纷的主要处理机关是各地的卫生行政部门，法院极少参与。从 80 年代后期开始，医疗损害纠纷的处理经历了两次重要变革：一是 1987 年 6 月 29 日，国务院发布《医疗事故处理办法》。二是 2002 年 4 月 4 日，国务院颁布了《医疗事故处理条例》，其第二十一条规定医疗事故鉴定由设区的市级地方医学会和省、自治区、直辖市直接管辖的县（市）地方医学会负责。《医疗事故处理条例》较《医疗事故处理办法》有了突破性的进步，规范了鉴定程序，确立了鉴定专家库制度，明确了鉴定结果的运用等。2003 年 1 月 6 日，最高人民法院发布《关于参照〈医疗事故处理条例〉审理医疗纠纷民事案件的通知》，其第一条规定因医疗事故以外的

① 孙庭超：《论我国医疗损害鉴定制度中的冲突及解决》，大连海事大学 2013 年硕士学位论文，第 3 页。

原因引起的医疗损害赔偿纠纷，参照《医疗事故处理条例》的相关规定办理。2005 年 2 月 28 日，第十届全国人民代表大会常务委员会第十四次会议通过《关于司法鉴定管理问题的决定》，2015 年 4 月 24 日，该决定被修订。在医疗事故纠纷鉴定中，司法鉴定变得日益重要。自此，我国医疗损害鉴定的两种模式基本确立：一是医学会鉴定专家组进行的医疗事故技术鉴定；二是司法鉴定机构进行的伤残等级鉴定，通常称为医疗损害司法鉴定。①

2010 年 7 月 1 日实施的《中华人民共和国侵权责任法》，统一确立了“医疗损害鉴定”这一概念。根据《最高人民法院关于适用〈中华人民共和国侵权责任法〉若干问题的通知》第三条规定，人民法院在适用《中华人民共和国侵权责任法》审理医疗损害纠纷案件时，依当事人申请或者依职权决定进行医疗损害鉴定的，按照《全国人民代表大会常务委员会关于司法鉴定管理问题的决定》《人民法院对外委托司法鉴定管理规定》及国家有关部门的规定组织鉴定。2013 年 4 月 8 日，《最高人民法院关于参照〈医疗事故处理条例〉审理医疗纠纷民事案件的通知》因与《中华人民共和国侵权责任法》等法律规定相冲突而被废止。2020 年 5 月 28 日，《民法典》侵权责任编对《中华人民共和国侵权责任法》医疗损害责任相关规定进行继承和补充。

2017 年 12 月 13 日，《最高人民法院关于审理医疗损害责任纠纷案件适用法律若干问题的解释》出台，对医疗损害纠纷审理的各个环节进行细化要求，使得医疗损害的鉴定更加规范，2020 年 12 月 29 日，该决定被修订，自 2021 年 1 月 1 日起施行。

2018 年 10 月 1 日实施的《医疗纠纷预防和处理条例》，根据开展医疗损害鉴定过程中医学会、司法鉴定机构的现实情况，综合考量不同鉴定机构运行机制的区别，从管理机制入手，构建新型的医疗损害鉴定模式。具体而言，从开展医疗损害鉴定工作的具体要素、环节入手，通过对管理、资质、标准和流程等进行统一，以保障医疗损害鉴定的科学性、专业性和客观性。医学会和司法鉴定机构为鉴定平台，发挥组织功能。具体的鉴定工作由医学、法医学等相关

① 邱爱民：《论我国医疗纠纷处理中二元化现象的历史与终结》，载《扬州大学学报（人文社会科学版）》2011 年第 15 卷第 3 期。

专业人员承担，坚持了同行评议的原则。此外，该条例还授权卫生行政管理部门和司法行政部门共同参与制定医疗损害鉴定相关管理办法，以期实现管理上的统一。

## 第二节　现行医疗损害鉴定概述

### 一、现行医疗损害鉴定主要方式

在我国司法实践中，涉及医疗损害赔偿纠纷案件的鉴定方式主要有两种：医学会鉴定和司法鉴定机构鉴定。

#### （一）医学会鉴定

医学会鉴定，是医疗损害案件的重要部分，鉴定医疗行为有无过错、损害后果及因果关系、医疗过错行为在医疗损害后果中的原因力大小等。损害后果依据伤残等级标准确定，涉及三期（误工期、护理期、营养期）的鉴定。当事人申请医疗损害鉴定的，除双方当事人协商一致以外，应由法院依职权委托医学会组织专家进行鉴定。

医疗事故鉴定由医学会组织鉴定专家组进行，鉴定专家由双方当事人在医学会医鉴办工作人员的组织下在专家库中随机抽取，鉴定实行合议制，鉴定意见由鉴定组集体负责。

1. 医学会鉴定流程

（1）提交医学会鉴定申请书

①在案件审理的过程中，患方如果没有发现医院方篡改、伪造病历，且双方无法达成调解协议，患方提交鉴定申请书。

②可选择医学会，也可选择司法鉴定中心。

③鉴定申请根据实际情况，可首先选择市区级医学会，也可首先选择省级医学会。

④如双方对死因或残疾程度有争议，在鉴定申请书中需注明抽取法医参加。

⑤如需要三期鉴定（误工期、护理期、营养期），可直接在申请书中提出。

⑥如患方对病历真实性存疑，可考虑先提出司法鉴定来判断病历真伪，不要直接提出医学会鉴定。

如果司法鉴定的意见为不排除病历造假，那么法院可能直接判决，也可能让医学会审核是否能鉴定，此时患方需要据理力争请求法院直接判决。

（2）编纂患方陈述意见书

患方陈述意见书，是本次鉴定的关键点，医学会鉴定组织人员根据患方陈述意见书初步拟定专家学科范围，医学会鉴定专家主要根据患方陈述意见进行分析判断。

患方陈述意见书的内容分为诊疗经过、医方损害行为、损害行为与损害后果的因果关系。

（3）医学会抽签

律师参加抽签，要带好原告方的委托书。患方一般由律师 1 人及患者家属 1 人组成。

专家学科范围一般由医学会确定，但一定要让被告医院的专家回避。

区医学会鉴定一般有 5 名专家，医患双方各抽取 2 人，医学会抽取 1 人。市医学会鉴定一般有 7 名专家，医患双方各抽取 3 人，医学会抽取 1 人。

同时也要抽取后备专家 1 人，具体操作与上述一致。

（4）医患双方陈述意见

医学会鉴定会议召开之前，患方要再次审核其陈述意见，并提炼出关键点。

医学会鉴定会议召开，医患双方各允许 3 人参加，医患双方都有 20 分钟的时间陈述意见。

一般是患者家属陈述诊疗经过、损害后果，然后律师提出几个关键点，总结发言。注意不要拖延时间，务求突出重点。

医院发言时，患方要仔细听取并记录。

医患双方发言后，专家会提问，此时要记住专家提问的问题及医院的答复，这可能是案件最关键之处。

专家提问后，医患双方退场，在鉴定中心门外等候，以备专家再次提问。

待医学会工作人员告知全部结束时，此鉴定会议结束。

（5）医学会鉴定意见

医学会鉴定意见出来后，法院会发出鉴定意见书给原告方。

医患双方如对结果满意，法院会立案审理。

医患双方如对结果不满意，市区级医学会鉴定的，可申请上一级省级医学会鉴定；已经是省级医学会鉴定的，可申请鉴定专家出庭质证。但在目前的实际操作中，医学会一般仅提供书面质证意见。

2. 医学会鉴定涉及的相关规定

（1）《民事诉讼法》（节录）

第七十九条　当事人可以就查明事实的专门性问题向人民法院申请鉴定。当事人申请鉴定的，由双方当事人协商确定具备资格的鉴定人；协商不成的，由人民法院指定。

当事人未申请鉴定，人民法院对专门性问题认为需要鉴定的，应当委托具备资格的鉴定人进行鉴定。

第八十条　鉴定人有权了解进行鉴定所需要的案件材料，必要时可以询问当事人、证人。

鉴定人应当提出书面鉴定意见，在鉴定书上签名或者盖章。

第八十一条　当事人对鉴定意见有异议或者人民法院认为鉴定人有必要出庭的，鉴定人应当出庭作证。经人民法院通知，鉴定人拒不出庭作证的，鉴定意见不得作为认定事实的根据；支付鉴定费用的当事人可以要求返还鉴定费用。

第八十二条　当事人可以申请人民法院通知有专门知识的人出庭，就鉴定人作出的鉴定意见或者专业问题提出意见。

（2）《医疗事故技术鉴定暂行办法》（节录）

第三条　医疗事故技术鉴定分为首次鉴定和再次鉴定。

设区的市级和省、自治区、直辖市直接管辖的县（市）级地方医学会负责组织专家鉴定组进行首次医疗事故技术鉴定工作。

省、自治区、直辖市地方医学会负责组织医疗事故争议的再次鉴定工作。

负责组织医疗事故技术鉴定工作的医学会（以下简称医学会）可以设立医

疗事故技术鉴定工作办公室，具体负责有关医疗事故技术鉴定的组织和日常工作。

第九条 双方当事人协商解决医疗事故争议，需进行医疗事故技术鉴定的，应共同书面委托医疗机构所在地负责首次医疗事故技术鉴定工作的医学会进行医疗事故技术鉴定。

第十三条 有下列情形之一的，医学会不予受理医疗事故技术鉴定：

（一）当事人一方直接向医学会提出鉴定申请的；

（二）医疗事故争议涉及多个医疗机构，其中一所医疗机构所在地的医学会已经受理的；

（三）医疗事故争议已经人民法院调解达成协议或判决的；

（四）当事人已向人民法院提起民事诉讼的（司法机关委托的除外）；

（五）非法行医造成患者身体健康损害的；

（六）卫生部规定的其他情形。

第十五条 双方当事人共同委托医疗事故技术鉴定的，由双方当事人协商预先缴纳鉴定费。

卫生行政部门移交进行医疗事故技术鉴定的，由提出医疗事故争议处理的当事人预先缴纳鉴定费。经鉴定属于医疗事故的，鉴定费由医疗机构支付；经鉴定不属于医疗事故的，鉴定费由提出医疗事故争议处理申请的当事人支付。

县级以上地方人民政府卫生行政部门接到医疗机构关于重大医疗过失行为的报告后，对需要移交医学会进行医疗事故技术鉴定的，鉴定费由医疗机构支付。

第十六条 有下列情形之一的，医学会中止组织医疗事故技术鉴定：

（一）当事人未按规定提交有关医疗事故技术鉴定材料的；

（二）提供的材料不真实的；

（三）拒绝缴纳鉴定费的；

（四）卫生部规定的其他情形。

第十七条 医学会应当根据医疗事故争议所涉及的学科专业，确定专家鉴定组的构成和人数。

专家鉴定组组成人数应为 3 人以上单数。

医疗事故争议涉及多学科专业的，其中主要学科专业的专家不得少于专家鉴定组成员的二分之一。

第十八条　医学会应当提前通知双方当事人，在指定时间、指定地点，从专家库相关学科专业组中随机抽取专家鉴定组成员。

第十九条　医学会主持双方当事人抽取专家鉴定组成员前，应当将专家库相关学科专业组中专家姓名、专业、技术职务、工作单位告知双方当事人。

第二十条　当事人要求专家库成员回避的，应当说明理由。符合下列情形之一的，医学会应当将回避的专家名单撤出，并经当事人签字确认后记录在案：

（一）医疗事故争议当事人或者当事人的近亲属的；

（二）与医疗事故争议有利害关系的；

（三）与医疗事故争议当事人有其他关系，可能影响公正鉴定的。

第二十一条　医学会对当事人准备抽取的专家进行随机编号，并主持双方当事人随机抽取相同数量的专家编号，最后一个专家由医学会随机抽取。

双方当事人还应当按照上款规定的方法各自随机抽取一个专家作为候补。

涉及死因、伤残等级鉴定的，应当按照前款规定由双方当事人各自随机抽取一名法医参加鉴定组。

第二十二条　随机抽取结束后，医学会当场向双方当事人公布所抽取的专家鉴定组成员和候补成员的编号并记录在案。

第二十三条　现有专家库成员不能满足鉴定工作需要时，医学会应当向双方当事人说明，并经双方当事人同意，可以从本省、自治区、直辖市其他医学会专家库中抽取相关学科专业组的专家参加专家鉴定组；本省、自治区、直辖市医学会专家库成员不能满足鉴定工作需要时，可以从其他省、自治区、直辖市医学会专家库中抽取相关学科专业组的专家参加专家鉴定组。

第二十五条　专家鉴定组成员确定后，在双方当事人共同在场的情况下，由医学会对封存的病历资料启封。

第二十七条　医学会应当自接到双方当事人提交的有关医疗事故技术鉴定的材料、书面陈述及答辩之日起45日内组织鉴定并出具医疗事故技术鉴定书。

第二十八条　医学会可以向双方当事人和其他相关组织、个人进行调查取证，进行调查取证时不得少于2人。调查取证结束后，调查人员和调查对象应当在有关文书上签字。如调查对象拒绝签字的，应当记录在案。

第二十九条 医学会应当在医疗事故技术鉴定7日前，将鉴定的时间、地点、要求等书面通知双方当事人。双方当事人应当按照通知的时间、地点、要求参加鉴定。

参加医疗事故技术鉴定的双方当事人每一方人数不超过3人。

任何一方当事人无故缺席、自行退席或拒绝参加鉴定的，不影响鉴定的进行。

第三十三条 鉴定由专家鉴定组组长主持，并按照以下程序进行：

（一）双方当事人在规定的时间内分别陈述意见和理由。陈述顺序先患方，后医疗机构；

（二）专家鉴定组成员根据需要可以提问，当事人应当如实回答。必要时，可以对患者进行现场医学检查；

（三）双方当事人退场；

（四）专家鉴定组对双方当事人提供的书面材料、陈述及答辩等进行讨论；

（五）经合议，根据半数以上专家鉴定组成员的一致意见形成鉴定结论。专家鉴定组成员在鉴定结论上签名。专家鉴定组成员对鉴定结论的不同意见，应当予以注明。

第三十五条 医疗事故技术鉴定书应当包括下列主要内容：

（一）双方当事人的基本情况及要求；

（二）当事人提交的材料和医学会的调查材料；

（三）对鉴定过程的说明；

（四）医疗行为是否违反医疗卫生管理法律、行政法规、部门规章和诊疗护理规范、常规；

（五）医疗过失行为与人身损害后果之间是否存在因果关系；

（六）医疗过失行为在医疗事故损害后果中的责任程度；

（七）医疗事故等级；

（八）对医疗事故患者的医疗护理医学建议。

经鉴定为医疗事故的，鉴定结论应当包括上款（四）至（八）项内容；

经鉴定不属于医疗事故的，应当在鉴定结论中说明理由。

医疗事故技术鉴定书格式由中华医学会统一制定。

第三十六条　专家鉴定组应当综合分析医疗过失行为在导致医疗事故损害后果中的作用、患者原有疾病状况等因素，判定医疗过失行为的责任程度。医疗事故中医疗过失行为责任程度分为：

（一）完全责任，指医疗事故损害后果完全由医疗过失行为造成。

（二）主要责任，指医疗事故损害后果主要由医疗过失行为造成，其他因素起次要作用。

（三）次要责任，指医疗事故损害后果主要由其他因素造成，医疗过失行为起次要作用。

（四）轻微责任，指医疗事故损害后果绝大部分由其他因素造成，医疗过失行为起轻微作用。

第四十条　任何一方当事人对首次医疗事故技术鉴定结论不服的，可以自收到首次医疗事故技术鉴定书之日起 15 日内，向原受理医疗事故争议处理申请的卫生行政部门提出再次鉴定的申请，或由双方当事人共同委托省、自治区、直辖市医学会组织再次鉴定。

（3）《医疗事故处理条例》（节录）

第二十一条　设区的市级地方医学会和省、自治区、直辖市直接管辖的县（市）地方医学会负责组织首次医疗事故技术鉴定工作。省、自治区、直辖市地方医学会负责组织再次鉴定工作。

必要时，中华医学会可以组织疑难、复杂并在全国有重大影响的医疗事故争议的技术鉴定工作。

第二十二条　当事人对首次医疗事故技术鉴定结论不服的，可以自收到首次鉴定结论之日起 15 日内向医疗机构所在地卫生行政部门提出再次鉴定的申请。

第二十五条　专家鉴定组进行医疗事故技术鉴定，实行合议制。专家鉴定组人数为单数，涉及的主要学科的专家一般不得少于鉴定组成员的二分之一；涉及死因、伤残等级鉴定的，并应当从专家库中随机抽取法医参加专家鉴定组。

第二十六条　专家鉴定组成员有下列情形之一的，应当回避，当事人也可以以口头或者书面的方式申请其回避：

（一）是医疗事故争议当事人或者当事人的近亲属的；

（二）与医疗事故争议有利害关系的；

（三）与医疗事故争议当事人有其他关系，可能影响公正鉴定的。

第二十八条第二款、第三款、第四款　当事人应当自收到医学会的通知之日起10日内提交有关医疗事故技术鉴定的材料、书面陈述及答辩。医疗机构提交的有关医疗事故技术鉴定的材料应当包括下列内容：

（一）住院患者的病程记录、死亡病例讨论记录、疑难病例讨论记录、会诊意见、上级医师查房记录等病历资料原件；

（二）住院患者的住院志、体温单、医嘱单、化验单（检验报告）、医学影像检查资料、特殊检查同意书、手术同意书、手术及麻醉记录单、病理资料、护理记录等病历资料原件；

（三）抢救急危患者，在规定时间内补记的病历资料原件；

（四）封存保留的输液、注射用物品和血液、药物等实物，或者依法具有检验资格的检验机构对这些物品、实物作出的检验报告；

（五）与医疗事故技术鉴定有关的其他材料。

在医疗机构建有病历档案的门诊、急诊患者，其病历资料由医疗机构提供；没有在医疗机构建立病历档案的，由患者提供。

医患双方应当依照本条例的规定提交相关材料。医疗机构无正当理由未依照本条例的规定如实提供相关材料，导致医疗事故技术鉴定不能进行的，应当承担责任。

第三十条　专家鉴定组应当认真审查双方当事人提交的材料，听取双方当事人的陈述及答辩并进行核实。

双方当事人应当按照本条例的规定如实提交进行医疗事故技术鉴定所需要的材料，并积极配合调查。当事人任何一方不予配合，影响医疗事故技术鉴定的，由不予配合的一方承担责任。

第三十一条第一款　专家鉴定组应当在事实清楚、证据确凿的基础上，综合分析患者的病情和个体差异，作出鉴定结论，并制作医疗事故技术鉴定书。鉴定结论以专家鉴定组成员的过半数通过。鉴定过程应当如实记载。

(4)《医学会医疗损害鉴定规则（试行）》（节录）

第二章　专家库

第四条　医学会应当结合医疗损害鉴定工作需要建立专家库。

卫生专业技术人员成为专家库候选人应具备下列条件：

（一）有良好的业务素质和执业品德；

（二）受聘于医疗卫生机构或者医学教学、科研机构，并担任相应高级专业技术职务 3 年以上；

（三）健康状况能够胜任医疗损害鉴定工作。

法医和其他专业人员成为专家库候选人应符合前款第（一）、（三）项规定条件，并具备高级技术职务任职资格，或者具备中级技术任职资格后有 5 年以上相关工作经历。

聘请专家进入专家库，可以不受行政区域的限制。

受聘进入专家库的专家，医学会应颁发中华医学会统一格式的聘书。在本规则实施前医学会组建专家库颁发的聘书，可以沿用至届满。

第五条　专家库成员聘用期一般 4 年。在聘用期间发现下列情形之一的，医学会应根据实际情况及时进行调整：

（一）因健康原因不能胜任鉴定工作的；

（二）变更受聘单位或者被解聘的；

（三）不具备完全民事行为能力的；

（四）因严重医疗过错受到行政处罚的；

（五）受刑事处罚的；

（六）医学会认为需要调整的其他情形。

聘用期满需继续聘用的，由医学会重新审核、聘用。

第六条　医学会根据当地实际情况，对应医疗损害鉴定学科专业组名录设置专家库中的学科专业组。

中华医学会负责医疗损害鉴定学科专业组名录的制定和维护。

第三章　委托与受理

第七条　省级医学会、设区的市级和直辖市直接管辖的区（县）医学会可以接受医患双方共同委托以及医疗纠纷人民调解委员会、人民法院等单位的委托，开展医疗损害鉴定。

医学会一般接受本省、自治区、直辖市区域内的鉴定委托。

第八条　医学会收到医疗损害鉴定委托，应当要求委托人出具医疗损害鉴定委托书，并提供与委托鉴定事项相关的合法、真实、完整、充分的鉴定材料。

第九条　医疗损害鉴定材料包括：

（一）医患双方的陈述材料；

（二）门（急）诊病历、住院病历；

（三）依法作出的有关检查、检验、鉴定、调查等报告；

（四）与医疗损害鉴定有关的其他材料。

第十条　医学会收到医疗损害鉴定委托书和鉴定材料后，应当在7个工作日内对委托鉴定事项和鉴定材料进行审查。符合受理条件的，医学会应当在决定受理后3个工作日内发出受理通知书。

遇有委托鉴定事项不明确、鉴定材料明显不能满足鉴定需要等情形，医学会应当书面通知委托人进一步确认、补充。

对鉴定事项、时间、程序、标准等方面有合理要求，不违反鉴定基本原则的，医学会可与委托人协商约定。

第十一条　有下列情形之一的，医学会不予受理医疗损害鉴定：

（一）医方或者患方单方委托医疗损害鉴定的；

（二）委托事项不明确，或者超出医疗损害鉴定范围的；

（三）委托人未按要求提供或者补充鉴定材料的；

（四）医患双方对鉴定材料的真实性、完整性等有争议，不能达成一致意见的；

（五）委托人对医学会鉴定工作的时间、程序、标准等不认可，不能达成一致意见的；

（六）鉴定要求超出医学会技术条件和鉴定能力的；

（七）委托人就同一鉴定事项同时委托其他机构进行医疗损害鉴定，尚未出具鉴定意见的；

（八）当事人就同一争议提起诉讼且人民法院已经受理的（司法机关委托

的除外）；

（九）其他不符合法律、法规、规章规定情形的。

已经出具医疗损害鉴定意见的，原医学会一般不再受理医疗损害的重新鉴定。

不予受理的，医学会应当书面通知委托人，并说明理由，退还鉴定材料。

第十二条　各省、自治区、直辖市对医学会开展医疗损害鉴定工作的收费管理方式和标准有规定的，医学会应当执行；尚无规定的，可以参照相关鉴定项目收费标准收取。

鉴定费预先向医患双方收取。医患双方共同委托的，由医患双方协商各自缴费数额；单位委托鉴定的，由委托单位组织缴纳。

第十三条　医学会受理鉴定后认为需要补充鉴定材料的，应当通知委托人按照要求提供。

医患双方提交的材料，经委托人确认后可以作为鉴定材料。

第四章　鉴定实施

第十四条　医学会应当组织具备相应鉴定能力、符合鉴定要求的专家组成的鉴定专家组进行医疗损害鉴定，并根据鉴定事项所涉及的学科专业和具体情况，确定鉴定专家组的构成。

医学会组织医患双方在专家库中抽取产生鉴定专家组，同时可以抽取一定数量的候补专家。

专家库中专家不足的，可以从本地设区的市级以上人民政府卫生健康、司法行政部门共同设立的医疗损害鉴定专家库中抽取补充。

第十五条　医疗损害鉴定专家组应当具备下列条件：

（一）鉴定专家组人数为3人以上单数；

（二）主要争议问题所涉学科专业的鉴定专家不少于鉴定专家组成员的二分之一；

（三）涉及死亡原因、伤残等级等鉴定的，应当有相应的法医学专家参加。

第十六条　鉴定专家和鉴定工作人员有下列情形之一的，应当回避：

（一）是医疗纠纷当事人或者当事人的近亲属的；

（二）与医疗纠纷有利害关系的；

（三）参加过本医疗纠纷相关鉴定的；

（四）与医疗纠纷当事人有其他关系，可能影响公正鉴定的。

鉴定专家或者鉴定工作人员自行提出回避，委托人或者医患双方要求回避的，应当向医学会提出，由医学会决定。委托人对医学会是否实行回避的决定有异议，不能达成一致意见的，医学会可以中止鉴定或者终止鉴定。

第十七条 医学会应当在受理鉴定之日起 30 个工作日内完成鉴定并出具鉴定意见书。鉴定事项涉及复杂、疑难或者其他特殊问题的，完成鉴定的时间可以延长，延长时间一般不超过 30 个工作日。延长鉴定时间应当书面告知委托人。

鉴定过程中补充鉴定材料所需时间，不计入鉴定时间。

第十八条 鉴定专家及鉴定工作人员不得违规接受医患双方和委托人的财物或者其他利益。

第十九条 医学会应当妥善保管委托人提供的鉴定材料。鉴定工作可能导致鉴定材料灭失或者损毁的，医学会应当提前向委托人说明，并征得当事人明确同意。

医学会及鉴定专家应当保守鉴定工作有关秘密，不得泄露个人隐私。

第二十条 医疗损害鉴定应当召开鉴定会。医学会应当在医疗损害鉴定会 3 个工作日前，将会议的时间、地点和要求等书面通知委托人和鉴定专家组，并将鉴定材料送达鉴定专家。

第二十一条 鉴定专家组成员接到医学会通知后认为自己应当回避，或者有其他原因无法参加鉴定的，应当及时通知医学会，并说明理由。

鉴定专家组成员无法参加鉴定的，可以在专家库中补充抽取相应学科专业的专家。

鉴定专家组成员因不可抗力等因素未能及时向医学会说明不能参加鉴定会，或者虽说明但医学会无法按规定组成鉴定专家组的，鉴定会可以延期进行；也可以经委托人和医患双方同意，由不能到场的专家以书面、视频等形式参加现场调查及合议，以保证鉴定会如期进行。

第二十二条 鉴定会由医学会组织，分为现场调查阶段和鉴定专家组合议阶段。

医患双方应当参加鉴定会的现场调查阶段，每一方人数不超过 3 人。委托单位可以指派 1-2 名人员旁听鉴定会现场调查阶段。

鉴定会一般按照以下程序进行：

（一）医学会工作人员宣布会场纪律，核实参会人员身份，介绍鉴定过程和鉴定专家组基本情况；

（二）患方、医方在规定的时间内依次陈述意见和理由；

（三）鉴定专家组成员根据需要进行提问；

（四）必要时，可以对患者进行现场医学检查；

（五）医患双方、委托单位人员退场；

（六）鉴定专家组合议。

当事人无故缺席、自行退席或者拒绝参加鉴定会的，不影响鉴定会继续进行。

组织鉴定的工作人员，应当如实记录鉴定会过程和专家的意见。

除组织鉴定的工作人员外，其他人员不得在鉴定会中录音、摄像、拍照。

第二十三条　鉴定专家组根据鉴定材料，结合医患双方陈述、现场调查，依据有关法律、法规、规章和诊疗护理规范、常规，运用专业理论知识和经验，针对委托鉴定事项综合分析，经合议，根据半数以上鉴定专家组成员的意见形成鉴定意见。

当日无法形成鉴定意见的，医学会可以择期组织鉴定专家组成员合议。

鉴定专家对鉴定意见有不同意见的，应当注明。

第二十四条　医学会应当根据鉴定专家组的合议意见制作医疗损害鉴定意见书。鉴定意见书一般包括：

（一）委托人及委托鉴定的要求；

（二）医患双方的基本情况；

（三）鉴定相关材料；

（四）对鉴定过程的说明；

（五）诊断、治疗的基本情况；

（六）围绕委托鉴定事项对是否存在损害后果以及损害程度、是否存在医疗过错行为、医疗过错行为与损害后果是否存在因果关系、医疗过错行为在医疗损害中的原因力大小等内容的详细论述；

（七）鉴定意见。

鉴定意见书由鉴定专家组成员签名或者盖章，载明其学科专业和职称，并加盖医疗损害鉴定专用章。

医疗损害鉴定意见书格式及书写要求由中华医学会统一制定。

第二十五条　医疗损害的损害后果分为死亡、残疾和其他后果三种情形。构成残疾的，可以参照《医疗事故分级标准（试行）》评定伤残等级；属于其他后果的，可以直接描述造成损害的情况。

第二十六条　医疗过错行为造成损害后果的原因力大小可以按照以下几种情形表述：

（一）全部原因，即损害后果完全由医疗过错行为造成；

（二）主要原因，即损害后果主要由医疗过错行为造成，其他因素起次要作用；

（三）同等原因，即损害后果的造成，医疗过错行为和其他因素的作用难以确定主次；

（四）次要原因，即损害后果主要由其他因素造成，医疗过错行为起次要作用；

（五）轻微原因，即损害后果绝大部分由其他因素造成，医疗过错行为起轻微作用；

（六）无因果关系，即损害后果与医疗过错行为无关。

第二十七条　医疗损害鉴定意见书一式多份，委托单位、患方和医方各一份，一份由医学会存档。医学会应当及时将鉴定意见书送达委托人。

第二十八条　受理鉴定后，有下列情形之一的，医学会可以中止鉴定：

（一）未按要求补充鉴定材料、缴纳鉴定费用的；

（二）当事人对鉴定材料、鉴定专家组组成等提出异议，不能解决的；

（三）因委托人、当事人或者其他原因导致鉴定暂时不能进行的；

（四）医学会认为需要中止鉴定的其他情形。

医学会作出中止鉴定决定后，应当及时书面通知委托人，并说明原因。

中止的情形消除后，医学会应及时恢复鉴定程序。中止时间不计入鉴定时限。

第二十九条　受理鉴定后，有下列情形之一的，医学会可以终止鉴定：

（一）发现有不符合受理条件的；

（二）委托人不能或者拒绝补充提供符合要求的鉴定材料的；

（三）当事人扰乱医学会工作秩序、鉴定秩序，影响鉴定进行的；

（四）委托人撤销鉴定委托或者要求终止鉴定的；

（五）中止期满3个月，中止情形仍未能消除的；

（六）因当事人健康、丧失行为能力等原因，或者不可抗力致使鉴定无法继续进行的；

（七）法律、法规、规章规定的其他应当终止鉴定的情形。

医学会在作出终止鉴定的决定后，应当及时书面通知委托人，说明原因，退还相关材料，退还部分或者全部鉴定费用。

第三十条　鉴定意见书出具后，发现有下列情形之一的，医学会可以进行补正：

（一）印制不清晰的；

（二）签名、盖章或者编号不符合制作要求的；

（三）文字表达、格式有瑕疵或者错别字，但不影响鉴定意见的。

补正应当在原鉴定意见书上进行，加盖医疗损害鉴定专用章。必要时，可以出具补正书。

对鉴定意见书进行补正，不得改变医疗损害鉴定意见的原意。

第三十一条　医学会遗漏委托鉴定事项，委托人要求补充鉴定的，医学会应当组织补充鉴定，不得另行收取费用。

委托人补充新的鉴定事项或者提供新的鉴定材料，申请补充鉴定，医学会同意进行补充鉴定的，可以另行收取费用。

补充鉴定是原委托鉴定的组成部分，一般由原鉴定专家组进行。原鉴定专家组难以组织的，医学会可以在专家库中抽取其他专家组成鉴定组。

补充鉴定可以召开现场会议，也可以以视频、书面等形式组织专家进行。

第三十二条　有关单位依法调查后认定医学会或者鉴定专家不具备医疗损害鉴定资格、鉴定程序严重违法、鉴定意见明显依据不足或者出具虚假鉴定意见而委托重新鉴定，要求退还已经收取的鉴定费用，医学会应当退还。

第三十三条 有条件的医学会可以接受委托单位依法委托的医疗损害重新鉴定。重新鉴定时，鉴定专家组应当不少于 5 人，其中至少有 3 人具备正高级专业技术职务。

第三十四条 人民法院通知出庭作证的，医学会应当按规定组织鉴定人员出庭。因健康原因、自然灾害等不可抗力或者其他正当理由不能按期出庭的，医学会应及时向人民法院说明。经人民法院许可，也可以通过书面说明、视听传输技术或者视听资料等方式作证。

第三十五条 鉴定专家参加鉴定会的劳务报酬，可以参照国家或者地方财政项目专家咨询费标准支付。

第三十六条 医学会应当制作并保存医疗损害鉴定档案，档案保存期限不少于 20 年。

第三十七条 地方医学会出具鉴定意见书后 30 个工作日内通过中华医学会建立的信息系统上报有关鉴定信息。

### （二）司法鉴定机构鉴定

司法鉴定机构鉴定是指人民法院在审理医疗损害赔偿纠纷案件中，依据职权或应当事人的请求，委托司法鉴定机构对医疗损害结果与医疗机构有无过错、因果关系等专门性问题进行鉴定，是由果及因的鉴定。鉴定目的主要是确认人身损害的方式、方法、程度及后期治疗费用等，鉴定人个人对鉴定意见负责。

根据司法部 2021 年 11 月 17 日发布的《医疗损害司法鉴定指南》（SF/T 0097—2021）的相关规定，流程如下：

1. 医疗损害司法鉴定的委托

（1）委托人

医疗损害司法鉴定一般由具有管辖权的人民法院委托。必要时，宜由具有检察、监察和监督权的机关和组织作为委托人。

对医疗纠纷进行行政处理或者调解、仲裁需实施的鉴定，宜由具有相应处置权的机构或者单位委托，或由发生医疗纠纷的各方当事人（即患方与相应医疗机构）共同委托。

（2）委托鉴定事项

医疗损害司法鉴定一般包括以下委托事项：

①医疗机构实施诊疗行为有无过错；

②医疗过错行为与损害后果之间是否存在因果关系以及原因力大小；

③医疗机构是否尽到了说明义务、取得患者或者患者近亲属书面同意的义务；

④其他有关的专门性问题。

委托人根据需要酌情提出委托鉴定的事项，司法鉴定机构宜与委托人协商，并就委托事项达成一致意见。

2. 鉴定材料预审

委托人提出医疗损害司法鉴定委托后，向司法鉴定机构提供鉴定材料供鉴定人审核，司法鉴定机构在规定期限内给予是否符合受理条件以及本机构是否具备鉴定能力的答复。鉴定材料不能满足审核要求的，鉴定机构宜及时提出补充提供的要求。

提供的鉴定材料根据案件所处阶段，一般包括但不限于：鉴定申请书、医患各方的书面陈述材料、病历及医学影像学资料、民事起诉状和民事答辩状。

3. 听取医患各方陈述意见

鉴定材料预审后拟受理鉴定的，司法鉴定机构宜确定鉴定人并通知委托人，协商组织听取医患当事各方（代表）的意见陈述。当事各方或一方拒绝到场的，视为放弃陈述的权利；鉴定人经与委托人协商，委托人认为有必要的，则继续鉴定。

听取医患各方陈述意见的程序如下：

（1）基本形式

一般采用现场会议的形式听取医患各方的陈述意见，或经与委托人协商，也能采用远程视频会议和电话会议等形式。

（2）参与人员

①参与人员一般包括鉴定人（必要时可包括鉴定助理和记录人），委托人或其代表，患方（包括患者本人和/或其家属、患方代理人、专家辅助人以及

其他有关人员），医方（包括当事医务人员和/或其所在医疗机构的代表、医方代理人、专家辅助人以及其他有关人员）；

②医、患各方参与人数不宜超过五人；

③若有必要，利益相关方（如造成患者人身损害的相对方当事人或其代理人，以及与赔偿有关的保险公司人员）也能参与陈述意见；

④必要时，宜邀请提供咨询意见的（临床）医学专家参与听取医患各方的陈述。

（3）听取陈述意见

①概述

若委托人或其代表到会，一般先由委托人或其代表介绍医患各方人员，宣布委托鉴定事项（鉴定内容），介绍受委托的司法鉴定机构。

宜由司法鉴定机构委派的鉴定人主持医患意见陈述会。鉴定人宜说明以下事项：

a. 宣布并介绍鉴定人，说明有关鉴定人回避的规定，询问有无提出回避申请及其理由；

b. 司法鉴定采用鉴定人负责制，鉴定过程中会根据需要聘请相关医学专家提供咨询意见，但其意见仅供鉴定人参考，鉴定人对鉴定意见负责；

c. 鉴定起始之日与鉴定期限一般自正式签署《司法鉴定委托（确认）书》并鉴定材料提供完成之日起计算，有约定的从约定；

d. 在鉴定终结前，医患各方未经许可，不宜私自联系鉴定人；若确需补充材料的，向委托人提交并由委托人审核和质证后转交鉴定人。

②医患意见的陈述

医患各方分别陈述，每方陈述宜在 20 分钟以内。通常按先患方、后医方的次序进行。双方陈述完毕后，可以补充陈述。鉴定人在主持过程中宜说明如下陈述要求：

a. 医患各方在规定时间内陈述各自的观点和意见，陈述时尽可能围绕委托鉴定事项所涉及的诊疗过程、损害后果及其因果关系等具体问题；

b. 医患各方勿随意打断对方的陈述，不能辱骂、诋毁或威胁对方、委托人和鉴定人；

c. 医患各方陈述后，鉴定人为进一步了解有关情况，可就鉴定所涉及的问题向各方提问，必要时作适当的说明；

d. 医患各方均可向鉴定人提交书面陈述意见，书面陈述意见可包括临床医学指南、行业专家共识或者医学文献等资料；

e. 确有必要时，医患双方的陈述分别进行。

③会议记录

鉴定机构摘要记录医患各方的陈述意见，通过现场陈述的，由医患各方到场人员在会议记录上签字确认；通过远程视频或者电话会议形式的，宜采用录音和录像等形式记录。

会议记录是鉴定活动的工作记录，宜存档保存，但一般不直接作为鉴定依据。

（4）鉴定材料争议时的处置

①审核与责任

审核与责任的建议如下：

a. 委托人对鉴定材料的真实性、完整性和充分性负责；

b. 鉴定人对鉴定材料是否适用和能否满足鉴定需求进行必要的审核；

c. 医患各方对鉴定材料提出异议的，鉴定人根据审核结果，按照“②酌情确定是否可以实施鉴定”或者“③中止或者终止鉴定”的规定酌情处理。

②酌情确定是否可以实施鉴定

在以下情形下，确定是否实施鉴定：

a. 当事人所提异议不影响鉴定实施，鉴定人经征得委托人同意后，宜继续实施鉴定；

b. 当事人所提异议可以通过鉴定材料中相关内容或者其他资料加以明确的，鉴定人经与委托人协商后，确定是否继续鉴定；

c. 鉴定人针对当事人的异议，经综合鉴定材料综合评估认为，该异议成立与否可能会对鉴定意见产生实质影响的，宜与委托人充分协商，酌情确定是否继续鉴定。

③中止或者终止鉴定

当事人所提异议对鉴定意见可能产生实质性影响，鉴定人经与委托人协商，仍不能解决异议的，宜中止或者终止鉴定。经补充材料后若异议得以解决，则再重新启动鉴定。

④涉及特殊检材的鉴定

涉及特殊检材的鉴定建议如下：

a. 鉴定人认为需提供病理组织切片、蜡块、组织块或者尸体等特殊检材的，委托人以及医患各方需积极配合，经确认后提交鉴定机构；提交过程中若发生检材遗失和毁损等情况，鉴定机构不承担责任。

b. 特殊检材送达鉴定机构后，鉴定人及时确认类型、数量和保存状态。若特殊检材已发生遗失和毁损，告知委托人并保留相关记录。

c. 鉴定过程中，鉴定机构妥善保管和使用特殊检材。

4. 鉴定的受理与检验

经确认鉴定材料，并符合受理条件的，由司法鉴定机构与委托人签订办理受理确认手续。

鉴定的基本判断事项如下：

（1）医疗过错

①违反具体规定的过错

医疗机构及其医务人员在诊疗过程中违反法律、行政法规、规章以及相应诊疗、护理规范的具体规定，或者有违该专业领域多数专家认可的原则和方法，则视为存在医疗过错（规定、原则和方法，既包括成文的，也包括“约定俗成”的）。

②违反注意义务的过错

以医疗纠纷发生当时相应专业领域多数医务人员的认识能力和操作水平衡量，医疗机构及其医务人员有责任也有能力对可能出现的损害加以注意，但因疏忽大意或过度自信而未能注意，则认定存在医疗过错。在判定时适当注意把握合理性、时限性和地域性原则。

③违反告知义务的过错

医疗机构及其医务人员在诊疗过程中宜对患者的病情及拟采取的诊疗措施作出必要的告知，并取得患方的知情与对诊疗措施的同意。未尽到告知义务，则视为存在医疗过错。

告知的情形包括但不限于以下内容：

a. 疾病的诊断，包括医师知道的和应当知道的；

b. 拟采取诊疗措施的目的、方法、利益和风险，以及拒绝该措施的风险和利益；

c. 除拟采取的诊疗措施以外，可供选择的其他替代措施；

d. 可能对患者造成明显侵袭性伤害或者需要患者承受较强烈痛苦的诊疗措施；

e. 费用昂贵的检查、药物和医疗器械；

f. 关于转医的事项；

g. 其他按照相关规定有必要取得患者知情和同意的情形。

医务人员的告知既包括书面说明，有时也包括其他适当形式的告知。实际鉴定时，鉴定人宜审慎判断，并关注医务人员未尽到告知义务对患者的实际损害。

（2）损害后果

①死亡

死亡是最严重的损害后果，指被鉴定人（患者）作为自然人的生命终结。

②残疾

残疾是较严重的损害后果，指患者的肢体、器官和组织结构破坏或者不能发挥正常的生理功能，工作、学习乃至社会适应、日常生活因此而受到影响，有时需他人适当给予帮助，甚至存在医疗依赖、护理依赖和营养依赖的情形。

③病程延长

病程延长是指患者的病程或其疾病诊疗的临床过程较通常情况延长。

④病情加重或者其他损害

病情加重或者其他损害是指患者的肢体、器官和组织虽有部分损害，例如：程度较诊疗前并无任何改善或者反有加重，但仍然能够发挥基本正常的生理功能，能基本正常地从事工作和学习，社会适应和日常生活也无明显受限，尚不至于构成残疾的情形。

⑤错误受孕、错误生产、错误生命

错误受孕、错误生产和错误生命含义如下：

a. 错误受孕是指因医方建议或应用避孕措施不当，导致妇女意外受孕；

b. 错误生产也称错误分娩，是就新生儿的父母而言，孕妇妊娠期间虽经产前检查但未避免分娩缺陷胎儿；

c. 错误生命（也称“错误出生”），是由新生儿本人主张其母亲在妊娠期间虽经产前检查但未发现异常或者未作出必要提示，导致自己出生时即带有缺陷。

⑥丧失生存机会

相对于死亡后果而言，丧失生存机会属中间损害（或称“过程性损害”），并非最终损害后果。丧失生存机会是指患者自身疾病存在短期内致死的较大可能性，或者疾病严重、期望生存期有限，但发生医疗损害致使死亡未能得以避免或者缩短了生存期。

⑦丧失康复机会

相对于残疾后果而言，丧失康复机会属中间损害（或称“过程性损害”），并非最终损害后果。丧失康复机会是指患者自身疾病具有导致残疾或功能障碍的较大可能性，但发生医疗损害致使残疾或功能障碍未能得以有效避免。

（3）因果关系及原因力大小

①医疗行为与患者的损害后果之间无因果关系

不良后果几乎完全是由于患者病情本身的特点、自身健康状况、体质的特殊性或者限于当时医疗水平等因素造成，与医疗行为不存在本质上的关联。

②医疗行为与患者的损害后果之间存在一定的因果关系，过错系轻微原因

损害后果从本质上而言是由于患者病情本身的特点、自身健康状况、体质的特殊性或者限于当时医疗水平等因素造成，医疗过错行为仅在损害后果的发生或进展过程中起到了一定的诱发或轻微的促进和加重作用，即使没有发生医疗过错，损害后果通常情况下仍然难以避免。

③医疗行为与患者的损害后果之间存在一定的因果关系，过错系次要原因。

5. 咨询专家意见

鉴定人就鉴定中涉及的专门性问题咨询相关医学专家。专家意见宜内部存档并供鉴定人参考，但不作为鉴定意见书的一部分或其附件。

6. 制作鉴定意见书

鉴定人综合所提供的鉴定材料、医患各方陈述意见、检验结果和专家意见，根据医学科学原理、临床诊疗规范及鉴定原则，完成鉴定意见书的制作，

并对鉴定意见负责。

## 二、现行医疗损害鉴定待完善之处

综观我国医疗损害鉴定制度的发展，可以看到，公平正义的价值理念一直是医疗损害鉴定工作追求的核心价值，指引鉴定制度发展的前进方向。医疗损害鉴定制度的逐步完善，是为了保障医疗损害鉴定中结论的客观性和科学性。当下，以医疗事故鉴定和医疗损害鉴定方式并存的“二元化”鉴定体制，是我国现行主流的医疗损害鉴定体制。随着医学会主导的医疗事故鉴定方式与司法鉴定机构主导的医疗损害鉴定方式在司法实践中的运用，以下三个方面有待进一步完善：

### （一）鉴定方式有待统一

目前各地医学会领导均由当地卫生行政机关指派的工作人员担任，并接受卫生行政机关的领导。医学会进行医疗事故鉴定，组建鉴定专家库，该专家库成员一般均来自本地区范围内各大医院的临床医疗专家。由于地域性和同行业关联性强的原因，这些医院的专家之间相互比较熟悉。所以，院方倾向于选择医学会鉴定。而患者一方则会更希望选择司法鉴定机构鉴定。出于不同诉讼请求和趋利避害的心理，双方当事人往往会申请不同的鉴定方式，以实现自己所期望的医疗损害鉴定结果。

目前各地审判机关会采取医学会鉴定和司法鉴定机构鉴定二选一的方式，或是同时采取两种鉴定方式，抑或是采取折中方式，即如果先医学会鉴定不构成医疗事故，再委托司法鉴定机构重新开展一次鉴定。综上，各地司法实践采取的鉴定方式有待统一。

### （二）诉讼成本有待降低

由于医患双方往往都会想方设法争取对自己有利的鉴定结果，故通常以申请重新鉴定等方式来推翻现有鉴定意见。多次鉴定使得医疗损害类案件的诉讼过程往往比较漫长，增加了双方当事人的经济成本和时间成本，浪费了宝贵的司法资源。

### （三）采信标准有待建立

在医疗损害纠纷案件中，具有高度专业化的医疗操作行为不是一般人所能了解的。审判人员作为非专业人士，难以判断医生诊疗的过程、细节是否合理合规。正是基于此客观情况，在医疗损害纠纷案件中需要引入鉴定机制，但在面对不同且未规定效力层级的鉴定意见时，审判人员难以取舍采信，给案件的审理造成了一定的困扰。

# 第四章
# 医疗纠纷解决途径

## 第一节　医疗纠纷概述

医疗纠纷的解决途径是多元化的，医患双方可以通过不同的途径解决矛盾，但不同的途径具备不同的特点。本章重点剖析医疗纠纷的解决途径。

### 一、医疗纠纷的起因

较为全面地认识医疗纠纷的起因对后续解决途径的选择具有参考意义。以下从四个方面阐述：

#### （一）患方医疗需求的提升，维护自身权益意识的提升

随着我国社会和经济的发展，公众的就医需求明显提升。这势必会引发一定比例的医疗纠纷。根据 2020 年中国卫生健康统计年鉴，从 2010 年至 2019 年，医疗机构数量、医疗机构诊疗人次数和居民平均就诊次数都在增加，详见下图①。这反映了医疗机构为适应人民的医疗需求，其数量整体呈现增长趋势，民众对于身体健康也越发关注。

而随着民众物质、生活和教育水平的提高，民众维护自身权益意识也随之提高，当遇到问题时更会捍卫自身的权益，也愿意为此付出一定的成本。随着社会、经济和法律的发展，医疗纠纷的增加，具有一定的必然性。

---

① 2020 年中国卫生健康统计年鉴，载国家卫生健康委员会网，http：//www. nhc. gov. cn/mohwsbw-stjxxzx/tjtnj/202112/dcd39654d66c4e6abf4d7b1389becd01/files/7325fee02bf84676a15ebcfa827c9cd5. pdf，最后访问时间：2023 年 3 月 7 日。

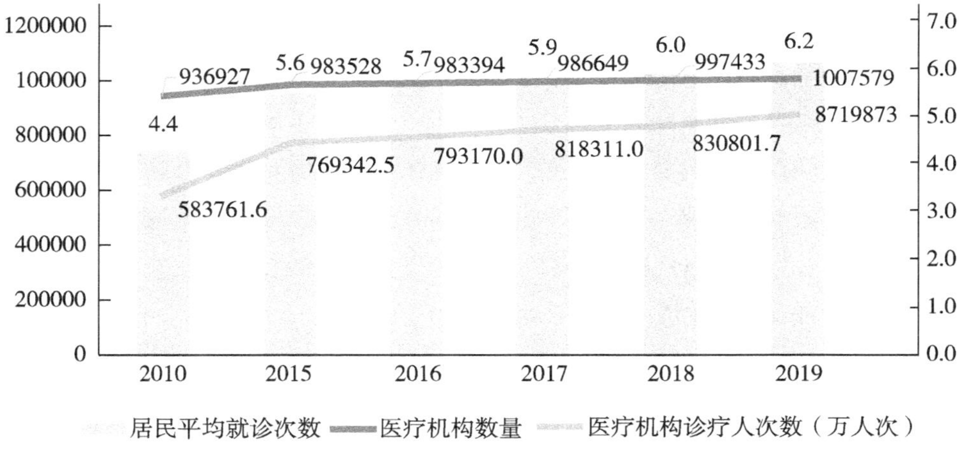


**近年医疗机构数量和就诊情况**

（二）部分医疗机构、医护人员对于各类诊疗规范执行不到位，专业能力不足

医疗是一门博大精深的专业学科，需结合理论与实际操作，这对医护人员的专业能力、遇事的判断能力有一定的要求。患者在治疗过程中身体指标变化多端，患者是否符合手术指征，患者术后的护理是否得当，都需医护人员严加把关。另外，许多诊疗规范和制度需要积极落实，如病历书写规范、会诊制度、手术分级制度、危重患者抢救制度、临床用血审核制度等，执行不到位则有可能成为医疗纠纷的诱因。在实际生活中，个别医护人员专业水平不够，缺乏对患者的责任心，在诊疗制度的执行上也存在疏漏或瑕疵，这都会为医疗纠纷埋下伏笔。

（三）患方对治疗效果的期望值过高，对医方也缺乏信任

患者到医院就诊，对医疗机构和医生都有较高的期待，但可能受限于医疗机构的设施、诊疗水平或患者的身体实际情况，最后未必能达到治疗效果或治疗效果不符合患者预期。这也容易引发患者对医方的信任危机。

（四）医患双方缺乏沟通及部分医务人员态度不佳

医患沟通和诊疗服务贯穿整个诊疗过程，包括看诊病情沟通、术前方案和风险告知、突发问题沟通、发生医疗纠纷后的沟通等。如果医疗机构与患方沟

通既不耐心也不细致，在关键的风险点上告知不足，发生医疗问题时对患方的情绪安抚不够，或在诊疗时服务态度不佳，都可能引发医疗纠纷。比如说拟对患者进行手术时，可能有多个手术方案和多个时间点可供手术，医方为什么选择在某个时间点实施某个手术方案？为什么在手术之前对身体某些指标需要监测？医疗体系本就庞杂，有一些专业知识如果没有和患方提前沟通清楚，就容易造成误解。尤其是出现医疗问题后，有的患方易情绪激动，此时医方若不安抚患方、不理睬或与患方对抗，则更会激化矛盾。

## 二、医疗纠纷解决途径演变

由于医疗纠纷的成因多样化，解决医疗纠纷的途径也同样多样化，并且随着医疗纠纷的增加，解决方式和适用的法律法规也在进行迭代更新。

为维护医疗秩序，1987 年 6 月 29 日，国务院发布了《医疗事故处理办法》，医疗纠纷的处理在明文规定上就此拉开序幕。2002 年 2 月 20 日，国务院第 55 次常务会议通过《医疗事故处理条例》，自 2002 年 9 月 1 日起施行，《医疗事故处理办法》同时废止。综合来看，在此之前，医疗纠纷的解决途径基本以双方自行协商、法院和卫生行政部门介入解决为主。

对比《医疗事故处理办法》和《医疗事故处理条例》对医疗事故的处理，《医疗事故处理条例》有以下规定：第一，将医疗事故鉴定作为一项证据，作为用于解决医疗纠纷的依据之一。第二，医疗纠纷的解决途径以调解为主，而非直接予以一次性经济补偿。第三，不再以医疗事故鉴定结果直接作为赔偿依据，保障了患方司法救济的权利。因为除医疗事故鉴定以外，其他证据和事实也需要在司法途径中查明并作为裁决依据，这样的裁决结果更具备公信力。在《医疗事故处理条例》实施后，医疗事故鉴定结果出具后即可以在行政部门的组织下进行调解，如调解不成也可以选择诉讼，患方的救济途径其实更加多样化了。除此以外，《医疗事故处理办法》和《医疗事故处理条例》对于医疗事故鉴定结果不服的救济途径也不同，《医疗事故处理条例》只保留了再次鉴定的途径，这其实也印证了上述的阐述，医疗事故鉴定的结果只是一种证据形式。

为了预防和妥善处理医疗纠纷，保护医患双方的合法权益，尤其是应对随着医疗纠纷的增加带来的其他问题，2018 年 6 月 20 日国务院第 13 次常务会议通过了《医疗纠纷预防和处理条例》，并于 2018 年 10 月 1 日施行。这使医疗纠纷的处理迈入了新的时代，也有了较为全面的规定。在该条例第二十二条明确规定，医疗纠纷的处理主要包含五大途径，分别是双方自愿协商、申请人民调解、申请行政调解、向人民法院提起诉讼、法律法规规定的其他途径。其实在 21 世纪后，医疗纠纷就已经纳入了调解，鉴于医疗纠纷的专业性和复杂性，从 2010 年开始，立法开始针对医疗纠纷在全国范围内给出统一的调解意见。

在司法的历史变革上，1987 年 1 月 1 日实施《中华人民共和国民法通则》，2004 年 5 月 1 日实施《最高人民法院关于审理人身损害赔偿案件适用法律若干问题的解释》，2017 年 12 月 14 日实施《最高人民法院关于审理医疗损害责任纠纷案件适用法律若干问题的解释》。其间在 2010 年 7 月 1 日实施的《中华人民共和国侵权责任法》，将医疗损害责任单独拎出一章规定了医患双方的过错。伴随着医疗纠纷的增多和实务上需要解决的痛点的变化，司法的变革也是与时俱进的。首先是《中华人民共和国侵权责任法》对各项侵权规定进行完善，继而单独针对医疗纠纷制定司法解释，后 2021 年 1 月 1 日实施的《民法典》对相关民法领域单行法予以统一，在司法上围绕诉讼主体、医疗损害鉴定、举证责任、因果关系及赔偿责任等多方面为医疗纠纷的解决提供全面的法律依据。

纵观医疗纠纷解决途径的历史变革，医疗纠纷解决途径经历了从初始时代到如今的新时代的历程。医疗纠纷的解决途径要不断总结不同阶段的问题，紧跟我国医疗实际的情况，进行新的探索和完善。

## 第二节 非诉讼解决途径

非诉讼解决途径，又可叫作“法院外纠纷解决方式”“替代性纠纷解决方式”。[①] 其不通过法院诉讼的方式解决医疗纠纷，意味着在不占用司法资源的前提下，将一部分医疗纠纷提前疏通解决，减轻诉讼压力。本节重点从双方自愿协商、申请人民调解、申请行政调解及法律法规规定的其他途径方面予以阐述。

---

① 万里涛：《医疗纠纷解决方式研究》，华东政法大学 2014 年硕士学位论文，第 35 页。

# 一、双方自愿协商

## （一）基本介绍

双方自愿协商是自始至终存在的医疗纠纷解决途径，又称为“和解”“私了”，是民间广泛使用的方式。没有第三方存在，由医患双方当事人自行协调，并且需要出具书面的和解协议书。只要不违反法律法规、不违背公序良俗，协议一般有效。医患双方需建立在自愿平等的基础上，否则很难达成一致的协议。

患方在发生医疗纠纷后，大部分都会在第一时间先找医院沟通情况，先评估下医院对此纠纷的态度。如果医患双方处理得当，很多医疗纠纷能在双方自愿协商的阶段得以妥善解决。患方在协商阶段，可能会找医生、科室、院长及医务科协商。一般患方没有经验，出现问题后第一时间都可能是先找主治医师或就诊科室主任，一方面想了解其诊疗的细节情况，另一方面想就后续纠纷的解决与医生沟通。《医疗纠纷预防和处理条例》第十八条明确规定，医疗机构应当建立健全投诉接待制度，设置统一的投诉管理部门或者配备专（兼）职人员，在医疗机构显著位置公布医疗纠纷解决途径、程序和联系方式等，方便患者投诉或者咨询。这里的统一的投诉管理部门一般是指医院的医务科。规范来讲，患方如果与医方协商解决，应当找医院的医务科，即医疗机构对外受理投诉和处理医疗纠纷的部门。

## （二）利弊分析

医患双方自愿协商的优势主要是成本低、效率高、时间短。对于患方来说，直面医方，就纠纷直接沟通解决方案，不需要走像诉讼一样的程序，也不需要支付诉讼、鉴定产生的额外的金钱成本；对于医方来说，由于医患双方协商具有隐蔽性，可以消除对于医方的负面影响，同样也能减少医方在一个医疗纠纷上消耗的各种成本。如果医患双方能以平和的方式自愿协商，互相理解，也能增强医患双方的信任感。

医患双方自愿协商的劣势在于可能会激化矛盾、存在不公平协议、使医疗机构脱离卫生行政部门的监管等。如果医患双方私下解决，没有第三方居间调解，一方面，稍有不慎，如遇到偏激的患方或医方推诿责任让患方无法忍受的，可能会加剧冲突，引起患方作出扰乱医疗秩序的行为。另一方面，由于患方缺乏专业知识，对医疗纠纷在事实和责任层面没有专业的认知，很难判断医方的过错点和责任大小，甚至对赔偿事项和赔偿金额也不甚了解，这个时候与医方协商，可能造成签订的和解协议对患方不公平，并且后续患方可能在咨询专业人士后，会对和解协议反悔。再者，在有的医疗纠纷背后，医疗机构或医护人员可能存在重大过错甚至违法犯罪的情况，由于医患双方自己和解的隐蔽性，会导致卫生行政部门无法追究相关责任方，也不能实施有效监管并予以处罚，使医疗机构逃避自己的责任。

（三）注意事项与评析

鉴于医患双方私下解决的实际情况，在协商前，患方可以先咨询相关专业的人士，比如说身边的医生、专业的医疗纠纷律师等，让专业人士给自己出谋划策，避免因不了解而无法维护权益。医方应当建立负责处理医疗纠纷的部门和制度，这样在发生医疗纠纷时，能顺利按照流程规范执行，同时一定要加强和患方的沟通。

笔者认为，医患双方如果要私下解决纠纷，需满足一定的条件：

第一，纠纷是小额赔偿。对小额赔偿的医疗纠纷来说，双方自愿协商解决不仅快速高效，也能规避其他风险。尤其是近年新兴的医疗美容纠纷，大部分都是数额不大的赔偿金额，双方协商解决优势明显。如果是大额赔偿，不建议双方自行协商。因为大额赔偿的医疗纠纷可能需要通过医疗损害鉴定厘清双方的责任，包括是否伤残、伤残系数、责任比例等，这都需要通过医疗损害或医疗事故鉴定，此时最好有第三方存在，这样更加公平公正。

第二，在特定的场所解决纠纷，如说医务科办公室、医疗机构处理纠纷的固定场所等。如果医患双方在医院科室、患者来往密集的就诊场所沟通，一旦沟通不顺利，就极有可能造成医疗秩序的混乱。因此最好在特定的场所，能尽可能规避此类风险。

（四）医患双方和解协议示例

医疗机构名称：________________________________________

医疗机构法定代表人：______________________________

地址：______________________________

患者的姓名：____________年龄：__________ 性别：______________

身份证号：______________________________

地址：______________________________

协议地点：______________________________

患者______于______年______月______日因______（就诊事由）在医方处住院（门诊）科治疗，医患双方因患者医疗问题发生医疗行为争议。经医患双方行为主体同意，医患双方均愿通过协商解决该医疗行为争议；本着当事双方自愿、平等、公平、合法、真实和诚实信用的原则，根据《民法典》《医疗事故处理条例》及相关法律法规，经双方充分协商，现达成如下协议，由医患双方共同遵照执行。

第一条　医患双方对自主协商解决该医疗争议不持异议。

第二条　医院同意向患方实行一次性经济补偿：______（¥______元），包括但不限于医疗费、住院伙食补助费、护理费、营养费、误工费、交通费及精神抚慰金等项目的补偿。

第三条　医方同意于本协议生效后______日内向患方一次性支付本协议第二条规定的款项。

第四条　在医方依照本协议约定支付全部款项后，医患双方因患者医疗问题引起的所有争议即告终结，患方不得再以任何理由和任何方式向医方主张权利，否则患方应无条件返还医方已支付的全部款项，且不得以本协议作为其主张权利的依据。

第五条　本协议一式三份，医患双方各执一份，另一份由医方交主管部门备案，协议自双方代表人签字后，医方盖上公章、患方盖上指印之日起生效。

医方代表人签字：

医方法定代表人（签章）：　　　　　　　　　　患方签字：

签注日期：　　年　　月　　日

## 二、申请人民调解

### （一）基本介绍

申请人民调解指医患双方当事人分别或共同向医疗机构所在地的医疗调解委员会（以下简称医调委）申请调解，由医调委组织医患双方按照程序调解。与双方自愿协商一样，申请人民调解也需要建立在医患双方平等自愿的条件下，双方就医疗纠纷达成合意。医调委作为第三方居间调解，参与调解的人民调解员一般具有医学、卫生管理或者法律等专业知识，且热心调解工作、为人公正。另外，卫生行政部门与司法行政部门组建医疗纠纷人民调解咨询专家库，调解不收取费用。

医调委调解以 2010 年为一个重要的分界点，2010 年 1 月 8 日，司法部、原卫生部和中国保险监督管理委员会①联合发布《关于加强医疗纠纷人民调解工作的意见》，明确指出医疗纠纷的解决引入人民调解工作机制，充分发挥人民调解工作预防和化解矛盾纠纷的功能，积极参与医疗纠纷的化解工作。自此开始建立医疗纠纷人民调解委员会、建立人民调解员队伍、规范运行机制和健全调解保障工作。随后各地有序展开建立医调委的工作，并统一了医疗纠纷人民调解的标准。医疗纠纷人民调解委员会受理本辖区内医疗机构与患者之间的医疗纠纷，受理范围包括患者与医疗机构及其医务人员就检查、诊疗、护理等过程中发生的行为、造成的后果及原因、责任、赔偿等问题，在认识上产生分歧而引起的纠纷。

### （二）流程

以上海市为例，根据《上海市医患纠纷预防与调解办法》，医疗纠纷调解的流程如下：

---

① 注：2018 年 3 月，第十三届全国人民代表大会第一次会议批准了《国务院机构改革方案》，将中国银行业监督管理委员会和中国保险监督管理委员会的职责整合，组建中国银行保险监督管理委员会，作为国务院直属事业单位。不再保留中国银行业监督管理委员会、中国保险监督管理委员会。2023 年 3 月，中共中央、国务院印发《党和国家机构改革方案》，组建国家金融监督管理总局。不再保留中国银行保险监督管理委员会。下文对此不再进行提示。

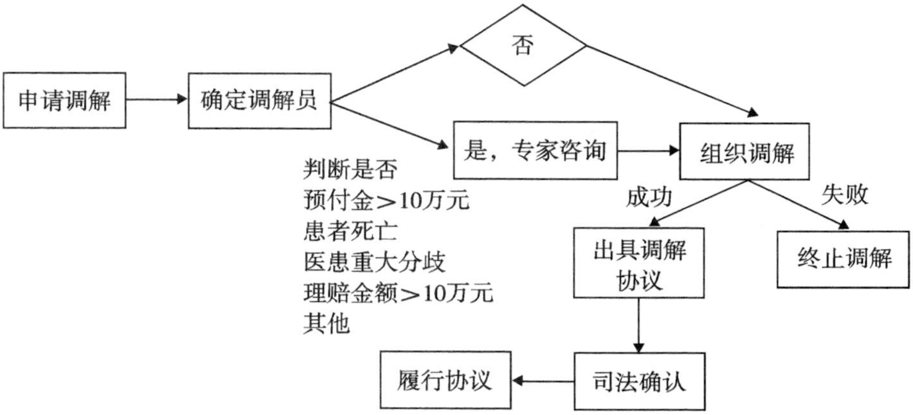


在上述程序中，可以申请调解员回避。在引入专家咨询程序时，会加入一个判断条件，其本质在于医疗纠纷涉及金额大、情况严重、矛盾难以调和的话，会需要更专业的判断。专家咨询类似于简单的鉴定，主要是对医疗机构在执行诊疗规范和履行告知义务等方面是否存在过错、医疗过错行为与损害结果之间是否存在因果关系及医疗过错行为在损害结果中的责任程度作出专业的咨询意见，这会成为医调委调解的重要依据。在医调委实际的调解中，一般会进行司法确认，以防医患双方反悔，确保医调委调解协议的效力。

（三）利弊分析

申请人民调解同样具备成本低、有较专业的人民调解员居间调解且能够缓和地化解医疗纠纷的优势。不论是调解纠纷还是专家咨询，医调委都不收取费用，对于一些经济能力一般的患方，该途径比较适合，且所用的时间也不像诉讼那么长。再者，医调委有医学、法律或卫生背景的人民调解员居间调解，可以帮助一些毫无经验、未聘请律师的患方快速了解医疗纠纷的情况，也能做到公平公正，降低损害医患双方权益的概率。比起直接提起诉讼，医调委调解前置可以减缓医患双方的摩擦。医调委调解的高成功率能节省司法资源，在诉讼前化解纠纷。

申请人民调解的劣势在于调解协议具备可诉性、医患双方可能反悔以及人民调解员的专业素质可能不高或解决问题的立场不一定客观。具体而言，一来，调解协议在得到司法确认前，双方如果反悔，是可以到法院起诉的，这势必会挑战调解协议的权威性。二来，如果医疗机构不履行调解协议，也无法申请强制执行，患方需另行起诉。三来，人民调解员在调解中发挥了重要作用，如果调解员不够专业或不够客观，可能会不以客观事实为依据开始调解工作，最后有失公平公正。

### （四）注意事项与评析

尽管医调委调解有人民调解员作为第三方参与，但对患方而言，在人民调解员或咨询专家有法律规定的回避情形时，要及时行使权利要求回避。对调解员来说，在哪里调解，什么时间点进行调解，都非常考究，既要把握患方的情绪，又要了解医方的态度，从中寻求平衡，有序展开调解工作。

申请人民调解这个途径，对解决医疗纠纷而言有利有弊，但整体还是利大于弊。笔者认为可以从以下两点完善。

第一，加强人民调解员队伍的建设。在选拔调解员时，尽量选择有专业经验的调解员，对调解员的道德规范要有所要求。同时，可以邀请医疗纠纷解决的专家对调解队伍进行培训，不断提高队伍的专业能力，以期能为医患双方提供公正客观的调解工作。

第二，制定规范的调解程序和机制，并做好联动。一方面，尽管医调委调解在全国各地实施推广，但在实务处理中，处理标准和程序可能会有偏差。因此要吸取经验教训，不断完善和统一规范机制，系统、有节奏地解决医疗纠纷，消除医患双方的矛盾。另一方面，充分联动社会资源，在当事人申请调解、卫生主管部门指定调解员、专家提供咨询、卫生主管部门出具调解协议和当事人申请司法确认上能进行衔接，最大化地保障人民调解的可靠度和效率。另外，如果在医疗调解中发现存在医疗事故或违法违规的行为，要能和卫生行政部门形成信息互通、联动共治的机制，从而使通过走医调委调解的“漏网之鱼”能够得到有效的监管。

## 三、申请行政调解

### （一）基本介绍

申请行政调解是指医患双方在卫生行政部门的主持下达成调解协议，当然，医患双方也需要在自愿平等的前提下达成调解。行政调解由医患双方或一方当事人向医疗机构所在地县级或直辖市区级卫生行政部门提出申请。行政调解以公权力介入民事纠纷，在实务中可能有利有弊。行政调解是申请制，实践中，一般都由患者提出行政调解申请。如果患方不主动申请行政调解，那卫生行政部门也很难获悉医疗纠纷的发生，所以行政部门其实也不会主动介入。

2018 年《医疗纠纷预防和处理条例》实施后，将行政调解的范围扩大至医疗纠纷，而不再局限于医疗事故。这一立法增加了医疗纠纷的解决途径。但医患双方一般是通过双方协商、申请医调委调解、提起诉讼的途径解决医疗纠纷。行政调解未经患方同意，是不会公开调解过程和调解协议的内容的，这保障了患方的隐私。但行政调解不具备强制力，如果调解后医患双方对协议不满，需另行起诉。值得一提的是，这个诉讼是民事诉讼而非行政诉讼，诉讼主体一般为医患双方。如果无法通过行政调解解决，患方也可以选择去法院诉讼。

（二）流程

根据《医疗纠纷预防和处理条例》中的规定，行政调解流程如下图所示：

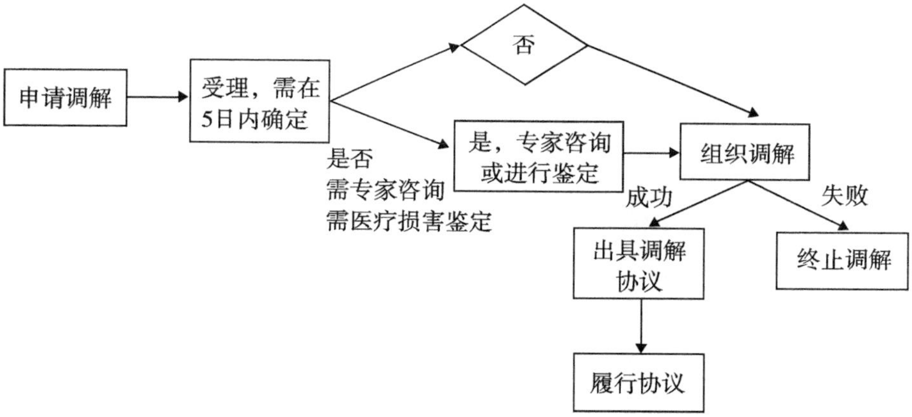


行政调解在医患双方或一方提出申请后，卫生主管部门应当自收到申请之日起 5 个工作日内作出是否受理的决定，受理后组织双方调解。如果当事人已经向人民法院提起诉讼并且已被受理，或者已经申请医疗纠纷人民调解委员会调解并且已被受理的，卫生主管部门将不予受理。卫生主管部门调解具备期限限制，需30个工作日内完成调解。调解的期限相较诉讼，要更短。如需要鉴定的，鉴定时间不计入调解期限。在行政调解阶段，可以进行专家咨询，医患双方认为有必要的也可以进行医疗损害鉴定，但如果鉴定的话调解期限就会被拉长。

（三）利弊分析

申请行政调解是一种申请行政部门介入调解的解决途径，是一种能及时发现医方存在问题的解决形式。首先，与人民调解一样，行政调解也能以较为缓和的方式处理纠纷，在卫生主管部门的主持下调解，患方期待医方可能会面临一定的监管压力，从而能妥善解决医疗纠纷。其次，由于医方直面卫生主管部门，诊疗过程是相对透明的，所以一旦有医疗事故或医方出现违法犯罪的行为，可以在第一时间暴露在卫生主管部门面前，可以起到良好的监管作用。

申请行政调解的劣势主要是行政调解公信力容易受质疑、行政调解的方法可能有所欠缺。事物都具有两面性，一方面，患方认为医方会在监管部门的压力下妥善解决医疗纠纷；但另一方面，卫生主管部门与医疗机构的这种特殊关系，很可能会导致行政调解是在卫生主管部门和医疗机构的主导下进行，此时调解的公平公正、中立性会受到患方及社会的质疑，这也是矛盾之处。再者，基于行政部门公权力的属性，在调解时所采用的方法可能失之偏颇，带入“行政管理”的手段，而不是“行政调解”的手段。过于理性地追求合法性和正当性，忽略以事实为前提讲理又讲情的、刚柔并济的调解方式，可能给医患双方带来的调解体验也不佳。

## 四、法律法规规定的其他途径

前述三类途径在非诉讼解决途径中已经囊括了绝大部分的纠纷解决方式，实践中，还有其他不常见的纠纷解决途径。例如申请仲裁，由当事人申请，仲裁委员会受理，先调解再仲裁；又如民间ADR[①]组织调解纠纷，在医疗纠纷的处理上也广泛适用。

申请仲裁是医疗纠纷的解决途径之一。仲裁作为一种纠纷解决机制的制度

① ADR是英文Alternative Dispute Resolution的缩写，指非诉讼纠纷解决。以下不再标注。

化方式，相较于诉讼而言，更具备专业化、效率化、保密性等优势，可满足个案的需求。[①] 因医疗纠纷的专业性和特殊性，在仲时需注意仲裁员的选择与医疗损害鉴定的影响。仲裁员的选择建议多样化，医疗行业的工作人员、鉴定专家、医调委调解人员、司法机关或行政机关的人等都可担任仲裁员，从仲裁员的筛选上确保仲裁结果的公正性和专业性。与此同时，在诉讼程序中，医疗纠纷的解决会部分依赖于医疗损害鉴定，在仲裁程序中，也势必面临同样的境地。这在一定程度上减少了仲裁的效率优势，因此在医疗纠纷的仲裁程序中，要综合考虑鉴定的影响。

民间 ADR 组织调解纠纷，是指有的律师、司法机关人员等人员会成立医疗纠纷化解律师工作室，利用法律、医疗领域的专业知识，开展专业的法律咨询、纠纷调解等工作。这类医疗纠纷化解途径的优势在于，律师作为具备专业知识的中立方能给予医患双方较为公平公正的调解建议，在纠纷解决效率上体现出便捷和迅速的优点，并且充分体现了律师的社会价值。民间 ADR 组织调解纠纷作为医疗纠纷解决途径之一，其意义在于充分发挥医患双方的自主性，最为代表医疗纠纷解决途径的多元化。[②] 未来，民间 ADR 组织可以吸纳法官、鉴定专家等更多专业人士，不断完善其公正性、专业性和解决纠纷的能力。

对于法律法规涉及的其他解决途径，这里不再做赘述。

## 第三节　法院诉讼解决途径

### 一、基本介绍

法院诉讼是指由司法机关处理医患双方的医疗纠纷，传统来讲就是“打官司”。

一般通过法院判决解决医疗纠纷，可能意味着医患双方通过双方协商、调解等方式已经无法解决，此时医患双方对抗性较强，尤其是患方，寄希望于通

① 王志鑫：《风险社会中传统医疗纠纷解决机制的困境和出路》，载《锦州医科大学学报（社会科学版）》2018 年第 16 卷第 3 期。

② 万里涛：《医疗纠纷解决方式研究》，华东政法大学 2004 年硕士学位论文，第 50 页。

过公平公正的司法途径来争取一个说法。相较于其他的解决途径，法院诉讼程序更完善，法院作为完全独立于医患双方的第三方不偏袒其中任何一方。2021年1月1日起实施的《最高人民法院关于审理医疗损害责任纠纷案件适用法律若干问题的解释》明确了医疗纠纷的受理范围，包括患者在诊疗活动中或医疗美容活动中受到侵权的案件。

法院诉讼会将双方的证据和争议都一一对证。无论是司法诉讼程序，还是司法诉讼裁决，其背后都有相应的法律支持，法官们都是专业的法律人士。但医疗纠纷与其他纠纷不同的是，其还具有独特的专业性，这时候仅有司法背景就很单一。因此，医疗纠纷在诉讼程序中，基本上都会委托司法鉴定或医学会鉴定来进行医疗损害鉴定，鉴定结果是法院判决的重要依据之一。有了鉴定结果，赔偿项目和依据也会更具体更细致。赔偿项目包括医疗费、护理费、住院伙食补助费、营养费、死亡赔偿金或伤残赔偿金、交通费、误工费、精神抚慰金等。每一个赔偿项目都有明确的参考标准，例如《最高人民法院关于审理人身损害赔偿案件适用法律若干问题的解释》第十二条第一款规定，残疾赔偿金根据受害人丧失劳动能力程度或者伤残等级，按照受诉法院所在地上一年度城镇居民人均可支配收入或者农村居民人均纯收入标准，自定残之日起按二十年计算。但六十周岁以上的，年龄每增加一岁减少一年；七十五周岁以上的，按五年计算。法院诉讼的益处显而易见，其是众多解决途径中最为中立的途径。

## 二、流程

### （一）诉讼前

准备证据。医疗纠纷在提起诉讼前，一定要准备好相关证据，包括全套病史材料、影像片子、病历本等，可以参考本书第二章。其中病史材料需要到就诊医院予以封存，这一点患方很容易忽略。封存的好处是固定证据，避免医方篡改和删减。

### （二）诉讼中

1. 提交立案。患方要准备立案材料，包括起诉状、证据材料等，在被告医院所在地的法院提起诉讼，然后等待法院的立案通知。

2. 诉前调解。一般情况下，由于医疗纠纷涉及医疗损害鉴定，如直接立案可能会导致案件审理时限超过规定，因此法院会先立诉前调解案件。

3. 证据交换。法院会组织双方质证，在对证据没有争议的情况下，法院下一步会送鉴定。

4. 医疗损害鉴定。根据医患双方当事人的一致意见，法院会依据法律规定的送鉴程序将证据材料送医学会鉴定或司法鉴定。在鉴定机构的选择上，如果医患双方意见不一致的，则由法院指定委托。

5. 法院庭审。鉴定结果出具后，法院将会进行开庭审理。

6. 法院判决。在经过开庭后，法院将会依据审理的实际情况依法作出判决。

## 三、利弊分析

法院诉讼具有公平公正、有国家强制力保障判决执行的优势。作为医疗纠纷解决的最终途径，因为法院处于中立地位，且独立于医患双方，故法院判决的结果公平公正，也最容易被医患双方所接受，并且诉讼中对一审判决不服可以提起上诉，患者的诉权能得到保障。此外，法院判决的结果非常具有权威性，既往如果通过协商或调解解决纠纷，潜在的风险是一方反悔或医方不履行协议，但在法院诉讼中，基本不存在这个问题，法院判决的权威性会得到保障，任何一方都不能随意挑战。如果医方不履行判决，无论在法院是调解结案还是判决结案，患方都可以拿着一纸法律文书申请强制执行，而不是像在传统的协商与调解中，患方需另行起诉。

法院诉讼的劣势在于时间长、成本高。选择法院诉讼，如果能顺利在法院组织下完成调解最好不过，但如果不行，则需经过质证、医疗损害鉴定、庭审及判决等一系列程序，可能还会有二审，时间上没有确定性。而且大部分医疗纠纷要经过医疗损害鉴定，在实务中，由于医疗纠纷的增多和个别地区鉴定专家资源相对不足，在法院把材料送往鉴定机构、鉴定机构受理、鉴定机构出结果等方面，时间都是难以确定的。另外，法院诉讼包括律师费、诉讼费、鉴定费等额外的成本，这都需患方先行支付，并且判决结果不一定如患方的预期，这也是法院诉讼的一个劣势和风险点。

## 四、注意事项与评析

法院诉讼的优劣势很明显。笔者认为，如果选择去法院诉讼，那患方需建立心理预期，积极收集证据，最好能“以打促和”，避免陷入长周期的鉴定和诉讼流程；医方需合理解决医疗纠纷，切勿对抗性太强，加强与患方的良性沟通，力求在诉讼过程中以调解方式结案。

医疗损害鉴定是法院诉讼中的关键所在，如果能缩短医疗损害鉴定的时效，促进和法院的流程及时衔接，做到有鉴定能及时送，鉴定结果及时出，必能缩短法院诉讼的审限。第一，医学会鉴定与司法鉴定机构鉴定的“并轨制”可以使患方的选择更多。第二，可以从鉴定的程序着手，如鉴定材料送鉴、鉴定听证等，做好各个流程的衔接和优化，进一步提升效率。第三，可减少不必要的鉴定。

另外，法院可以针对医疗纠纷专门设置审判庭，并培养医法复合型人才，提高解决医疗纠纷的专业度和精准度。随着医疗纠纷的逐渐增多，专业队伍的及时配置可有效解决医疗纠纷。

# 第五章
# 医疗风险分担

## 第一节　保险与医疗行为的关系

《医疗纠纷预防和处理条例》第七条规定，“国家建立完善医疗风险分担机制，发挥保险机制在医疗纠纷处理中的第三方赔付和医疗风险社会化分担的作用，鼓励医疗机构参加医疗责任保险，鼓励患者参加医疗意外保险”。

医疗行为在治疗患者疾病的同时，往往不可避免地会给患者的身体带来损害。而在外科手术过程中，这一道理更为明显，在切除病灶的同时，不可避免地需要对周边的组织进行一定程度的“破坏”。正是由于医疗行为的这种两面性，通过保险机制对医疗行为所带来的负面影响进行风险分担，就显得尤为必要。

医疗损害风险发生的原因可以划分为客观原因和主观原因。

就客观原因而言，首先，医疗知识的发展本身存在局限性和相对性。[①] 医护人员不可能治愈所有的疾病，医学本身是一门经验科学，需要通过不断地试验来找到解决问题的途径。特别是对于一些新出现的疾病，往往病因不明，诊断难以明确，医护人员也需要时间经历了解、熟悉到掌握的过程。

其次，现在的疾病诊断越来越依赖各类医疗仪器设备，但是医疗仪器也在不断更新迭代。有的疾病可能因为技术手段无法被诊断出来，或者诊断不明确；有的检查手段因操作人员的经验技术水平、仪器本身的限制等原因，存在

① 陈玉玲：《医疗损害风险社会化分担的法律问题研究》，东南大学出版社 2018 年版，第 20 页。

一定概率的假阳性、假阴性，从而对临床医生造成误导。

最后，医疗行为本身是一项高风险行为。如进行某些高风险手术的同时，即意味着手术有一定的概率会失败。即使手术没有失败，也存在出现各种各样并发症的可能，这些都是医生无法完全掌控的。医生能做的是不断地提高手术成功的概率，但无法苛求医生百分之百的成功。

就主观原因而言，医方方面的主观原因首先是个别医护人员的诊疗行为不符合诊疗规范的基本要求，如采集病史错误、未按照规范进行全面查体、片面相信辅助检查结果等。其次还包括医患沟通不顺畅、医疗仪器设备使用操作不当等。以上原因所造成的医疗损害均可以追究医疗机构的侵权责任，并通过医疗责任保险的方式进行风险分担。

此外，患者方面的主观原因则主要是有的患者刻意隐瞒病史、遗漏说明病史、因各种原因导致的病史陈述不准确、不配合检查，不遵医嘱进行治疗等。

尽管我们从理论上可以将医疗损害的原因划分为主观原因与客观原因，但是在实际发生的医疗损害中，究其原因往往既有主观原因，也有客观原因，难以简单地作出区分。根据现行的法律规定，医疗机构仅对其存在过错的医疗损害行为承担对应的赔偿责任，对于其他原因所导致的医疗损害结果，患者或患者家属往往面临着人财两空的窘境。而医疗损害归责所依赖的医疗损害鉴定，专业性高、主观性强，普通人群往往无法理解出具鉴定意见所依据的各类标准。当医疗损害鉴定意见对患方不利时，患方就容易因不理解、不认同而出现不冷静行为，凸显出单凭法律制度实现医疗风险转移的捉襟见肘。

对于每个个体而言，在生老病死的过程中，难免会与医疗行为打交道，也就不可避免地将暴露在医疗损害风险之中。因此，将医疗损害风险通过保险机制进行风险对冲，显得尤为必要。

医疗损害风险的保险机制可以分为三个层次：一是由国家的社会保险方案，直接为不幸的受害人提供基本生活和医疗救助，通过建立医疗保险、大病补助保险、特困人群社会福利津贴等途径实现对损害风险的社会化转移。该层次的保险一般不再苛究损害发生的原因，但是往往仅覆盖了部分的医疗费用损失。二是通过侵权赔偿法律制度以及其对应的医疗责任保险制度。侵权损害赔偿法律制度用于确立侵权责任的构成、赔偿标准和范围，通过司法制度实现其强制力保障。而医疗责任保险制度则是指潜在加害人在发生损害事故责任时，由保险公司提供最低限度的赔偿资金救济，使受害人应得的赔偿金资金来源有保障。三是鼓励个人购买人身意外伤害保险，尤其是医疗意外险、手术意外险等专门针对医疗行为的意外保险。由于医疗行为本身是一个高风险行为，对于医方并无过错的损害结果，患者无法通过侵权损害赔偿法律制度进行追责。此时，通过意外保险对患者或患者的家属进行经济给付和补偿，可以在一定程度上填补其所受到的直接、间接经济损失。

## 第二节　医疗责任险

### 一、概述

医疗责任险是指医疗机构或医务人员作为投保人，当医务人员在执业过程中因过失、疏忽对患者造成人身损害，依法应对患者承担经济赔偿责任时，由保险公司进行赔付的保险。是否落入医疗责任险保险范围，应根据侵权法律制度中确定的医疗损害赔偿责任为限。患方寻求法律救济的主要目的是获得损害赔偿，但是，对于中小型医院而言，医院的赔偿能力有限；对于大型医院而言，又存在赔偿资金需层层审批，怠于赔偿等问题。通过医疗责任险制度，一方面可以提升医院的抗风险能力，使医疗损害赔偿风险转移至保险公司；另一方面也可以为患者的侵权责任请求权提供担保，避免出现赢了诉讼却无法获得实际赔偿的情况。

### 二、现状

医疗责任险在我国是一个新生险种。在国内医疗纠纷逐年上升的情形下，为对现有医疗卫生体制作出补充，个别保险公司开始推出医疗责任保险条款。真正大规模地开展此项业务，始于在全国范围内推行“医疗责任保险”。经过多年的发展，笔者认为，我国医疗责任险的待改进之处主要有以下几个方面：

#### （一）赔付额过低

近年来，医疗纠纷的数量呈明显的上升趋势，对应的医疗责任保险赔付压力陡增，导致保险公司对于诉前调解持谨慎态度，赔偿金额审核严格，赔偿数额整体偏低。目前，多数医疗责任保险条款都规定了每次索赔的责任限额和累计赔偿限额。对医院而言，医疗责任保险的赔付额过低，医疗责任保险就起不到风险保障的作用。且尽管医院买了保险，但要获得保险赔偿，必须在赔付前经得保险公司的确认。而大部分医疗纠纷都是采用调解的方式解决，一旦保险公司不同意调解，对医院而言，反而增加了处理医疗纠纷的难度。

### （二）自愿参保率偏低

由于各地区经济发展不平衡，医疗责任保险在全国范围内尚未形成统一、具有可操作性的调整相应关系的规范。且部分医疗机构、医务人员存在一定的侥幸心理，对于医疗损害风险的认识又不足，从而导致了医疗责任险的市场需求一直没有得到有效的开拓，投保率较低。

### （三）缺乏专业人才，险种运营面临亏损风险

医疗责任保险产品的运营，要求相关从业人员具备一定的法律、医疗、风险管理知识。而目前，很多保险公司缺少这样的专业人才，尤其在核保、理赔方面，造成在险种的实际运营过程中，存在种种不尽如人意的地方，无法为医疗机构和患者提供满意的保险服务，同时也不利于管控运营风险，使公司存在亏损的可能性。

## 三、展望

### （一）立法先行保障医疗责任保险实施

无论是否存在医务人员的过失，医疗行业的风险都是存在的。为了切实保障人民群众的利益，使其在发生医疗损害后能够获得相应的赔偿，笔者认为，可以考虑通过立法规定所有医疗机构，无论是营利性还是非营利性都必须强制投保，医疗责任保险的强制性有助于该险种的良性发展。实行强制性医疗责任保险后，消除了患者对投保的医疗机构的技术水平和责任心的怀疑，消除了向投保的医疗机构索赔更容易的心理，医疗机构不用再担心投保后对自己信誉的影响。这样有利于医院从医疗纠纷中真正解脱出来。

（二）建立第三方医疗损害鉴定机构

医疗损害责任的鉴定是困扰医疗责任保险发展的又一障碍。就像交通事故出现后，由交警队认定事故责任一样，可以建立独立于医疗机构、保险公司之外，隶属于政府的第三方医疗损害鉴定机构。该机构由医学专家、法律专家和保险专家等多成员组成，依据国家相关的法律、法规、鉴定标准，对医疗损害进行检验、鉴定、评估，出具合理、公正、科学的结论。同时，将第三方鉴定作为诉讼前处置医疗纠纷的必经程序，使保险公司有依据进行理赔和诉讼前的调解工作。

（三）加强复合型人才的培养，提升医疗责任险服务

医疗责任险是一种专业性很强的险种，急需一批兼通医学、法学和金融保险的复合型人才。可以在医学院校开设相关交叉学科专业，对在学人员进行系统培养，为医疗相关保险领域输送合格的人才。同时保险公司应当摒弃被动审核的理赔思路，一旦发生医疗纠纷，应主动出击，作为医疗纠纷的协调方，在保险责任范围内积极进行沟通、调解，将医疗机构从纠纷中彻底解放出来。

## 第三节 医疗意外险

### 一、医疗意外险概述

医疗意外险本质上是一种专门针对医疗行为的意外险，是指在保险期间内，患者在接受诊疗过程中，因发生医疗意外导致死亡和残疾、并发症等不良后果，保险公司按照合同约定支付保险金的一种人身意外保险。由于其并不要求对医疗损害的结果进行责任判定，因此是解决手术意外、不可抗力等因素导致的人身损害纠纷的重要措施，可以有效地缓解患者的经济负担和精神压力，改善当前的医疗保障体系。

在医疗纠纷的处理实践中，如果坚持以过错责任原则去认定赔偿标准，许多患者都无法获得赔偿，因为这些患者遭受的损害多来源于医疗意外。当医疗纠纷被鉴定为意外事件时，作为无过错方的医院显然不具有赔偿义务。但如果

许多受到意外损害的患者无法获得救济，医疗纠纷往往就难以解决，医患关系将越发恶劣。医疗意外险的覆盖有望进一步解决医患双方无过错情形下的损害赔偿问题，使患者的利益得到充分保护。

关于这些问题，“手术意外保险”的出现和推广在一定程度上缓解了目前医院和患者的压力。手术意外保险，是针对病人在手术中可能遇到的医疗意外提供的保障。此保险的目的主要是保证患者如果在手术中发生意外，无论是否为医方责任其都能从保险公司获得经济赔偿。手术具有极高的高风险性和复杂性，由于患者个体差异和医疗水平的限制，再加上手术本身就是一种“破坏型”的治疗方式，故患者一旦进入手术就面临着高度的意外风险。严重的意外甚至会造成患者的死亡或伤残，而更普遍的意外是出现大大小小的手术并发症，给患者带来预料不到的痛苦和额外的花费。

## 二、医疗意外险的重要意义

首先，对于患者来说，投保医疗意外险可以加大对患者的保障。由于医疗水平整体的局限性，患者个体也具有极大的体质差异，在医疗过程中不免会有风险。而就算医生以高度的责任心和专业能力，严格按照诊疗常规进行医治，也有可能出现不可控的意外，在这种情况下，医生如果采取了积极的救治措施，但还是因为意志以外的因素导致了患者的死亡、伤残或引起不同程度的并发症，这种情况就属于医疗意外事件。此时患者得不到医院的医疗损害赔偿，但如果投保了医疗意外险，其就能获得意外险的理赔，增加了患者抵抗风险的能力。①

其次，对于医方来说，投保医疗意外险有助于减轻医务人员的负担，间接为患者创造良好的就医环境。有的医务人员可能会因惧怕医疗纠纷而对于复杂程度高、风险大的手术采取观望甚至是消极的态度，不愿意尝试一些革新的医治手段，从而不利于科学技术的进步和发展。② 投保医疗意外险后，一些因为非医疗过失行为导致的医疗损害就可以通过保险赔偿。由此，医疗纠纷可能得

---

① 高晓喆：《从医疗纠纷案件看医疗意外险的完善》，载《中国卫生产业》2017年第36期。

② 廖晨歌：《我国的强制医疗责任保险立法势在必行》，载《辽宁医学院学报（社会科学版）》2011年第9卷第4期。

到化解，而医疗人员的心理负担也会相应减少，更有利于其提升责任心和服务意识，使其更能全身心地投入到医疗工作中去，患者也能因此有机会得到更全面、更积极的治疗。

最后，医疗意外险也有利于分担医疗风险，构建完善的医疗风险分担的体系。医疗纠纷所涉及的医疗风险是客观存在的，而医疗意外导致医疗损害具有客观性、偶然性、普遍性、不可归责性等特点①。“非人为、不可控”的因素，导致医疗风险是不可预见的，它不像医疗过失行为有明确的责任方，如果能明确责任，就可以追究医务人员的医疗损害责任。但一旦发生医疗意外则无法向医院追责。而保险作为一种市场化的风险分担转移机制、互助共济机制和社会管理机制，在保障医患双方合法权益、防范化解医疗纠纷、构建和谐医患关系方面具有积极意义和重要作用。现阶段，医疗意外险的出现及推广，成为建立医疗风险分担体系的一项有益尝试，填补了“医疗意外”的保障空白，为医疗意外撑起了“保护伞”。医患双方一旦通过医疗责任险和医疗意外险转移了风险，化解了矛盾，就会把投保医疗责任险和医疗意外险转化为自觉的行动。医疗风险分担体系的构建，对于社会整体的进步和发展也有着重大意义②。

## 三、现状

### （一）覆盖面低

尽管医疗意外险被认为是化解医患矛盾的一剂良药，但在实际推广过程中，医疗意外险却遇到了种种困境。首先，对于患者来说，由于其缺乏医学知识，往往对手术的风险预估不足，对于医院所预警的风险警惕性也不高，认为医疗意外风险发生的概率较低。因此患者往往不愿意额外承担保险费用。也有部分患者及家属认为购买这种意外险反而会导致不吉利的结果发生而拒绝购买。其次，对于医护人员来说，医护人员主动推广保险，可能会被认为赚取了额外利益而不被信任，甚至会遭到个别患者的恶意对待。故而，医护人员缺乏

---

① 韩红星、黄美良：《“风险医疗”的概念、特点及在实践中的应用》，载《解放军医院管理杂志》2008 年第 18 卷第 6 期。

② 高晓喆：《从医疗纠纷案件看医疗意外险的完善》，载《中国卫生产业》2017 年第 36 期。

推广医疗意外险的直接动力。最后，对于保险公司来说，由于目前医疗意外险的发展还处于初级阶段，缺乏风险控制信息和数据，在保费厘定、产品设计等方面缺乏经验，导致保险公司所设计出的产品策略过于保守，缺乏市场吸引力。

### （二）行业引导不足

一方面，对于保险公司来说，在无法对医疗意外险发展前景作出合理预期的情况下，保险公司对医疗意外险倾向于持观望态度，不愿意投入大量人力物力去进行产品开发，导致险种单一，适用面窄。更不愿意投入销售人员进行点对点的保险营销。另一方面，对于医疗机构而言，医疗意外险的推广难以在短期内有立竿见影的效果。在医疗意外险的推广过程中，医院、医护人员应当发挥怎样的作用，在医护人员普遍工作负荷较高的前提下如何提升医务人员的积极性均是需要去解决的问题。

### （三）产品缺乏竞争力，赔付额度偏低

保险公司对于医疗意外险的产品设计普遍偏保守，费率厘定偏高，同等保额下保费偏高，另外多数产品设计的最高投保额度均较低。

## 四、展望

### （一）立法先行，制度设计，政府引导

医疗意外险的广覆盖需要法律法规及相关政策的保驾护航，有了法律保障，意外险才能有效地实施和推广。笔者认为，可以以立法的形式建立医疗风险分担体系，明确医疗意外险的程序保障，细化保险机构和投保方的权利义务划分。同时，也应对医疗意外险的内容和程序进行明确规定，优化承保流程，细化权利和责任，从而增强其权威性和规范性①。

当前，医患双方对医疗责任和医疗意外认识不足、投保积极性不高，仅仅依靠市场自发力量还不足以推动意外险的快速发展。因此，在医疗意外险的初级发展阶段，应当发挥政府职能，制定合理政策，规范、引导、培育、推动医

---

① 高晓喆：《从医疗纠纷案件看医疗意外险的完善》，载《中国卫生产业》2017 年第 36 期。

疗意外险发展。尤其在政府部门的权威性和指导性下，医患双方可能会更加容易接纳这种新兴的保险项目。各地各级政府还应强化对医疗卫生行业和保险市场的监管，规范医疗机构及医务人员合法依规执业，维护保险市场的正常秩序①。

（二）探索完善医疗意外保险保费分担机制，由政府基金、医疗机构参与分摊

医疗意外险既往的推广实践证明，单纯由患者作为投保人并进行付费，难以使该险种短时间内达成广覆盖。一方面，应当探索通过政府补贴、医疗机构分摊的形式，大幅度降低投保人的保费支出，提升医疗意外险的赔付杠杆，凸显产品吸引力。另一方面，可以尝试通过团体意外保险等形式，开发完全由医疗机构投保、覆盖来院就诊所有患者的相应产品，进一步提升保险覆盖面。此外，各级政府可以利用行政力量积极引导医疗意外险的市场化发展，通过财政拨款等形式建立医疗意外保险激励机制，鼓励保险机构创新发展，开发出惠民利民的医疗意外险产品。

（三）建立多元化的医疗意外保险产品，提升产品竞争力

目前，医疗相关的保险产品仍处于初级发展阶段，保险公司中保险精算所需要的基础数据不足，医疗类产品运营的专业人才也不足。保险公司可以将医疗类保险产品进行整合，配合医疗专业人才进行运营，在目前车辆保险市场失去增长空间，健康险类产品竞争趋于白热化的阶段，医疗风险类产品一旦普及推广，有望成为保险公司新的业务增长点。具体可以从以下两点进行提升：第一，加快产品的更新迭代，根据社会发展的需要推出适应人民需求的医疗意外险产品。保险产品还可以根据患者的年龄、疾病种类、治疗方式、医院水平、风险程度等制定差别费率，改进目前粗放的费率厘定方式。第二，适当提高赔偿限额，更好地保障患者的权益，从而使患者及家属更愿意投保，真正达到转嫁医疗风险的目的②。

---

① 高晓喆：《从医疗纠纷案件看医疗意外险的完善》，载《中国卫生产业》2017 年第 36 期。

② 潘登、郑振佺：《完善医疗责任保险运行模式的探讨》，载《中国卫生事业管理》2011 年第 2 期。

# 第四节　医务人员执业保险

## 一、概述

目前在国内，医务人员执业保险主要为医师执业责任保险，主要承保执业医师在诊疗活动中，因过失发生医疗事故并造成患者人身损害，依法应由执业医师承担的民事赔偿责任。医师执业责任保险的推出，一方面是对于执业医师执业风险的分担，据笔者在实践中了解，在发生医疗事故时，尽管对外普遍由医疗机构承担赔偿责任，但在医院内部，往往会将部分的赔偿责任分摊给执业医师，高额的赔偿金额可能会影响到医师开展创新诊疗方法以及承担风险较大的医疗的积极性。另一方面，随着多点执业的推进，医师自由执业逐步成为趋势，推进医师执业责任保险将更好地对医师和医院的责任进行划分。

## 二、现状

### （一）适用场景受限

医师执业责任保险目前仍处于起步阶段。医师在执业期间，因其过失导致的医疗损害，一般由医疗机构对外承担赔偿责任，执业医师并不需要对外承担民事赔偿责任。这也就造成了这一险种在法律上仅仅作为对医疗责任险的补充。

### （二）投保意愿低

医师执业责任保险对于执业医师的风险保障范围是有限的，就现有的产品定位而言，难以获得医生的普遍认同，造成医务人员的投保意愿偏低。

## 三、展望

### （一）厘清与医疗责任险的区别，差异化解决医生实际问题

随着互联网医疗的兴起，医师执业责任保险在未来有其发展壮大的空间，但亟须厘清与医疗责任险的区别，避免使两者的保险责任重叠，而最终成为医

疗责任险的补充。

医师执业责任保险应当定位于差异化地解决医生的实际需求，如网上医疗服务中发生的医疗责任，对院内经济追责部分的赔付、对于无责的医疗意外的扩展赔付等。

（二）跟随多点执业发展，助力成为医生执业的必需品

随着医生多点执业政策的逐渐放开，以及近些年民营医院，包括医疗美容行业的高速发展，医师执业责任保险必将获得增长空间，逐步形成以医疗责任保险为主，医务人员执业保险为辅的“双轨制”保险体系。

# 第六章
# 互联网医疗纠纷的风险及规避

## 第一节　互联网医疗纠纷的概念界定

### 一、互联网医疗行为

互联网医疗行为，是指以互联网为载体，以信息传播为手段，整合不同地区的患者与医务人员资源，实现病患的远程咨询以及医务人员对病患的远程诊断或治疗。通过构建多种形式的健康网络平台，提供形式多样的健康医疗服务。

互联网医疗因其形式的特殊性，根据服务对象的不同，可以分为为患者提供服务（互联网医院和互联网诊疗）和为医疗机构提供服务（远程医疗）两种模式。本章重点分析的是服务对象为患者的互联网医疗模式。

在此基础上，根据提供服务的主体不同，可以进一步分为医疗机构利用网络平台为患者提供服务，或网络医疗平台运营商通过整合医疗资源为患者提供服务。

### 二、互联网医疗纠纷

根据《医疗纠纷预防和处理条例》第二条规定，医疗纠纷是指医患双方因诊疗活动引发的争议。该定义明确了医疗纠纷的三个构成要件：第一，医疗纠纷的主体是医患双方；第二，医患双方须存在争议；第三，医患双方的争议是“因诊疗活动引发”。由此可以认为，互联网医疗纠纷，就是指在以互联网诊疗、互联网医院、远程医疗等互联网形式开展的诊疗活动中，医患双方因诊疗活动引发的争议。①

根据前文对互联网医疗的界定，本书主要探讨的互联网医疗纠纷，是指在以患者为服务对象的互联网诊疗、互联网医院模式下，依托互联网平台开展的诊疗活动中，发生在医疗机构与患者之间，或网络医疗平台运营商与患者之间的医疗纠纷。

## 第二节　互联网医疗纠纷解决的制度适用现状

### 一、互联网医疗纠纷仍适用传统医疗纠纷适用的制度

国家卫生健康委于 2022 年 2 月 8 日公布的《互联网诊疗监管细则（试行）》第三十六条对互联网医疗纠纷的法律适用作了明确规定："医疗机构在开展互联网诊疗活动过程中发生医疗事故或者引发医疗纠纷的，应当按照《医疗事故处理条例》《医疗纠纷预防和处理条例》等有关法律法规和规定处理。医疗机构所在地县级以上卫生健康主管部门应当按照相关法律法规履行相应处理责任。"在某种程度上，《互联网诊疗监管细则（试行）》可等同于互联网医疗规范的纲领性文件，具有较强的政策导向意义。

互联网医疗纠纷作为一种新型医疗纠纷，与传统的医疗纠纷相比，虽然在纠纷主体、医患诊疗过程、患者损害后果及诉求等方面都存在差异，但其仍然符合《医疗纠纷预防和处理条例》规定的"医患双方因诊疗行为引发的争议"，本质上仍然属于医疗纠纷。因此，在法律适用方面，依然适用《民法典》尤其是合同编和侵权责任编、《最高人民法院关于审理医疗损害责任纠纷案件适用法律若干问题的解释》（2020 年修正）等实体法律规范和《医疗纠纷预防和处理条例》《医疗事故处理条例》等程序法律规范。②

---

① 罗涛等：《试论互联网医疗纠纷在线解决机制的构建》，载《中国医院》2022 年第 26 卷第 5 期。

② 罗涛等：《试论互联网医疗纠纷在线解决机制的构建》，载《中国医院》2022 年第 26 卷第 5 期。

### 二、互联网医疗纠纷已衍生出专门适用的制度

政府针对互联网医疗相继出台了一些专门性的政策、部门规章和地方性法规，例如，《国务院关于积极推进“互联网+”行动的指导意见》《国务院办公厅关于促进“互联网+医疗健康”发展的意见》《互联网诊疗管理办法（试行）》《互联网医院管理办法（试行）》《远程医疗服务管理规范（试行）》等。

但这些专门性规范仍有待细化。例如，线下医疗机构执业医生在进入互联网医疗平台时，需要具备什么入驻资质，如何判断其行为是诊疗行为还是健康咨询行为，以及互联网平台如何监管、如何划定职责范畴等，尚需进一步完善立法加以明确。

值得一提的是，《国务院办公厅关于促进“互联网+医疗健康”发展的意见》中明确支持医疗卫生机构、符合条件的第三方机构搭建互联网信息平台，开展远程医疗。而《中华人民共和国医师法》第三十一条规定，医师不得利用职务之便，索要、非法收受财物或者牟取其他不正当利益。那么在制度层面如何界定医生在互联网医疗平台上进行的行为：是诊疗行为还是健康咨询行为，是力求便利的正当服务还是别有用心的不当牟利。在此，我们必须明确的是，互联网医疗的目的是图便利而非牟利。在现实中，却出现部分医生在正常门诊收取挂号费后，再极力推荐患者去另一个收费平台重新办手续咨询的实例，这就存在重复收费和变相牟利之嫌。

## 第三节　互联网医疗纠纷的主要风险来源

随着科学技术的革新，互联网技术和医疗的融合显得更加必要和重要。以“互联网医疗”展开的就诊模式逐渐深入人心，为需要提供医疗服务的患者带来了传统医疗模式无法给予的就医便利。据 2022 年发布的《第 49 次中国互联网络发展状况统计报告》显示，截至 2021 年 12 月，我国在线医疗用户达 2. 98 亿人，占网民整体的 28. 9%。自 2020 年该报告首次发布在线医疗用户数据以

来，此次用户规模创下新高。①

随着互联网医疗用户人数的不断攀升，随之产生的互联网医疗纠纷也与日俱增。

## 一、互联网医疗行医规范方面

### （一）准入门槛及平台监管

按照《互联网诊疗管理办法（试行）》第五条和第十四条的规定，开展互联网诊疗活动的医师、护士应当能够在国家医师、护士电子注册系统中查询。医疗机构应当对开展互联网诊疗活动的医务人员进行电子实名认证，鼓励有条件的医疗机构通过人脸识别等人体特征识别技术加强医务人员管理。且互联网诊疗活动应当由取得《医疗机构执业许可证》的医疗机构提供。可见，有资质从事互联网诊疗活动的主体只能是医疗机构。

但在实践中，一方面，个别缺乏诊疗资质的互联网医疗服务提供者并不知晓该规定，受理患者医疗咨询的同时也进行了互联网诊疗活动；另一方面，由于患者无法在平台上看到关于医生、药师的资质证明，就使得有的无就诊资质的人在互联网平台提供诊疗活动。

此外，有关医生多点执业准入的限制与互联网医疗本身不受地域限制这一特殊性存在一定冲突。由于互联网医疗执业并不受时间、地域的限制，所以医师有机会在原注册单位之外的任何平台上随意从事互联网医疗活动。根据《互联网诊疗管理办法（试行）》第二十五条，《医师执业注册管理办法》第十条、第十七条的规定，医师在其他机构执业从事互联网诊疗的，需要经其执业注册的医疗机构同意，同时应当向卫生计生行政部门申请。

### （二）诊疗行为和健康咨询行为的界定标准

互联网健康咨询准入门槛较低，在法律上很难区分“诊疗行为”与“健康咨询行为”。互联网医疗平台除了挂号咨询、就诊导医等，还可能涉及对患者表达的症状或健康问题的解答。此类解答是否属于诊疗行为在实践中是存在争

① 《第 49 次中国互联网络发展状况统计报告》，载中国互联网络中心网，https：//www. cnnic. net. cn/NMediaFile/old_ attach/P020220721404263787858. pdf，最后访问时间：2023 年 3 月 7 日。

议的。严格意义上来说，仅就上述问题咨询提供倾向性的意见建议，不能算作诊疗行为。《医疗机构管理条例实施细则》第八十八条第二款明确了“诊疗活动”的含义，“诊疗活动：是指通过各种检查，使用药物、器械及手术等方法，对疾病作出判断和消除疾病、缓解病情、减轻痛苦、改善功能、延长生命、帮助患者恢复健康的活动”。因此，首先要判断医生的行为是健康咨询还是诊疗行为，诊疗行为必然存在误诊导致患者病情延误的可能性，引起互联网医疗纠纷；而在线服务者提供建议性的回答仅仅属于健康咨询。

相对于互联网诊疗活动，具有更低准入门槛的互联网健康咨询服务在经营中的成本也更低，这使得“互联网+”医疗服务内容提供商为了节约成本趋之若鹜，以互联网健康咨询的名义提供着互联网诊疗服务。如果将轻问诊、远程咨询、第二诊疗意见等仅仅视为提供健康咨询信息，但是这些活动中有很多都涉及对疾病的诊断和治疗方案的提供，那么可能会对患者的生命健康产生不利影响。

### （三）互联网医疗对初诊患者的诊疗约束

根据《互联网诊疗管理办法（试行）》第十六条第二款，互联网诊疗的首要限制是不得对首诊患者开展互联网诊疗活动。该办法第二条规定，医疗机构仅可在线对部分常见病、慢性病复诊和通过“互联网+”家庭医生签约服务的患者提供诊疗服务。

对患者的初次诊断在整个诊疗过程是最为基础性的环节，几乎决定了后续治疗的整体走向。一旦误诊，则不仅后续所配套的治疗措施无法对症下药，还会延误最佳治疗时间，更严重的甚至会导致患者病情进一步恶化。因此，考虑到互联网医疗只能线上诊疗的局限性，且诊断的基础主要是通过患者对自身病情的描述，而未经过专业医生通过“望闻问切”及相关科学检查的方式进行客观落实，如果医生直接就此草率地出具诊断意见，那么误诊的概率将极高。这不仅是对初诊患者不负责任，也会增加诊疗医生及相关医院承担侵权责任的风险。当然，如果互联网平台没有对这一诊疗行为进行明确的约束，也可能会面临监管不力的侵权责任。

## 二、互联网医疗信息泄露方面

在整个医疗服务过程中，涉及互联网医疗机构、医护人员、患者、第三方互联网医疗平台（以下简称互联网医疗平台）四方主体。互联网医疗信息受侵案件高发的原因在于：首先，实体医疗卫生机构和网络运营者对信息安全的保障不力；其次，患者自身缺乏信息安全保护意识。①

对于互联网医疗机构和互联网平台而言，相较于传统医疗，互联网信息的信息范围扩大、侵权容易度增加。线下实体医院为保障信息安全均采用内网系统采集、运输、存储医患信息；而互联网医疗由于其自身行业特点，势必要通过互联网进行医患信息的采集和存储。根据《互联网诊疗管理办法（试行）》第二十条，线上诊疗需要妥善保管患者信息，严格执行信息安全和医疗数据保密的有关法律法规。若有非法买卖、泄露患者信息的行为，医疗机构将可能被追究相关责任。

对于患者个人而言，在缺乏自我信息保护意识的情况下，也有可能在注册、诊疗等环节无意识泄露个人信息。

此外，互联网诊疗平台与购物平台的“混同”也可能导致患者个人求诊信息等隐私内容得不到足够的保护，即互联网诊疗平台与其他性质的平台共存在于一个网站或手机应用软件②。

## 三、互联网医疗责任主体方面

对于传统医疗纠纷，由于其存续时间久，我国法律对其在责任认定方面的法律规范已经相当成熟；但在互联网医疗层面，由于医疗纠纷涉及的主体更为复杂多元，包括互联网医疗机构、医护人员、患者和互联网医疗平台，这就意味着在互联网医疗纠纷中责任划分将尤为困难。虽然《国务院办公厅关于促进“互联网+医疗健康”发展的意见》对于互联网医疗平台规定了一定责任，即“互联网医疗健康服务平台等第三方机构应当确保提供服务人员的资质符合有

---

① 严景：《互联网医疗法律监管研究》，北京邮电大学2020年硕士学位论文，第12页。

② 冯赢东：《我国互联网诊疗活动监管制度研究》，华北电力大学2019年硕士学位论文，第17页。

关规定要求，并对所提供的服务承担责任”，但责任分配方面仍有待明确。

互联网医疗平台可能是独立运营，也可能是和医院合作建立。此处主要讨论的是后者。在该合作模式下，原本应当由医疗机构独立管理的医疗服务数据，转为由网络平台进行实质管理。在发生纠纷时应当如何认定责任主体呢？一方面，医生是与患者建立直接联系的主体，通过判断医生在诊疗过程中是否尽到义务，可以进而判定其在互联网医疗纠纷中是否需要承担一定的责任。另一方面，互联网平台作为互联网医疗的载体，在出现纠纷后，该平台是否担责以及如何担责，实务中尚存在争议。

除此之外，互联网平台在用户注册时，往往要求用户同意包含免责条款的用户协议。例如，通过在平台明确咨询建议不能作为诊断及医疗的依据，如需具体诊疗请前往医院等提示，排除自身医疗责任。由此，互联网平台只需要承担网络服务商的责任。根据《民法典》第四百九十七条第二项的规定，提供格式条款一方不合理地免除或者减轻其责任、加重对方责任、限制对方主要权利，该格式条款无效。笔者认为，互联网平台一边利用医生注册和患者咨询双向收费，另一边又试图从互联网医疗纠纷中全身而退，这有违权利义务相适用的原则。互联网医疗如何监管到位有待实务探索。

## 第四节 规避互联网医疗纠纷的建议

随着互联网医疗服务的迅速发展，互联网医疗服务的规范管理、风险把控等问题开始成为业界关注的焦点。相较于传统的医疗纠纷，互联网医疗纠纷的处理方式对医院和医生具有更大的风险。随着互联网医疗的不断深入发展，提高医方的风险意识，预防纠纷的发生，是当下医方处理互联网医疗纠纷的最佳措施。国家前后出台的一些法律政策对预防互联网医疗纠纷的发生具有重要的指导和借鉴意义。因此，笔者将在现有制度的基础上，就上文提及的风险来源提供一些针对性的建议。

## 一、加强资质审查，明确诊疗范围

### （一）开展互联网诊疗的医务人员与患者都要实行实名制

为了从源头上预防互联网医疗纠纷的产生，对于人员素质和平台准入门槛都应该有一定要求并附加严格的审核验证。《互联网诊疗监管细则（试行）》对此进行了明确的规定，实务中可以参照。其第五条规定，医疗机构应当主动与所在地省级监管平台对接，及时上传、更新《医疗机构执业许可证》等相关执业信息，主动接受监督。第十二条规定，医疗机构应当对开展互联网诊疗活动的医务人员进行实名认证，确保医务人员具备合法资质。第十三条第一句规定，医师接诊前需进行实名认证，确保由本人提供诊疗服务。即医疗机构及医生个人都需要确保实施互联网诊疗人员的资质与真实性。第十四条第一款规定，医疗机构应当将开展互联网诊疗活动的医务人员信息上传至省级监管平台，包括身份证号码、照片、相关资质、执业地点、执业机构、执业范围、临床工作年限等必要信息。省级监管平台应当与医师、护士电子化注册系统对接，药师信息应当上传监管平台且可查询，有条件的同时与卫生健康监督信息系统对接。

同时，《互联网诊疗监管细则（试行）》第十七条规定，互联网诊疗实行实名制，患者有义务向医疗机构提供真实的身份证明及基本信息，不得假冒他人就诊。其第十三条第二句规定，其他人员、人工智能软件等不得冒用、替代医师本人提供诊疗服务。目前，很多医生在接诊时采用人工智能软件智能聊天、套用固定话术的情形将会被规范。

### （二）明确诊疗行为范畴，落实首诊禁止规则

#### 1. 严格区分健康咨询行为和诊疗行为

就互联网医院受到的行政处罚而言，诊疗范围超过实体医院是比较常见的行政处罚原因之一。网络医疗服务提供者，尤其是具有诊疗习惯的医院和医生，经常存在将健康咨询行为扩大为诊疗行为的情况。例如，某医院五官科医生在为患者提供健康咨询时，给患者开了抗生素，写的诊断是牙龈炎，该行为最后被认定为超越执业范围在网上开处方。在法律规定的框架下，互联网医疗

平台想要规避法律风险，需要严格限制医生的网上诊疗行为。最主要的是看医生是否超越执业范围、是否履行引导患者到实体医疗机构就诊等告知义务，以降低医疗纠纷发生的风险。与此同时，互联网诊疗平台也要做好患者的病情登记，如是否为首诊，是否为常见慢性病问诊，做好互联网科室分类，正确引导患者进行互联网问诊。

司法实践中一般认为，互联网上的健康咨询服务与互联网诊疗活动的主要区别在于是否存在对疾病的诊断和提出治疗方案。如果对患者病情作出明确诊断，并针对性地出具医嘱等，可认定为是医疗行为，按照医疗损害责任纠纷或医疗服务合同纠纷处理；如果是根据患者对病情的描述，提出相应的建议，通常认定为是网络健康咨询，按照咨询服务合同纠纷处理。

从互联网医疗机构的角度来看，根据我国现有的法律政策规定，医院或医生在互联网平台上提供健康方面的咨询是受法律保护的，但在咨询中，一旦给出了明确的诊断和治疗建议，就有可能被认定为诊疗行为，在司法程序中极易被认定为不合法而承担相应的责任。因此，建议医院或医生在网络咨询中，“明确的诊断和治疗建议”应谨慎使用，同时也应明确尽量引导患者线下就医，做到双重保险，以尽可能降低法律风险。

从互联网医疗平台的角度出发，建议由专业的互联网医疗律师团队对互联网咨询行为进行合规审查，并草拟服务知情同意书。或者，互联网医疗平台也可以设置自动回复功能，在患者和医生结束病情沟通后，发送类似“本平台仅作健康咨询，具体病情应线下就医”等内容，尽到明确的风险告知义务。由此，确保在互联网平台的咨询行为不触及诊疗行为的法律红线，确保互联网平台健康咨询服务的合法性，并且有效规避经营风险。

2. 禁止对首诊患者进行线上诊疗行为

《互联网诊疗管理办法（试行）》第十六条第二款明确规定，不得对首诊患者开展互联网诊疗活动。医师应当确保患者已有相关病历资料。但在实践中，有的互联网医院不太重视审查患者是否已有病历资料，一般只要患者勾选确认曾经在线下确诊过某疾病，即可在该主诉范围内接诊。这不仅使得该规定有流于形式之嫌，也在无形中增加了误诊风险。

《互联网诊疗监管细则（试行）》第十八条第一款，细化了首诊禁止规则的要求，明确了患者和医师各自的义务，将判断是否符合“复诊”条件的责任也加之于医师。如果医师未能采集证明患者已经确认的凭证，监管部门可以基于《中华人民共和国医师法》等就医师的不当执业行为进行处罚。

上述法律条文仅是对诊疗行为做禁止首诊的约束。笔者建议，无论是诊疗行为还是健康咨询行为，只要是在互联网平台上为患者提供服务，且患者声称自己已经在线下初诊过，建议医生一并采集能证明患者已经确诊的纸质或电子凭证信息，在此基础上再去判断是否进行下一步服务工作。

## 二、加强网络信息维护，线上线下数据互通

### （一）健全网络医疗信息法律规范，强化系统监管

从立法层面，传统医疗领域的法律法规将公民医疗信息纳入“隐私”的保护范畴，通过对隐私权的保护来防止医疗机构和医务人员侵犯患者隐私。《民法典》第一千零三十四条关于个人信息的定义中，第二款规定：“个人信息是以电子或者其他方式记录的能够单独或者与其他信息结合识别特定自然人的各种信息，包括自然人的姓名、出生日期、身份证件号码、生物识别信息、住址、电话号码、电子邮箱、健康信息、行踪信息等。”公民的医疗信息即属于《民法典》规定的健康信息领域。随着互联网医疗的发展，法律政策以积极确权的方式对互联网医疗信息予以保护。

根据《互联网诊疗管理办法（试行）》第十三条、第二十条规定，医疗机构应当严格执行信息安全和医疗数据保密的有关法律法规，妥善保管患者信息，不得非法买卖、泄露患者信息。实施第三级信息安全等级保护。《互联网医院管理办法（试行）》附录《互联网医院基本标准（试行）》第四点规定，存储医疗数据的服务器不得存放境外。《互联网诊疗管理办法（试行）》对医疗机构应当具备的执业环境和执业水平作出了比较静态的、准入条件类规定，《互联网诊疗监管细则（试行）》则建立了一种基于数据抓取的实时动态监管机制。其除了要求互联网医院向省级监管平台开放相关数据接口（电子病历、诊疗过程中的图文对话、音视频资料；电子处方、处方审核记录、处方点评记录；药品配送的相关协议和处方流转信息）外，还建立了监管部门定期（每月

至少一次）对互联网医院诊疗情况的数据抓取、问题反馈、整改机制。同时也强调监管部门对互联网医院的数据抓取应该满足“最少可用原则”。

（二）互联网医院和实体医院应当配合做好线上和线下的衔接

互联网医院和线下实体医院并非对立存在的，两者更应该利用好各自的优势共同打造新型医疗模式，建议互联网医院与实体医院能够实现数据互通，从而可以通过互联网服务有序分流患者看诊。如普通轻症患者，在家休养或前往社区医疗卫生机构治疗；常见病、慢性病复诊和“互联网+”家庭医生签约的患者，在附近医院就近诊疗或通过互联网诊疗；确需门诊、复查、入院、手术的患者，由专业医师或首诊医师进行评估后尽快安排。对于肿瘤、器官移植等存在最佳治疗窗口期的患者，建议通过互联网服务，及时对患者情况识别、分类，开辟诊疗“绿色通道”，协调安排患者的就诊时间，避免延误诊疗或错失最佳治疗时间。另外，还可通过互联网服务，对预约患者是否存在传染病风险等进行线上评估，并告知确需线下就诊的患者，严格采取院内预防措施，防止院内感染。

## 三、健全互联网医疗纠纷处理机制

（一）日常诊疗留痕，增强责任意识

如果医疗机构在互联网诊疗中没有记录自己的日常诊疗行为，一旦发生互联网医疗纠纷，可能会因取证困难而陷入僵局。

《互联网诊疗管理办法（试行）》未就互联网医院的病历管理进行特别规定，而是在第十七条要求医疗机构开展互联网诊疗活动应当按照《医疗机构病历管理》和《电子病历应用管理规范（试行）》等相关文件要求，为患者建立电子病历，并按照规定进行管理。

在互联网诊疗服务的实践过程中，医生通常利用文字对话、语音、视频等方式开展问诊。就医患交流的内容是否需要列入电子病历予以管理的问题，上海给出了答案，根据《上海市互联网医院管理办法》第三十条规定，互联网诊疗服务过程中所产生的文字、符号、图表、图形、数据、音频、视频等数字化信息，应按照电子病历要求管理。

2022年发布的《互联网诊疗监管细则（试行）》第二十条规定，互联网医院变更名称时，所保管的病历等数据信息应当由变更后的互联网医院继续保管。互联网医院注销后，所保管的病历等数据信息由依托的实体医疗机构继续保管。第二十二条规定，医疗机构自行或委托第三方开展药品配送的，相关协议、处方流转信息应当可追溯，并向省级监管平台开放数据接口。第二十五条第二款提到，鼓励有条件的省份在省级监管平台中设定互联网诊疗合理性判定规则，运用人工智能、大数据等新兴技术实施分析和监管。这些规定强调诊疗过程中的图文对话、音视频资料等应当全程留痕、可追溯，进一步明确了互联网医疗机构在进行诊疗行为过程中的责任，无疑间接提升了相关医生的责任意识，且提升了诊疗质量。

### （二）事前划分医疗机构与互联网平台的责任

互联网医疗机构与互联网平台之间主要是契约性质的法律关系，因此建议在合作初期就通过书面协议的形式明确各自的权利义务，对信息安全、隐私保护、医疗损害等潜在风险及责任承担进行合理责任划分。《互联网诊疗监管细则（试行）》第二十七条和第三十一条对此均有类似的细则规定。这样一来，一方面，可以增强主体自身的责任意识，尽可能杜绝一方规避责任；另一方面，一旦患者向合作方中的一家或多家主张医疗损害赔偿，各合作方之间可在对患者进行赔偿后根据合作协议的约定进行内部追偿。

此外，从责任履行上看，由于互联网医疗的线上特征，患者获取胜诉判决或获得赔偿的调解结论后，互联网医疗经营者能否如实履行责任也将是一个问题，患者可能赢得判决却不能及时获得赔偿，作为解决方案，可以引入互联网医疗责任保险制度，由保险机构代为直接履行。这样，保险公司也成为监督互联网医疗经营者的一种社会力量，并且比消费者力量更强大。①

---

① 冯赢东：《我国互联网诊疗活动监管制度研究》，载《华北电力大学（北京）》2019年第23期。

# 第七章
# 医疗纠纷案例精析[①]

## 第一节　代理患方

### 一、产科

#### 案例一　甲某与 A 医院医疗损害纠纷

**【基本案情】**

产妇甲某于20××年×月×日 17：00 在家中发现羊水早破，由 120 急救车送至 A 医院，18：00 左右急诊入院。等待四个多小时，直至 22：00 方进入手术室行剖宫产术。术前产妇宫缩频繁，腹痛剧烈。产妇及家属多次询问医务人员，既然已做好术前准备，为何不尽快手术，医务人员答复是由于手术室停电。22：30 婴儿娩出，23：30 结束手术，手术名称为“子宫下段剖宫产术”。产妇陈述缝合子宫用了一个多小时，产妇被牵拉得很难受并告诉医生，麻醉师建议手术医生抓紧时间，产妇不舒服。

产妇术后恶露不断，术后 42 天去 A 医院检查时，诉仍有阴道出血，医生告知患者无异常，让其回家。

回家后，患者阴道仍持续不断出血，于 20××年×月×日再次去 A 医院挂妇科门诊，门诊医生直接在病历挂号章打个×，并告知患者直接去病房找手术

---

① 本章案例系笔者根据其代理案例改编而来。下文对此不再进行提示。

医生。病房其他医生让患者仍去门诊找医生，门诊医生在患者的病历上记录“平衡液500mL+催产素30单位，静脉滴注三天”，一周后复查B超。

20××年×月×日患者第三次去A医院复查，门诊医生与病房医生仍互相推脱。最终在门诊查尿妊娠检查（-），B超提示：切口处见混合回声，大小19mm×25mm×27mm。医院未做任何处理。

患者始终阴道不断出血，恶露不尽。20××年×月×日于妇科门诊就诊，医生未诊断，未做任何处理。

20××年×月×日，患者再次于妇科门诊就诊，医生仍未诊断，建议中医科就诊并服用中药。患者按照医嘱服用中药至20××年×月。

20××年×月×日，患者因腹痛加剧及阴道出血不断，在B医院做B超，提示：宫颈内口处前壁切口处混合回声，宫腔积液。患者自觉继续中药治疗效果不好，多次找A医院治疗。A医院没有明确诊断，也没有对患者采取积极治疗措施，仅让患者服用中药治疗。

20××年×月×日前往B医院就诊，B超提示：子宫前壁下段及颈管前壁见中低回声区，41mm×31mm×30mm，确诊子宫切口憩室。

20××年×月×日，患者收治入C医院，×月×日全麻下行腹腔镜下剖宫产切口憩室修补术。术中见子宫下段陈旧性积血，完整切下膨出物面积约40mm×30mm×30mm。病理提示：子宫剖宫产切口憩室组织平滑肌组织，表面局部见胎盘床反应。×月×日，患者出院，出院诊断剖宫产切口憩室，宫腔粘连。

20××年×月×日，B超仍提示：子宫下段液性暗区，范围约100mm×50mm。仍然存在复发的可能，后续治疗不可避免。

患者因不规则不定期出现阴道出血现象，有严重抑郁、焦虑。长期服用中药，难以工作。

**【当事人意见】**

1. 患方认为：

（1）20××年×月×日剖宫产前告知未明确提出子宫憩室，A医院应承担未明确手术告知的后果。

（2）20××年×月至20××年×月患者多次去医方就诊，在B超已明确诊断的情况下，医方只建议患者服用中药，未采取积极治疗措施（如手术），导致患者病情进一步加重，失去最佳治疗时机。

（3）20××年×月在C医院行剖宫产切口憩室修补术，术后病理提示憩室平滑肌组织表面局部见胎盘床反应，说明剖宫产手术存在问题，存在胎盘组织，所以导致患者反复出血。

综上所述，医方违反诊疗常规，致使患者遭受人身损害后果。

2. 医方认为：

（1）20××年×月×日患者因“胎膜早破，瘢痕子宫”急诊行剖宫产术，术中胎盘自娩，胎盘胎膜完整，盆腔粘连广泛。医方的诊疗计划及手术过程符合规范。

（2）剖宫产手术时患者已是高龄产妇，且为第二次剖宫产，之前人流两次，子宫切口形成憩室并非全部由手术造成，与患者年龄、子宫肌层复旧条件欠佳亦有一定的关系。

（3）子宫憩室可引起月经时间延长，患者经治疗后缓解。患者已进入围绝经期，月经紊乱也不能排除。

（4）20××年×月切口憩室术后病理提示胎盘床反应，多由近期（一般3~6月）相关妊娠引起，故医方认为并非由20××年剖宫产手术引起。两次手术间隔约两年，其间患者是否有过再次妊娠或妊娠相关疾病（如胎盘部位滋养细胞肿瘤等）亦不能排除。

**【鉴定意见】**

1. 某区医学会医疗损害鉴定意见书：

（1）本例不属于对患者人身的医疗损害。

（2）A医院在医疗活动中存在与患者沟通不明、没有积极治疗的不足，但与患者子宫切口憩室形成的状况不存在因果关系。

2. 某市医学会医疗损害鉴定意见书：

（1）本例不属于对患者人身的医疗损害。

（2）A医院在医疗活动中存在剖宫产术后门诊随访中告知及关注度不足的医疗过错，但与患者甲某子宫切口憩室形成的人身损害结果无因果关系。

**【裁判要旨】**

法院认为，公民享有生命健康权。患者甲某至被告A医院处就诊，双方由此建立了医疗法律关系。医疗损害赔偿责任的承担，是以医疗行为有无过错以及过错与损害后果之间是否存在因果关系为基本条件。为查明医疗机构及其医务人员在医疗活动中，是否存在违反医疗卫生管理法律、行政法规、部门规章和诊疗护理规范、常规等过错造成患者人身损害的行为，应当由医学会予以鉴定。本案的医疗争议经区、市两级医学会鉴定，结论均为本例不属于对患者人身的医疗损害。故原告要求被告赔偿经济损失及精神损害抚慰金的诉请，法院不予支持。但应当指出的是，A医院在医疗活动中存在剖宫产术后门诊随访中告知及关注度不足的医疗过错，虽与患者子宫切口憩室形成的人身损害结果不存在因果关系，但会导致患者产生合理的怀疑，进而引发医患纠纷，故由此产生的鉴定费由被告承担，并由被告对原告进行适当的补偿较为合理，具体的金额由法院考虑本案的实际情况予以酌情确定。

法院判决如下：

1. 被告于本判决生效之日起十日内赔偿原告鉴定费×元；
2. 被告于本判决生效之日起十日内补偿原告×元；
3. 驳回原告其余诉讼请求。

**【办案心得】**

在本案中，笔者代理的是患方。就本案的思考如下：

1. 医患双方面对医疗纠纷，应当努力解决矛盾而非激化矛盾。笔者在接受委托后，建议患方与医院直接进行调解，避免浪费金钱、时间及精力等成本，因此患方提出调解申请，但A医院不仅不考虑调解，还让患方直接起诉，因此患方提起诉讼。

2. 任何一方在诉讼时，应充分评估诉讼成本。在诉讼过程中，本案经过两次医学会鉴定，导致案件审理的流程长、周期长，不仅浪费司法和鉴定资源，也使矛盾进一步升级。除此以外，双方都为此付出了大量时间精力，得不偿失。

3. 医患双方应当建立良好的纠纷沟通机制。理智地解决矛盾，而非升级矛盾，才是正确的解决之道。对于本案而言，如果双方一开始能够平和地沟通，或许早已解决矛盾。医方要意识到医疗纠纷是不可避免的，只有积极处理才能完善和提高自身应对医疗纠纷的能力。

## 案例二　甲某与 A 医院医疗损害纠纷

### 【基本案情】

甲某一直在 A 医院行产前检查，20××年×月×日，因 G1P0（孕 1 产 0），孕 $39^{+4/7}$ 周，LOA（左枕前位），待产，被收治入 A 医院，×月×日、×月×日、×月×日三次行 OCT 试验（催产素激惹试验）。

×月×日 8：09，医院开始使用缩宫素注射液 2.5 单位静滴，甲某×月×日 12：45 产程开始，16：00 宫口开全，16：25 胎儿分娩，16：30 胎盘娩出，总产程 3 小时 45 分。

产后一小时内产妇阴道出血 2500mL，医院考虑出血原因为子宫收缩乏力，行全子宫切除术，后因患者病情进一步加重，A 医院于×月×日将患者转入另一医院。

×月×日患者在另一医院全麻下行剖腹探查术+盆腹腔沙垫取出术。×月×日出院，出院诊断为 G1P1（孕 1 产 0）孕 $40^{+6}$ 周 LOA 顺产后，产后大出血，失血性休克，软产道裂伤，全子宫切除+后腹膜血肿清除术后，多器官功能障碍。

### 【当事人意见】

患方认为：

1. 不规范使用催产素。

初产妇潜伏期应较长，但该产妇在一个半小时内，宫口从一指开到 5cm，此时应停用催产素，但被告医院仍维持催产素剂量 10 滴/分滴注给患者。患者 16：00 宫口开全，16：25 胎儿分娩，16：30 胎盘娩出。总产程仅 3 小时 45 分。患者因被告医院不规范使用催产素导致其急产，并致其大出血。

2. 使用催产素中未密切观察。

×月×日 8：09，医院开始使用缩宫素注射液 2.5 单位静滴，但×月×日 8：09—16：26，临时医嘱单竟然没有任何医嘱记录和胎心监护等。患者是初产妇，总产程仅 3 小时 45 分，急产，说明宫缩剧烈，但奇怪的是，在产程记录上，12：45—16：00 的宫缩记录都是强度中，间歇 3 分，持续 30 秒。不排除被告医院伪造了产程记录，也不排除被告医院没有尽到密切观察的义务。

3. 违反诊疗常规切除子宫。

后转入医院的出院诊断为产后大出血，失血性休克，软产道裂伤。被告医院手术记录表述左侧阴道壁有一长约 7cm×3cm 伤口，右侧阴道壁有一长约 6cm×3cm 伤口。被告医院仅考虑经产妇出血为子宫收缩乏力，未考虑软产道损伤，违反诊疗常规切除了患者子宫。

4. 产后大出血不利于术后恢复。

因被告医院违反诊疗常规，且没有密切观察，导致产妇急产，产后大出血。被告医院于 20××年×月×日 18：20 开始手术，40 分钟发现左侧阴道壁有一长约 7cm×3cm 伤口。截至×月×日 0：00 手术开始 3 小时 40 分后才发现右侧阴道壁还有一长约 6cm×3cm 伤口，且部分达直肠前壁。手术时间延长，术程中共出血 10600 mL，对经产妇的预后极为不利。不排除经产妇因产后大出血，未来出现席汉综合征的可能。

**【鉴定意见】**

无。

**【裁判要旨】**

本案以调解方式结案。

**【办案心得】**

在本案中，笔者代理的是患方。患方甲某在 A 医院产前检查，医方不规范使用催产素，产程中没有密切观察，患者急产，产后大出血，子宫被切除。就本案的思考如下：

1. 部分医院的产科管理、医疗条件和医护水平亟待提高。本案中 A 医院地处郊区，医方在催产素使用、产程观察及手术过程中都存在过错。首先是产妇在一个半小时内，宫口从一指开到 5cm，此时应停用催产素，却无人注意导致产妇急产，后又对大出血的原因判断错误，错误地切除了患者子宫。

2. 本案最终在法院的主持下双方调解成功。本案医方的过错较明显，调解或诉讼均有利于患方。医方调解态度积极，患者在经历了产后大出血、子宫切除等事件后，也急于从纠纷中尽快解脱，希望缩短诉讼时间。双方都以积极的态度协商，及时消除对立的矛盾状态，本案成功以调解方式结案。

## 案例三 甲某与 A 医院医疗损害纠纷

### 【基本案情】

患者为高龄产妇，孕 40 周，见红 2 小时于 20××年×月×日急诊以“G2P0（孕 2 产 0）孕 40 周 先兆临产”收治入 A 医院。

患者月经规律，末次月经 20××年×月×日，孕 $15^{+4}$ 周于医方建卡定期产检，产前 B 超筛查，OGTT（口服葡萄糖耐量试验）无异常，其间血压正常，孕期无头晕头痛，无视物模糊，无胸闷憋气。入院检查：T（体温）：36.7℃，P（脉搏）：86 次/分，R（呼吸）：20 次/分，Bp（血压）：141/89mmHg，步态正常，神志清楚，双肺呼吸音清，神经系统检查正常。×月×日尿蛋白+，腹部检查：胎位头位，胎心 145 次/分，胎动正常，腹围 96cm，子宫底 32cm，胎重估计 3500g。诊断：孕 40 周第 2 胎 0 产，胎位头位，先兆临产，妊娠期高血压，轻度子痫前期。入院后予以完善理化检查、监测血压，母胎监护。

×月×日 8：00 考虑产妇子痫前期，已过预产期，予以人工破膜+催产素静滴引产（2.5u，8 滴/分），12：45，血压 130/88 mmHg，宫口开全，指导产妇屏气用力，13：31 产妇突然意识丧失，呼之不应，无明显抽搐，$SpO_2$（血氧饱和度）：99%，Bp：142/75 mmHg，P：98 次/分，R：20 次/分，胎心基线 130bmp，予鼻导管吸氧，13：33 胎儿娩出无窒息，13：35 无明显抽搐和口吐白沫，Bp：171/96mmHg，P：100 次/分，R：20 次/分，双侧瞳孔等大等圆，对光反射灵敏，颈软无抵抗，予氢化可的松 50mg 静脉滴注、吸痰、开放气道，考虑产时子痫，予“硫酸镁”负荷量静滴解痉治疗，“佩尔”降压，甘露醇 250mL 降颅内压，留置导尿记尿量，气管插管生命支持。平稳后予头颅 CT（电子计算机断层扫描）检查了解颅脑变化，13：55 产妇无意识，Bp：151/82 mmHg，R：20 次/分，转 ICU（重症加强护理病房）进一步治疗。×月×日 15：10，ICU 转入科，麻醉镇静中，气管插管呼吸机辅助呼吸中，双侧瞳孔对光反射存在，对称，心肺无殊，×日 24 小时尿蛋白 1.15g，诊疗：呼吸机维持，心电及生命体征、意识监护，保持水电解质酸碱平衡，予以硫酸镁解痉、继续镇静；罗氏芬抗感染，17：07 告家属病危，头颅 CT：左侧基底节区脑血肿，脑室系统铸型，联系院外会诊，考虑左基底节脑出血，出血量大，建议行血肿引流减压术，19：35 联系转运，产妇呼吸机辅助中转运。

B 医院于 20××年×月×日全麻下行脑血肿清除术+脑室引流术，×月×日局麻下全脑血管造影，见右侧颈内动脉起始部轻度狭窄，左侧颈内动脉远端血管纤细，×月×日出院。出院情况：意识清楚，言语不能，双眼活动自如，双侧瞳孔等大等圆，对光反射存在，双侧鼻唇沟对称，颈软，克氏症、布氏症阴性，右侧肢体肌力Ⅲ级、左侧肢体肌力Ⅳ级，神经外科门诊随访。目前情况：患者右上、下肢肌力Ⅳ级，有认知和记忆功能障碍。

**【当事人意见】**

1. 患方认为：

（1）产妇孕 40 周，诊断为先兆临产，妊娠期高血压收入院，医方在考虑先兆子痫的情况下，没有及时终止妊娠和使用催产素。

（2）尿蛋白检查延迟，且未行眼底检查，在硫酸镁的使用上亦违反了诊疗常规。

（3）对病情估计不足，未在第一时间判断患者可能子痫脑出血，没有及时处理突发病情，在三个多小时后才检查头颅 CT，诊断后三个多小时后才安排转院。

（4）未见先兆子痫的告知书。

（5）医方违反诊疗常规导致患者目前认知障碍，记忆力缺失，四肢运动障碍伴大小便失禁的人身损害后果。

2. 医方认为：

（1）轻度子痫前期诊断明确，硫酸镁使用符合诊疗规范。

（2）相关辅助检查及时。

（3）产妇入院后医方按诊疗常规进行严密观察，分娩方式选择正确。

（4）产妇意识丧失后医方抢救、检查、转运及时。

（5）发生颅内出血与患者自身脑血管畸形有关，与诊疗行为无关。

【鉴定意见】

1. 本例不属于对患者人身的医疗损害。

2. 医院在医疗活动中存在未尽早诊断子痫前兆的医疗过错，但与患者目前状况不存在因果关系。

【裁判要旨】

法院认为，公民享有身体健康权。由于过错侵害他人生命健康权的，应当承担民事责任。参照医学会的鉴定意见，被告存在告知不详尽、未及时行眼底检查和尿蛋白监测以及对子痫前期患者在阴道分娩过程中，未考虑尽可能缩短第二产程等过错，应承担相应的民事赔偿责任。被告的赔偿数额由本案根据被告的过错程度、原告自身的病情酌定。

法院判决如下：

被告赔偿原告医疗费、住院伙食补助费、误工费、护理费、营养费、交通费、残疾赔偿金共计×元。

【办案心得】

在本案中，笔者代理的是患方。患方甲某高龄生产，生产过程中突然意识丧失，几小时后于外院全麻下行脑血肿清除术+脑室引流术，术后右上、下肢肌力Ⅳ级，遗留认知和记忆功能障碍。就本案的思考如下：

关于主张权利的方式。有经验的医疗纠纷专业律师可根据对案情及医患双方的了解，拟定更好的主张权利的方式。本案中笔者代理患方，建议患方在法官的主持下调解，但本案医患双方的调解意愿都很低，最终法院基本上是参照轻微责任来进行判决。

## 案例四　甲某与 A 医院医疗损害纠纷

【基本案情】

甲某，20××年×月×日孕妇 G1P0（孕 1 产 0）孕 15 周在 A 医院产检建大卡，共产检 15 次，预产期 20××年×月×日。

孕期大畸形筛查中，B 超提示胎盘插入入口位于胎盘边缘处。告知孕妇去 B 医院进一步检查，孕妇未遵医嘱。其他胎心、胎动、宫高、腹围及实验室检查正常。20××年×月×日因停经9月，胎心监护异常半天收治住院，入院后每日胎心监护，密切注意胎动，2次NST（无刺激性胎心监护）均9分，胎心、胎动好，孕妇无腹痛腹胀，B超无异常，×月×日下午予以出院。×月×日上午起孕妇自觉胎动消失，下午去A医院产检，未闻及胎心，B超提示宫内死胎，立即收治入院。入院诊断：胎死宫内（死胎G1P0〔孕1产0〕孕$38^{+4}$周LOT〔左枕横位〕），×月×日7点05分阴道分娩一女婴，重2540g。

经尸检诊断为双肺重度羊水吸入伴右肺多灶性出血、帆状胎盘等。

【当事人意见】

患方认为：

1. 患者因胎心监测异常入院，出院第二天发现胎死宫内；

2. 孕妇一直在医院产检，B超提示胎盘插入入口位于胎盘边缘处，对此情况医方并未引起足够重视。医院存在医疗损害行为。

【鉴定意见】

无。

【裁判要旨】

本案以调解方式结案。

【办案心得】

在本案中，笔者代理的是患方。患者产检在A医院，胎心监测异常入院，但出院第二天即胎死宫内，胎儿娩出时为死体。就本案的思考如下：

1. 医方对待孕后期的孕妇应当更加谨慎。本案患者因胎心监测异常入院，医方也未采取进一步措施，患者在出院后第二天即胎死宫内。医方应当妥善地管理孕后期的孕妇，尤其在孕妇产检B超提示胎盘插入入口位于胎盘边缘处的情况下，更应该谨慎对待。

2. 关于胎儿利益的保护。《民法典》对涉及遗产继承、接受赠与等胎儿利益进行保护，但是，胎儿娩出时为死体的，其民事权利能力自始不存在。

## 案例五 甲某与A医院医疗损害纠纷

### 【基本案情】

患者甲某，全程在A医院处孕检，20××年×月×日、×月×日晨起见下体有清澈无味液体溢出，两次入院检查均排除羊水早破。×月×日晚因阵痛及宫口开0.5cm收入产房，无发热等症状。×月×日早晨医生查房时摸出胎儿偏大，并未给出剖宫产建议，当日17：41行人工破膜术，羊水流出呈草绿色，仍未建议剖宫产，此时胎儿心率已在180次/分左右，最高峰时值近200次/分。21时发热，于22时入手术室行剖宫产术，22时48分生产一男婴，体重8.6斤，巨大儿，评分9分，留观在新生儿观察室。

20××年×月×日下午测得婴儿体温37.5度，不吃奶，不啼哭，间歇性呼吸急促，喘息。20××年×月×日凌晨婴儿抽搐，发热。20××年×月×日新生儿转院，当天被宣布死亡。

经尸体解剖，死亡原因为宫内感染致化脓性脑膜炎。

### 【当事人意见】

患方认为：

1. 宫内感染。

宫内感染，说明是剖宫产前感染，因入院时没有发热等感染体征，故判定致病菌来自医院。患者入院前没有发热等症状，故考虑感染原因为：

（1）入院后的院内感染，可能是消毒隔离或者检查操作不当。

（2）产程处理延误，破膜后没有及时引产，导致产妇继发感染，感染没有及时处理，导致迅速发展并通过母婴传播继而导致胎儿死亡。

2. 巨大儿没有及时进行剖宫产。

新生儿体重8.6斤，巨大儿，家属反复与医院沟通，医方没有及时进行剖宫产。

3. 新生儿发热没有及时引起重视。

新生儿出生后，很少啼哭，且啼哭时间短，寥寥几声而止，且有发热症状，家属多次找护士，医方没有高度重视，失去抢救时机。

【鉴定意见】

无。

【裁判要旨】

本案以调解方式结案。

【办案心得】

在本案中，笔者代理的是患方。就本案的思考如下：

1. 顺产与剖宫产的选择。本案患儿出生后 8.6 斤，属于巨大儿，在产检预估体重后，医生就应该引起重视，关注产妇的生产过程，及时进行剖宫产。而后产妇羊水流出呈草绿色，医院仍未剖宫产。产科是医疗纠纷高发科室，产科医护人员应具备较强的责任心。有时候医疗损害就是在医护人员一念之差，由微小的疏忽造成的。

2. 善用调解化解医患矛盾。医疗纠纷如果选择去法院诉讼，审理时限将会变长，可能会在经产妇精神方面、心理方面引起极大的压力，有可能二次激化医患双方的矛盾，未必是妥善解决纠纷的最佳方案。笔者认为，调解是现下医疗纠纷解决的重要途径，律师应致力于在诉讼前解决问题，节省司法资源。

## 案例六 甲某与 A 医院医疗损害纠纷

【基本案情】

患者 20××年×月×号至 A 医院门诊，行尿液分析和尿妊娠试验检查，报告弱阳性，医方预约下周四彩色超声检查。20××年×月×号 9 点 45 分 B 超检查提示右宫角混合回声区（31mm×25mm）。以异位妊娠，宫角妊娠收治入院，并告知患者，宫角血管多，容易造成大出血甚至危及生命，在没有进一步明确诊断的情况下，安排患者当天 12 点立刻行腹腔镜手术。

术中并未发现宫角妊娠，术中 B 超提示完全纵隔子宫，合并切口上方高回声，与当天 9 点 45 分的 B 超报告内容不一致。术中见妊娠切口，子宫肌瘤，未见孕囊。在没有告知患者或其家属的情况下，擅自行腹腔镜下切口妊娠物切除术+子宫肌瘤剥除术+诊刮术。

术后β-HCG（β-人绒毛膜促性腺激素）仍在1000以上，使用化疗药物MTX（甲氨蝶呤）一个月后才逐渐降低。

【当事人意见】

患方认为：

1. B超室诊断医生没有医学影像和放射治疗资质。

其在没有资质的情况下，对患者误诊为宫角妊娠。

2. B超诊断错误，导致后面一系列后果。

患者实际为切口妊娠，最合适的治疗不是宫腔镜手术，而是栓塞等治疗。医方因为诊断错误，给予患者宫腔镜手术治疗，导致患者术后恢复不良。

3. 医方护理不当。

医方护理工作失职，术后第三天扎留置针扎了三次。

【鉴定意见】

无。

【裁判要旨】

本案以调解方式结案。

【办案心得】

在本案中，笔者代理的是患方。患者甲某被误诊异位妊娠，宫角妊娠，在没有进一步检查的情况下行宫腔镜手术，术后恢复不良。就本案的思考如下：

1. 原被告的优势地位是可变的。本案我方庭前分析认为，如果申请鉴定，则认定A医院存在医疗损害行为的可能性不高，结果对我方可能较为不利。但在庭审过程中进行法庭调查时，我方发现B超室诊断医生没有医学影像和放射治疗资质，其涉嫌非法行医。医疗行为应由具有执业资格的医务人员在其执业地点（包括医疗、预防、保健机构）进行诊疗护理服务活动，法律不允许他人自持技术擅自实施医疗行为。由于我方发现对方的这一漏洞，我方的不利地位变为有利地位。

2. 医方要重视与患者的沟通和交流。本案中医方的B超诊断错误，导致后面一系列后果，在患方情绪不稳、比较激动的时候，医方医护人员的态度问题更加重了患方的不良情绪。医方应正确对待患者的投诉，查找医疗护理服务的不足，学会避让，与患者建立和谐的关系。

## 案例七　甲某与 A 医院医疗损害纠纷

**【基本案情】**

患者于20××年×月×日 13：41 因孕4产1，孕$40^{+6}$周，LOA（左枕前位）待产入 A 医院。根据病程记录记载，首次病程记录查体为不规则宫缩，强度弱。×月×日上午给予催产素引产以终止妊娠，于×月×日 19：35 顺产分娩一男活婴，胎盘娩出后宫缩乏力，给予米索前列醇片400μg舌下含服，未使用宫缩素。×月×日 20：35 压出积血 30mL，宫缩均好。×月×日 21：05 发现产妇阴道活动性出血，量多不凝，色暗红，临床考虑羊水栓塞，给予输血浆，止血对症处理，并行全子宫切除术。因病情危重，20××年×月×日转入上级医院治疗，入院后予以心肺复苏、强心升压等抢救治疗，最终抢救无效于20××年×月×日 11：26 宣布死亡。

根据尸检报告，患者子宫壁肌层见广泛性出血，细小血管腔内未见羊水成分；肺内血管及肺泡壁毛细血管管腔内未见羊水成分；脑、心、脾、肝、肾等多脏器贫血，其他脏器未检见致死性病理形态学异常。结合其有产后宫缩乏力、出血及子宫切除等临床经过，综合分析认为，患者系因产后子宫复旧不良致失血及 DIC（弥散性血管内凝血），导致多器官功能衰竭而死亡。

**【当事人意见】**

1. 患方认为：

（1）医院没有麻醉即做子宫切除手术，严重违反诊疗常规。

（2）尸体检验报告为“本例死亡原因为子宫出血”，临床死亡诊断为“产后羊水栓塞”，导致治疗错误，抢救不力，患者死亡。

（3）患者不规则宫缩、强度弱，子宫收缩乏力，有产后出血的高危因素。根据规定，要预防产后出血，可使用宫缩素，但医方没有采取相应预防措施，违反诊疗常规。

（4）×月×日 21：05 的记录均提示宫缩乏力，子宫出血，但医院仍误诊为羊水栓塞，未采取合理的抢救措施，导致患者死亡。

（5）病程记录中×月×日 21：05—23：30 无记录。

2. 医方认为：

（1）尽到了对患者和家属的告知义务。

（2）患者阴道大量出血时，根据临床表现特点排除其他疾病，临床首先考虑羊水栓塞，立即启动抢救流程，组织相关科室会诊并全力抢救，同时通知县危重孕产妇抢救小组，请上级医院专家急会诊，转院前联系好上级医院 ICU，并多人护送，尽到了注意义务。

（3）临床诊断合理、抢救治疗合理。

（4）患者产后的病情恶化，是疾病本身凶险及医学科学的局限性所致，非医疗过失行为所造成。本案不构成医疗损害侵权。

**【鉴定意见】**

根据现有材料，患者产后因子宫复旧不良致失血及 DIC，最终因多器官功能衰竭而死亡。患者自身存在子宫收缩乏力，具有发生产后出血的高危因素。A 医院在对患者的诊疗过程中，根据其产后当时临床症状和体征，考虑为羊水栓塞并给予相应的抢救治疗符合医疗常规，但除考虑羊水栓塞外未充分考虑宫缩乏力导致产后出血并发 DIC 的可能，未能及早实施子宫切除手术，A 医院在诊疗过程中存在一定的过错，其过错行为与患者最终死亡后果之间存在一定的因果关系，建议参与度为 30%~50%为宜。

**【裁判要旨】**

本案以调解方式结案。

**【办案心得】**

在本案中，笔者代理的是患方。就本案的思考如下：

本案最终虽然通过法院调解的方式结案，但其中反映的问题，值得部分医疗机构反思。本案中，在患方代理人的反复追问之下，医方才承认在患者仍有呼吸心跳等生命体征的情况下，医方竟未进行麻醉便予以子宫切除术。该行为严重违反诊疗常规，医方应引以为戒，以对患者高度负责的态度，加强学习培训，强化流程合规意识，避免发生类似低级错误。

## 案例八　甲某与A医院医疗损害纠纷

### 【基本案情】

产妇甲某于20××年×月×日至A医院第一次产前检查，初诊孕25周，双胎，有甲状腺结节手术史。×月×日、×月×日查血糖，确诊妊娠期糖尿病。门诊记录：×月28日检测过血糖，但未见血糖报告。医方没有严格按照1次/2周监测血糖，且未给予甲状腺素片治疗。×月25日B超提示胎儿一双顶径96，胎儿二双顶径89。

×月×日，产妇G5P2，孕$36^{+4}$周妊娠期糖尿病，双胎，因胎监可疑，由A医院门诊收治入院。×月×日测末梢血糖为7mmol/L。从×月×日到×月×日，胎心监护多次显示异常，尤其是×月×日10：10胎心监护为7分。14：40行剖宫产术，根据医方记载，两个新生儿娩出时，Apgar评分1分，抢救后两个新生儿均死亡。医方的诊断为“新生儿死亡、梗阻性分娩、妊娠期糖尿病、双胎活产、双胎脐带缠绕、新生儿重度窒息、脐带绕颈”。

两个新生儿尸体被送至B医学院病理教研室进行尸检，尸体解剖报告认为：甲某之子1因双肺广泛羊水吸入致窒息而死亡，甲某之子2因双肺羊水吸入致窒息而死亡。

### 【当事人意见】

患方认为：

1. 孕妇确诊为妊娠期糖尿病，按常规应该每两周监测一次血糖，但是医方没有严格检测血糖，且没有注意宣教，合理使用药物等，导致孕妇血糖控制不佳，导致胎儿血供异常而死亡。

2. 在A医院门诊×月×日查TSH（促甲状腺激素）3.374mIU/L，且患者有甲状腺结节手术史，应考虑患者甲减，但医方漏诊，未给予甲状腺素片治疗，导致新生儿死亡。

3. 医院未及时手术，孕妇×月×日入院至×月×日，胎心监护多次显示异常，尤其是×月×日10：10胎心监护为7分，此时应争分夺秒抢救胎儿立刻手术，但被告医院迟迟不行剖宫产手术，14：40才行剖宫产术，导致新生儿死亡。

4. 在所有病程记录中，羊水清，但新生儿尸体解剖结果是因双肺广泛羊水吸入致窒息而死亡，说明脐带血供受阻，羊水应该浑浊，故对医方的各种记录表示怀疑。

5. 孕妇剖宫产前应听胎心，但病程记录中无胎心记录，按常规胎心低于85次/分不应手术，但医方违反诊疗常规，在未听胎心的情况下行剖宫产术，致孕妇做了不该做的剖宫产术，且两年内不能受孕，再次生产需手术。

**【鉴定意见】**

无。

**【裁判要旨】**

本案以调解方式结案。

**【办案心得】**

在本案中，笔者代理的是患方。就本案的思考如下：

1. 医院应对重点患者特别关注。本案患者甲某确诊为妊娠期糖尿病，双胎，应当是给予重点关注的孕妇。但医院没有定期监测血糖，致孕妇血糖控制不佳，导致胎儿血供异常。在胎监异常的情况下医院未及时手术导致双生子死亡。医方应强化高危孕产妇管理，健全危急重症孕产妇和新生儿转诊救治。

2. 医方应重视病历的书写和管理。笔者在办案过程中对医方的病历记录存疑：病历记录中无胎心记录；病历记录互相矛盾，如记录羊水清，但新生儿尸体解剖结果是因双肺广泛羊水吸入致窒息而死亡，这说明脐带血供受阻，羊水应该浑浊。医方应该严格按照病历书写基本规范记录患者病情。

## 案例九　甲某与A医院医疗损害纠纷

**【基本案情】**

患者甲某，20××年×月×日于社区卫生服务中心确诊妊娠。20××年×月×日至A医院建卡，所有产前检查等均在A医院医生这里进行。

20××年×月×日，孕$30^{+1}$周产检，血压147/87mmHg，未行尿常规检查。20××年×月×日，产科复检，告知医生两天来一直头痛，医生病历卡未记录，仅让患者一周后做尿常规检查。患者×月×日因头痛剧烈、睡眠差于产科门诊诊疗，医生病历卡未记录，未予处理。后患者自行就诊于神经内科门诊，医生未测血压，未分析头痛原因，病历卡未记录，仅化验血常规，也未关照患者至产科进一步检查。有发票及化验单为证。

×月×日，患者因头痛加剧，于产科复诊，要求住院行剖宫产术，尿常规提示尿蛋白+，医生未处理。×月×日，患者因头痛加剧无法入眠，再次就诊于产科门诊，医生嘱患者妇科就诊，病历卡未记录，未测血压，未行血尿常规，仅嘱患者回家口服头孢替安，头孢呋辛酯，未留观。×月×日凌晨，患者头痛加剧，6点就诊急诊妇科，强烈要求剖宫产，医方拒绝，未测血压，未做任何处理，且在病历卡无任何记录，嘱患者按照失眠配服地西泮。患者遵医嘱于×月×日21：00服用医方开具的药物地西泮5mg，21：15发现羊水破，急送医院。21：30患者意识模糊，嗜睡，全身抽搐，牙关紧闭，测血压示173/95mmHg。22：25—23：20急诊行剖宫产术，临时医嘱单上无该手术记录及相关术前准备，医方给患者的病历中也无该手术记录以及麻醉记录。

患者入院后，医生没有第一时间请神经内科及神经外科会诊，×月×日09：29行头颅CT平扫提示左侧基底节区血肿。×月×日15：55，距离患者意识昏迷19个小时，患者剖宫产术后16个小时后，行左侧额颞开颅血肿清除+去骨瓣减压术+颅内压探头植入术，术中未发现先天性血管异常。×月×日出院，出院诊断子痫、脑出血。20××年×月×日至20××年×月×日，患者在其他医院治疗，出院诊断颅骨缺损，继发性癫痫。

患者目前意识不清，失语，右侧肢体偏瘫，右上肢肌力0级，右下肢肌力Ⅱ级。

**【当事人意见】**

患方认为：

被告方的医疗行为与患者损害后果有直接因果关系。

1. 程序方面。

（1）门诊记录缺失。患者多次于门诊就诊，医方多次在病历卡上不作记录。20××年×月×日，患者产科复检，在告知医生两天来一直头痛的情况下，医生仍未记录该症状。×月×日产科就诊，医生亦未记录未处理。而后当日患者自行就诊于神经内科，医生未测血压，仅化验血常规，未记录。×月×日，患者诉头痛，医方未记录该症状。×月×日就诊妇科，病历卡未记录，未测量血压，未做血尿常规，仅嘱患者回家口服头孢替安及头孢呋辛酯，未留观。

产科记录中，均未见尿蛋白记录。

（2）住院记录错误。患者于×月×日起头痛，而入院记录仅记载为两天。多个 CT 报告的时间与实际不符合，统一是 0：00：00。临时医嘱单无急诊剖宫产的手术记录及相关术前准备。

医方无论门诊、住院病历均存在重大差错，有伪造嫌疑，甚至不做记录，严重违反诊疗常规以及病历书写制度，医方应承担举证不能的责任。

2. 实体方面。

（1）患者多次门诊，未考虑妊娠高血压，未考虑子痫。患者自本次妊娠开始，即在被告医院就诊，明确宫内妊娠后在产科建卡，并系统产检，就医依从性高。×月×日起，主诉头痛，夜间加重，影响睡眠，多次（×月×日、×月×日、×月×日、×月×日、×月×日上午及下午）主动就诊于产科门诊、神经内科门诊、妇科急诊。医方在发现血压偏高，×月×日尿蛋白+的情况下，未给予相应的诊断及鉴别诊断，病历卡不记录，且未行有效检查与治疗，导致患者病情加重，子痫，颅内出血。

（2）患者 21：30 意识模糊，嗜睡，全身抽搐，牙关紧闭，血压 173/95mmHg。22：25—23：20 急诊行剖宫产术，剖宫产术中、术后患者一直昏迷不醒，但医方一直没有采取有效及时的措施。

（3）患者 23：20 剖宫产结束后，仍昏迷不醒，医方没有及时做头颅 CT，也没有第一时间请神经内科、神经外科会诊。昏迷 12 个小时后，×月×日 09：29 才行头颅 CT 平扫提示左侧基底节区血肿。×月×日 15：55，距离患者意识昏迷 19 个小时，患者剖宫产术后 16 个小时后，才行左侧额颞开颅血肿清除+去骨瓣减压术+颅内压探头植入术。医方未能及早进行针对性颅脑检查，昏迷 19 个小时后才行颅内血肿清除术，再一次导致病情的延误与加重，直接影响手术效果与患者预后、术后康复的效果。

**【鉴定意见】**

无。

**【裁判要旨】**

本案以调解方式结案。

**【办案心得】**

在本案中，笔者代理的是患方。患者甲某经熟人介绍在A医院产检，剖宫产术后昏迷，后行左侧额颞叶颅内血肿清除术，术后意识不清，失语，右侧肢体偏瘫，右上肢肌力0级，右下肢肌力Ⅱ级。就本案的思考如下：

1. 本次门诊在程序和实体存在诸多错误，医方应反思医疗环节上的疏漏。（1）关于病历的记载，医方违反《病历书写基本规范》。患者多次于门诊就医，但医方未针对诊疗过程作任何记录；住院及检查记录存在多处错误，临时医嘱单无急诊剖宫产的手术记录及相关术前准备。（2）门诊未考虑妊娠高血压、子痫，剖宫产术中、术后患者一直昏迷，但医方没有及时做头颅CT，也没有第一时间请神经内科、神经外科会诊，患者昏迷近一天后才行颅内血肿清除术，再一次导致病情的延误与加重。

2. 熟人看病的情形中，医方该遵守的原则一定要遵守。本案是熟人来看病，医生没有按照诊疗常规实施诊疗行为，但越是熟人，越是要谨慎。病历应记录的要记录，需要的检查不要省，因为熟人而省略一些诊疗常规程序最后引发不良后果的案例并不鲜见。建议临床医生在遇熟人来看病时，该遵守的原则一定要遵守，该交代的一定要交代，该签字的一定要签字，不能失去原则，最终埋下隐患。

## 二、儿科

### 案例　甲某与A医院医疗损害纠纷

**【基本案情】**

20××年×月×日患儿因发热去A医院急诊，诊断感染发热，输液治疗后回家。×月×日再次发热，急诊留观，23：30收入院至新生儿重症监护室。医生告知家属患儿病情在好转。×月×日患儿行头磁共振时家属注意到患儿咳嗽。×月×日，医生告知家属患儿病情明显好转，脑膜炎已经控制。×月×日23：16，医院电话家属告知患儿病危。×月×日01：30患儿死亡。

尸体解剖结论是间质性肺炎、呼吸衰竭。

**【当事人意见】**

患方认为：

1. 医方对间质性肺炎存在漏诊。

×月×日入院时，患儿发热，无咳嗽，两肺呼吸音粗。胸片未见活动性病变。

×月×日血气分析提示氧分压低（5.24kp，正常值的一半），二氧化碳分压正常。患儿存在重度缺氧，低氧血症，不排除呼吸衰竭可能。但医院没有高度重视，也未对症处理，未复查胸部CT，未采取积极抢救措施。

×月×日病程记录记载，患儿出现咳嗽。后连续多个病程记录记载患儿咳嗽，均未引起重视。×月×日，咳嗽较前明显，仍未重视。×月×日，患儿咳嗽加剧，且有鼻塞、流涕。医方仅考虑脑膜炎，仍反复腰穿。

×月×日才行肺CT提示两肺少许渗出，考虑感染性病变。×月×日，患儿病危，才复查血气分析，pH（氢离子浓度指数）：6.8，$PCO_2$（二氧化碳分压）：15.3kp，$PO_2$（氧分压）：2.7kp。

患者死于间质性肺炎，入院14天，呼吸系统症状逐步加重，入院时就发现低氧血症，医方却未及时复查胸片、肺CT、血气分析等，未及时诊断，未采取合理有效的措施，例如激素治疗，仅考虑脑膜炎，漏诊肺炎，导致患儿死亡。

2. 患儿在院内感染。

患儿入院时无咳嗽，但入院后呼吸系统症状逐步加重，不排除院内感染可能。

**【鉴定意见】**

无。

**【裁判要旨】**

本案按照医方轻微责任，以调解方式结案。

**【办案心得】**

在本案中，笔者代理的是患方。就本案的思考如下：

医方在治疗过程中，对患儿仅考虑脑膜炎，对间质性肺炎漏诊的问题应引起注意。作为医方，应根据患者的症状，全面诊断病情，并采取合理有效的措施，保障患者的权益。作为代理人，应充分参考现有材料，结合医学专业知识，从诊疗过程中寻找突破口，维护患者合法权益。

## 三、耳鼻喉科

### 案例一　甲某与A医院医疗损害纠纷

**【基本案情】**

患者因为反复左耳流脓伴听力下降30年于20××年×月×日入住A医院，诊断为左耳慢性化脓性中耳炎。×月×日行左侧完壁式改良乳突根治鼓室成形术，×月×日患者出院。20××年×月×日患者因门诊复查见左耳穿孔再次入住该院，×月×日行左侧鼓室成形术。×月×日患者出院。×月×日在眼耳鼻喉科医院耳镜检查提示左耳鼓膜穿孔。

**【当事人意见】**

1. 患方认为：

（1）患者第二次住院手术记录中，医生并未签名，手术名称与手术过程不符合，患者对手术记录的真实性存疑。

（2）鼓室成形术的手术适应证①为慢性中耳乳突炎，胆脂瘤型中耳炎、鼓室硬化症、外伤引起的中耳传音系统的缺陷，均可以在急性炎症控制后行鼓室成形术。患者两次手术均无上述手术适应证。

（3）第二次术前准备不足，未行咽鼓管功能测定，也未检查患者是否有鼻炎症状。术前分析欠缺对第一次手术失败的分析。

（4）医院在第二次手术中存在过错，导致患者术后出现耳道中段狭窄以及听力下降。

2. 医方认为：

（1）患者的手术记录真实地反映了手术状况。

（2）每次术前都有详细的术前谈话以及风险告知，并且取得患者的书面签字同意。

（3）治疗过程符合慢性中耳炎的诊疗常规，完全符合手术适应证。中耳炎鼓膜穿孔是常见并发症，损害后果与医方诊疗行为之间不存在因果关系。

**【鉴定意见】**

1. 根据患者的症状体征以及相关检查，诊断其为左耳慢性化脓性中耳炎，诊断无误，且两次手术均有手术适应证，手术方式选择恰当，手术过程并没有违反诊疗常规。

2. 根据目前的医疗水平，鼓室成形术后影响鼓膜愈合的因素较多，并不能保证术后的鼓膜都能愈合，也有一定遗留的鼓膜穿孔的可能。

3. 现有资料表明患者左耳听力并没有明显变化。

4. 两次手术医院均有手术告知，患者签字并同意。

5. 第二次手术记录中的术者未及时签字，存在不足。但是并不影响手术记录的真实性。因此本案例不属于对于患者的医疗损害。

**【裁判要旨】**

本案鉴定不属于医疗损害，以调解方式结案。

---

① 适应证，与“禁忌证”相对，指适合于采用某种治疗措施的疾病或情况。如痈发展成脓肿应行切开术，脓肿形成即为切开的适应证。参见辞海网，https：//www. cihai. com. cn/search/words？ q =% E9%80%82%E5%BA%94%E8%AF%81，最后访问时间：2023 年 2 月 1 日。

【办案心得】

在本案中，笔者代理的是患方。就本案的思考如下：

医方两次手术均有手术适应证，患者左耳听力没有明显变化。虽然有在手术记录上患者没有及时签字的问题，但不属于医疗损害。本案鉴定存在风险，最后与医方达成调解协议结案。

## 案例二　甲某与A医院医疗损害纠纷

【基本案情】

20××年×月×日，甲某于A医院就诊，在全麻下行“自体脂肪面部填充术—射频溶脂术（腰腹、臀上、双上臂）”。术后第二天，患者右侧鼻翼周围出现皮肤颜色发绀及鼻唇沟皮肤小破溃创面，医方诊断为“自体脂肪面部填充术后血管栓塞”。

【当事人意见】

患方认为：

1. 术前准备不充分。

医方对患者行“自体脂肪面部填充术—射频溶脂术（腰腹、臀上、双上臂）”术前预判评估不足，术后第二天，患者即出现右侧鼻翼周围皮肤颜色发绀及鼻唇沟皮肤小破溃创面，医方认为此乃“自体脂肪面部填充术后血管栓塞”所致。患方认为此与医方术前准备不足，操作不当，存有因果关系，医方存有瑕疵。

2. 未及时抗感染。

患者术后右侧鼻翼周围出现皮肤颜色发绀及鼻唇沟皮肤小破溃创面，并伴有感染发热（4月1日前后患者多次体温高达38℃），医方未按临床诊疗常规予以检测血常规、C-反应蛋白、病原学培养等评估患者感染症状，未及时调整抗感染药物予以有效治疗，医方行为存有缺陷。

3. 未请院外专家会诊。

医方请院外会诊时会诊医师未能到场查体明确患者病情；在诊断“自体脂肪面部填充术后血管栓塞”后，也未能及时规范对症处理，导致患者无菌性创口的术后医源性感染、术后右侧鼻翼缺损的不良并发症（需再次住院手术修补）。此与医方围手术期未尽谨慎细致的诊疗注意义务有关，医方存有过失。

**【鉴定意见】**

无。

**【裁判要旨】**

本案以调解方式结案。

**【办案心得】**

在本案中，笔者代理的是患方。就本案的思考如下：

在了解患者的诉求后，笔者迅速带领律师团队，首先跟A医院进行了协商，了解到医方也有意愿接受调解。后笔者向医调委递交了调解材料，历经无数次的电话沟通、数次的线下调解，逐渐缩小双方的赔偿差距。

追求美是人最自然的欲望。我们无法也不能去谴责任何一个想要变美的人。但是，追求美的过程也可谓是一场投资，既然是投资，自然就伴随着风险。对于风险，人们也不是完全不能接受，但是，某些风险却完全是人为事故。本案便是如此，由于医方不负责、不尽职、不专业等原因，致使甲某鼻翼毁烂，只能以口罩示人。患者甲某前期已花费大额的医疗费，而后续还面临着高额的鼻翼修复费用。爱美之心，人皆有之。在这起事故中，让患者饱受煎熬的不是为之付出的高额医疗费，而是美貌受损、难以示人的精神折磨。希望本案能给医患双方都敲响一个警钟。

## 四、放疗科

### 案例　甲某与A医院医疗损害纠纷

**【基本案情】**

患者因胆囊癌术后，梗阻性黄疸，20××年×月×日在A医院介入科行经皮肝穿刺胆道支架置入术+外引流术。其家属表示，要求放置塑料支架行胆道引流术，是为了进一步到上海治疗。放了金属支架后，患方才知道只能行粒子植入术，无法再行其他治疗。

患者手术当天下午出现呕吐、腹痛、渗液等症状，多次向医生反映，医生均以术后正常反应为理由不予理睬。

20××年×月×日再次入A医院，医方在没有详细评估患者病情的情况下，行经皮肝穿刺胆道外引流术+胆道 $^{125}$I 粒子条置入术，术后腹痛进一步加重，CT提示急性胰腺炎。20××年×月×日，行胆道 $^{125}$I 粒子条取出术+胆道外引流管更换术。术后患者出现急性肾功能衰竭，感染发热等。医方表示无法进一步治疗，20××年×月×日，嘱患者出院，另行至B医院治疗，出院诊断为胆道支架置入术+外引流术后，急性重症胰腺炎伴腹腔感染，急性肾功能衰竭。

20××年×月×日，患者在B医院治疗期间，病情危重，腹腔内脓肿范围较大，引流欠佳，每日持续发热，最高达39℃，内环境紊乱，电解质失调，双肺感染。经过治疗，20××年×月×日出院，出院诊断为重症急性胰腺炎（危重型），胰腺组织坏死感染、胆囊癌术后Ⅳ期、胆道支架置入术后、PTCD术（经皮肝穿刺胆道引流术）后，胆道粒子置入术后。

20××年×月×日，因急性重症胰腺炎恢复期入A医院治疗，治疗无效，急性重症胰腺炎、多脏器功能衰竭，于20××年×月×日死亡。

**【当事人意见】**

患方认为：

被告方的医疗行为与患者死亡有直接因果关系。

1. 向胆道内植入自制 $^{125}$I 粒子条，需要提供新技术准入资质证明材料及粒子使用相关准入证明。同时提供自制 $^{125}$I 粒子条，治疗人群情况，预后情况等相关数据。

2. 医方植入金属支架，需要提供卫生行政机关同意相关医院、医生实施金属支架的资质。

3. 患者死亡原因与医方×月×日、×月×日两次手术有直接因果关系。20××年×月×日在A医院介入科行经皮肝穿刺胆道支架置入术+外引流术，20××年×月×日再次行经皮肝穿刺胆道外引流术+胆道 $^{125}$I 粒子条置入术。术后发生重症急性胰腺炎（危重型），急性肾功能衰竭。患者家属为此花费上百万元医疗费用来治疗，最后患者还是因为急性危重型胰腺炎、多脏器功能衰竭死亡。医方两次手术是导致患者死亡的直接原因，并且有因果关系。

4. ×月×日金属支架置入术没有适应证，放入塑料支架即可。患者家属要求放入塑料支架，未来需要到其他医院进一步治疗，同时塑料支架是可以取出的。但医方因利益驱动，一定要求置入金属支架，植入自制 $^{125}$I 粒子条，且没有详细告知家属风险，导致患者急性胰腺炎等一系列疾病。

5. 患者 20××年×月×日行胆道外引流置换术+胆道自制 $^{125}$I 粒子条置入（肝右前叶，左内叶胆管），术后出现胆汁性腹膜炎，急性胰腺炎，两者密切相关，有因果关系；患者 20××年×月×日行左内叶胆管自制 $^{125}$I 粒子条取出术+胆道外引流管更换术，术后出现急性肾功能衰竭，胰腺炎进一步加重，麻痹性肠梗阻，腹膜炎，胆道，胸腹腔多重感染等一系列相关并发症，医方治疗效果差，患者被迫自动出院去 B 医院治疗，所有在被告医院的治疗措施与患者 20××年×月再次入院时已发展成急性重症胰腺炎，MODS（多器官功能障碍综合征）及胰腺坏死继发感染有明确必然联系及因果关系，直接导致患者死亡及患方花费高额医疗费。

**【鉴定意见】**

无。

**【裁判要旨】**

本案以调解方式结案。

**【办案心得】**

在本案中，笔者代理的是患方。就本案的思考如下：

1. 医方是有过错的，具体表现为金属支架置入术没有适应证，且术前没有详细告知家属风险。医方向胆道内植入自制 $^{125}$I 粒子条，无新技术准入资质证明材料及粒子使用相关准入证明。患者最终因为恶性肿瘤死亡，医方虽然存在过错，但与患者死亡没有因果关系。在这种情况下，因为因果关系要件有瑕疵，诉讼有一定的风险，所以建议不要进入诉讼程序，最后本案以调解方式结案。

2. 在很多医疗纠纷案件中，调解对于医患双方都是利大于弊。医疗纠纷类诉讼需要经历鉴定排期，对于患者来说需要等待；而对于医院、医生来说，可能也会需要投入较多的人力物力，鉴定意见有时还会对医方造成赔偿之外的负面影响。律师在代理患方时，在深知医方虽然存在过错但鉴定意见不一定对患方有利的情况下，可以建议患方与医方调解，这样不管是对患方还是医方而言，都是一个节约成本且更加高效的解决方式。

# 五、妇科

## 案例一　甲某与 A 医院医疗损害纠纷

### 【基本案情】

20××年×月×日患者因“绝经后阴道流血 2 天”至 A 医院就诊，门诊行子宫分段诊刮术送病理检查，病理报告示：宫颈、宫腔子宫内膜腺癌，内膜样型Ⅱ级，局部伴鳞状分化。门诊行盆腔 MRI（磁共振成像）示：子宫腔及颈管内膜异常信号，结合临床考虑子宫内膜癌。肿瘤标志物 CEA：4.0μg/L，CA125：37.4U/mL，CA199：100.9U/mL。诊断为子宫内膜腺癌。患者既往有糖尿病史。×月×日患者入住 A 医院，予控制血糖等治疗。×月×日行腹腔镜下阴式全子宫伴双附件切除术+盆腔淋巴结清扫术。术中探视上腹腔、肝、脾、胃、肾未扪及转移病灶。盆腔及腹主动脉旁未见肿大淋巴结，子宫前位，略小，双侧附件外观正常，宫腔左侧满布病灶。术中腹腔冲洗液见少量恶性细胞。术后予以抗感染、控制血糖等治疗。×月×日病理报告示：子宫内膜腺癌Ⅰ级，内膜样型，局部伴鳞状分化，局灶浸润极浅肌层，未累及颈管；癌周内膜囊性萎缩；宫颈慢性炎；双侧卵巢及输尿管未见异常；双侧盆腔淋巴结未见肿瘤转移（右：0/6；左：0/4）；免疫组化：肿瘤细胞 ER（70%+++），PR（90%+++），P53（+/-）。术后诊断为子宫内膜腺癌 Ia 期（GI）。患者于×月×日出院。

出院后患者定期至 A 医院门诊随访。×月×日门诊复查 B 超示盆腔右侧囊性结构，嘱患者×月×日门诊随访。×月×日、×月×日患者因低热至外院就诊，予以抗感染治疗。×月×日患者因呕吐、腹胀至另一医院就诊，行腹部 CT 示盆腹腔大量积液，大网膜部分结节样增厚，结合病史考虑肿瘤播散所致可能。双侧腹股沟多发肿大淋巴结，双肾盂及输尿管积水，胸腔及心包积液。

×月×日患者入住另一医院，予以抗感染、腹腔引流、对症、支持等治疗。×月×日患者经抢救无效死亡。

×月×日 B 医院病理会诊意见示：子宫内膜样腺癌Ⅰ级，伴鳞化，大致位于内膜层，癌旁子宫内膜萎缩，宫颈慢性炎症。双侧附件未见癌累及。盆腔淋巴结未见癌转移。

**【当事人意见】**

1. 患方认为：

（1）术前术后病理报告不一致，医方忽略患者有宫颈转移、腹腔冲洗液见恶性细胞等高危因素，术后未行放化疗等治疗措施。

（2）术中未作冰冻切片。

（3）患者定期至医方门诊随访，医方未及时检查发现癌症转移。

2. 医方认为：

（1）病理诊断正确。细胞学检查与疾病预后无关，患者为低危病人，术后无需补充任何治疗。

（2）术中无须作冰冻检查。

（3）术后随访符合诊疗常规。

**【鉴定意见】**

专家综合分析后认为：

1. 手术范围不够充分。患者术前病理诊断为宫颈、宫腔子宫内膜腺癌，内膜样型Ⅱ级，应考虑术前宫颈管已有肿瘤累及，宜行广泛（或次广泛）根治术。医方行腹腔镜下全子宫伴双附件切除术+盆腔淋巴结清扫术，手术范围不够充分，与患者生命周期缩短可能有一定的因果关系。

2. 术后无放疗化疗指征。根据国际妇产科联盟发布的子宫内膜腺癌手术病理分期系统，腹水脱落细胞检查结果不再作为分期指标。患者术前病理示宫颈、宫腔子宫内膜腺癌，考虑内膜样型Ⅱ级，术后病理示宫颈未累及，考虑子宫内膜腺癌Ⅰ级。结合患者病情演变过程，诊断更符合子宫内膜腺癌Ⅱ级。但结合术后病理报告局灶浸润极浅肌层，盆腔淋巴结未见肿瘤转移，本例无放疗、化疗指征。

3. 医方对患者后期病情变化认识和重视不够。患者患子宫恶性肿瘤合并糖尿病，免疫状态欠佳，与患者术后短期内复发转移以致死亡有较主要关系。

鉴定意见为：

1. 本例属于对患者人身的医疗损害。

2. 医方在医疗活动中存在手术范围不够充分的医疗过错，与患者死亡的人身损害结果存在一定的因果关系。

3. 本例医疗损害医方的责任程度为次要责任。

**【裁判要旨】**

法院认为，公民的生命健康权受法律保护。被告接受患者治疗，双方形成医患关系，被告应当对患者进行积极妥善的治疗。判定被告承担医疗损害责任的前提是被告医疗违法行为与患者人身损害后果之间具有因果关系。医学会的鉴定意见是具有医学专业知识的人员根据法定程序所作出的，对于被告的医疗行为是否存在过错以及其过错与患者的人身损害后果之间是否有因果关系，具有比较强的证明力。本案医疗争议经过市医学会鉴定，原告对鉴定意见无异议，被告认为其已告知患者两种术式，患者自行选择腹腔镜手术方式，故被告对行腹腔镜手术并无过错。法院认为，虽然患者经考虑选择了腹腔镜手术，但根据鉴定意见，患者术前病理诊断，应考虑宫颈管已有肿瘤累及，宜行广泛或次广泛根治术，可见腹腔镜手术并非本例患者适宜的手术方案，被告不应建议患者选择腹腔镜手术，故对被告的异议法院难以认同。根据鉴定意见确认的被告的责任程度，法院酌情判令被告承担30%的赔偿份额。

法院判决如下：

1. 被告于本判决生效之日起十日内赔偿原告医疗费×元、交通费×元、住院伙食补助费×元、住院陪护费×元、丧葬费×元、死亡赔偿金×元、精神损害抚慰金×元，共计×元的30%计×元；

2. 被告于本判决生效之日起十日内赔偿原告律师费×元；

3. 驳回原告其他诉讼请求。

**【办案心得】**

在本案中，笔者代理的是患方。就本案的思考如下：

作为医方，医护人员应当具有责任心，认真对待患者，按诊疗规范规定的程序实施诊疗措施，对疾病有足够的重视；在术前应当告知患者当前的病情，预定实施的医疗行为内容、预期疗效及理由；可能发生的危险、预想的结果和伴随的风险、发生的概率和危险结果预防的可能性，包含药物的毒副作用、手术的并发症；有无其他可代替的医疗行为；医疗费用。对于一些特殊检查（如涉及需要患者承担较大痛苦的检查项目）、特殊治疗（如诊断性治疗），告知说明应当更为细致和具有针对性。手术方案等医疗措施改变时应进行相应的告知。在进行妇科肿瘤手术的过程中，需要严格按照指南操作，保障患者的健康权益。

## 案例三　甲某与A医院医疗损害纠纷

### 【基本案情】

20××年×月，患者甲某因子宫脱垂Ⅱ度收治入A医院。查体见宫颈轻糜，脱于阴道口，宫体仍在阴道内。医方嘱患者行微创手术治疗，创口小，愈合快。

11天后行阴式全子宫切除术。术中膀胱组织被钳夹于库克钳内，造成输尿管及膀胱损伤，请泌尿外科膀胱镜下探查双侧输尿管开口，难以找到左侧输尿管开口，无法插管。术中输尿管及膀胱造影提示左侧输尿管较右侧显影差，盆腔内未见明显造影剂漏出。A医院当天未给予处置，17：00左右患者觉腰部酸疼加重，脸色蜡黄，咨询值班护士，护士表示术后酸痛属正常现象。

×月×日即术后第一日，患者因输尿管及膀胱损伤，行左侧输尿管膀胱再植术。×月×日CT示左侧输尿管下段扩张，周围模糊，提示左侧输尿管下端损伤。×月×日出院，门诊随访。

20××年×月，患者再次入院，行左输尿管支架取出术。至今，患者腰痛明显，尿频尿急，全身乏力，无法正常工作。

### 【争议焦点】

1. 医院是否存在医疗损害行为；
2. 医院的医疗行为与患者严重身体损害是否有直接因果关系。

### 【鉴定意见】

无。

### 【裁判要旨】

本案以调解方式结案。

【办案心得】

在本案中，笔者代理的是患方。A医院在切除子宫过程中，造成患者输尿管及膀胱损伤，但医院当日并未处理，直至第二天才行左侧输尿管膀胱再植术。就本案的思考如下：

1. 医方对术中异常点的处理需要更及时有效。本案患者术中造影提示异常、患者术后也反馈身体不舒适，但医方未重视。因此医院对患者术中的指标监测、术后患者身体情况，都需更及时地处理，和患者耐心平和地沟通清楚，才能减少患者对诊疗的疑虑。

2. 在诉讼过程中，律师要根据对案件情况的判断，及时调整应对策略。本案中，因上述损伤可能是诊疗行为中产生的手术并发症，如在诉讼阶段去申请鉴定会存在一定风险，因此我方选择在诉讼中由法院组织医患双方调解。医疗纠纷的处理方式并不是一成不变的，要随着诉讼的推进和医患双方证据交换的情况，分析当前双方的优劣势而作出相应调整。盲目自信或对案件实际情况判断不准确，都会对诉讼结果产生直接影响。

## 六、肝胆内科

### 案例　甲某与A卫生中心医疗损害纠纷

【基本案情】

患者既往乙肝病史20年，肝硬化病史5年。20××年×月×日患者因“肝恶性肿瘤末次TACE（使用抗癌药物或药物微球进行栓塞）治疗后7月余”入住A卫生中心。×月×日行支气管动脉灌注化疗+右侧骨深动脉灌注化疗栓塞术。×月×日出院。出院诊断：肝恶性肿瘤；肺继发恶性肿瘤；乙肝后肝硬化。×月×日5时起患者出现呕血2次，呕吐暗红色液体约500mL。6：58急诊于A卫生中心。8：05查体：心率105次/分，呼吸22次/分，血压115/90mmHg，神清，精神欠佳，抬入病区，肝掌（+），蜘蛛痣（+）。入院诊断：①乙型肝炎后肝硬化失代偿期；②肝MT（恶性肿瘤）介入术后肝肿瘤；③肝MT多发转移；④上消化道出血（食管静脉曲张破裂）。告知病重，进行抑酸护胃、降低门脉压力、止血、利尿等治疗。入院后又呕吐2次鲜红色液体，每次量约

200mL。10：40 血常规示血红蛋白 72g/L（参考值 130～175g/L），血小板 28 ×$10^9$/L（参考值 125～350×$10^9$/L）。急诊行胃镜检查示食管静脉曲张（重度），胃底静脉曲张破裂出血，糜烂性胃炎侵犯血管出血，幽门糜烂侵犯血管出血；并行内镜下胃底静脉出血组织胶注射术治疗、胃黏膜血管性出血钛夹闭术治疗、幽门黏膜血管性出血钛夹闭术治疗。14：50 返回病房，诉稍感恶心，伴中上腹部压痛。查体：心率 117 次/分，呼吸 23 次/分，血压 82/51mmHg，贫血貌。16：57 血红蛋白 56g/L。其后因腹痛明显、心率增快，予强痛定、杜冷丁止痛治疗。约 19：30 患者氧饱和度下降至 87%，心率 140 次/分，呼吸 38 次/分，血压 93/52mmHg，神志欠清，予加大吸氧流量，无改善，予以面罩吸氧处理。19：40 患者深昏迷。19：47 申请同型悬浮红细胞。19：52 心率降至 67 次/分，血压降至 52/23mmHg，呼吸 11 次/分，意识丧失，颈动脉搏动消失，立即予持续胸外心脏按压、多巴胺及肾上腺素静推，患者家属拒绝行气管插管，20：30 宣告临床死亡。死亡原因：上消化道出血，肝肿瘤伴多发转移，乙肝后肝硬化。

死亡诊断：①上消化道出血；②乙肝后肝硬化；③肝 MT 介入术后肝肿瘤；④肝肿瘤伴多发转移。

**【当事人意见】**

1. 患方认为：

（1）胃镜术前，医方护理记录单及病程记录中记录的患者的呕血时间、呕血量存在差异。术后患者血压、血红蛋白及血小板进行性下降，心率加快，符合失血性休克表现，表明手术失败，医方对此观察不到位，输血、止血处理不及时，直至 20：30 死亡都没有输血，这是导致患者死亡的直接原因。

（2）医方手术选择不当。患者为上消化道大出血，应首选经颈静脉肝内门-体分流术。

2. 医方认为：

（1）×月×日 9：30、11：00、12：30 患者呕血 3 次，总量约 800mL，其间血压、心率稳定。12：50 急诊行胃镜检查及胃镜下止血治疗。当患者出现生命体征不稳定时，医方积极抢救。

（2）导致患者死亡的根本原因系本身肝炎后肝硬化、肝癌多处转移及肝脏失代偿期。

**【鉴定意见】**

1. 患者乙肝后肝硬化失代偿期、肝癌伴广泛转移、并发上消化道大出血、失血性休克，病情危重，预后差。患者死亡，系终末期肝病主要并发症消化道大出血所致。

2. 患者入院后医方采用抑酸、降低门脉压力、止血、及时选择胃镜下止血治疗等处理，基本符合诊疗常规。

3. 医方在诊疗过程中存在如下过错：①急诊未执行首诊负责制，无医疗文书记载；②入院后对患者上消化道大出血、失血性休克的严重性认识不足，未能及时、足量进行补液、输血等扩容治疗；③使用速尿静推依据不足，腹痛原因不明情况下使用镇静剂不恰当；④医疗文书书写不规范，医护记录存在多处不相吻合。

上述过错与患者的死亡存在一定的因果关系。综上，本病例构成一级甲等医疗损害，医方承担次要责任。

**【裁判要旨】**

法院认为，本病例经市医学会鉴定，构成一级甲等医疗损害，医方承担次要责任。双方未提出异议，且该意见并无不当，法院予以认同。法院酌情确定被告应对原告方的损失承担30%的赔偿责任。

法院判决如下：

被告于本判决生效之日起十日内赔偿原告损失×元。

**【办案心得】**

在本案中，笔者代理的是患方。经鉴定，本案医方在诊疗过程中存在如下过错：①急诊未执行首诊负责制，无医疗文书记载；②入院后对患者上消化道大出血、失血性休克的严重性认识不足，未能及时、足量进行补液、输血等扩容治疗；③使用速尿静推依据不足，腹痛原因不明情况下使用镇静剂不恰当；④医疗文书书写不规范，医护记录存在多处不相吻合。就本案的思考如下：

专业问题交给专业本身。该鉴定意见中的医方过错基本与原告的患方陈述意见一致，本案依法判决。通过专业律师医疗团队的前期分析预判，从诊疗过程中寻找突破口，可以第一时间给予患者最清晰的医疗问题解构及提供最有效的解决策略方案。可见，律师医疗团队参与的及时性及专业性，对于推动诉讼取得圆满结果具有极大的积极作用。

## 七、骨科

### 案例　甲某与A医院医疗损害纠纷

**【基本案情】**

20××年×月×日，甲某因“外伤致右上臂疼痛、活动不利三小时”入住A医院。住院病案记载：患者今天上午不慎摔倒，右肘着地，即感右上臂疼痛，右尺骨外露，皮肤裂伤。予长臂石膏托固定后，摄片提示：右肱骨干中段骨折。急收入院治疗。入院时查体：右长臂石膏托固定中，右上臂中段肿胀畸形，右尺骨鹰嘴部约1cm皮肤裂伤，未有骨外露，右腕、各手指屈伸功能可，拇指外展可，浅感觉与对侧对称。入院后诊断：右肱骨干中段骨折。当日在全麻下行右肱骨干骨折切开复位内固定术，术中摄片见骨折复位满意，内固定物位置满意。术后予抗感染、消肿、促进骨折愈合等治疗。

×月×日，甲某背部发皮疹，予以仙特明后好转。×月×日，皮肤科会诊考虑热性皮炎，局部予以炉甘石洗剂外用；皮疹颜色转暗、脱屑。腋区瘙痒并伴弥漫性皮疹。皮肤科会诊后再予以止痒抗炎处理。经治疗至20××年×月×日甲某出院。出院时情况：患者体温平，夜寐较安。患肢无明显疼痛，功能活动可，背部及腋区瘙痒及皮疹已退。

20××年×月×日，甲某因“右肱骨干骨折术后14月余”再次入住A医院。据住院病案记载：入院时查体：右上臂外侧可见长约12cm手术瘢痕，右肱骨全段无压痛，纵向叩击痛（-），右肘屈伸功能可，右上肢外展、上举稍受限，右上肢末梢血运、感觉良好。×月×日，在全麻下行右肱骨干骨折内固定取出术，术中发现螺钉取出有困难，敲击松动螺钉时发生肱骨干再次骨折，予以骨折断端复位，2枚2.5mm克氏针交叉固定，被动屈伸肘关节及外展上臂见骨折端无明显微动，术中摄片确认骨折对位可，克氏针位置良好，术后予夹板固定右上臂。×月×日，甲某右上臂、前壁、胸腹部瘙痒，出汗后明显，予以仙特明抗过敏，艾洛松止痒。

经治疗后于20××年×月×日甲某出院。出院情况：患者切口无疼痛，无红肿。右上臂、前壁、胸腹背部瘙痒有所缓解，无胸闷等其他不适主诉，体温平，一般情况良好。切口敷料无明显渗血，换药见切口对合良好，皮缘无红肿、发白、变黑等，右上肢末梢血运、感觉良好，克氏针位置良好，无明显渗血。

20××年×月×日，甲某因“右肱骨干骨折术后15个月”第三次入住A医院。据住院病案记载：自诉右上臂皮肤瘙痒，曾自行拆除外固定。×月×日，摄片提示：右肱骨骨折端位置较前欠佳。入院时查体：右上臂夹板固定中，无明显压痛，患肢末梢血运可，肿胀，右拇指、无名指末端触痛觉减退，右手五指活动可。入院后予以仙特明、赛庚啶抗过敏，中药益气化瘀，通络止痛等治疗。

经治疗至20××年×月×日甲某出院。出院后甲某在门诊随访至今。目前甲某自感垂腕，各手指掌指关节不能背伸，拇指不能伸，前臂旋后障碍，手背桡侧皮肤感觉减退，手麻等症状仍存在，右肩关节、右肘关节仍活动受限。

**【当事人意见】**

患方认为：

1. 手术中致患者右肱骨干横断性骨折。

20××年×月×日行右肱骨干骨折术后内固定物取出术，手术中记录，取远端倒数第二枚螺钉时，钻孔后骨拔敲击松动螺钉时发生肱骨干横断性骨折。

2. 三次住院，反复手术。

甲某三次入住A医院，反复手术，至今仍出现垂腕、各手指掌指关节不能背伸，拇指不能伸，前臂旋后障碍，手背桡侧皮肤感觉减退，手麻，右肩关节，右肘关节活动受限。不排除神经功能受损。

3. 人造骨粉导致术后过敏。

医方使用了人造骨粉，导致术后反复过敏，全身反应。

4. 第一次手术没有固定好。

医方第一次手术没有固定好，导致了后面一系列后果。

【鉴定意见】

20××年×月×日患者因右肱骨干中段骨折入住医方。当日行切开复位内固定手术。20××年×月×日第二次入院行内固定取出，术中肱骨再次横断骨折。经克氏针和外固定，骨折痊愈。专家综合分析后认为：

1. 诊疗方面：患者外伤后右上臂疼痛、活动受限就诊，经影像检查证实为右肱骨中段短斜形骨折，医方对其的诊断正确，手术有适应证。

2. 手术方面：医方选择了切开复位钢板螺钉内固定的手术方式和操作符合常规；第二次入院行内固定取出困难时履行了相关告知，但发生横断性再骨折，为现有技术条件下尚难以完全避免的不良后果。

3. 医疗失当：医方的手术造成患者第二次肱骨骨折，施行克氏针交叉内固定和外固定的补救措施后，影像资料表明骨折完全愈合，经现场医学检查无桡神经损伤体征，最终虽达到了临床治疗目的，但也相应延长了骨折愈合和康复时间。

4. 关节功能：患者目前遗留的右上肢轻度功能障碍，系肱骨首次骨折和术后功能锻炼不够的叠加结果，与医方的医疗行为之间没有因果关系。

5. 责任程度：医方的上述医疗行为不当与患者术后功能锻炼不足，共同对右肱骨骨折预后时间的延长起同等作用。

鉴定意见为：

1. 本例属于对患者人身的医疗损害。

2. A医院在医疗活动中存在手术造成再次骨折的医疗过错，与患者甲某延迟骨折愈合和康复时间存在因果关系。

3. 参照《医疗事故分级标准（试行）》，患者甲某骨折延迟愈合的人身医疗损害等级为四级，不构成伤残。

4. 本例医疗损害医方的责任程度为：对等责任。

之后，法院又委托其他医学会对甲某医疗损害后的休息、护理、营养期进行评估，意见为被鉴定人医疗损害后的休息期为×日、护理期为×日，营养期为×日。

**【裁判要旨】**

法院认为，本案中甲某与A医院形成医疗服务关系，A医院应当对甲某进行积极、妥善的治疗，并为甲某提供良好的就医环境。甲某主张A医院作为医疗机构对甲某存在医疗过错，其负有举证责任，应当证明A医院对甲某的诊疗行为存在；甲某发生现实的损害；A医院诊疗行为与甲某损害后果之间存在因果关系；A医院诊疗行为存在过错。由于甲某本身并不具备医疗专业知识，加之现代医疗技术的发展，以甲某个人收集证据证明医疗机构的过错，客观上确有难度，因此甲某可以通过申请司法鉴定来辨明医疗机构诊疗是否存在过错，借此完成举证责任。甲某在本案审理中，先期已申请医疗损害鉴定，市医学会亦按法定程序完成了医疗损害鉴定。通过鉴定，可以确认A医院对甲某右肱骨中段短斜形骨折的诊断正确，手术有适应证。A医院就甲某原发病情选择了切开复位钢板螺钉内固定的手术方式包括其后手术操作均符合诊疗常规，法院予以确认。但甲某第二次入住A医院处，行内固定取出术时，A医院造成甲某第二次肱骨骨折，虽施行克氏针交叉内固定和外固定的补救措施后，甲某目前骨折完全愈合，达到了临床治疗目的，但不可否认也相应延长了甲某骨折愈合和康复时间，此乃A医院医疗失当之处，应当向甲某承担民事责任。同时，需要指出的是甲某目前遗留的右上肢轻度功能障碍，系肱骨首次骨折和术后功能锻炼不够的叠加结果，与A医院的医疗行为之间没有因果关系。据此医学会医疗损害鉴定确认甲某医疗损害等级为四级，不构成伤残，A医院责任程度为对等责任的鉴定意见，客观真实，法院依法予以采纳，故甲某主张A医院承担民事赔偿责任的诉请，法院予以支持。A医院的赔偿份额，由法院依法判定为50%。

对于具体的赔偿项目，法院认定如下：甲某20××年×月×日起所发生的医疗费用×元（现金及个人医保账户支付部分），系用于甲某因A医院医疗过错造成的损害后果的治疗，法院依法予以支持；甲某主张的住院伙食补助费，根据其20××年×月×日起实际住院天数为×天的状况，计算为×元；甲某主张的误工费，由法院依据医疗损害三期鉴定意见确定的甲某休息期为×日合计6个月的鉴定依据，以本市上一年度职工最低工资每月×元的标准，依法计算为×元；甲某主张的护理费，由法院依据医疗损害三期鉴定意见确定的甲某护理期为×

日的鉴定依据，以甲某主张的每日×元标准，依法计算为×元；甲某主张的营养费，由法院依据医疗损害三期鉴定意见确定的甲某营养期为×日的鉴定依据，以甲某主张的每日×元标准，依法计算为×元；甲某主张的交通费，法院酌情支持×元；甲某主张的住宿费，依据不足，法院难以采信；甲某因A医院医疗过错，造成骨折愈合和康复时间延长，甲某为此遭受痛苦，其主张的精神损害抚慰金在情理之中，法院可以支持，但由于甲某医疗损害不构成伤残，其该请求主张金额过高，法院依法酌情判定甲某精神损害抚慰金为×元；甲某主张的律师代理费，法院依法酌情一次性判定为×元。

**【办案心得】**

在本案中，笔者代理的是患方。患者由于右肱骨干中段骨折入院治疗，患者经过骨折治疗术后存在关节功能障碍、骨折愈合延迟等损害后果。就本案的思考如下：

1. 在诊疗过程中，要对医护人员的行为加强管理。本案医方在医疗活动中存在手术造成再次骨折的医疗过错，与患者甲某延迟骨折愈合和康复时间存在因果关系。虽然不构成伤残但医方应负对等责任，最终法院依法判决。患者在术中再次骨折，医生如再加小心，本可以避免。日日重复的事也可能有差错，医方应加强培训和实操，精进专业能力。

2. 鉴定时如不构成伤残，赔偿项目怎么计算？本案的损害结果很难构成残疾，因此伤残赔偿金不能主张，那么其主张的赔偿项目主要为医疗费、住院伙食补助费、营养费、护理费、误工费、交通费、律师费等，而这些项目的赔偿需按照鉴定意见认定的责任程度来定。

3. 在诉讼之前要全面地分析案件实际情况，不能以普通人的视角去对待医疗纠纷。医疗纠纷专业性强，患者的认知往往与实际有差异，这也是导致医疗纠纷产生的原因之一。患方如果揪住某点不放一意孤行，很容易导致精力财力耗散但无所收益，此时律师需厘清实际情况，反复跟患方沟通案件潜在的风险和走向。

# 八、急诊科

## 案例一 甲某与A医院医疗损害纠纷

### 【基本案情】

甲某系患者乙某的丈夫，20××年×月×日乙某因头痛头晕半天，伴有胸闷胸痛、恶心等症状就诊于A医院急诊，20××年×月×日凌晨A医院将患者收治入院。同年×月×日，患者突发意识不清，四肢抽搐等，A医院对其实施抢救。20××年×月×日凌晨，患者经抢救无效宣告临床死亡。

### 【当事人意见】

1. 患方认为：

（1）A医院对患者的抢救不够及时，并且没有进行冠状动脉造影、支架手术，而且患者在治疗过程中心脏破裂，急性心包填塞，医院却采取溶栓治疗这一错误的治疗手段。

（2）在患者病危时，A医院既没有请外院专家参与治疗，也没有及时转院。

（3）患者死亡后，原告方作为患者家属曾要求A医院封存医院内相关监控视频资料，A医院当时曾答应予以封存，但诉讼中A医院却表示视频资料已经被覆盖而无法提供，这直接导致鉴定意见不公正，A医院应当承担举证不能的责任。

2. 医方认为：

患者在A医院处就诊治疗是事实，但实际入院治疗时间为20××年×月×日凌晨。在治疗过程中，A医院对患者的诊断是正确的，对患者实施冠状动脉造影手术符合医疗常规，对当时患者的身体状况评估属于低危而非高危，当时的心电图以及各项指标都支持这一判断。在患者突发心脏骤停时，A医院的抢救措施及时，符合治疗常规。因实施冠状动脉造影手术，A医院确实对患者实施了溶栓治疗，但当时并不知道患者存在心脏破裂的情况。在患者病危时，其身体状况已经不允许转院，只能在A医院抢救，至于外院的专家确实没有请过会诊。因患者的死亡系其本身的疾病所造成，故不同意原告的诉讼请求。

【鉴定意见】

1. 本例不属于对患者人身的医疗损害。

2. A 医院在医疗活动中存在病史记录不完整的医疗过错，但与患者的死亡不存在因果关系。

【裁判要旨】

法院认为，患者在诊疗活动中受到损害，医疗机构及其医务人员有过错的，医疗机构应当承担赔偿责任。患者在 A 医院就诊，A 医院对其疾病诊断正确，选择的治疗手段符合诊疗规范，抢救及时，无证据证明存在延误情况，患者的死亡系其本身疾病所致，与 A 医院的诊疗行为不存在法律上的因果关系，故 A 医院对患者的死亡不应承担责任。考虑到 A 医院存在病史记录不完整的错误，虽然该错误与患者的死亡不存在因果关系，但客观上加重了原告主张权利的困难，故 A 医院应对此给予原告适当补偿，具体金额由法院酌定。

法院判决如下：

被告应于本判决生效之日起十日内补偿原告人民币×元。

【办案心得】

在本案中，笔者代理的是患方。患者因头痛头晕、胸痛等症状入住 A 医院，在等候冠状动脉造影术时，突发意识不清，四肢抽搐等症状，A 医院对其实施抢救，患者经抢救无效宣告临床死亡。就本案的思考如下：

1. 医疗专业律师需判断鉴定风险。法院在审理医疗纠纷的过程中，对于案件的事实认定需要医学知识的辅助，绝大部分法院会依托专业鉴定机构的鉴定意见作出判决。医疗纠纷中鉴定意见的审查、判定，直接影响法院的裁判结果，故鉴定本身存在一定风险。

2. 医疗纠纷的专业性，导致医患双方的认知差异。医疗纠纷涉及医学知识，专业性强。医学是非常专业的一门科学，医疗行为有无过错，非专科医生不能讲出个是非，而且医疗行为还带有一定的学术性，没有非此即彼的正确性，所以，很多医疗纠纷是从认知差异开始的，而不是医疗行为的错误所导致。本案在患方向法院提起诉讼前，医方向患方表示愿意以×万元进行调解，在患方聘请律师介入后，医方提出向患方赔偿×万元金额的调解方案，但患方坚持选择以提起诉讼的方式解决争议。本案最后鉴定为不属于对患者人身的医疗损害。因此患方也要理智、合理、充分地把握与医方调解的时间和金额，在此过程中听取医疗律师的专业建议，从而最大化地维护自身权益。

## 案例二 甲某与 A 医院医疗损害纠纷

**【基本案情】**

20××年×月×日 21：29，患者因腹痛腹泻、呕吐就诊 A 医院急诊，医院考虑胃炎，嘱患者口服药物回家观察病情变化。×月×日 7：57，患者因再次腹痛就诊 A 医院急诊，仍考虑胃炎，白细胞 $20.14\times10^9$/L，中性粒细胞 92.4%，医院给予环丙沙星静滴。×月×日 9：30 转入急诊观察室。×月×日 19：00，医护人员发现患者点头样呼吸，立即送 B 医院抢救，抢救无效死亡，B 医院诊断为代谢性脑病。

**【当事人意见】**

患方认为：

被告方的医疗行为与患者死亡有直接因果关系。

1. 病案首页的日期存在问题。

患者×月×日出院，病案首页出现质控日期×月×日，说明医方对患者病情不重视。

2. 长期医嘱单上胰岛素的使用存在问题。

长期医嘱单：短期胰岛素（诺和灵）6u-6u-4u，直至患者离开医院都没有停用；长期胰岛素（甘精胰岛素）10u，截至患者严重低血糖一个半小时后才停用。

医方对患者病情估计不足，发生严重低血糖，长期医嘱单也没有停用胰岛素。

3. 严重低血糖发生后治疗存在问题。

×月×日 15：53，血糖 0.8mmol/L。虽然医生使用 40mLGS 静脉推注，16：00 夜班医生到岗后，在知道患者严重低血糖的情况下，仍给予胰岛素 8u，后又增加4u。不排除医方交接班问题，忽视患者病情的严重性，严重低血糖还使用胰岛素，导致患者死亡。

4. 血糖监测存在问题。

从检验报告中发现，×月×日 0：51，血糖 25.6mmol/L，此后血糖一直大幅度回落，×月×日 6：54，血糖 6.1mmol/L。此时应该高度重视，避免低血糖。但截至×月×日 15：53，才测血糖 0.8mmol/L。之后的化验报告中未见血糖监测的报告。×月×日 19：00 患者出现点头样呼吸，代谢性酸中毒。

医方入院后没有每天 7 次监测血糖，尤其×月×日仅检查 2 次血糖，发生严重低血糖后未监测血糖变化，仍继续使用胰岛素，导致患者死亡。

**【鉴定意见】**

无。

**【裁判要旨】**

本案以调解方式结案。

**【办案心得】**

在本案中，笔者代理的是患方。就本案的思考如下：

1. 医方应当重视急诊科的医疗纠纷。急诊科是医院急症诊疗的首诊场所，也是社会医疗服务体系的重要组成部分。急诊科室接诊的一般都为情况紧急的患者，因此急诊科室也是医疗纠纷的高发区。急诊医生应当严格执行分诊程序及分诊原则，按病人的疾病危险程度进行分诊，对可能危及生命安全的患者应当立即实施抢救。

2. 重视医疗资源与需求的匹配。医护人员专业、精准的病情判断，对病情变化的密切观察，都能从一定程度避免医疗纠纷的发生。医疗机构也应从日常的医疗纠纷中不断总结提炼和反思，提高医护人员的专业水准，降低纠纷率。

## 案例三　甲某与A医院、B医院医疗损害纠纷

**【基本案情】**

20××年×月×日1：38，患者因突发腹痛2小时，无恶心呕吐就诊至A医院急诊。入院血压136/68mmHg，HR（心率）：58次/分，胸片提示：胸部术后改变，两肺纹理增多，结合临床。ECG（心电图）：窦性心动过缓，53次/分。胸部立位片：腹部目前未见明显穿孔或肠梗阻征象。当日3：30患者诉吸气时胸前区疼痛，急诊科请胸外科、普外科、泌尿外科、普内科会诊，没有进一步行增强CT检查，仅给予胃复安、山莨菪碱等药物治疗，没有及时留观。×月×日，患者因中上腹痛2~3天，伴呕吐腹泻，胸闷、胸痛，就诊于B医院急诊内科，入院血压153/95mmHg，B超提示：脂肪肝、右肾混合性回声。血WBC（白细胞计数）19.54×$10^9$/L，尿常规提示：尿隐血++++。无心电监护，没有进一步行增强CT检查，仅对症处理后嘱患者回家观察病情变化，未留观。×月×日，患者因胸痛再次就诊于A医院急诊内科，医方没有进一步行增强CT检查，给予对症处理，未留观。×月×日，患者因胸痛、发热再次就诊于B医院急诊内科，血WBC14.71×$10^9$/L，C-反应蛋白80mg/L，尿常规提示：尿隐血++++。给予头孢拉定及左氧氟沙星静滴，未行心电图、胸部增强CT等检查，未留观。×月×日，患者因胸痛再次就诊于B医院急诊内科，血WBC11.90×$10^9$/L，C-反应蛋白68mg/L，再次给予抗生素静滴，未做心电图、胸部增强CT等检查，未留观。×月×日，患者于家中剧烈呕吐，立即于12：52送至B医院抢救治疗，医院宣布死亡时间为15：28。

20××年×月×日，某大学医学院病理学系尸体解剖结论为：死亡原因为主动脉夹层破裂出血，主动脉夹层Ⅲb型形成及破裂，导致纵隔血肿、右胸腔积血（血液及血凝块共3300mL）及右肺萎陷，夹层间血栓形成及部分机化。

**【当事人意见】**

1. 患方认为：

两被告方的医疗行为与患者死亡有直接因果关系。

（1）A 医院存在过失。尸体解剖结论为：死亡原因为主动脉夹层破裂出血，主动脉夹层Ⅲb 型形成及破裂，导致纵隔血肿、右胸腔积血（血液及血凝块共 3300mL）及右肺萎陷，夹层间血栓形成及部分机化。患者是年轻男性，剧烈胸痛到该院急诊，但该院仅做了 CT 平扫，没有做增强 CT 来排除主动脉夹层破裂出血，也没有留观进一步检查，失去了抢救患者的机会。从尸体解剖结果看，夹层间血栓形成及部分机化，根据病理学，说明该疾病有一定的持续时间，不排除该医院漏诊及没有留观导致患者死亡。

（2）B 医院存在过失。①患者从 20××年×月×日开始，因胸痛连续四次到 B 医院急诊。但该医院一直没有给患者做胸部增强 CT，存在漏诊。②没有留观。患者连续四次急诊，有胸闷胸痛等症状，但该医院没有留观，失去抢救患者最后一次机会。③×月×日，患者胸痛最后一次到 B 医院急诊内科，相关医务人员敷衍了事，仅使用抗生素静滴，未做心电图、胸部增强 CT 等检查，未留观。综上所述，因为被告医院一系列医疗损害行为，导致患者死亡。

2. 医方认为：

（1）A 医院的意见。经过尸体解剖，患者的死亡原因为主动脉夹层破裂出血，该疾病的临床表现复杂，治疗难度较大。患者每次就诊，本院均对其进行了适当的检查，并充分履行了告知义务，但是患者并未接受医生的建议进行腰椎的核磁共振检查，因此未作出正确判断的责任不在法院。本院仅应对原告所受的医疗损害承担次要责任，并据此承担相应的民事赔偿责任。

（2）B 医院的意见。本院在对患者的诊疗过程中不存在任何过错，患者的死亡与本院无关，因此不同意原告的全部诉讼请求。

**【鉴定意见】**

区医学会作出医损鉴定意见书认为：

1. B 医院的诊疗行为不构成对于患者的人身医疗损害；

2. A 医院在医疗活动中存在误诊的医疗过错，与患者的死亡人身损害结果存在一定因果关系，患者的人身损害为一级甲等。因此 A 医院的责任为次要责任。

市医学会的鉴定意见认为：

1. 诊疗方面符合诊疗常规。

2. 风险告知方面：依据现有的送鉴病历资料，医院经过鉴定诊断后排除相关疾病，同时履行了风险告知，患者就诊并接受治疗未再前往复诊，因此不存在医疗过失行为。

3. 从现有的影像资料来看，患者的病情呈现渐进性，无法在短时间予以明确诊断，为临床上所允许。

4. 死亡原因方面：根据尸检结果，患者主动脉夹层破裂出血是导致死亡的原因。其一旦发生后病死率很高，手术风险大，患者在医方处随访系其自身原因造成。因此，本例不属于对患者人身的医疗损害。

**【裁判要旨】**

法院判决如下：

1. 被告于本判决生效之日起十日内支付原告医疗费用×元，交通费×元，丧葬费用×元，死亡赔偿金×元，精神损害赔偿金×元，尸体解剖以及运输费用×元，律师费用×元，鉴定费用×元，合计×元；

2. 驳回原告其他诉讼请求。

**【办案心得】**

在本案中，笔者代理的是患方。就本案的思考如下：

患者为年轻男性，因胸痛，十天内多次到A医院急诊科就诊，其间医方诊疗思路混乱，考虑患者系腰椎疾病。最后尸体经过解剖，患者的死亡原因为主动脉夹层破裂出血。急诊科医生诊疗思路必须清晰，尤其是针对短时间内多次来医院就诊的患者，需要谨慎对待。

## 案例四　甲某与A医院医疗损害纠纷

**【基本案情】**

患者因胸闷胸痛突发意识丧失10分钟，被亲属于20××年×月×日18时左右送至A医院就诊。医院行查体提示意识丧失、双瞳孔散大固定，对光反射消失，报病危，并给予肾上腺素注射等抢救治疗。患者因病情未好转，要求转院治疗，A医院仅以出租车转运患者，后患者在转院途中死于出租车内。

【当事人意见】

患方认为：患方病危，医方在转运患者的过程中，未使用救护车，只以出租车转运，出租车医疗条件均不满足救治和抢救条件，医方在明知的情况下，对患者不负责任，应当对患者的死亡负责。

【鉴定意见】

无。

【裁判要旨】

本案以调解方式结案。

【办案心得】

在本案中，笔者代理的是患方。就本案的思考如下：

1. 医院应制定医院的标准化工作流程。本案中病患病情不见起色，医方应该主动评估病情及转运方式，而不是等家属提出转院，才匆忙叫出租车转院。转运患者用救护车本应该是转院的标准化工作，但该医院医疗质量不稳定，缺乏作业标准，才出现了这样的工作疏漏。医疗行业应引以为戒。

2. 患者应理智面对医疗行为的后果。患者胸闷胸痛意识丧失，就诊后医院报病危，患方家属应意识到病情极其严重，将患者生的希望完全寄托于医院和医生并不现实。当然家属在直接面对死亡的时候，却并不是都能理智、合理、正确对待的。

## 案例五　甲某与 A 医院医疗损害纠纷

【基本案情】

20××年×月×日，患者因“腹痛伴恶心呕吐 1 天”就诊于 A 医院急诊科，诊断为：急性胃炎。急诊给予解痉止痛，奥美拉唑抗酸等治疗。×月×日病情未见缓解，患者意识不清，T（体温）：37.3℃，P（脉搏）：110 次/分，R（呼吸）：29 次/分，Bp（血压）：90/60mmHg，腹胀明显。×月×日 13：40 分死亡。

【当事人意见】

患方认为：

被告方的医疗行为与患者死亡有直接因果关系。

1. 漏诊阑尾炎。根据医院的病历记载，对患者的诊断是急性胃炎，也是按照急性胃炎来治疗的。

2. 非执业医师坐诊急诊。病历上签字的医生不是医院的执业医生，实际上是规培医生。该医院对患者极不负责任，让经验缺乏的规培医生坐诊急诊一线，漏诊急性阑尾炎，贻误病情，造成患者死亡的严重后果。

**【鉴定意见】**

20××年×月×日对患者进行解剖，解剖结论：急性化脓性阑尾炎，导致患者死亡。

**【裁判要旨】**

本案以调解方式结案。

**【办案心得】**

在本案中，笔者代理的是患方。就本案的思考如下：

1. 关于漏诊的认定。漏诊是很常见的事情，而且部分疾病漏诊并不会引起严重损害。例如上呼吸道感染、关节退变等，有自愈特点或无特定治疗时间窗的疾病，漏诊与否不会引起严重损害。但某些少数疾病会因延误病情，产生严重损害，甚至危及生命。根据我国法律规定，医院的诊疗行为存在过错并致损害时才需承担赔偿责任。

2. 医院对急诊医生的管理有误。规培医生坐诊急诊，其没有正式工作经验，导致漏诊急性病，延误手术时机，产生了严重的后果。

## 案例六　甲某与A医院损害纠纷

**【基本案情】**

20××年×月×日患者因“腰痛1天”急诊就诊于A医院，查体腰部压痛（+），双下肢肌力减弱，感觉可。腰椎间盘CT平扫示腰2–3、腰3–4椎间盘膨出伴变性，腰4–5、腰5–骶1椎间盘突出伴变性，腰椎退行性改变。诊断腰痛、腰椎间盘突出、腰1椎体楔形变。予以制动休息，地佐辛肌注，蟾乌凝胶膏外敷，双氯芬酸钠释放肠溶胶囊（戴芬）、七叶皂苷钠片（欧开）及小金片口服。

20××年×月×日患者因意识不清2小时至外院急诊就诊，08：45体温36.2℃，心率119次/分，呼吸19次/分，血压136/114mmHg（复测100/70mmHg），氧饱和度76%。初步诊断昏迷、低血糖症。查心电图提示心房颤动（快频率），提示左室肥大，S-T段改变。血糖3.3mmol/L（参考值3.89~5.83mmol/L），乳酸17mmol/L（参考值0.5~1.6mmol/L），肌酐717μmol/L（参考值62~133μmol/L），尿酸1219μmol/L（参考值149~506μmol/L），肌酸激酶同工酶57.73ng/mL（参考值0~6.22ng/mL），B型钠尿肽前体17873pg/mL（参考值0~300 pg/mL），高敏肌钙蛋白T0.046 ng/mL（参考值0~0.14ng/mL）。经抢救无效，10：51宣告临床死亡，死亡诊断：1. 尿毒症，代谢性酸中毒；2. 低血糖昏迷；3. 肝性脑病？

**【当事人意见】**

1. 患方认为：

患者至医方急诊就诊，医方未测血压及体格检查即判断骨科就诊，就诊后仅给予腰椎CT检查，未做任何实验室化验，以致漏诊尿毒症、主动脉夹层、腹主动脉瘤可能，应用镇痛药物掩盖病情，导致患者后续因延误诊治死亡。

2. 医方认为：

患者因腰痛就诊，医方检查后诊断腰椎间盘突出，并给予急诊对症治疗，诊疗无过错。患者4天后突发其他疾病，与医方诊疗无关。

**【鉴定意见】**

1. 区医学会鉴定意见：

（1）患者因“腰痛”就诊急诊骨科，医方给予CT检查结果，患者腰2-3、腰3-4椎间盘膨出，腰椎间盘突出的诊断明确，同时给予相应的对症、止痛治疗，符合骨科诊疗规范。

（2）患者虽诉腰痛，医方在预检分级及诊疗过程中，未能对患者的生命体征进行监测、描述与记录。检查不够完善，如血常规、尿常规、心电图、心肌酶等常规检查。若能给予其他相应检查，或许能帮助其他疾病的鉴别诊断，存在过错。

（3）首诊四天后，患者突发意识障碍，就诊外院急诊，由于病情进展迅速，致心跳呼吸骤停死亡。死亡原因：不能排除主动脉夹层导致的死亡。（因无尸体解剖报告，死因不明）

结论：

（1）本例属于医疗事故。

（2）参照《医疗事故分级标准（试行）》，患者医疗事故等级为一级甲等。

（3）本例医疗事故医方的责任程度为轻微责任。

2. 市医学会鉴定意见：

（1）因果关系分析：×月×日患者就诊医方时主要表现为剧烈腰痛，×月×日突发意识丧失就诊外院，检查低血糖（3.3mmol/L），肌酐升高（717μmol/L），电解质紊乱等，病情进展迅速，抢救无效死亡。因未做尸检死因无法明确，考虑患者死亡主要为自身原有基础疾病变化所致。医方诊疗过程中鉴别诊断不足，可能影响其他疾病的早发现，不能排除与患者死亡有一定因果关系。

（2）人身损害等级和责任程度分析：患者死亡，符合《医疗事故分级标准（试行）》中一级甲等医疗事故。医方鉴别诊断不充分，为轻微责任，患者临床表现不典型，病情进展迅速为主要责任。

结论：

（1）甲某与A医院医疗争议构成医疗事故。

（2）根据《医疗事故处理条例》第二条和第四条、《医疗事故分级标准（试行）》《医疗事故技术鉴定暂行办法》第三十六条，本病例属于一级甲等医疗事故，医方承担轻微责任。

**【裁判要旨】**

法院判决如下：

被告应于本判决生效之日起十日内赔偿原告交通费、死亡赔偿金、丧葬费、住宿费、精神损害抚慰金、律师费、鉴定费共计×元。

**【办案心得】**

在本案中，笔者代理的是患方。患者因腰痛就诊医方，诊断腰椎间盘突出症，予对症治疗，四天后患者突发意识不清，于外院抢救无效死亡。就本案的思考如下：

本案办案过程曲折。本案先是通过行政部门启动，进行两次医疗事故鉴定，双方调解无果后走上法庭，最终法院判决结案。本案中，医患双方关系紧张，几经调解都无法达成协议，针对这种案件，笔者认为，尽快解决案件，让当事人恢复正常生活才是最优解。在与法院充分沟通的情况下，双方当事人均服判息诉。

## 案例七 甲某与 A 医院医疗损害纠纷

**【基本案情】**

患者因“双下肢水肿 3 日”，于 20××年×月×日就诊于 A 医院急诊，完善相关检查，经普外科、心内科会诊后，予以对症治疗。依据急诊科建议，次日患者于肾内科专家门诊就诊，在急诊留观时发现心跳呼吸停止，经抢救无效死亡。

**【当事人意见】**

患方认为：

医方存在过错，与患者死亡存在因果关系。

1. 患者因“双下肢水肿 3 日”入院，急诊未按常规请肾内科急会诊，漏诊肾功能衰竭。普外科会诊发现“非凹陷性水肿较前明显”，肌酐 324μmol/L↑、尿素 32.95mmol/L，提示肾功能衰竭。仅呋塞米 20mg 静推处置，此与诊疗常规不符。

2. 患者依据急诊科建议，次日于肾内科专家门诊就诊，病史记载患者气促无法回答，下肢水肿可见皮肤破损，诊断肾功能不全，建议“腹部（含肝、胆、胰、脾）；尿液分析；尿沉渣定量；尿微量白蛋白组套（2）；彩超-泌尿系（含双肾、输尿管、膀胱、前列腺）；膀胱残余尿量测定；浅表器官彩超-甲状腺、甲状旁腺及颈部淋巴结；血管彩超（双肾及肾血管）；血细胞分析（五分类）；网织红细胞计数（Ret）仪器法；C-反应蛋白测定（CRP）；生化常规+HDL，LDL（23）；无机磷测定；镁测定（原子吸收法）；血清碳酸氢盐

（$HCO_3$）测定；钙测定（比色法）；甲状旁腺激素测定；ANA+ENA 十四项；抗 α 胞衬蛋白抗体测定；抗双链 DNA 测定（抗 dsDNA）；抗单链 DNA 测定；抗中性粒细胞胞浆抗体测定（5）；血清 M 蛋白分型（6）；补体组套（C3、C4、CH50）；红细胞沉降率测定（ESR）”，建议内分泌科、心内科、急诊就诊（余未处理）。

3. 医方肾内科对肾功能衰竭患者，未提供专科诊疗意见（例如透析治疗等），存有缺陷。

4. 医方未监测生命体征（心电监护），未予以升压利尿、未予以透析治疗。

5. 医方急诊在患者 20 小时内仍无尿，双下肢水肿的情况下予以生理盐水 500mL 静滴、速尿 20mg 静推、奥克 40mg 静推。以上药品医院病历记录使用，实际未使用。

6. 医方“告病危”，但未监测生命体征（心电监护），未予以升压利尿、未予以透析治疗，此医疗行为存有过失，违反诊疗常规；并与患者肾功能衰竭伴心肺肝等多脏器功能不全，电解质紊乱（全身水肿、疾病加重），死亡存有因果关系。

**【鉴定意见】**

无。

**【裁判要旨】**

本案以调解方式结案。

**【办案心得】**

在本案中，笔者代理的是患方。患者因双下肢水肿进入 A 医院急诊，医院急诊存在过失，患者第二天经抢救无效死亡。就本案的思考如下：

1. 本案医方急诊存在过失。患者“双下肢水肿 3 日”入院，急诊未按常规请肾内科急会诊，漏诊肾功能衰竭，未监测生命体征（心电监护），未予以升压利尿、未予以透析治疗。另外，医方在对危重病人的管理上也有失误，据患方口述，急诊让患方第二天去几个科室挂号，但几个科室机械适用医院管理规定，认为患者挂号后要等待，延误危急情况下患者的治疗时机。

2. 调解是高效解决医疗纠纷的手段。本案从患方找到笔者代理到调解完成，不到两个月的时间，这对于医疗纠纷来说可以算是相当迅速。医疗纠纷调解不是“和稀泥”，找到专业医疗律师代理，准确把握医疗纠纷形成的原因，分析谁错谁对、错在哪里、占比多少，才能让医患双方都心服口服，促成调解，节省双方的精力和时间。

## 九、传染科

### 案例 甲某与A医院、B医院、C医院医疗损害纠纷

**【基本案情】**

甲某为乙某监护人。患者×个月。20××年×月×日，患者因左腋下肿块1天就诊于A医院门诊，查体触及左腋下3cm肿块，质硬，边界清。B超显示左腋下淋巴结肿大，建议入院治疗。

20××年×月×日入住B医院，无发热及疼痛，血常规检验报告：白细胞 $24.4\times10^9$/L↑，C-反应蛋白117.0mg/L↑，诊断为淋巴结肿大，菌血症。

随即转入C医院诊治，当时已发热，诊断为感染性发热，淋巴结炎，建议心内科、感染科进一步检查。20××年×月×日就诊于C医院传染科门诊，诊断为淋巴结炎（左侧腋下）。20××年×月×日复诊于C医院传染科门诊，诊断为淋巴结炎（左侧腋下），泌尿道感染，建议于免疫科、肾内科门诊就诊。20××年×月×日在C医院肾内科、免疫科诊断，维持前治疗方案，继续进行抗感染治疗。20××年×月×日，在C医院感染科复诊，感染科建议于免疫科就诊，感染科诊断为淋巴结炎、泌尿道感染、血小板减少症。免疫科予以5%葡萄糖50mL0.5g/日，头孢哌酮舒巴坦钠0.5g/日，维生素 $K_1$ 5mg/日。20××年×月×日至×月×日在C医院留观，诊断：脓毒血症、淋巴结炎、免疫缺陷病。患者在C医院继续治疗。

20××年×月×日至某公共卫生中心结核科就诊，初步诊断为某药物有害效应，继续抗结核治疗。

患者因脓毒血症，重症肺炎，多脏器功能衰竭，于20××年×月×日死亡。

【当事人意见】

患者的死亡与某药物有害效应的关系及相关赔偿计算。

【鉴定意见】

无。

【裁判要旨】

本案以调解方式结案。

【办案心得】

在本案中，笔者代理的是患方。患者出生仅×月，因左腋下肿块在多家医院就诊，后发现其病因是某药物注射后发生不良反应。就本案的思考如下：

1. 加强重点人群使用药物后的观察。药物使用有一定的不良反应发生率，发生不良反应后，医疗机构应当积极处理，对易发生不良反应的特殊患者（婴幼儿、儿童、老年人、孕产妇、哮喘、心功能、肾功能不全等）应密切观察，如有过敏、中毒等反应立即处理。

2. 针对药物注射产生不良反应的纠纷，最好的解决途径是调解。药物注射后发生不良反应系指正常剂量的药物用于预防、诊断、治疗疾病或调节生理机能时出现的有害的和与用药目的无关的反应。本案患者发生了极端的不良反应，市疾控和区卫健委在了解到案情后，积极促使各方面沟通，最终达成调解协议。医疗纠纷如果久拖不决，往往会激化医患双方的矛盾，只有在发生纠纷以后，尽快解决纠纷，才能避免矛盾的进一步加深。

## 十、精神科

### 案例一　甲某与 A 医院医疗损害纠纷

【基本案情】

患者因“眠差、猜疑、胡语加重 5 天，总病程 2×年”于 20××年×月×日入住 A 医院。×月×日在行无抽搐电休克治疗过程中，患者突然呕吐大量胃内容物，予以抢救后送至外院继续抢救，但抢救无效，当日死亡。

**【当事人意见】**

患方认为：医方术前评估不足，在患方签署的无抽搐电休克治疗知情同意书中，注意事项已明确说明术前 6 小时必须严格禁食，但 A 院未落实到位，导致患者术中呕吐。根据尸检报告单的内容，患者死因为气管、支气管及分支管腔内大量异物阻塞气道，导致急性呼吸障碍、窒息死亡，这与 A 医院的过错有直接的因果关系。

**【鉴定意见】**

无。

**【裁判要旨】**

本案以调解方式结案。

**【办案心得】**

在本案中，笔者代理的是患方。患者为精神科病人，在做无抽搐电休克治疗时呕吐窒息身亡。就本案的思考如下：

1. 对于精神科病人，医方必须严格做好病人治疗前的管理。本案患者在做无抽搐电休克治疗前 6 小时，应该严格禁食禁水，但精神科患者管理存在困难，患者存在偷食及其他病人误投食的可能，因此建议做到单人单间约束管理。由于 A 医院管理疏漏，没有加强患者治疗前的饮食禁忌的管理，直接导致了患者呕吐后窒息死亡，最终按照医方承担次要责任结案。对医院的启示在于加强精神科患者的管理和监测，充分评估治疗前的各项准备工作是非常重要的。

2. 医方对无抽搐电休克治疗的诊疗流程把控，术前评估的充分度及发生意外后的应急处理都是手术安全保障的重点，而患方是否严格落实执行医方的术前告知，也是本案关键。作为患方的代理律师，发生医疗纠纷后，厘清双方的责任，有时候做好中间调和人，本质上也能做到维护当事人利益。

## 案例二　甲某与A精神卫生中心医疗损害纠纷

### 【基本案情】

代主诉“行为紊乱一天，病程32年”，患者于20××年×月入院医方至今，诊断为精神分裂症，入院经治疗后患者精神症状稳定，一般情况可。精神检查：意识清，定向全，接触合作，思维贫乏，未引出明显幻觉及妄想，情感不协调，智能可，自知力无。夜眠、胃纳可，二便通畅。体温：37℃，脉搏：80次/分，呼吸：20次/分。20××年×月×日心电图、颅脑CT检查正常。住院期间医方发现患者出现严重躯体症状，大小便失禁，曾与家属沟通，建议外院就诊，患者母亲签字知晓，但患方未能进一步到外院相关科室就诊。20××年×月×日阶段小结：未见明显药物不良反应，血糖、血压控制正常，胸片示两肺纹理增强。20××年×月×日森田治疗小结：疗效进步，认知、情绪、精神症状有所改善。患者既往有高血压、糖尿病、心律失常病史，目前用缬沙坦、美托洛尔、二甲双胍对症治疗。×月×日查血糖4.84mmol/L（参考值<6.1mmol/L）。目前诊断：未分化型精神分裂症，予以2级护理普食，奥氮平、米氮平联合碳酸锂治疗。

20××年×月×日06：19值班医生因护士电话通知患者发生噎食，即刻赶到病房，护士及护理员已将患者平放床上抢救中。患者面色发绀，意识不清，脉搏、呼吸未测出，颈动脉搏动消失。立即予以拍打背部、扣除噎食异物，持续胸外按压，经过约30分钟抢救，患者仍无复苏迹象。血压、心率测不出，呼吸全无，双侧瞳孔散大，对光反射消失，颈动脉搏动消失，ECG（心电图）呈一直线，于06：55分宣告临床死亡，死亡诊断：窒息，精神分裂症，医方通知家属死亡。

### 【当事人意见】

1. 患方认为：

（1）患者诊断为精神分裂症，长期在医方住院治疗，死亡诊断为窒息。患者发生噎食窒息后，医方未采取正确的抢救措施，7分钟后才有一位医生到场（未见二班医生），没有抢救车、抢救药物和吸引器，也未叫救护车。

（2）患者长期住院，医嘱为2级护理，未见医方防噎、防跌倒措施，由于监控管理和预防措施不足，导致患者死亡的发生，医方存有过错。

（3）医方死亡诊断为噎死。医方要求尸体解剖，患方拒绝。

2. 医方认为：

（1）患者为 2 级护理，平时自主进食。医方告知患者肥胖，行走行动不便，建议出院进一步治疗，家属拒绝；告知存在住院意外风险，家属签字。

（2）患者进食后发生意外，考虑噎食可能性大，立即予以噎食现场急救措施，并通知值班医生，行腹部冲击、胸外心脏按压，持续 20 分钟无复苏迹象。

（3）死亡诊断直接死亡原因填写“窒息”，因发生时间短，不能排除其他原因导致猝死，告知尸解，家属拒绝。医方诊疗行为并无过错。

**【鉴定意见】**

1. 本例属于对患者的人身医疗损害。

2. A 精神卫生中心在医疗活动中存在未能及时发现患者猝死和规范抢救的医疗过错，与患者死亡的状况存在一定的因果关系。

3. 参照《医疗事故分级标准（试行）》，患者的人身医疗损害等级为一级甲等。

4. 本例医疗损害医方的责任程度为次要责任。

**【裁判要旨】**

法院判决如下：

被告 A 精神卫生中心应于本判决生效之日起十日内赔偿原告交通费、丧葬费、死亡赔偿金、律师费、精神损害抚慰金共计×元。

**【办案心得】**

在本案中，笔者代理的是患方。患者患有精神分裂症，长期在医方住院治疗，某日发生噎食窒息后死亡。

就本案的思考如下：

1. 噎食应引起精神类医院高度重视。精神病人由于服用抗精神病药物，容易引起吞咽功能障碍，有时也会因进食过急引起噎食。噎食通常发生在就餐时，这时候往往也是医护人员工作最繁忙之际，所以无暇顾及每个病人的进食情况，导致患者发生意外时医护人员可能较少，抢救不及时。医护人员应熟悉每名病人的病情及用药情况，重点病人应由专人照顾，以便有问题能及时发现，及时处理，防止意外的发生。

2. 发生此类事情，关键在于医方抢救是否及时。本案中医院抢救措施不规范，且没有使用抢救药物。由于精神病专科医院的抢救设备和技术力量有限，医方应当合理分配院内资源，重视提高医护人员的抢救水平和对突发事件的处置能力，增强医务人员的责任心。

## 十一、泌尿外科

### 案例一　甲某与A医院医疗损害纠纷

**【基本案情】**

患者甲某因口腔上火于20××年×月×日入住A医院，入院后完善相关检查，于20××年×月×日在双阻滞麻醉下行经膀胱镜电切术+膀胱造瘘术+膀胱镜输尿管支架植入术，并于20××年×月×日出院，出院诊断：膀胱颈口硬化、右肾盂及输尿管起始部结石、右肾萎缩、右肾积水、左肾轻度积水、尿潴留、泌尿系感染。为求进一步治疗肾结石，患者于20××年×月×日再次入住A医院，入院诊断为：1. 右肾盂及输尿管起始部结石（右肾积水）；2. 右肾萎缩；3. 左肾轻度积水；4. 糖尿病。于20××年×月×日行输尿管软镜激光碎石术，术中击碎部分嵌顿结石后，探查见部分结石肾盂面及肾盂内部有大量脓苔样物质、周围肾盂黏膜充血，终止手术，择期再次手术，患者返回病房后出现高热、心率快，会诊考虑感染性休克，然后转入重症医学科，相继出现了低氧血症、循环衰竭、全身器官衰竭，后出现意识障碍加重。现患者生命体征平稳、为持续植物人生存状态。

**【当事人意见】**

患方认为：

1. 医方术前对患者泌尿系统感染程度未充分进行评估。

20××年×月×日尿常规+沉渣提示：红细胞325个/μL、白细胞4454.3个/μL、细菌4303.4个/μL、白细胞（高倍视野）801.1，20××年×月×日送检×月×日尿细菌培养+菌落计数提示：大肠埃希菌大于 10 万 cfu/mL。上述检验结果结合患者右肾盂及输尿管起始部结石（右肾积水）的病情及两次住院泌尿系感染反复难以控制的事实，应当可以判断患者泌尿系感染的严重程度，但是却未引起医方的足够重视。

患者有糖尿病病史，尿常规检查白细胞高倍镜下远超 8 个，医方术前没有仔细评估，仓促手术。

2. 医方对患者术前的泌尿系感染控制不力。

患者 20××年×月×日第二次入院，×月×日行尿常规+沉渣、×月×日行尿细菌培养+菌落计数并经验用药头孢硫脒两天，医方未等待药敏试验回报结果来指导用药，亦未对抗感染效果进行评估，术中发现肾盂感染严重，已充分说明医方术前对感染控制不力。

术前感染较重，抗生素应广谱覆盖，单用一个头孢硫脒不够，泌尿系感染大肠杆菌（大肠埃希菌）最多见，头孢硫脒对大肠杆菌作用不大，应联合用药。后来药敏试验也确定是大肠杆菌。但医方在术前，医嘱中没有开喹诺酮类药物，导致患者严重感染，脓毒血症，致颅脑感染为植物人。

3. 医方对患者没有有效控制泌尿感染，为手术禁忌，不宜采用输尿管镜碎石取石术。

患者肾积水并发感染，同时存在结石嵌顿的情况下手术，促进了患者后续感染性休克等并发症的发生。

综上所述，医方对患者泌尿系感染未明确感染部位及严重程度、未评估感染控制效果即仓促实施手术，在术中打开部分嵌顿结石发现肾盂感染严重，不得不中止手术，从而造成了患者感染性休克并持续植物人生存状态，医院具有过错。

**【鉴定意见】**

A 医院的医疗过错：

1. 术前对患者泌尿系统感染程度未充分进行评估。

2. 对患者术前的泌尿系感染控制不力。

3. 对患者没有有效控制泌尿感染，为手术禁忌，不宜采用输尿管镜碎石取石术。

医方对患者泌尿系感染未明确感染部位及严重程度、未评估感染控制效果即仓促实施手术，在术中打开部分嵌顿结石发现肾盂感染严重，不得不中止手术，从而给患者造成了感染性休克并持续植物人生存状态，A 医院具有过错。

**【裁判要旨】**

本案以调解方式结案。

**【办案心得】**

在本案中，笔者代理的是患方。就本案的思考如下：

1. 虽然最终以调解的方式结案，但医方过错明显。

2. 医方的损害行为与损害结果之间存在因果关系，且对本案患者医疗损害应负主要责任。笔者作为患方代理人，曾向法院提出司法鉴定申请，但由于某司法机构暂时无法受理而未能获取对患者有利的鉴定结果。医疗案件需经历鉴定排期，对于患方和医方来说未必是最优选。

## 案例二　甲某与 A 医院医疗损害纠纷

**【基本案情】**

20××年×月×日患者甲某因“右腰腹痛半天”至 A 医院门诊，既往右肾结石 2cm，查体：腹平软，无压痛，右肾叩击痛（+）。诊断：右肾绞痛。予以头孢硫脒、654-Ⅱ、速尿等药物静滴 2 天。20××年×月×日患者因“右腰背部发作性绞痛 1 周”而入院治疗。KUB（尿路平片）+IVP（肾脏、输尿管、膀胱平片+静脉肾盂成像）检查示右肾结石伴右肾积水右输尿管上段扩张。尿常规示白细胞+++。入院诊断：右肾绞痛、右肾结石。20××年×月×日在硬膜外麻醉下行输尿管镜下钬激光碎石+膀胱镜下内置双 J 管（输尿管支架管）术。术后出现感染性休克，经抗休克、抗感染等对症治疗后，于 20××年×月×日患者病情好转出院。出院诊断：右肾绞痛、右肾结石、右输尿管结石。20××年×月×日患者因“右输尿管结石术后 3 周”再次入住 A 医院，入院诊断：右肾结石伴感染。20××年×月×日行体外冲击波碎石，碎石后予以预防感染、扩张输尿管、排石等对症治疗。20××年×月×日患者病情好转出院。20××年×月×日、20××年×月×日患者在 A 医院各行 1 次体外冲击波碎石。20××年

×月×日患者拔除双J管，膀胱壁多处充血，有炎性增生，双J管端有结石附着。嘱多饮水，予以头孢西丁钠抗感染，肾石通口服。20××年×月×日患者因“右肾结石体外冲击波碎石治疗后1月，右腰背部突发绞痛1天”再次入住A医院。予以抗感染、扩张输尿管等对症治疗。20××年×月×日患者自动出院。20××年×月×日、20××年×月×日患者于A医院在硬膜外麻醉下行输尿管镜下钬激光碎石+膀胱镜下内置双J管术，术后给予预防感染等对症治疗。20××年×月至今患者已多次入A医院治疗。20××年×月×日在全麻下行输尿管软镜下狄激光碎石+术留置D-J管（输尿管支架），拔除D-J管后复查B超发现右侧输尿管残余结石。20××年×月×日在全麻下行右输尿管镜下钬激光碎石术+留置D-J管，之后放置或更换D-J管3次。目前右输尿管狭窄，留置输尿管D-J管中，右肾GFRl1.7mL/min。

【当事人意见】

1. 患方认为：

（1）医方因输尿管激光碎石手术操作不当，损伤右输尿管而反复感染，导致右输尿管狭窄、肾功能不全。

（2）第五次输尿管激光碎石术后2周拔除引流管，医方告知患者手术顺利，未告知复诊时间，误导患者，导致患者未及时随访，延误病情。

2. 医方认为：

（1）医方采取输尿管激光碎石手术有临床指征，整个诊疗过程符合泌尿外科诊疗常规。

（2）患者出现的输尿管狭窄是多次激光碎石和反复输尿管感染所致，是临床上难以避免的不良后果。

【鉴定意见】

根据送鉴材料、双方陈述、答辩及现场阅片，专家组分析认为：

患者因患有“右肾结石”，医方给予输尿管镜下钬激光碎石+膀胱镜下内置双J管术。术后患者出现右肾结石伴反复感染，经抗感染等治疗后再次行输尿管镜下钬激光碎石+膀胱镜下内置双J管术。之后患者出现“输尿管狭窄、肾积水”等状况而多次行钬激光碎石术+留置 D-J 管等治疗。

1. 医方诊断“右肾结石”正确。根据患者 20××年×月×日 KUB+IVP 检查示右肾结石伴右肾积水右输尿管上段扩张，符合“右肾结石”疾病诊断标准。

2. 有手术指征，治疗符合常规。根据外科诊疗常规，“右肾结石”疾病的治疗方案可以激光碎石治疗，医方给予钬激光碎石+膀胱镜下内置双 J 管术符合外科诊疗规范。

3. 患者术后出现的输尿管中上段狭窄属临床上难以完全避免的不良情形。由于肾结石本身、炎症等因素，输尿管狭窄在钬激光碎石+膀胱镜下内置双 J 管术治疗中有一定的发生率。与医方的诊疗行为无因果关系。

4. 医方存在以下不足：（1）第一次术前准备欠充分：①患者肾结石合并感染，医方在第一次术前未能明确感染是否有效控制；②术前如作 CT 检查明确输尿管结石大小、位置、嵌顿情况，则更有利于术前对疾病预后的充分判断。（2）术前未详尽告知术后可能发生的并发症，特别是感染性结石容易造成输尿管狭窄的可能。

综上所述，根据《医疗事故处理条例》第二条、第三十三条的规定，本例医疗争议不构成医疗事故。

**【裁判要旨】**

本案以调解方式结案。

**【办案心得】**

在本案中，笔者代理的是患方。就本案的思考如下：

1. 在律师受理前，本案已经过某区医学会鉴定，鉴定意见对患方不利。律师在接受委托后，通过审核病历，发现病历存在多处伪造的嫌疑。但考虑患者病情尚不稳定，需继续治疗，不适合重新进行鉴定，故建议患方先做了撤诉处理，让患者在医院继续治疗。最后病情结论确认，患者右肾坏死。

2. 患者在不了解医学专业知识的情况下，盲目寻求诉讼途径启动鉴定，并非维护自己权益的最好途径。建议先通过专业律师团队综合分析预判后再判断采取何种救济途径。正如本案，如果前期预判鉴定结果对患方不利的概率较大，则可以借助律师的专业谈判与医方争取调解，或可以谋得更多赔偿。

## 十二、脑外科

### 案例一 甲某与A医院医疗损害纠纷

**【基本案情】**

20××年×月×日，患者甲某于外院CT检查示左侧顶叶脑膜瘤，见骨质破坏。同年×月×日于A医院门诊进行MRI（磁共振成像）检查示左额部大脑凸面脑膜瘤穿透颅板，双侧额顶叶小缺血灶，右额部小畸形不除外。次日，患者入住A医院，体格检查示头颅有包块，直径2cm大小，质硬，界限不清楚，表面光滑，不能推动。诊断：左侧顶叶脑膜瘤。×月×日查D-D二聚体0.82mg/L（参考值≤0.55mg/L）。×月×日，患者在全麻下行左侧顶叶矢旁脑膜瘤切除术，术中见部分肿瘤已植入颅骨，并侵犯皮瓣帽状腱膜层。×月×日8：46患者生命体征平稳。16：15患者突发四肢抽搐伴意识丧失，予抗癫痫治疗后好转。×月×日，患者右侧嘴角持续性抽动，复查CT示颅内术后改变，转入神经外科监护室。病理报告示左额脊索样脑膜瘤（WHOⅡ级），侵犯骨组织。×月×日查D-D二聚体15.99mg/L。×月×日9：12患者家属诉患者呼吸急促，查体示GCS（昏迷指数）评分下降明显，听诊双侧呼吸急促，可及痰鸣，氧饱和度99%。予面罩吸氧，口咽通气道吸痰，见血色液体，转入监护室，予气管插管、深静脉穿刺。9：15患者GCS 3分，经积极抢救，11：56宣布死亡，死亡诊断为肺栓塞、左侧额顶叶恶性肿瘤。

**【当事人意见】**

1. 患方认为：

（1）医方术前检查不足，未行MRI检查，未明确肿瘤大小位置。手术评估不足，告知不充分。

（2）患者为低风险手术，医方术中操作不当，造成患者术后长期昏迷意识混乱，癫痫等。

（3）医方术后监护不力，病情变化时处理不积极，未采取有效措施。

（4）患者长期卧床，高血压、糖尿病、癌症活跃期，医方仅注重外周病情，未考虑其他疾病，如肺栓塞、心肌梗死等，未做相关检查及会诊，延误诊治。

（5）病史记录及护理记录不一致。患者整个病程中医方未告病危，未与患者沟通病情。

2. 医方认为：

（1）医方术前诊断明确，手术过程顺利，术后复查 CT 未见明显出血，出现癫痫、电解质紊乱等症状，医方及时纠正，患者病情好转。

（2）患者死因考虑肺栓塞可能性大，该病起病急难以预测，病情变化后医方积极抢救，诊疗过程符合规范。

**【鉴定意见】**

1. A 医学会鉴定意见：

本例不属于对患者人身的医疗损害。

2. B 医学会鉴定意见：

（1）针对患者检查情况，被告医院诊断正确，手术指征明确，手术方式选择恰当。

（2）患者术后出现的癫痫、意识不清、肺部感染等症状，为神经外科手术难以完全避免的并发症，被告医院采取的治疗措施符合常规。

（3）术后 D-D 二聚体明显升高至 15.99mg/L，D-D 二聚体升高有多种原因（如手术、感染、栓塞等），但患者系神经外科术后，为抗凝、溶栓治疗的禁忌证。

（4）被告医院存在不足：患者手术风险高，但被告术前未充分告知患者手术风险及并发症（如肺栓塞等），D-D 二聚体升高，被告医院未告知家属，未予进一步检查。患者住院期间，被告未向患方告知病情变化情况，但与患者死亡没有因果关系。

综上，本例不属于患者人身的医疗损害，被告在医疗活动中存在告知不足及检查不到位的医疗过错，但与患者死亡的人身损害结果无因果关系。

**【裁判要旨】**

法院认为，被告医院承认原告在本案中主张的诊疗事实，故对该部分的事实予以确认。关于原告主张被告赔偿的诉讼请求，原告应向法院提供证据证明被告医疗行为有过错、该过错行为造成损害后果的相关事实及法律依据。由于临床医疗行为的专业性、复杂性、高风险性、不确定性的特点，对于临床医疗行为是否存在过错、该过错行为与损害后果之间是否具有因果关系，需要经过既精通医学科学理论知识，又具有丰富临床实践经验的医疗领域专家综合评判。目前，B 医学会会集了本市医疗领域各专科的专家，具备对各医疗行为是否符合诊疗规范及医疗行为所产生后果进行评定的条件，其依据专家组成员观点而出具的医疗损害鉴定意见，是认定医疗行为是否具有过错的依据，也是认定医疗机构是否应当承担侵权赔偿责任的主要证据。

本案中，就被告的诊疗行为，已经 B 医学会进行医疗损害鉴定，鉴定程序合法，鉴定分析说明详尽，未有证据证明分析意见违反医学科学规律。现原告认为被告在手术方案制定、手术具体操作、肺栓塞预防性抗凝及肺栓塞发生后应对措施等方面存在过错，但无医疗专业方面证据证明医学会专家就手术指征、手术方式选择的分析评判不当。关于肺栓塞处置，尽管原告提供教科书作为肺栓塞处置规范的依据，但教科书中对于急性肺栓塞的治疗方案表述为“对于急性肺血栓栓塞症合并抗凝禁忌的患者，为防止下腔深静脉大块血栓再次脱落阻塞肺动脉，可考虑放置腔下静脉滤器”，即放置腔静脉滤器的前提是肺栓塞确诊，且下肢血管仍有血栓会脱落。而本案病例中，患者肺栓塞的诊断在其死亡时作出，原告仅以教科书中就肺栓塞的诊治原则主张被告医疗行为过错，忽略了临床医疗行为复杂性、实践性的特点，忽略了教科书中诊疗普遍原则在应用于临床医疗活动中因个体差异性、患者临床表现复杂性而具有的特殊性，没有临床医疗行为评判依据，据此原告的主张法院不予采纳。B 医学会的医疗损害鉴定意见法院予以采纳。

根据上述鉴定意见，本案所涉病例不属于对患者的医疗损害，原告要求被告承担患者死亡这一后果相关赔偿责任，法院不予支持。但鉴定意见同时指出，被告在对原告的诊疗过程中并非完全没有过错，其存在术前未充分告知患者手术风险及并发症（如肺栓塞等），D-D 二聚体升高未予进一步检查的过错，虽然鉴定意见认定上述过错与患者死亡的后果没有因果关系，但风险告知得不充分，让患者及其家属对于究竟是忍受疾病本身所带来的确定的后果还是承受手术可能发生的并发症风险的选择没有足够的心理准备，当手术并发症真实发生并产生后果时，心理预期与现实的冲突，必然给家属在精神上造成强烈冲击，精神上受到一定的损害，法院酌定由被告赔偿原告精神损害抚慰金×元。同时鉴定费系为明确医疗过错行为，现通过专家评定，被告存在一定过错，故鉴定费由双方分担。

法院判决如下：

被告A医院应于本判决生效之日起十日内赔偿原告精神损害抚慰金及鉴定费×元。

**【办案心得】**

在本案中，笔者代理的是患方。本案关键在于患者死亡原因，由于没有尸体解剖，故通过临床推断死亡原因是肺栓塞。就本案的思考如下：

1. 医方术前未充分告知手术及并发症，也未进一步检查是医方的主要过错点。医方是存在一定过错的，患者手术风险高，但术前未充分告知患者手术风险及并发症（如肺栓塞等）；D-D二聚体升高，未告知家属，也未予进一步检查；患者住院期间，未向患方告知病情变化情况。

2. 因果关系的认定对于医疗纠纷的鉴定起到决定作用，证据需充分。遇到类似案件，不能简单依据D-D二聚体升高这一证据，要充分结合摄片等。医疗纠纷因果关系的判定，鉴定意见是重要依据，鉴定的前提是病史材料、影像片子等，因此证据和争议焦点的选择异常重要，也直接决定了案件走向。

## 案例二　甲某与A医院医疗损害纠纷

**【基本案情】**

20××年×月×日，患者因“构音障碍、记忆力减退2年”入住A医院。既往有高血压、慢性支气管炎、脑出血、病毒性心肌炎病史。入院诊断：缺血性脑血管病、高血压2级（极高危）。行抗血小板聚集、调脂稳定斑块、改善循环、降压等治疗。20××年×月×日心电图示窦性心律，P波高尖，S-T段改变，T波改变。头颅CT示桥脑、双侧基底节区、半卵圆区多发腔梗。20××年×月×日胸部CT示两肺局限性肺气肿，两肺多发肺大疱，主动脉及冠状动脉粥样硬化。心超示室壁节段性运动轻度异常，主动脉瓣硬化，左室收缩功能正常。20××年×月×日颈部血管彩超示考虑颈部动脉粥样硬化并斑块形成，双侧颈总动脉狭窄（左侧重度，右侧中度），左侧椎动脉血流异常，左侧颈内动脉血流不显示。20××年×月×日颈部血管增强 MRA（磁共振血管造影）示颈部血管硬化，双侧颈动脉远段狭窄程度大于 50%，颈外动脉近段狭窄达 50%，左侧椎动脉远段管腔狭窄闭塞。20××年×月×日头颅血管平扫 MRA 示颅内动脉硬化，右侧颈内动脉 C3 段管腔狭窄。神经外科会诊建议择期行全脑血管造影，进一步明确诊断，必要时支架植入术。20××年×月×日患者转入神经外科，诊断：缺血性脑血管病、颅颈部血管多发硬化狭窄，高血压 2 级（极高危），2 型糖尿病，肺大疱，支气管扩张。20××年×月×日 9：00—11：00 患者在局麻下行全脑血管造影、左侧颈内动脉球囊扩张+支架植入术、左侧锁骨下动脉球囊扩张+支架植入术。全脑血管造影示颅内血管多发硬化狭窄，双侧颈内动脉起始部重度狭窄，左侧锁骨下动脉重度狭窄，右侧椎动脉起始部狭窄，左侧椎动脉闭塞。术中，患者诉左眼视物模糊较前加重，造影左侧眼动脉显影较支架安放前有好转。其后症状好转，继续手术。术后予消炎，抗凝、营养神经等治疗。20：30 患者出现胸闷，出冷汗，呼吸深快，口周发紫，心率下降至 52 次/分，双肺可闻及哮鸣音。考虑 ARDS（急性呼吸窘迫综合征），予面罩吸氧并转入监护室，予喘定、甲泼尼龙、气管插管、呼吸及辅助通气等处理。呼吸科会诊，诊断Ⅱ型呼吸衰竭，建议予舒普深抗感染。20××年×月×日 16：20 患者烦躁，自行拔除气管插管，查体神志清，对答切题，氧饱和度 100%。18：16 患者出现气促，氧饱和度下降，再次行气管插管，呼吸机辅助通气。查胸片，提示双肺炎症，双上肺野为著。呼吸科会诊建议提高甲泼尼龙剂量。20××年×月×日患者出现呼吸急促、心率加快。20××年×月×日患者逐渐出现心率下降，血压及氧饱和度测不出，予胸外按压，肾上腺素，电除颤等处理，抢救无效，宣告临床死亡。死亡诊断：ARDS、缺血性脑血管病、颅内颈部血管多发硬化性狭窄（双侧颈内动脉起始部重度狭窄，左侧锁骨下动脉重度狭窄，右侧椎动脉起始部狭窄，左侧椎动脉闭塞），高血压 2 级（极高危），2 型糖尿病，肺大疱，支气管扩张。20××年×月×日尸检诊断：符合高血压改变；脑组织水肿；组织瘀血（胃肠道、脾、肾上腺等）。死亡原因：多脏器功能衰竭。

【当事人意见】

1. 患方认为：

（1）患者既往有高血压、病毒性心肌炎、肺大疱等病史，医方在术前未做完整的风险评估，未尽到合理的告知义务，最终导致术后患者死亡。

（2）术中患者有不适，术后医方未重视将患者直接送入监护室观察，导致耽误了最佳抢救时间。

（3）医方的诊断与尸检结果不符，医方诊断错误。

2. 医方认为：

（1）患者有脑梗死病史多年，术前检查提示颅内血管多发硬化伴重度狭窄，手术指征明确；术前检查齐全，符合手术条件；术后患者病情变化，我院多科室尽力抢救。诊治过程符合医疗常规。

（2）患者术后出现血氧饱和度下降、呼吸困难等症状，结合相关检查“急性呼吸窘迫综合征”诊断明确。而尸体解剖是病理诊断，不能与临床诊断混淆。

【鉴定意见】

1. A 医学会鉴定意见：

（1）根据患者病史及辅助检查结果（颈部血管彩超、颅颈部血管 MRA），医方诊断“缺血性脑血管病、颅颈部血管多发硬化狭窄”有依据，给予行全脑血管造影、左侧颈内动脉球囊扩张+支架植入术、左侧锁骨下动脉球囊扩张+支架植入术有指征。

（2）患者老年，有高血压、慢性支气管炎、病毒性心肌炎等多种基础疾病，全身重度动脉粥样硬化，术后出现并发症与患者基础疾病有关。

（3）患者最终死因考虑为急性肺水肿、动脉栓塞形成可能性大。

但医方存在以下医疗过错行为：

（1）医方术前对患者的整体状况评估不足，检查不够全面。

（2）患者术后 8 小时出现胸闷、呼吸深快、口周发紫、氧饱和度低等表现时，医方对病情的认识不足，治疗欠妥当，与疾病后期发展存在一定关联。

（3）术后抢救过程中医方未重视出入量平衡，与急性肺水肿形成存在一定的因果关系。

（4）病史记录欠规范。

综上，本例属于对患者人身的医疗损害。A 医院在医疗活动中存在对患者整体状况评估不足；对术后出现的病情认识不足、治疗欠妥及抢救中未重视出入液量平衡；病史记录欠规范的医疗过错，与患者死亡的状况存在一定的因果关系。参照《医疗事故分级标准（试行）》，患者的人身医疗损害等级为一级甲等。本例医疗损害医方的责任程度为次要责任。

2. B 医学会鉴定意见：

（1）患者因构音障碍、记忆力减退 2 年入院医方。根据核磁共振（桥脑、双侧基底节区、半卵圆区多发腔梗、部分软化，老年脑，脑白质变性）、颈部血管彩超（颈部动脉粥样硬化并斑块形成，双侧颈总动脉狭窄，左侧重度，右侧中度）、颅颈部血管 MRA（颈部血管硬化，双侧颈动脉远端，狭窄程度大于 50%，颈外动脉近段狭窄达 50%，左侧椎动脉远段管腔狭窄闭塞），医方诊断“缺血性脑血管、颅颈部血管多发硬化狭窄”。行“全脑血管造影、左侧颈内动脉球囊扩张+支架植入术、左侧锁骨下动脉球囊扩张+支架植入术”有适应证。术前检查完善（动脉灌注检查非必要检查），生命体征稳定，无手术禁忌证。术前向患者家属告知手术风险及并发症，患方签字后手术。

（2）患者术中出现左眼视物模糊加重，考虑为眼动脉栓塞或痉挛所致。根据病史记载患者当时的临床表现，纤维蛋白原及其降解产物变化、现场询问医患双方（四肢，面部未见发绀瘀斑等），当时 DIC（弥散性血管内凝血）诊断依据不足。患者尸检报告提示存在 DIC，考虑为终末期多脏器功能衰竭后的表现。

（3）患者术后 8 小时出现皮疹、胸闷、气喘、双肺哮鸣音、氧饱和度下降等表现，考虑为造影剂迟发性变态反应所致，医方对患者可能出现的并发症认识不足，观察欠仔细，病程记录不完整，早期治疗略延误，不排除与患者因病情发展变化致死亡有一定的因果关系。

（4）患者抢救过程中输入补液量为对症治疗所需，与患者最终死亡原因无因果关系。

（5）患者老年，有高血压、糖尿病、慢性支气管炎等多种基础疾病，存在全身多处动脉硬化、狭窄（DSA 提示双侧颈内动脉重度狭窄，左侧椎动脉闭塞），造影剂引起迟发型变态反应为临床上不可完全避免的并发症，医方明确诊断后予以的治疗及措施符合诊疗常规。

综上，本例属于对患者人身的医疗损害。A 医院在医疗活动中存在对术后可能出现的并发症认识不足，观察欠仔细、早期治疗略延误的医疗过错，与患者死亡的人身损害结果有一定的因果关系。参照《医疗事故分级标准（试行）》，患者的人身医疗损害等级为一级甲等。本例医疗损害医方的责任程度为轻微责任。

**【裁判要旨】**

法院认为，公民享有生命健康权。患者至被告医院就诊，双方由此建立了医疗法律关系。医疗损害赔偿责任的承担，是以医疗行为有无过错以及过错与损害后果之间是否存在因果关系为基本条件。为查明医疗机构及其医务人员在医疗活动中，是否存在违反医疗卫生管理法律、行政法规、部门规章和诊疗护理规范、常规等过错造成患者人身损害的行为，应当由医学会予以鉴定。现 A 医学会及 B 医学会得出的鉴定意见不一致，B 医学会作为再次鉴定、复核鉴定机构，其出具的鉴定结果更具有权威性，故法院采纳某市医学会的鉴定意见。根据 B 医学会的鉴定意见，被告应承担轻微责任。法院综合考虑被告的责任程度和本案的实际情况，确认被告对原告的合计损失承担 20%的赔偿责任。现患者已死亡，原告作为法定继承人有权向被告主张权利。

关于被告应当承担损害的赔偿范围，法院确定如下：被告应当赔偿原告死亡赔偿金、丧葬费、医疗费、交通费、精神损害抚慰金、律师费、尸体解剖费、遗体运送费，合计×元。

另外，原告尚欠被告医疗费×元，法院确认原告应承担×元。庭审中双方均同意在本案中合并处理，故该款项在本案赔偿中予以抵扣。

法院判决如下：

1. 被告应赔偿原告×元；

2. 关于本案鉴定费，法院考虑被告医院对患者的去世确实存在过错，故两次鉴定的鉴定费及诉讼费均由被告承担。

【办案心得】

在本案中，笔者代理的是患方。患方本身年龄较大、自身疾病严重，诉讼风险较高。就本案的思考如下：

1. 针对围手术期的病史记载要着重关注，通过术前检查、术中措施、术后抢救等病史的充分评估，往往可以找到医方在医疗行为中的过错或疏忽，从而在责任程度上为患方争取合法权益。

2. 对于术后短时间内死亡，死因不明的患者，如果其本身自身疾病较多时，是否进行尸体解剖是患者家属需要慎重考虑的问题。实务中，由于风俗、情感等原因，家属往往拒绝进行解剖。此时应当充分向患者家属释明尸体解剖的利害关系。如在此案中，进行尸体解剖，可以明确患者的死亡原因，对医疗损害鉴定提供充分的鉴定依据。但同样需要向患者家属释明的是，尸体解剖的结果，可能对患者有利，同样有可能对患者不利，在决定进行尸体解剖前，务必能够接受最终的客观结论。

3. 医学会的鉴定为两级鉴定制度，对于区医学会鉴定意见不服的，任何一方均可以向法院申请进行重新鉴定。对于医患双方来说，都要充分做好做两次鉴定的准备。本案中，尽管 A 医学会作出了次要责任的鉴定意见，但是法院最终还是采纳了更高一级的 B 医学会鉴定意见。从案件的判决也可以看到，鉴定意见是影响判决结果的核心因素，对于医疗案件来说，两次鉴定必须引起绝对的重视。

## 十三、神经内科

### 案例一　甲某诉 A 医院与 B 医院人身损害赔偿纠纷

【基本案情】

20××年×月×日上午，患者因“发热两天，头晕头痛，恶心无呕吐”就诊于 A 医院，该医院在未做任何检查的情况下，给予头孢西丁、更昔洛韦、阿奇霉素等药物治疗，开药量为两天剂量。患者输液后，医院嘱其回家观察病情变化。当天晚上患者自觉头痛加重，再次就诊至 A 医院急诊。患者家属陈述，医生表示头痛是发热引起的正常症状，恢复有个过程，不能过于着急，多注意休息。患者要求行头CT，医生以发热行头CT没有必要，且急诊也不具备做此检查的条件为由拒绝；患者要求化学检查，医生表示验血也没必要，最后开具百服宁和泡腾片嘱其回家服用。次日14时，患者家属发现患者昏睡，唤醒后答非所问，立即将患者送到附近的社区医院，测体温时，患者四肢抽搐，口吐白沫，牙关紧闭，随即呼叫120救护车将其送至B医院急诊（神经内科）就诊。根据B医院门急诊病历显示患者体温39.2℃，突发口吐白沫、四肢抽搐、意识丧失、持续2~3分钟，无大小便失禁，既往无类似发作史。患者比较烦躁，查头CT无异常，血常规提示白细胞14.91，中性粒细胞94.3%，高血糖9.92，未做脑电图、胸片、心电图等一系列检查。

根据患方陈述，×月×日17时许开始补液，在换第二瓶补液时，发现瓶子上的名字不对，上面写的是“熊某某”，于是去找护士核对，护士查完后表示没有问题是写错了。患者神志欠清、肢体僵直，门急诊病历特别记载“患者病情较重”，疑“脑炎”于×月×日20点收治入病房。患者病情较重，入住的是普通病房，而不是监护病房。根据B医院住院病历提示，患者于×月×日无明显诱因开始出现头痛、发热，在A医院输液治疗，效果不明显，头痛症状逐步加重。×月×日下午出现四肢抽搐、口吐白沫，当时意识不清，但无大小便失禁，持续2~3分钟，但患者清醒后有定向力障碍，120送至B医院。体检：神志清楚，思睡，查体合作欠佳，时间、空间定向力障碍，双侧瞳孔等大等圆，对光反射灵敏，肌力查体不合作，四肢肌张力可，四肢腱反射（+），双侧病理征（-）。病程中，患者烦躁不安，抽搐，给予抗癫痫、镇静、抗病毒、抗感染等治疗。×月×日20：32开通心电、血压、指脉氧监测，但是×月×日8：16竟然停止监测。直至×月×日1：14患者弥留状态才恢复，且其监测的时间与神经科护理记录单上的时间不一致。×月×日患者体温升高，维持在39℃左右，并出现烦躁、意识不清。根据患者家属陈述，曾多次去询问医生，医生均表示是正常表现；也多次按铃呼叫护士，护士甚至不耐烦地说患者不到翻白眼不要再找他们。当天下午患者出现尿失禁，但医方仅给予镇静剂或退热药物，让患者家属去买护理垫。晚上患者停止挣扎，表情淡漠，病情有变化，但医方并没有引起足够重视。×月×日凌晨突发意识丧失，咳出大量粉红色泡沫痰，呼吸不规则。医方此时才让患者家属在各种文件上签字，根据患者家属陈述，插管时间超过了 7 分钟。×月×日凌晨 2：40 患者死亡，医方的死亡诊断为“脑炎”。

**【当事人意见】**

患方认为：

两医院的过错与患者死亡有因果关系。

1. A 医院的过错。

（1）在没有做任何检查的情况下补液治疗。患者 20××年×月×日上午，因发热两天，头晕头痛，恶心无呕吐，至 A 医院就诊，该医院在未做任何检查的情况下，给予头孢西丁、更昔洛韦、阿奇霉素等药物治疗，药量为两天的剂量。

（2）未及时做头 CT，未留观。×月×日晚上患者自觉头痛加重，再次至 A 医院急诊就诊。医方认为头痛为发热引起，故拒绝了患者要求行头 CT 和血化验的请求，仅嘱其回家口服百服宁和泡腾片，未留观。

2. B 医院的过错。

（1）程序方面：

①长期医嘱单、临时医嘱单：多处未见医生护士亲笔签名。

②病危、病重通知书：仅有患者家属签名，无医护人员签名及日期。

③授权委托书：患者入院时意识尚清楚，但医方没有让其在授权委托书上签字，也未见受托人签字。

④知情同意书：未见患者或患者家属签名。

⑤住院患者安全告知书：住院患者安全告知书未见患者或患者家属签名。

⑥医患合约、服务告知书、基本医疗保险自费自负项目知情同意书：未见患者或患者家属签名，也未见医生签名。

⑦使用保护性约束告知书：日期有涂改。

⑧神经科护理记录单：第一页至第五页，未见当班护士亲笔签名。

（2）实体方面：

①监测不力：患者为重症患者，×月×日 20：32 开通心电监测、测血压、

持续呼吸功能检测、测神志瞳孔、指脉氧监测，但是×月×日 8：16 竟然停止监测。在此期间患者病情恶化，从烦躁演变为淡漠，但医方没有引起足够重视，直至×月×日 1：14 患者弥留状态才恢复监测。而且神经科护理记录单上×月×日的检测时间从 0：01 开始，与医嘱单恢复检测的时间不一致。

②对病情的转化缺乏认识：根据 B 医院的门诊记录："患者病情较重"，但入院后未入监护病房，在病情转化的关键时刻，停心电监护等 17 个小时，使用了大量镇静药物，掩盖了病情变化，导致患者死亡。

③心血管方面：根据 B 医院的住院记录，危重病人，未见心电图报告，未见心脏超声报告，未见 D-D 二聚体报告，患者咳粉红色泡沫痰，根据症状体征，不能排除心血管原因。但医方并没有做相关检查，也没有请心内科会诊。

④脑电地形图：×月×日医院开出脑电图申请单，但直至患者×月×日死亡，都未检测。

⑤未行腰穿检查。

综上，两被告医院因为一系列的诊疗错误，导致患者死亡。

**【鉴定意见】**

1. 市医学会的鉴定意见：

（1）患者于 20××年×月×日首次就诊，A 医院诊断为上呼吸道感染，给予抗病毒、抗感染等对症治疗，符合医疗常规。但×月×日医院给予巴米尔、百服宁对症治疗，却未行头 CT 及血化验等相关检查，存在不足与过错。

（2）B 医院存在告知不足，医疗文书签字不全，未及时做脑电图、腰椎穿刺脑脊液检查等不足。

（3）该患者入院时无心血管方面的症状和体征以及实验室检查异常状况，所以当时无心脏超声检查，心内科会诊的指征。未行常规心电图及胸片检查存在不足，但是与预后无关。

综上：

（1）综合考虑患者临终前症状以及体征，临床考虑重症病毒性脑炎可能性较大，患者咳出大量粉红色的泡沫样痰，考虑为重症脑炎所致的神经性肺水肿，死亡率较高。

（2）病毒性脑炎的临床诊断，主要依据是患者的病史、临床表现，结合辅助检查。治疗主要包括抗病毒治疗，辅以免疫治疗和对症支持治疗。

（3）两家医疗机构存在未及时进行部分相关检查的不足与过错，但是治疗原则是对的。

（4）患者死亡与疾病本身发展以及危重程度有关，两家医疗机构的上述不足与过错与患者的人身损害后果无关。

结论为：两家医疗机构存在过错但是与患者的人身损害并无因果关系。

2. 省医学会的鉴定意见：

（1）因为未做尸体解剖，因此患者的具体死亡原因尚不明确。依据临床表现与病史，专家组综合鉴定为考虑该患者属于病毒感染引起的中枢神经系统急性变态反应性脑炎，该疾病的表现特点是进展快、死亡率高、没有特效药。根据患者的临终前症状以及体征，患者咳出大量粉红色的泡沫样痰，考虑为重症脑炎所致的神经性肺水肿，死亡率极高。患者死亡是因为自身疾病发生。

（2）A 医院与 B 医院在接诊过程中均存在未及时检查等过错，给及早确诊和进一步诊疗带来影响，未能明确疾病性质，在治疗的选择上缺乏针对性和有效性，因此与患者的死亡之间存在一定的因果关系。两所医院共同承担轻微责任。

## 【裁判要旨】

本案以调解方式结案。

## 【办案心得】

在本案中，笔者代理的是患方。就本案的思考如下：

1. 患者尸体没有解剖，死因尚不明确。医方在诊疗过程中可能存在以下问题：第一，在病历的书写上存在严重过错；第二，必要的检查没有做；第三，对患者病情恶化预估不足。

2. 本案经过了省市两级医学会鉴定，省级医学会推翻了市级医学会的鉴定意见。笔者认为，对于此类案件，关键还是需要进行尸体解剖，在明确患者死因的情况下，鉴定才能顺利及早完成。

## 案例二 甲某与A医院医疗损害纠纷

### 【基本案情】

20××年×月×日，甲某因“声音嘶哑、吞咽困难”入住A医院。初步诊断：格林-巴雷综合征可能。入院后，给予改善脑循环，弥可保、维生素$B_1$等治疗。×月×日长期医嘱：思诺思5mg/口服，每晚一次。×月×日03时30分，甲某称胸闷不适，呼吸音粗，立即予气道清理。03时40分，甲某意识丧失，大动脉搏动消失，瞳孔对光反射消失，告病危，行心肺复苏、心电监护抢救。04时05分气管插管，机械通气维持，多巴胺静脉滴注。09时仍昏迷，停用思诺思。11时05分因肢体抽搐，安定微泵维持至今未再出现四肢抽搐、呼吸机抵抗等情况，停用安定。此后甲某昏迷至今。在治疗过程中，多次发生呼吸机停电情况。甲某认为医院在治疗过程中错误用药导致其昏迷，且呼吸机多次停电，加重患者缺氧状态，造成重大伤害。

### 【当事人意见】

1. 患方认为：

（1）患者入院时有酒精肝、轻度呼吸麻痹症状，医方对其使用思诺思安眠药物明显错误。

（2）而后医方又给予了超大剂量的安定，两种药物叠加作用进一步导致患者呼吸动力被严重抑制，致使患者进入深度昏迷状态。

（3）患者停止抽搐后，医方仍加大剂量使用安定，违反该药说明中的适应证及用量规定。

（4）在患者深度昏迷状态下，医方又接连发生多达5次停电事故，每次至少长达五六分钟，甚至更长时间，导致呼吸机停止运转，患者处于严重缺氧状态下，造成患者目前的植物人状态。

2. 医方认为：

医方在诊疗过程中完全遵循诊疗常规，尽到合理诊疗义务，本案例不构成医疗损害。

【鉴定意见】

某市医学会认为：

1. 本例属于对患者人身的医疗损害。

2. A 医院在医疗活动中存在呼吸机故障时应急措施不足的医疗过错，与患者甲某的人身损害结果存在一定的因果关系。

3. 患者甲某不能恢复的昏迷状态的人身医疗损害等级为一级乙等，对应一级伤残。

4. 本例医疗过错对患者甲某人身医疗损害结果的责任程度为轻微责任。

后法院委托某司法鉴定所对甲某医疗损害后休息、营养期限、护理依赖（护理期限、护理等级、护理人数）、医疗依赖进行法医临床鉴定。

鉴定意见：被鉴定人甲某目前处于植物生存状态。休息期为自发病之日起至本次评残日前一日，营养期为自发病之日起至本次评残日前一日，需要终生护理依赖，护理人数为 2 至 3 人。对医疗依赖（药物依赖、鼻饲依赖、康复依赖、护理用品：一次性尿片、一次性尿裤每月配置标准；湿巾、医用手套每月配置用量；防压疮床垫配置标准及更换年限，防压疮坐垫配置标准及更换年限，残疾辅助器具配置标准及更换年限）问题（包括各种康复用品的用量问题），目前无法进行准确判断，宜以实际发生为准。

【裁判要旨】

一审法院判决：

被告赔偿原告甲某医药费、护理费、残疾辅助器具费、住院伙食补助费、营养费、交通费、误工费、残疾赔偿金、律师费、精神损害抚慰金共计×元。

二审法院判决：

驳回上诉，维持原判。

【办案心得】

在本案中，笔者代理的是患方。就本案的思考如下：

1. 本案关键在于在患者深度昏迷状态下，医方接连发生多达 5 次停电事故，每次至少长达五六分钟，甚至更长时间。由于呼吸机停止运转，患者处于严重缺氧状态下，造成患者目前的植物人状态。以现有的技术条件，医方可以通过启动备用电源等手段避免此类事故发生。

2. 医院的后勤管理非常重要，医方应在日常管理中，对相关设备的维护保养、设施更新、应急备用方案等事项给予高度重视。宁可备而不用，不可用而无备。

## 十四、神经外科

### 案例一　甲某与 A 医院医疗损害纠纷

**【基本案情】**

20××年×月×日，患者甲某于家中自感头晕，故×月×日至 A 医院就诊，并被神经外科收治入院。×月×日超声诊断：右侧颈动脉斑块形成。×月×日头 CT 血管造影：大脑动脉环未见异常。×月×日 ECT（发射体层仪）提示：右侧颞叶及右侧顶叶血流灌注降低。医方未考虑患者手术风险大，建议患方做脑血管支架。

×月×日，行“全脑血管造影+支架植入术”，术前告知书中，未详细提及脑梗死以及梗死后出血。根据医方提供的神经介入放射诊疗报告中，手术名称竟然被更改为“全脑血管造影+右侧 MCA（大脑中动脉）取栓”。根据手术记录提示，最初 MCA 显影良好，未见斑块狭窄，但术中发现 MCA 未显影，不排除医方粗暴手术，导致血栓形成。

直至×月×日患者行头 CT，医方才发现右侧颞顶枕叶大面积脑梗死。医方未按诊疗常规采取溶栓抗凝等治疗及时复查头 CT。×月×日头 CT 提示右侧颞顶枕叶出血性脑梗死。

术后患者出现失语、左上下肢均无法活动。×月×日出现便秘，家属反映给床位医生后没得到医方重视。×月×日患者肠道大出血伴休克。

**【当事人意见】**

患方认为：

1. 医方术前未认真评估患者手术风险，手术指征掌握不严，在患者头 CT 提示大脑动脉环未见异常的情况下，仍行全脑血管造影及支架植入术，且术前未告知术后可能脑梗死及梗死后出血的风险。

2. 医方手术操作粗暴，导致患者术中血栓形成致脑梗死，且术后未及时行头 CT，次日才发现脑梗死。后续医方未按照诊疗常规治疗脑梗死，未及时复查头 CT，致术后第八天才发现右侧颞顶枕叶出血性脑梗死。医方误诊误治，致使患者错过最佳治疗时机。

3. ×月×日患者出现便秘，医方未引起重视，致使其 4 天后出现肠道大出血导致休克。

4. ×月×日医方在复查头 CT 报告为出血性脑梗死的情况下，病程记录未记录，继续使用抗血小板、扩血管治疗。

**【鉴定意见】**

20××年×月×日，A 医学会医疗损害鉴定意见书鉴定意见为本例不属于对患者人身的医疗损害。

20××年×月×日，B 医学会医疗损害鉴定意见书鉴定意见：

1. 本例属于对患者人身的医疗损害。

2. 医院在医疗活动中存在支架置入术指征掌握不严的医疗过错，与患者的目前状况存在一定因果关系。

3. 对应七级伤残。

4. 本例医疗损害医方的责任程度为次要责任。

20××年×月×日，司法鉴定被鉴定人因发生医疗损害，需酌情休息、陪护至定残前一日，其间可于 90~120 日内适当补充营养。

**【裁判要旨】**

法院判决如下：

A 医院应于判决生效之日起十日内赔偿甲某医疗费、交通费、住院伙食补助费、营养费、护理费、律师费、残疾赔偿金、精神损害抚慰金、鉴定费共计人民币×元。

**【办案心得】**

在本案中，笔者代理的是患方。就本案的思考如下：

1. 医方应本着对患方负责的态度，严格掌握手术指征。医疗纠纷的诱因较多，例如医患沟通不到位，患者对治疗效果期望值过高、医方对医疗制度执行不到位等，本案主要由于医方对手术指征掌握不严，且术后未采取必要的诊疗手段，责任心和专业上不高所造成。医方对患方的治疗一定要全方位地评估并执行到位，才能治疗好患者。

2. 要合理行使鉴定权利，据理力争，维护自身权益。医学会是两级鉴定制度，其劣势是拉长了诉讼时长，让彼此消磨时间精力和成本，而其优势是能让任何一方有二次鉴定的机会。本案中，A 医学会鉴定结果为不属于对患者的医疗损害，患方合理行使鉴定权利，在第二次鉴定中取得了维护自身权益的结果。

## 案例二　甲某与 A 医院医疗损害纠纷

**【基本案情】**

20××年×月×日，患者甲某因发现颅内动脉瘤入住 A 医院。同年×月×日，患者甲某出现脑梗死，医生表示系血管注入造影剂的推力使心脏栓子进入头部血管所致，给予溶栓处理。之后，原告一直意识不清。同年×月×日，行颅内动脉瘤栓塞术。×月×日，医方让甲某出院康复。目前甲某存在重度智能障碍，计算力、理解力、记忆力严重减退，生活无法自理的情况。

**【当事人意见】**

1. 患方认为：

医方在医疗过程中存在如下过错：

（1）术前准备不足，术前擅自停用药物（高血压、房颤史）；

（2）脑血管造影操作不当，使血栓脱落导致脑梗死；

（3）术后抗感染不及时，气管插管拔管时机存在问题，致使原告病情加重。被告的以上不当行为，与原告目前存在重度智能障碍，计算力、理解力、记忆力严重减退，生活无法自理的情况，有直接因果关系。

2. 医方认为：

（1）被告对原告的诊疗过程符合相关流程和规范；

（2）对于原告出现不良并发症后抢救及时、有效，并予后续治疗；

（3）原告经康复治疗后病情好转（神清、反应略迟缓，轻度认知障碍；肌力基本正常）。

**【鉴定意见】**

根据法院送鉴资料，阅片，现场调查及体检，专家组分析认为：

1. 术前履行告知。医方在行 DSA 全脑血管造影术、颅内血管溶栓取栓术、颅内动脉瘤栓塞术，术前均有相关书面风险告知，家属知情确认。

2. 入院诊疗情况。医方根据患者病史、症状、体征，结合 20××年×月×日外院头部 MRA（磁共振血管造影）检查提示右侧颈内动脉眼段动脉瘤及×月×日医方头部 CTA（计算机体层血管成像）检查结果（右侧颈内动脉眼段前壁动脉瘤 4.9mm×5.7mm），在排除禁忌证后予行全脑血管造影术符合神经外科诊疗常规。患者造影术中发生后循环急性梗死，医方及时进行头部 CT 检查排除出血，后给予 DSA 复查及血管内溶栓治疗，且造影显示动脉血流较前有所改善，予抗凝、控制房颤、抗感染、扩容等对症治疗，患者意识好转。×月×日行颅内动脉瘤栓塞术，手术顺利，患者病情稳定后出院。该患者 DSA 造影术中发生此类急性缺血或斑块脱落情况在目前医学条件下难以完全避免。出现意外情况后医方抢救得当，治疗及时，诊疗行为符合医疗规范。

3. 医方在诊疗过程中存在病史书写不规范的医疗过错，如患者原有高血压、房颤病史多年，但入院诊断中未见高血压、房颤的诊断；患者更换病区后电子医嘱单不连贯，使患方误认为停用了高血压和房颤药物（经现场调查，家属确认患者从×月×日至×月×日每天服用硝苯地平、倍他乐克两药）。但医方此过错与患者术中发生的不良情况及目前认知功能减退、生活无法完全自理的状态无因果关系。

4. 患者目前情况。据现场体检，患者神志清，问之能答，部分混合性失语，认知功能减退，左侧肢体肌力正常，右侧肢体肌力 4 级+，能独立行走。

据此，区医学会作出如下鉴定意见：

1. 本例不属于对患者人身的医疗损害。

2. A 医院在医疗活动中存在病史记录不规范的过错，但此过错与患者术中发生的不良情况及目前认知功能减退、生活无法完全自理的状态无因果关系。

**【裁判要旨】**

法院认为，医疗机构承担赔偿责任是以患者在诊疗活动中受到损害和医疗机构及其医务人员有过错为前提。对于医疗行为的评判，因其具有高度专业性，法院通常以专业机构出具的鉴定意见为依据。区医学会所作的鉴定意见书，系按照鉴定程序所做的专业意见，法院予以采纳。原告要求进行重新鉴定的主张，不符合“鉴定人不具备相应资格、鉴定程序严重违法、鉴定意见明显依据不足、鉴定意见不能作为证据使用的其他情形”的规定，故法院不予采纳。根据鉴定意见，原告在DSA造影术中发生此类急性缺血或斑块脱落情况在目前医学条件下难以完全避免，且被告对原告抢救得当，治疗及时，诊疗行为符合医疗规范。目前亦无其他证据证明被告在诊疗活动中未尽到与当时的医疗水平相应的诊疗义务。故原告要求被告赔偿医疗费和精神损害抚慰金的诉讼请求，缺乏事实和法律依据，法院不予支持。被告存在病史书写不规范的医疗过错，虽与原告的损害结果无关，但客观造成了患方误解而成讼，法院据此确定由被告承担本案的鉴定费。望被告今后引以为戒，杜绝此类过失。

法院判决如下：

原告甲某要求被告A医院医疗费×元、精神损害抚慰金×元的诉讼请求，不予支持。鉴定费×元（原告甲某已预缴），由被告A医院负担。

**【办案心得】**

在本案中，笔者代理的是患方。医方给患者行全脑血管造影术后，导致脑梗，患者失语，司法鉴定认为可能属于医疗损害，医学会鉴定认为是并发症不属于医疗损害，故法院最终认定本案不构成医疗损害。就本案的思考如下：

1. 本案患者出现术后并发症，医方应有积极请示上级医师的临床规范意识。本案如果及时请示了上级医师并邀请相关专科医师会诊，及时发现并发症的可能性将大大增强。

2. 书写病历是临床医生的基本功，本案医生的病史记录不规范，需要引以为戒。患者病历资料在整个医疗活动中是最重要的医学证据，忘记书写就意味着承担举证不能的法律风险和责任，医生要时常提醒自己注意认真书写病历的重要性。

# 十五、肾内科

## 案例　甲某与A医院医疗损害纠纷

### 【基本案情】

20××年×月×日，患者于某医院检查糖类抗原CA199：109.24ng/mL（参考值0~37ng/mL），糖类抗原CA125：188.1ng/mL（参考值0~35ng/mL）。

20××年×月×日患者因1周前体检B超提示肾脏占位至A医院就诊。查体：双肾叩击痛（-）。肾脏CT平扫示双肾大小正常，密度均匀，后腹膜区未见明显肿大淋巴结影。尿常规（未见报告单）示白细胞13.2g/L，细菌232g/L。诊断为尿路感染，予左氧氟沙星口服。

20××年×月×日患者门诊病史记载：B超示左肾中段中等回声区，大小36mm×27mm，建议三级医院就诊。

20××年×月×日，患者因体检发现左肾占位入住B医院。20××年×月×日泌尿系统CTU尿路成像：左肾占位左侧肾盂及上、中盏受压变性。右肾双肾盂部分双输尿管重复畸形。×月×日在全麻下行肾癌根治术（左）。×月×日出院，出院诊断：左肾占位MT（恶性肿瘤）可能，胸腺退化不全。×月×日病理报告示（左肾及左侧肾上腺）肾细胞癌，呈管状乳头状，核级2级，部分细胞呈嗜酸性，小区见坏死，肿块大小5.5cm×5.3cm×4cm需排除XP11.2易位/TFE3基因融合相关性肾癌可能，肾盂、肾周脂肪、肾上腺、输尿管断端及肾门血管切缘均未见肿瘤累及。

20××年×月×日患者于C医院行胸部CT示两肺纹理增多，肝左叶稍低密度灶。×月×日B医院上腹部增强CT示肝左外叶占位，MT可能性大。

20××年×月×日患者于D医院行腹腔镜下左半肝切除术。×月×日病理报告示（左半肝）转移性癌，可见到乳头结构，癌细胞胞质透明，结合其病史，考虑转移性肾细胞癌，免疫结果示TFE-3阳性，不能完全排除MIT家族异位性肾癌。

**【当事人意见】**

1. 患方认为：

（1）医方对于 B 超检查已提示肾脏占位的情况下，未给予 CT 增强检查，导致 CT 平扫检查漏诊肾脏占位，延误病情的诊治。

（2）医方影像片未认真仔细阅片，存在漏诊肾脏占位，报告亦未提示请结合临床及必要时增强 CT 检查，导致患者未得到及时诊治，病情进一步恶化和转移。

2. 医方认为：

（1）医方双肾 CT 报告不存在漏诊，且根据尿常规检查结果考虑尿路感染，给予相应处理，均符合诊疗常规。

（2）早期肾肿瘤体积小，密度差异不明显，在 CT 平扫检查图像上难以辨别，且患者未随访，故医方不存在给患者造成延误诊治的责任。

**【鉴定意见】**

1. 本例属于对患者人身的医疗损害。

2. A 医院存在早期漏诊的医疗过错，与患者病情发展，延误诊断及影响后续治疗的人身损害结果有一定的因果关系。

**【裁判要旨】**

法院判决如下：

1. 被告 A 医院于本判决生效之日起十日内赔偿原告甲某医疗费、误工费、营养费、护理费、住院伙食补助费、交通费，共计×元的 40%，计×元；

2. 被告 A 医院于本判决生效之日起十日内赔偿原告甲某鉴定费、律师费，共计×元。

**【办案心得】**

在本案中，笔者代理的是患方。患者在某医院查到 B 超检查提示肾脏占位的情况下去 A 医院检查，A 医院漏诊肾脏占位，延误病情的诊治。后患者肿瘤转移，病情发展迅速。就本案的思考如下：

1. 医方应勤勉尽责，并结合多个指标对患者的病情进行判断。本案 A 医院即使 CT 平扫未发现患者的左肾外形有异常，也应当结合患者 B 超占位的病史和CA125、CA199检验升高的报告，给予CT增强检查。如果医方能更谨慎，再增加一个检查，患者生命或许能延长。医方应该强化医务人员的责任意识，特别注意加强与患者的信息沟通。

2. 本案第一次在区医学会鉴定后，笔者要求重新鉴定，第二次市医学会终于认可我方意见，认为本例属于对患者人身的医疗损害。

## 十六、手外科

### 案例　甲某与A医院医疗损害纠纷

**【基本案情】**

20××年×月×日，患者甲某因右侧尺骨鹰嘴骨折术后、右侧肘关节僵硬入住A医院手外科，入院查体未见手指感觉障碍。同年×月×日，医方为患者行右侧关节镜下关节清理术+肘关节粘连松解术+内固定取出术。但术中螺丝刀断裂，手术无法进行。术后当晚，患者发现小手指无知觉。同年×月×日，医方为患者行右肘关节内固定取出术+尺神经探查松解术，术后患者小手指仍无知觉。同年×月×日，患者应医方要求出院。后患者因对手术效果不满与医方发生纠纷。而截至起诉时，医方既没有让患者行肌电图检查，也没有提出任何康复或手术治疗方案，致使患者失去最佳康复时期，病情没有任何改善。

**【当事人意见】**

1. 患方认为：

（1）术前术后告知不补充，术前未告知原告手术存在尺神经损伤的风险，术后未及时告知原告尺神经受损的情况；

（2）手术准备不充分，致使第一次手术无法进行，进而造成原告尺神经损伤；

（3）第二次手术失败，原告术后小手指仍然无知觉；

（4）未予肌电图检查、康复治疗，使患者失去了最佳康复时机。

2. 医方认为：

认可患方陈述的在该处就诊的经过，但认为患方损害后果和其医疗行为之间不存在因果关系，不同意患方全部诉请。

**【鉴定意见】**

1. 某区医学会出具的医疗损害鉴定意见分析说明如下：

（1）患者右肘关节骨折内固定术后出现肘关节活动受限（屈 110°、伸 60°）、关节僵直，有手术指征，手术方式正确。医方在患者出现尺神经损伤的表现后予第二次手术行尺神经探查松解并取出内固定，使患者右肘关节活动明显改善。医方的诊治符合骨科诊疗常规。

（2）医方存在告知不全面、术前准备不充分的医疗不足。根据现有送鉴材料，医方在第一次手术知情同意书中有告知“术中损伤神经致功能丧失”等内容，患者知情同意并签字，但医方未围绕关节镜下肘关节松解术容易导致尺神经损伤作重点告知；未告知术中可能无法取出内固定，且取内固定工具准备不够充分。

（3）患者多次骨折、多次手术导致右肘关节骨质增生、异位骨化、瘢痕粘连，增加了尺神经损伤的风险。患者目前右尺神经轻度损伤系自身疾病所致，与医方的上述不足不存在因果关系。

某区医学会出具鉴定意见：

（1）本例不属于对患者人身的医疗损害。

（2）被告医院在医疗活动中存在告知不全面、术前准备不充分的医疗不足，但与患者右尺神经轻度损伤无因果关系。

2. 某市医学会出具的医疗损害鉴定意见分析说明如下：

（1）20××年×月×日患者因右肘关节骨折内固定术后活动受限 18（个）月入院。查体右肱骨内外侧骰各一切口瘢痕，右肘后及尺骨近端皮肤一纵行线性切口瘢痕，右肘关节伸屈活动范围较健侧减少（屈 110°、伸 60°，正常为屈 135°、伸 0°）。诊断右侧尺骨鹰嘴骨折术后、右侧肘关节僵硬，诊断明确，有手术指征，医方手术方案选择正确。×月×日行右侧关节镜下关节清理术+肘关节粘连松解术+内固定取出术，未成功取出内固定。×月×日行右肘关节内固定取出术+尺神经探查松解术，成功取出内固定。根据手术操作记录，未见违反诊疗规范。专家组现场体格检查，患者目前肘关节活动度伸屈范围10°～130°，医方肘关节松解手术治疗有效，诊治符合诊疗常规。

（2）医方的不足：①医方《手术知情同意书》无关于该手术个体化相关内容，未围绕关节镜下肘关节松解术容易致尺神经损伤重点告知，未告知内固定取出困难可能。②入院体格检查记录不详尽。③出院小结诊断未明确记录尺神经损伤。医方存在以上不足，但与目前患者右侧尺神经功能不全障碍无因果关系。

（3）肘部外伤患者，无论保守治疗或手术治疗都易出现肘关节功能障碍、异位骨化或骨化性肌炎等并发症。患者肘关节多次术后神经周围形成瘢痕组织，术中尺神经被激惹，出现或加重尺神经功能不全障碍是手术常见的并发症。

某市医学会出具鉴定意见：

（1）本例不属于对患者人身的医疗损害。

（2）被告医院在医疗活动中存在病史记录不详细，告知欠全面等医疗不足，但与患者右侧尺神经功能不全障碍无因果关系。

**【裁判要旨】**

法院认为，医疗机构承担医疗损害责任，以该机构医疗行为存在过错，且该过错与患者损害后果存在因果关系为要件。本案中，被告的医疗行为经两级医学会分别组织专家进行鉴定，鉴定意见均认为本案不属于对原告人身的医疗损害，被告虽存在一定不足，但与原告右侧尺神经功能不全障碍无因果关系。被告对该结论无异议，原告虽有异议，但并未提供能够证明被告诊疗行为与原告损害结果之间存在因果关系的证据。对此，法院认为，某区医学会和某市医学会鉴定程序合法，鉴定机构及人员有相应资质，鉴定意见内容亦涵盖原、被告双方争议，法院对该两份鉴定意见书予以采纳。关于告知问题，原告主张如若被告术前进行充分告知则不会选择进行手术，法院认为，此系原告基于术后的状况产生的观点，而其现在与术前所处的心理状态、所面临的问题完全不同，且鉴定意见认为，手术具手术指征，方式正确，松解手术治疗有效，使患者右肘关节活动明显改善，故原告关于被告告知不充分、侵犯其选择权的主张并无充足依据，法院对该抗辩不予采纳。但被告术前未能重点告知手术风险、出院小结诊断未明确记录尺神经损伤的不足，系原告对手术结果难以接受、对被告行为难以理解进而产生本次纠纷的重要原因，法院酌情确定本案鉴定费用由被告承担。

法院判决如下：

1. 对于原告甲某的全部诉讼请求，不予支持；

2. 鉴定费×元（原告已预缴），由被告A医院负担。

**【办案心得】**

在本案中，笔者代理的是患方。20××年×月×日，A医院为患方甲某行关节镜下右肘关节内固定取出+肘关节松解术，术后患方手指无知觉。同年×月×日，医方为原告行右肘关节内固定取出术+尺神经探查松解术，术后原告小手指仍无知觉。就本案的思考如下：

1.《民法典》第一千二百一十九条规定：“医务人员在诊疗活动中应当向患者说明病情和医疗措施。需要实施手术、特殊检查、特殊治疗的，医务人员应当及时向患者具体说明医疗风险、替代医疗方案等情况，并取得其明确同意；不能或者不宜向患者说明的，应当向患者的近亲属说明，并取得其明确同意。医务人员未尽到前款义务，造成患者损害的，医疗机构应当承担赔偿责任。”医务人员应根据上述规定履行告知义务。

2. 鉴定存在风险。本案经历了两次鉴定，笔者认为，本案能算医疗损害，但市区两级鉴定机构的鉴定结果均为A医院医疗行为不属于对患者人身的医疗损害。鉴定本身是一种专家意见，尽管会借助病历、影像片等客观材料，但是鉴定依据的规范不会罗列所有的情形，而人的主观意见必然受到多方面因素的影响。这说明在部分情况下鉴定是有风险的，存在不确定性。患方在考虑鉴定或申请重新鉴定时，需要考虑鉴定面临的风险，适时调整诉讼策略。

## 十七、外科

### 案例一　甲某与 A 医院、B 医院医疗损害纠纷

**【基本案情】**

患者患有类风湿关节炎，长期服用免疫抑制剂。20××年×月×日，患者至 A 医院门诊，医生考虑混合痔，仅询问有无传染病史等，即在门诊行混合痔切除术。A 医院未给患者使用抗生素，也未让患者到风湿科门诊、血液科门诊随访。根据患方告知，术后患方每天去医院换药一次，术后高热，一至两周后臀部、大腿内侧、外阴部等处可见多处溃破、小水泡。×月×日到 A 医院门诊，医院考虑患者皮肤感染等情况后安排患者住院。20××年×月×日至×月×日，患者在 A 医院住院。20××年×月×日，患者去 B 医院就诊，情况差，高热，感染，血三系降低。B 医院没有采取积极治疗，没有让患者住院。20××年×月×日凌晨，患者因腹痛经 120 急救入 B 医院，查血糖 2.2mmol/L，血压 90/50mmHg，后患者死亡。

**【当事人意见】**

1. A 医院的医疗行为。

（1）患方认为：

①医方行混合痔术前，未仔细询问病史，检查不到位。术后未使用抗生素预防感染，未嘱风湿科、血液科随访。

②诊断不明确，住院期间抗生素使用不当，未及时会诊及转诊。

（2）医方认为：

①混合痔伴血栓诊断明确，手术有指征。

②术前按门诊手术常规检查，风险告知。术后予换药配合外用抗生素治疗，符合诊疗规范。

③患者术后近 10 天未复诊，其多处皮肤破溃为自身原因所致。

④患者患类风湿关节炎 30 余年，长期规范治疗，于医方就诊时隐瞒病情。住院后，医方对症治疗，病情好转。获知患者类风湿病史后，建议转院治疗。

2. B 医院的医疗行为。

（1）患方认为：

①首次急诊就诊，患者存在高烧、感染、血指标降低的情况，医方未采取积极治疗，未留观、收入院。

②胰腺炎诊断不明确。脓毒血症、感染性休克、代谢性酸中毒未针对有效治疗。抢救措施不力。

（2）医方认为：

①患者首次至医方急诊，医方嘱患者留观，至血液科、风湿科就诊，患者未遵医嘱，自行离院。

②患者入院后查血淀粉酶升高，考虑急性胰腺炎可能。

③医方根据患者病情对症治疗，抢救及时。患者来院至死亡不足 42 小时，死亡为本身病情严重、发展迅速所致，医方医疗行为符合诊疗规范。

**【鉴定意见】**

1. C 医学会关于 A 医院的鉴定意见：

（1）诊断及手术指征。患者因肛周肿块 5 年伴疼痛于×月至 A 医院就诊，医方诊断混合痔明确。行混合痔切除手术有指征。术后予切口换药符合医疗规范。

（2）患者术后 2 周因全身多处疱疹入住 A 医院，医方予抗感染、局部创面消毒、升白细胞等治疗，并向家属告知病情，建议转至上级医院就诊，符合诊疗常规。

（3）患者有类风湿关节炎病史，长期服用免疫制剂，易引起感染及其他脏器损害。患者术后 2 周出现全身疱疹，现无依据表明与手术有因果关系。

（4）医方的不足：患者口服免疫制剂近 30 年，医方术前询问病史不深入，告知不全，但上述不足与患者死亡无直接因果关系。

综上，本例不属于对患者人身的医疗损害。

2. D 医学会对 B 医院的鉴定意见：

（1）患者×月×日 16：45 因混合痔术后至 B 医院，医方考虑消化道溃疡、类风湿关节炎，予抗感染等支持治疗，并嘱急诊留观、风湿科及血液内科就诊，符合诊疗规范。其后患者自行离院，未遵医嘱。

（2）×月×日凌晨1：36患者再次急诊，医方诊断脓毒症休克，代谢性酸中毒，多脏器功能不全，胰腺炎可能，予书面告知病危，实施抗感染、扩充血容量等治疗符合诊疗常规。

（3）医方的不足：第一次急诊时询问病史不深入，对患者患类风湿关节炎、长期服用免疫抑制剂的背景了解不够，未向患者家属充分说明不留观的严重后果，沟通不足，但此不足与患者死亡无因果关系。

（4）患者死亡原因为长期服用免疫抑制剂后免疫力低下，导致感染性休克、多脏器衰竭，与医方医疗行为无因果关系。

**【裁判要旨】**

法院认为，公民享有生命健康权。患者先后至A医院、B医院就诊，由此建立了医疗法律关系。医疗损害赔偿责任的承担，是以医疗行为有无过错以及过错与损害后果之间是否存在因果关系为基本条件。查明医疗机构及其医务人员在医疗活动中，是否存在违反医疗卫生管理法律、行政法规、部门规章和诊疗护理规范、常规等过错造成患者人身损害的行为，应当由医学会予以鉴定。本案的医疗争议经市医学会的鉴定，结论均为本例不属于对患者人身的医疗损害。故原告方要求两被告赔偿各项损失的诉讼请求，缺乏事实和法律依据，法院不予支持。但应当指出的是，被告A医院存在术前询问病史不深入，告知不全的问题，被告B医院存在第一次急诊时询问病史不深入、对患者患类风湿关节炎、长期服用免疫抑制剂的背景了解不够，未向患者家属充分说明不留观的严重后果，沟通不足，两被告的上述不足虽与患者的死亡不存在因果关系，但会导致患者家属产生合理的怀疑，进而引发医患纠纷，故由此产生的鉴定费由两被告承担，并由两被告对原告方进行适当的补偿较为合理，具体的金额由法院考虑本案的实际情况予以酌情确定。

法院判决如下：

1. 驳回原告的诉讼请求；

2. A医院于本判决生效之日起十日内一次性补偿原告×元；

3. B医院于本判决生效之日起十日内一次性补偿原告×元。

【办案心得】

在本案中，笔者代理的是患方。败诉原因还是在于没有尸体解剖明确死因。就本案的思考如下：

1. 患者死因不明会影响鉴定，患方如要诉讼需做好尸体解剖的准备。患者有类风湿关节炎病史，长期服用免疫抑制剂，易引起感染及其他脏器损害。患者门诊行混合痔切除术，术后 2 周出现全身疱疹，因死因无法明确，无依据表明与混合痔手术有因果关系。患者死因不明，在医疗纠纷实务中，往往会影响因果关系的判断，如患方考虑要诉讼，则需考虑尸体解剖这一环节，避免陷入无尸体解剖死因不明的困境。

2. 专业的事情交给专业人士解决。如本案诉讼中，笔者认为，应当着重强调 A 医院的过错，但在实际鉴定时，患者家属执意要亲自陈述，但其描述并不完全。故医疗损害鉴定中，若涉及专业性较强的问题，建议应当由专业人员陈述。

## 案例二　甲某与 A 医院医疗损害纠纷

【基本案情】

患者乙某于 20××年×月出现皮肤、巩膜黄染，黄疸原因不明。20××年×月×日外院血常规提示：白细胞 $4.2\times10^9$/L，中性粒细胞 68%，血红蛋白 93g/L，总胆红素 46μmol/L，结合胆红素 5.9μmol/L，谷丙转氨酶 22U/L。

A 医院于 20××年×月×日收治入院，诊断为黄疸、胆管炎、重度腹腔感染、肺部感染、ARDS（急性呼吸窘迫综合征）、2 型糖尿病。入院查总胆红素 32.1μmol/L，结合胆红素 11.7μmol/L，谷丙转氨酶 17U/L。黄疸不明显，谷丙转氨酶正常。于 20××年×月×日，做乳头口狭窄，EST（内镜下乳头括约肌切开术）、细胞刷检、胆管支架置入术。

术后患者剧烈腹痛、发热，医院查血淀粉酶 173U/L，尿淀粉酶 12029U/L，×月×日做 CT：提示胆管支架术后改变、胆囊增大、囊内密度增高并少量积气，胆囊窝及胰周少量渗出密度影，腹腔内少量积液，两侧胸腔少量积液。×月×日再次复查 CT，提示：两肺下叶感染伴右肺下叶部分不张，双侧少量胸腔积液；胆囊支架术后改变，胆囊增大，囊内密度增高并少量积气，胆囊窝及胰周少量渗出密度影，胰头部增大，腹腔内少量积液。建议增强 CT 进一步检查。×月×日告病危。

×月×日患者转入 B 医院，入院诊断为急性胆管炎、腹膜炎、2 型糖尿病、急性胰腺炎。经转入医院抢救，患者于 20××年×月×日亡故。

**【当事人意见】**

患方认为：

1. 无 ERCP 手术（经内镜逆行胰胆管造影术）指征。

患者黄疸不明显，谷丙转氨酶正常，术前也没有检测血、尿淀粉酶，也没有做 CT 等影像学检查。对黄疸的原因没有做诊断及鉴别诊断，无 ERCP 手术指征。

2. ERCP 术前准备不足。

术前未检测血、尿淀粉酶，也没有做 CT 等影像学检查。不排除已经有胰腺炎可能，不排除有手术禁忌证可能。

3. 没有做 ENBD（内镜下鼻胆管引流术）。

未作 ENBD，引流不畅，加重感染。

4. 未排除急性胰腺炎。

术前未检测血、尿淀粉酶，没做影像学检查，不排除急性胰腺炎，术后又发现血尿淀粉酶升高，但过了两天才去检查 CT，没有采取积极抢救措施，延误时机。

5. 出现失血，重症感染，低蛋白血症症状，未抢救。

大量失血，并有重症感染，低蛋白血症，但被告医院没有采取积极措施抢救患者。

6. 穿刺引流手术不规范。

根据患者家属告知，×月×日，A 医院在普通 B 超室（非无菌状态下）给患者做了穿刺引流术，加重感染。

7. 未及时使用肠内营养。

患者急性胰腺炎，转为重症胰腺炎，但 A 医院方面能量支持不够，低蛋白血症发生及加重，截至×月×日，才使用肠内营养。

8. 未及时告病危。

术后 16 天，即×月×日才告病危。

9. 没有及时转院治疗。

**【鉴定意见】**

无。

**【裁判要旨】**

本案以调解方式结案。

**【办案心得】**

在本案中，笔者代理的是患方。在接触案件时，患者尸体已经被火化，无法通过尸体解剖明确死因。在对患方不利的局面下如何寻求突破，就本案的思考如下：

1. 结合现有材料，回归医学诊疗本身，从中寻找突破口。从手术指征、术前准备、术中操作等各方面对照病史记载与诊疗规范，寻找医方的过错及问题。如本案中，患者黄疸不明显，谷丙转氨酶正常，也没有进行 CT 影像学检查，即进行 ERCP 手术的行为是值得商榷的。

2. 本案在撰写起诉材料时，律师特意就所有的病史材料、影像学材料向普外科的专家进行咨询，由医疗专家根据自身的专业知识、丰富经验来寻找整个病程中的突破点。结合律师的法律专业，对案件的最终结果有一个初步的预判，在此基础上开展调解工作，能够做到心中有数，话中有理，提升调解成功率。本案最终也按照专家当时预判的次要责任达成了调解。

## 案例三　甲某与 A 医院医疗损害纠纷

**【基本案情】**

20××年×月×日，患者甲某因交通事故入 A 医院治疗，当天在全麻下行左侧颅内血肿清除术，去骨瓣减压术。术中左额颞切口长约 15cm，见额骨粉碎骨折，碎骨块约 2cm×5cm，前方达左框壁、额突，可见球后脂肪外溢，额窦、筛窦均开放，以大块骨蜡塑形封闭额底各窦腔。出院诊断“左侧额、颞、顶部头皮血肿；左额骨、眼眶、颅底多发骨折；左侧额颞部硬膜下血肿；蛛网膜下腔出血”。

20××年×月×日再次收治入A医院，20××年×月×日行颅骨修补术，术后以塑形钛网板覆盖于颅骨缺损处，8枚钛钉固定，悬吊假脑膜于钛网上。20××年×月×日出院。

20××年×月×日至20××年×月×日进入B医院住院，出院诊断：化脓性脑膜炎，脑脊液鼻漏，颅内积气。20××年×月×日头颅CT提示左侧额部颅板下方见大量积气。

20××年×月×日至20××年×月×日进入C医院住院，出院诊断：中枢系统感染（定位：脑膜、脑实质；定性：细菌性）、颅骨修补术后。

20××年×月×日至20××年×月×日，患者进入D医院急诊科留观治疗，诊断：中枢系统感染，化脓性感染可能性大，交通性脑积水，症状性癫痫，脑外伤术后。

20××年×月×日至20××年×月×日，仍入住A医院，出院诊断：颅骨修补术后，颅内感染，交通性脑积水，植物生存状态。患者植物人状态出院。

**【当事人意见】**

患方认为：

被告A医院的过错与患者呈植物人状态有因果关系。

1. 用大块骨蜡塑形封闭额底各窦腔。

20××年×月×日，术中左额颞切口长约15cm，见额骨粉碎骨折，碎骨块约2cm×5cm，前方达左框壁、额突，可见球后脂肪外溢，额窦、筛窦均开放。伤口范围比较大，医方以大块骨蜡塑形封闭额底各窦腔，不排除骨蜡不牢靠，容易吸收，造成颅内感染，应当行脑膜重建。

2. 20××年×月×日行颅骨修补术，术后以塑形钛网板覆盖于颅骨缺损处，8枚钛钉固定，悬吊假脑膜于钛网上。不排除钉子钉得太深，入额窦，钛合板钢材大小与伤口不符合，导致颅内感染。

3. 20××年×月×日至20××年×月×日资料记载有误。

首次病程记录记载，入院时头颅CT：左额颞部颅骨缺损。但未见相关CT片及报告。

术后，出院前，未复查头颅CT，未见出院小结，也没有让患者定时随访。

4. 植物人状态，仍让患者出院。

20××年×月×日至20××年×月×日，仍入住A医院，患者已是植物生存状态。医院以治疗必须终结为理由，让处于植物人状态的患者出院。

**【鉴定意见】**

某司法鉴定所法医临床鉴定意见：

1. 被鉴定人甲某20××年×月×日因道路交通事故致颅脑损伤（双侧额叶脑挫裂伤、左侧额颞顶部硬膜下血肿、蛛网膜下腔出血、左侧额骨骨折、颅底骨折伴颅内积气和脑脊液漏、右侧额颞顶部头皮血肿等），诊断成立。患者入住A医院时神志昏迷，双侧瞳孔不等大，已经形成脑疝，病情严重。入院后施行了开颅血肿清除及去骨瓣减压术，根据手术记录，手术操作符合规范，术后神志转清，医方的处理积极、有效。

2. 颅底骨折临床常见，骨折本身无需特殊处理。颅底骨折若累及鼻窦黏膜及颅底的硬膜、蛛网膜，可导致脑脊液漏，常见的是鼻漏和耳漏。被鉴定人甲某伤后右侧外耳道及双侧鼻腔可见血性渗出，影像学检查显示颅内积气，术中见骨折累及鼻窦、额窦、筛窦均开放，硬膜破裂，存在脑脊液漏。脑脊液漏患者蛛网膜下腔与外界沟通，属开放性损伤，称为内开放性骨折，容易导致感染。脑脊液漏口大多能自行愈合，自愈者中，偶有因突然咳嗽、用力引起颅内压骤然升高使漏口重新开放，只有历时4周以上漏口仍未愈合或自愈合后多次复发者，方需考虑手术修补。A医院在为甲某进行开颅血肿清除术时，以大块骨蜡塑形封闭颅底各窦腔，以人工硬膜缝补硬膜，术后应用抗生素预防感染，处理符合规范。20××年×月×日出院时无脑脊液漏及颅内感染征象，疗效满意。

3. 被鉴定人甲某因开颅术后遗留颅骨缺损，于20××年×月×日在A医院施行颅骨修补术。入院时颅骨缺损部位头皮向骨窗内凹陷（颅内压不高），体温正常，外周血白细胞及中性粒细胞百分比正常，无手术禁忌。根据手术记录，手术操作符合规范。术后体温正常，切口愈合良好。20××年×月×日出院时无颅内感染及脑脊液漏情况存在，术后的影像学检查显示植入物塑形、位置良好。

4. 被鉴定人甲某因发热伴意识不清2天，于20××年×月×日入住B医院，脑脊液化验显示白细胞明显升高，含糖量降低，结合影像学检查所见，细菌性颅内感染诊断成立。其后又先后在C医院及D医院治疗，20××年×月×日入住A医院时神志昏迷，给予神经营养剂、抗感染、对症治疗，医方的医疗行为符合规范。20××年×月×日出院时病情稳定，但仍意识不清，呈植物生存状态，为颅内感染后遗症。此外，患者存在脑积水，则与颅内感染以及当初的颅脑损伤、颅内出血导致的组织粘连有关。

5. 细菌性颅内感染是致病菌侵入颅内，并在颅内生长繁殖引起的炎症性病变。颅内感染的病原菌可以来自身体其他部位的感染灶，也可通过开放性颅脑损伤和开颅手术直接种入颅内。即使病原菌侵入颅内，是否发病还与病原菌的毒力以及患者的免疫力等因素有关。虽然外伤和术后颅内感染多发生在48小时至15天之内，但也可在伤后、术后数月发病。被鉴定人甲某的颅内感染发生在颅脑损伤和血肿清除术后一年，颅骨修补术后7个月，自20××年×月×日从A医院出院至20××年×月发生颅内感染期间并无脑脊液漏及反复颅内感染情况存在，虽不能完全排除外源性感染可能，但由于患者有开放性颅脑损伤、脑脊液漏病史，曾经两次施行开颅手术，手术时颅内还置入异物（骨蜡、人造硬膜和钛板），容易导致颅内感染，也应考虑其颅内感染与这些因素的相关性。但前已述及，甲某在A医院两次住院期间的处理符合诊疗规范，即使其颅内感染与颅脑损伤、脑脊液漏有关，亦为其自身病情演变的结果；若与开颅手术有关，则因导致术后感染的因素复杂，属于目前医学科学发展水平所不能防范的不良后果。甲某发生颅内感染后第3次入住A医院期间，医方的处置也符合规范。A医院在甲某的诊疗过程中不存在过错，医方的诊疗行为与甲某目前遗留的神经功能障碍之间无因果关系。

**【裁判要旨】**

本案以调解方式结案。

**【办案心得】**

在本案中，笔者代理的是患方。A医院的过错责任不大，因此很难证明医院的过错与患者的损害结果之间存在因果关系。就本案的思考如下：

1. 律师的专业性能影响案件走向。本案尽管难以证明因果关系，但律师接受委托后仔细研判案件材料和情况，发现鉴定材料在移送过程中存在程序瑕疵，并以此为突破点，反复与A医院沟通，后经过协商达成调解协议。一个专业的医疗律师，在处理医疗纠纷时会采取非常规律师的处理手段，即不单单从法律角度去思考，还会以医学专业的视角看待问题，这样会更了解诉讼、鉴定的程序问题，对医疗纠纷的认知更加深刻。

2. 鉴定程序的完整性、正当性是鉴定公正的前提。鉴定材料直接影响鉴定结果，鉴定程序如果出现瑕疵或违法行为，那会使一方合理质疑整个鉴定结果的公平公正性、真实性，这也是本案能在鉴定意见不利于我方后，又能与医院达成调解的核心因素。

## 案例四　甲某与A医院医疗损害责任纠纷

**【基本案情】**

患者甲某，20××年×月×日因直肠癌收治入A医院，20××年×月×日行直肠癌根治术+末端回肠造口术+阑尾切除术。×月×日出院后化疗。

20××年×月×日再次收治入A医院，于×月×日行回肠造口还纳术+广泛肠粘连松解术。×月×日出院。

第一次术后，患者感觉阴茎勃起障碍，当时还在A医院治疗直肠癌，为维护医患关系，患者未提出异议。

20××年×月×日，患者到A医院门诊，直肠癌术后阴茎无勃起。根据A医院相关医生的要求，20××年×月×日至司法鉴定科学技术研究所司法鉴定中心进行鉴定，检验报告为：阴茎夜间自主性勃起功能严重障碍（平均硬度小于40%，持续时间小于10分钟）。

**【当事人意见】**

1. 患方认为：

（1）医方手术记录中未明确写清分离直肠旁间隙及骶前间隙，电刀离断直肠侧韧带期间，注意保护腹下丛及分支，盆内脏神经，客观上在操作中未能精细操作，直接导致患者术后出现勃起功能严重障碍；

（2）术后病程中未能反映术前告知中相关并发症的临床表现，如术后排便、排尿异常及勃起功能障碍等描述，医方术后观察存在缺陷；

（3）出院小结中医方未能明确告知勃起功能障碍等复诊及治疗情况，医方告知存在缺陷；

（4）患者术后多次门诊随诊，手术医生在门诊记录中均无直肠癌术后是否发生相关并发症的描述，门诊复诊内容简单，未能及时发现患者问题及妥善治疗，直至术后1年行勃起功能测定，延误患者病情，对直肠癌术后直接并发症术后随访存在缺陷；

（5）直肠癌手术方案，在保证根治的情况下，应尽可能保留病人正常生理功能，医方违反诊疗常规，致使患者严重身体损害。

2. 医方认为：

（1）医方对患者整个治疗过程严格遵守直肠癌诊疗常规，肿瘤根治效果满意；

（2）对患者提出的性功能障碍问题，术前已充分告知，性功能障碍是超低位直肠癌根治术后的常见并发症之一；

（3）目前的医疗常规中对直肠癌患者术前的性功能状况没有要求评估，因此对其术前的功能状况无从知晓；20××年×月门诊复查时，患者提出性功能障碍后，医方第一时间告知患者就诊，并进行相应检查和治疗。

**【鉴定意见】**

1. 20××年×月×日患者因“便血5月”住入医方外科病房，入院前行新辅助化疗（奥沙利铂方案，2次）及新辅助放疗（25次），入院诊断：直肠癌，2型糖尿病。于×月×日行直肠癌根治术+末端回肠造口术+阑尾切除术，×月×日出院。×月×日在医方行回肠造口还纳术+广泛肠粘连松解术。20××年×月×日患者至医方就诊，诉直肠癌术后阴茎无勃起。×月×日司法鉴定科学技术研究所司法鉴定中心检验报告：阴茎夜间自主勃起功能严重障碍（平均硬度小于40%，持续时间小于10分钟）。

2. 患者“低位直肠癌（局部进展期）”诊断明确，治疗方案符合诊疗规范，术前行辅助放化疗+低位保肛（直肠癌根治术+末端回肠造口术）。术前告知明确，治疗效果满意，患者恢复良好。

3. 患者有糖尿病史，且术前放化疗，病情较复杂，患者术后出现勃起功能障碍是低位直肠癌治疗难以避免的不良后果。

鉴定意见：

1. 本例不属于对患者甲某人身的医疗损害；

2. A 医院在医疗活动中不存在医疗过错，与患者甲某目前状况无因果关系。

**【裁判要旨】**

本案原告撤诉，以和解方式结案。

**【办案心得】**

在本案中，笔者代理的是患方。患者在行直肠癌根治术+末端回肠造口术+阑尾切除术后，导致阴茎勃起障碍。就本案的思考如下：

1. 律师与患方在诉讼中要及时沟通风险点，双方要建立信任。患者患糖尿病多年，并经过直肠癌手术，如进行医疗损害鉴定，因果关系很难确定，因此鉴定风险很高。此时，作为律师也需要和患方明确潜在的风险，只有双方信任才能形成合力，推动案件积极向前。

2. 诉讼是手段而不是目的，解决纠纷需刚柔并济。尽管本案已经进入诉讼流程，但考虑缓和医患双方的关系，也为了更为妥善地处理双方的争议，最终患方撤诉，与医方和解结案。诉讼不是目的，更不是让医患双方站在对立面剑拔弩张，医疗纠纷的最终目标是解决问题，提高社会稳定性，缓解医患关系，有时候双方各自退让一步，事情就能得以解决。

## 案例五　甲某与 A 医院医疗损害纠纷

**【基本案情】**

20××年×月×日患者因反复右上腹疼痛一年余，加重 1 周入住 A 医院处。诊断：胆囊结石；胆囊炎；梗阻性黄疸。入院后给予保肝、抗感染等治疗。

×月×日上午患者行 ERCP 术（经内镜逆行胰胆管造影术），术中诊断：①ERCP+EST（括约肌切除术）+取石术+ENBD（内镜鼻胆管引流）；②胆总管泥沙样结石。12：45 患者在全麻下行腹腔镜下胆囊切除术。×月×日考虑患者腹腔感染加重或存在胆瘘的可能，请外科会诊后决定手术探查，即转入普外科。15：30 患者在全麻下行剖腹探查、胰腺周围坏死组织清创术。术后予禁食、抗炎、营养、提高免疫等治疗，转 ICU 进一步监护。20××年×月×日上午患者因“坏死性胰腺炎、腹膜后脓肿”在全麻下行胰周脓肿清创引流术+广泛肠粘连松解术。术后诊断：坏死性胰腺炎，腹膜后脓肿。病理：胰周见脂肪组织坏死及出血坏死组织。术后给予异帕米星及甲硝唑抗感染、生长抑素抑制胰酶分泌等治疗。×月×日患者出院。出院诊断：坏死性胰腺炎，胰周脓肿，梗阻性黄疸，ERCP 术后，胆囊结石，胆囊炎，过敏性紫癜。

**【当事人意见】**

患方认为：

1. 患者为胆囊颈结石、胆囊炎，无 ERCP 手术适应证，医方应承担该手术引发的一系列并发症。

2. 患者行 ERCP+LC（腹腔镜胆囊切除术）术前，血淀粉酶已明显升高，医方未予重视，漏诊急性胰腺炎。ERCP 手术又导致患者胰腺严重受损或十二指肠破裂。

3. 医方对患者术后未予仔细观察，未采取合理救治措施，进一步延误病情。×月×日为患者施行手术又失败，20××年×月×日再次施行胰周脓肿清创引流术+广泛肠粘连松解术。

4. 医方在患者未完全恢复的情况下，也未对拔除引流管进行安全评估即进行拔管，导致患者当日发热，后再次行穿刺抽脓手术，重新插管。医方违反了诊疗常规，致使患者出现了严重后果。

**【鉴定意见】**

医方存在以下过错：

1. 行 ERCP 术后应观察有无十二指肠穿孔、胰腺炎等并发症，如发生胰腺炎则应待淀粉酶正常后再行 LC 术。医方同一日先后行 ERCP 术、LC 术易掩盖病情、不利于对并发症的观察，并因手术应激大而增加创伤、加重胰腺炎病情。医方手术方案欠规范，在一定程度上加重了患者胰腺炎病情，与患者后续多次手术存在一定的因果关系。

2. 同一次手术有几份手术记录，医疗书写不规范。

鉴定意见如下：

1. 本例属于对患者人身的医疗损害。

2. 医院在医疗活动中存在同一日行 ERCP 术+LC 术、手术时机欠妥当的医疗过错，与患者病程中胰腺炎进展的人身损害结果存在一定的因果关系。

3. 参照《医疗事故分级标准（试行）》，患者的人身医疗损害等级为四级，不构成伤残等级。

4. 本例医疗损害医方的责任程度为次要责任。

**【裁判要旨】**

法院认为，诊疗活动受到损害，医疗机构及其医务人员存在过错，由医疗机构承担赔偿责任。由于医疗行为具有较强的专业性，故法院确定医院医疗行为是否存在过错及该过错行为与损害后果之间有无因果关系的主要判断依据来自医学专家的鉴定意见。医学会作为有资质的医疗损害鉴定机构在抽取专家组成专家鉴定组时的程序合法，且专家鉴定组成员均在鉴定意见《专家合议书》上签名，故法院对该医学会所出具的鉴定意见予以确认。根据鉴定意见显示，原告与被告之间的医疗争议构成四级医疗事故，不构成伤残，被告承担次要责任。故法院确定被告对原告的损害后果承担30%的赔偿责任。

关于原告可获赔偿的项目和金额问题，法院判决如下：

1. 被告于本判决生效之日起十日内赔偿原告医疗费、误工费、营养费、护理费、住院伙食补助费、交通费，共计×元的30%，计×元；

2. 被告于本判决生效之日起十日内赔偿原告鉴定费×元、律师费×元，共计×元；

3. 驳回原告的其余诉讼请求。

**【办案心得】**

在本案中，笔者代理的是患方。患者因胆囊炎、胆囊结石等行 ERCP 术，后导致坏死性胰腺炎，胰周脓肿等损害结果。就本案的思考如下：

医方应当增强对病历书写的管理规范，避免纠纷。医方病历如存在书写的问题，易引起患方的合理怀疑。手术方案也需多加斟酌，切勿草率。作为医方，应当自省，加强医疗专业的研习，为患者提供优质的医疗服务。

## 案例六　甲某与E医院医疗损害纠纷案

### 【基本案情】

20××年×月×日，患者因“中上腹痛一天”收治入E医院，腹部CT提示：胆囊结石伴积液，胆总管下端结石，伴胆总管及肝内胆管扩张。×月×日在DSA（数字减影血管造影）室行ERCP（经内镜逆行胰胆管造影术）+EST（括约肌切除术）+乳头肌扩张+碎石+取石+ENBD（内镜鼻胆管引流），手术结束后，医生告知家属手术成功，但未出示取出的石头的大小和数量，也未在报告中说取出石头多大。×月×日根据医生要求戴鼻胆管出院。出院诊断为急性胆道感染、胆总管结石、胆囊结石。医生强烈建议并预约患者一个月后回医院做胆囊切除术。在出院单上告知了挂其门诊的时间。患者戴鼻胆管在家一个月，于×月×日应约挂专家门诊，随后根据医生安排于×月×日步行前往并入住医院，经过术前的一系列检查后，于×月×日9：20行腹腔镜胆囊切除术，根据E医院的手术记录中手术者为乙某，但麻醉记录中，手术者是丙某。手术记录提示：“胆囊三角可见明显粘连，见胆囊管直径0.4cm，胆总管直径0.8cm；游离胆囊管和胆囊动脉，见胆囊内有4枚0.5~2.0cm的结石，出血100mL。”

整个手术未见放置引流管记录。但医院长期医嘱单×月×日10：51有胃肠减压1日qd（腹腔引流）。

外科引流记录表中，×月×日有腹腔引流液120mL的记录。同时发现有两份外科引流记录表，页数都为1，一份是从×月×日记载，一份是从×月×日开始记载。×月×日12时患者送入病房，第二天即×月×日12：00患者在肚脐以上乳房以下部位出现瘙痒、轻微红斑且按压微痛的迹象，患者家属请丁某查看，丁某看后说“术后正常反应，等待观察”。未做进一步检查及处理。13：00患者由轻微瘙痒转为恶心、呕吐黄色液体，腹部剧烈疼痛，丁某说“术后从未出现此种症状，再等待看看”。14：00–15：00患者恶心、呕吐症状进一步加重，伴随大量黄色、棕色液体，腹部及伤口处出现剧烈疼痛，医院只以简单的止吐剂、止痛针的方式治疗。在腹部红斑不断扩大，家属再三恳求下，医生于16：00左右于1病床进行就地的伤口检查及表皮开刀，在发现表皮伤口未破裂的情况下，医生又做出“是在内部出血，应进行腹腔开刀的诊断”。

20××年×月×日，医方考虑失血性休克可能，由乙某、戊某行腹腔探查术，但麻醉记录上手术者仅为戊某。手术记录为“皮下脂肪层呈紫红色，水肿明显，少量淡血性渗液，腹腔内少许淡血性积液，约100mL；右腹腔放置引流管一根，右下腹戳孔引出”。长期医嘱单记载，×月×日 20：55 右腹引流管一根接袋。

根据患方陈述，医生走出手术室时告诉家属，腹腔内没有出血，红斑是来自一种“神秘的、从未见过的细菌”，且病人手术中出现心脏停止跳动现象，被送入重症监护病房抢救。重症监护室的医生提出以抗生素杀菌结合输入血浆、蛋白质的方式控制感染，并提出因细菌培养需要很长时间，且相关医生已经下班回家，为了争取时间，建议进行手术取样检查。在获得病人家属同意后，医生实施上述检查，结果指出入侵的细菌为较为常见的大肠杆菌，并非其提出“从未见过的细菌”。

×月×日凌晨三点，值班医生指出病人与细菌搏斗中，情况不容乐观，但此时医生离开重症监护室，说“我孩子一个人在家，这没我的事了，细菌控制只能由重症监护室的医生处理”。×月×日上午，医生在家属的再三要求下，向H医院感染科医生发出会诊邀请，并一再强调，邀请的费用要家属支付，但直至中午专家也没有来。中午11：00，医生宣告治疗失败，让家属进入重症监护室探视。虽然医方说仍在全力抢救，但家属发现患者身上所有管线已被全部拔去，全身肿胀。

医方的死亡诊断为：多脏器功能衰竭、感染性休克、慢性胆囊炎、胆囊结石、ERCP+ENBD后，心肌梗死后。

**【当事人意见】**

患方认为：

1. 程序方面。

（1）涉嫌伪造麻醉记录：根据医院病历记载，×月×日 9：20 行腹腔镜胆囊切除术，手术记录中手术者为乙某，但麻醉记录中，手术者竟然是丙某。×月×日行腹腔探查术，手术者为乙某和戊某，但麻醉记录上手术者仅为戊某，医方涉嫌伪造×月×日、×月×日的麻醉记录。

（2）涉嫌伪造长期医嘱单及外科引流记录表：×月×日的手术记录未见引流管记录。但医院长期医嘱单×月×日 10：51 竟然看到胃肠减压 1 日 qd（腹腔引流）。外科引流记录表中，×月×日竟然有腹腔引流液 120mL 的记录。同时发现有两份外科引流记录表，页数都为 1，一份是从×月×日开始记载，一份是从×月×日开始记载。×月×日手术记录记载“右腹腔放置引流管一根，右下腹戳孔引出”。同时长期医嘱单记载，×月×日 20：55 右腹引流管一根接袋。从上述资料可以看出，不排除医方伪造×月×日的长期医嘱单以及外科引流记录表，为了掩盖未放置腹腔引流管导致的重大过失。

2. 实体方面。

（1）×月×日手术取石不成功：×月×日患者在被告医院 ERCP（经内镜逆行胰胆管造影术）+EST（括约肌切除术），×月×日戴鼻胆管出院。出院诊断为急性胆道感染、胆总管结石、胆囊结石。但取石不成功，导致患者戴鼻胆管出院，并只能按照医生要求于×月×日再次住院进行胆囊切除手术，最后酿成悲剧。

（2）×月×日术后没有放置引流管：胆囊切除手术，尤其胆囊三角粘连，术中出血约 100mL，需常规放置引流管，但医方×月×日术后未放置引流管，导致患者病情加重，感染、出血，致患者死亡。

（3）×月×日手术错误：医院的死亡诊断是感染性休克，既然是感染性休克，为何×月×日行腹腔探查术，在手术中患者呼吸心跳停止，加速患者死亡。

（4）感染及感染性休克：这是二类切口手术，相对清洁创口，如切口有感染，说明被告医院手术室无菌控制存在问题，以及二次术后抗感染治疗不到位。进入监护室后患者输注大量血浆、白蛋白等血制品，说明患者在整个病程中，大量消耗营养物质及凝血因子，导致病情进展迅速，直到出现不良后果。

（5）失血性休克：患者输注大量血浆等血制品，说明患者大量出血，不排除医方两次手术导致患者大量出血并致死亡。

（6）胆漏：医方没有及时放置引流管，无法检测患者胆漏等情况，导致患者病情加重死亡。

综上所述，患者因胆囊结石，到 A 医院行一个简单的胆囊切除手术，术前身体一切正常，虽然戴了一个月的鼻胆管（根据医生要求），仍能步行前往医院。但因为被告医院一系列医疗损害行为，导致患者死亡。

**【鉴定意见】**

本案经历两级医学会鉴定：

1. 某区医学会鉴定意见

（1）医院根据患者症状、体征、影像资料、判断患者属于“胆道感染、胆总管结石，胆囊结石”诊断明确，手术方式符合诊疗规范。

（2）医方进行的二次行腹腔镜胆囊切除手术有手术指征，符合临床诊疗规范。

（3）患者在腹腔镜下胆囊切除术后出现腹部淡红色紫斑、扩展迅速，医院不能在完全排除出血性休克的情况下剖腹探查有指征，使用多巴胺等抗休克治疗，均符合诊疗规范。

（4）气单细菌坏死筋膜炎，发病急骤，病情进展迅速，病死率高，医院的行为存在不足，在病情告知和沟通方面不够详尽。但是上述不足与患者死亡之间不存在关系，结论为本案例不属于医疗损害纠纷。

2. 某市医学会鉴定意见

根据送鉴资料，专家组分析认为：

（1）手术指征：根据入院时患者症状、体征及辅助检查，医方诊断“慢性胆囊炎，胆囊结石，ERCP+ENBD 后，心肌梗死后”正确，ERCP 处理胆管结石后分期行腹腔镜胆囊切除术，符合医疗规范。×月×日患者出现自腹腔镜操作孔向周边扩散的腹壁红斑，后出现休克，超声虽未见出血征象，外科术后不明原因的休克进行剖腹探查不违规，可通过手术明确是否有出血，并取得组织培养。

（2）医方在诊疗过程中存在以下过错：对少见感染认识不足，患者手术操作孔周边出现红肿热痛，医方对感染性休克考虑不足，抗感染治疗欠佳，至×月×日才调整为美罗培南，在一定程度上延误了抗感染治疗。医方的过错与患者重症感染、多器官功能衰竭死亡有一定的因果关系。

（3）病情演变：综合患者所有临床资料，组织块细菌染色见单胞菌，考虑为坏死性筋膜炎。该患者胆囊切除后发生坏死性筋膜炎，此为临床较少见的严重感染，进展迅速，即使及时应用抗感染治疗，仍有较高的致死率。重症感染，感染性休克是导致患者死亡的主要原因。

某市医学会鉴定意见：

（1）本例属于对患者人身的医疗损害。

（2）E 医院在医疗活动中存在对感染性休克认识不足的医疗过错，与患者死亡的人身损害结果存在一定的因果关系。

（3）参照《医疗事故分级标准（试行）》，患者死亡的人身医疗损害等级为一级甲等。

（4）本例医疗损害医方的责任程度为次要责任。

**【裁判要旨】**

法院认为，公民享有生命健康权。由于过错侵害他人生命健康权的，应当承担民事责任。参照本案中的鉴定意见，法院认为被告的行为已经构成侵权，应当承担一定的民事赔偿责任。但是考虑到患者在胆囊切除后发生坏死性筋膜炎，此为临床较少的严重感染，即使及时应用抗感染治疗，仍旧存在较高的致死率。感染性休克是致死的主要原因，以及鉴定意见确定的意见为次要责任，因此确认被告的责任程度为30%。

法院判决如下：

被告于本判决生效之日十天内赔偿原告医疗费用人民币×元、死亡赔偿金×元、丧葬费人民币×元、交通费人民币×元、住宿费×元、精神损害抚慰金×元、律师费×元。

**【办案心得】**

在本案中，笔者代理的是患方。患者为老年人，行胆囊术后，心脏停搏，最终死于感染性休克。就本案的思考如下：

1. 医方应加强对少见感染的认识。本案医方的手术治疗方式符合诊疗规范，但没有认识到患者胆囊切除后发生坏死性筋膜炎，此为临床较少见的严重感染，即使积极予以抗感染治疗，仍旧存在较高的致死率。尽管如此，医方也应该不断提升医生的专业能力，对少见的感染加深认识。

2. 两级鉴定意见不同时的采用标准。《医疗事故技术鉴定暂行办法》第四十一条规定："县级以上地方人民政府卫生行政部门对发生医疗事故的医疗机构和医务人员进行行政处理时，应当以最后的医疗事故技术鉴定结论作为处理依据。"根据该条规定，在行政责任上，两级医疗事故技术鉴定意见不同时，以再次鉴定的结论为准。法院在碰到鉴定意见不同时，在实务中也可能是参考第二次鉴定来判决。在医疗案件中，二次鉴定推翻首次鉴定的情况很少见，本案先由某区医学会鉴定不属于医疗损害。在不利条件下，后经某市医学会鉴定为人身医疗损害等级为一级甲等，医方为次要责任。本案经历了两次鉴定，某市医学会推翻了某区医学会的鉴定意见。

## 案例七　甲某与A医院、B医院医疗损害纠纷

**【基本案情】**

20××年×月×日，患者甲某体检发现右侧甲状腺结节。20××年×月×日，通过在线网站支付150元，咨询A医院的乙医生。该医生让患者到A医院找丙医生做甲状腺超声。×月×日A医院的B超提示：右侧甲状腺下极结节性病灶伴密集钙化，考虑肿瘤可能性大，建议细胞学检查或手术。×月×日患者再次通过在线网站支付150元，咨询A医院的乙医生，并提供其超声结果。患者原拟至C医院手术，但根据患者陈述，A医院的乙医生知道后，让患者去B医院手术。患者提出疑问，为什么要在B医院进行手术，乙医生表示，因甲状腺手术的并发症主要是喉返神经损伤，只有B医院和D医院有喉返神经探测仪，喉返神经探测仪非常重要，C医院并无这个设备，故立刻安排B医院床位，且表示他会亲自做这个手术。

20××年×月×日B医院的门诊记录：收治入院。B医院的住院病案首页记录：门诊医生为丁医生；第1次入院病历提示：患者为求手术治疗来我院就诊，门急诊拟"甲状腺占位"收入我科。×月×日患者在B医院行"右侧甲状腺癌根治+左侧甲状腺全切术"，患者陈述手术者为A医院的乙医生，手术记录显示手术者为B医院的戊医生、丁医生，麻醉记录提示手术者为戊医生、助手丁医生。病理检查报告提示："右侧甲状腺乳头状癌（微小癌），伴桥本氏病；淋巴结2个，1个有乳头状癌转移；左侧甲状腺桥本氏病，未见癌浸润；右中央组淋巴结5个，其中2个有乳头状癌转移。"×月×日术前血钙、

血磷、T3（三碘甲状原氨酸）、T4（甲状腺素）、TSH（促甲状腺激素）属于正常范围。×月×日出院。

患者术后即发现自己手足发麻，并有抽搐，多次到外院门诊就诊，20××年×月×日血钙偏低 1.95mmol/L；×月×日血钙进一步降低为 1.91mmol/L，血磷升高 1.69mmol/L，促甲状腺素降低为 0.143mU/L，甲旁激素相关肽降低为 0.36；×月×日血清甲状腺球蛋白<0.1mg/L；×月×日全段甲状旁腺激素降低为 3.0pg/mL；20××年×月×日甲状旁腺素降低为 0.38pmol/L，血钙 2.09mmol/L，血磷 1.68mmol/L，促甲状腺素 0.01mU/L，甲状腺球蛋白 0.32mg/L；20××年×月×日甲状腺球蛋白 0.63mg/L，促甲状腺素 0.053mU/L，血钙 1.83mmol/L，血磷 1.59mmol/L；诊断为甲状腺术后，致甲状旁腺功能减退，低钙高磷血症，需要长期服用罗盖全、钙尔奇等药物。

患者因疾病不堪痛苦，于 20××年×月×日至 A 医院看乙医生的特需专家门诊，乙医生开具了彩色多普勒超声，但在门诊记录上未写一字。据患者反映，乙医生在很多患者就诊时，都不在门诊记录本上书写病历。

**【当事人意见】**

患方认为：

1. B 医院临时医嘱单、长期医嘱单未签名。

B 医院临时医嘱单、长期医嘱单未见医生、护士签名，不排除其伪造医嘱单重要证据可能性。

2. A 医院乙医生参与手术的事实被掩盖。

原告通过在线网站，咨询 A 医院的乙医生。原告反映该医生让其到 B 医院手术，并亲自手术。根据在线网站的相关记录，发现 A 医院的乙医生多次推荐患者去 B 医院，并亲自手术，并且详细描述了手术团队医生的名称，分别是乙医生、戊医生、丁医生等人，除乙医生外，其余人员与原告手术记录上医生名字一致。

20××年×月×日 B 医院的门诊记录，仅寥寥数字“收治入院”。入院之前，原告没有在 B 医院做过任何检查，B 医院就收治入院了。B 医院的手术记录、麻醉记录，没有发现 A 医院乙医生的名字。

综上，患方高度怀疑 B 医院的手术记录、麻醉记录造假，掩盖 A 医院乙医生，未经正常程序到B医院手术的事实。

3. 手术及病理问题。

患者术前甲状旁腺、血钙等指标正常，术后甲状旁腺功能减退，低钙高磷血症，需要长期服用罗盖全、钙尔奇等药物。说明医院在手术时，误伤了患者的甲状旁腺。

综上，患方认为，因两被告的共同侵权行为导致患者甲状旁腺功能减退，低钙高磷血症，需要长期服用药物。

**【鉴定意见】**

无。

**【裁判要旨】**

本案以调解方式结案。

**【办案心得】**

在本案中，笔者代理的是患方。就本案的思考如下：

乙医生在A医院注册执业，通过在线网站又在B医院执业，可能存在非法行医、多点执业等问题。医生多点执业是有一定的条件要求和限制的，且最多只能有三个执业地点，因此如果不符合多点执业的要求，医师执业行为则不规范。

## 案例八　甲某与A医院医疗损害纠纷

**【基本案情】**

原告甲某既往乳腺癌病史：左侧原发性乳腺癌，发病时间20××年×月×日。病理：浸润性导管癌，治疗情况：于20××年×月×日在甲医院行改良根治术，术后在甲医院行EC×6方案化疗，口服瑞宁得内分泌治疗。患者甲某20××年×月在甲医院行超声示：右侧腋窝皮下见24mm×12mm高回声区，边界不清。后患者于20××年×月在甲医院行右腋下肿块切除术，术后病理为右腋窝浸润性小叶癌，周围可见少量原位癌成分，考虑为原发性。

20××年×月×日患者入住A医院乳腺外科，诊断：右乳癌（腋尾部或副乳起源）。20××年×月×日超声提示：1. 右乳腺退化不全，未见明确占位（BI-RADS〔乳腺钼靶诊断的分级〕：0，请结合临床）2. 两侧锁骨上，两侧腋下，肝脏，脾脏，胆囊，胰腺，两侧肾脏，两侧肾上腺未见明显占位。

20××年×月×日全麻下行：右侧乳腺癌改良根治术。20××年×月×日患者出院。出院诊断：右乳癌（腋尾部或副乳起源）。

20××年×月×日临床病理诊断报告书示：

组织学类型：乳腺组织充分取材（28块）均未见肯定恶性成分，结合会诊报告，符合为原发于（右腋窝）的浸润性癌。

乳头：（-）皮肤：（-）基底：（-）

其余象限乳腺组织内上象限：（-）内下象限：（-）外上象限：（-）外下象限：（-）

淋巴结转移情况：腋窝（0/16）（转移数/淋巴结总数）未见癌转移。分组：腋下淋巴结（0/14）、第2群淋巴结（0/2）。

## 【当事人意见】

1. 患方认为：

（1）20××年×月×日被告医院门诊病历不完整，无明确体格检查。

（2）术前告知应明确让患者知晓右腋窝肿块病理为浸润性小叶癌，有较为特殊的生物学性状（多灶性，多中心性），保乳术后复发率高，而术前告知书格式化，相应重要告知无法体现，患者没有知情同意权及选择方案权利，故患者术后不能理解。

（3）入院查体记载，患者陈旧性手术瘢痕长约6cm，与事实不符合，不排除接诊医生没有查体。

（4）×月×日术前误诊为右乳隐匿性小叶癌，术前没有化疗。×月×日行右侧乳腺癌改良根治术。病理提示：乳腺组织经过充分取材，均未见肯定恶性成分。腋窝淋巴结均未见癌转移。因误诊，切除了完好的右乳及完好的淋巴结。

（5）患者陈述，手术瘢痕左右两边，两个肉团缝合进去，致患者疼痛难忍，现患者诉骨头疼痛，右肩胛及手背疼痛不能活动。

2. 医方认为：

患者并非右乳隐匿性乳腺癌，患者肿块病理非常明确：右腋窝浸润性小叶癌，周围可见少量原位癌成分，考虑为原发性，ER（雌激素受体）-，PR（孕激素受体）-，HER2（人类表皮成长因子受体-2）-0只有乳腺才有小叶结构，所以患者是位于乳房腋尾部或副乳起源的浸润性小叶癌，处理同常规浸润性小叶癌。

对患者而言全乳切除和保留乳房都是可选的，但病理是小叶癌，常表现多中心和双侧性（事实上患者双乳已先后得癌），不仅如此，分子分型是三阴性；此外，保乳后须放疗，患者高龄可能引起较多放疗并发症。以上因素提示：患者保乳后局部复发风险较高，保乳不是优先选择。因此全乳切除是合理的选择。

我院对患者的诊疗过程符合诊疗常规，故本医疗事件不构成对患者人身的医疗损害。

**【鉴定意见】**

1. 本例不属于对患者人身的医疗损害。

2. 根据患者的症状、体征及相关检查（20××年×月在B医院行右腋下肿块切除术，术后肿瘤医院病理会诊示：右腋窝浸润性小叶癌，周围可见少量原位癌成分，考虑为原发性），医方病理诊断“腋尾部或副乳起源的右乳癌”，位于腋窝处的源于腋尾部或副乳的恶性肿瘤，常规应行乳腺癌改良根治术，具有手术指征，采取的治疗方式符合诊疗常规。

3. 根据现有资料显示，患方已签署授权委托书（委托其女儿），在之后的诊疗过程中医方对手术方式及可能产生的并发症已进行告知，已由被授权人（其女儿）签字同意。

4. 医方病历书写中关于“陈旧性瘢痕6cm”的描述与实际情况不符，存在不足，但不影响本病治疗。

**【裁判要旨】**

本案以调解方式结案。

**【办案心得】**

在本案中，笔者代理的是患方。本案代理风险较大，患者是先在法院起诉后才找律师介入。由于缺少专业的案情预判及策略沟通，本案最终未能实现患者期待的最优结果。就本案的思考如下：

1. 结合现有材料，回归医学诊疗本身。患者病情主要属于手术及化疗后的并发症，经鉴定并不属于医疗事故。虽医方存在部分细节问题，但在鉴定机构认定来看并不属于对患者人身的医疗损害。这样的鉴定结果让患者在诉讼层面寻求医方赔偿的可能性微乎其微。

2. 专业的问题交给专业本身。由于患者在本案前期没有寻求律师帮助，而是在起诉后才委托律师介入，故缺乏律师及背后医疗团队前期专业预判及策略分析。在没有专业意见的支撑下贸然提起诉讼，错失了提前与医院谈判调解寻求赔偿的良好时机。

## 案例九　甲某、乙某与 A 医院医疗损害纠纷

### 【基本案情】

20××年×月，患者开始间断出现腹部隐痛，20××年×月起，患者腹痛难忍，夜不能眠，×月×日入住 A 医院，×月×日行“大网膜及回盲部肿块切除+肠粘连松解+回结肠吻合术”，术前告知未见肠系膜血管栓塞等。

术后第二天，×月×日出现高热，引流管的颜色呈红色；×月×日，引流量逐渐增多，颜色深，而且患者仍感腹痛。患者根据医嘱进食流质，进食后随即呕吐，医方未作处理。×月×日早上发现引流管中液体量极多，呈暗黑色，仍未行 CT、超声等相关检查。第二次术前，医方没有告知患者家属实际病情情况，没有说明实际手术风险，也没有转上级医院。

×月×日行“小肠部分切除+小肠造瘘术”。20××年×月×日出院。出院后，患者进食流质则呕吐，20××年×月×日再次入住 A 医院。20××年×月×日出现抽搐、休克症状，病情加重。医方让患者转院，并手写了一份病情说明，患方才得知患者小肠大部分被切除，仅剩下肠段总计约几十公分。A 医院的出院诊断为，短肠综合征、低钠血症、低钾血症、大网膜及回盲部肿块切除、肠粘连松解、回结肠吻合术后、小肠部分切除、小肠造瘘术后。20××年×月×日，前往 B 医院，因病情危重，普通病房无法收治，只能在急诊室留观治疗，该医院的诊断为短肠综合征。患者因无法入住病房，只能返回家中。20××年×月×日再次入住 A 医院，诊断为短肠综合征，电解质紊乱。20××年×月×日患者死亡。

**【当事人意见】**

1. 患方认为：

医方的医疗行为与患者死亡有直接因果关系。

（1）患者死亡原因与短肠综合征有直接因果关系，患者第二次术后出现电解质紊乱，抽搐，感染等一系列临床表现均与短肠综合征直接相关，最终死亡。

（2）第二次手术导致短肠综合征，与患者第二次手术切除绝大部分小肠肠管密切相关，第二次术中未发现吻合口瘘，发现距屈氏韧带30cm及距回结肠吻合（手术记录描述回盲部，前次手术已切除，描述欠准确）40cm间小肠坏死，予以全部切除，并行远端肠管闭合，近端造瘘，造成患者仅有30cm小肠肠管。如术中能行小肠吻合后将吻合口脱出造瘘，在术后未见并发症予以回纳，这样后期患者至少有70cm小肠可用（满足1cm小肠/kg基本要求），患者后期出现短肠综合征等严重并发症的可能性就相应减小。

（3）第一次术后处理问题，患者于20××年×月×日因腹痛腹胀3周余再次入院，完善腹部CT等后在×月×日行“大网膜及回盲部肿块切除+肠粘连松解+回结肠吻合术”，病理证实大网膜间质瘤（高危型）及回盲部纤维结缔组织蜂窝织炎，切缘慢性炎症，术后出现高热，血常规WBC（白细胞计数）及中性粒细胞明显升高（WBC41.2×$10^9$/L，N93.3%），低蛋白血症，引流液恶臭，予以依替米星及头孢他啶抗感染，直至×日调整为亚胺培南抗感染。

医方医疗行为的缺陷如下：

（1）营养支持不够：患者高热，腹胀，低蛋白血症，术后能量消耗极大，未及时置深静脉行TPN（全胃肠外营养）治疗，对能量补充不够。

（2）未及时行血培养及引流液细菌学培养，调整用药。

（3）发现感染表现及引流液异常，未及时行腹部CT检查，D-D二聚体、降钙素原等化验，对术后肠系膜血管栓塞症状与体征及临床表现认识不足，第二次术前未及时行肠系膜血管CT检查，再次手术不及时。

（4）患者既往无瓣膜心脏疾病、心律失常等高危因素，第一次术后短期内发生肠系膜血管栓塞，考虑手术中回结肠吻合发生肠扭转或肠系膜关闭不严致腹内疝引起可能性大，故患者发生肠系膜血管栓塞与×月×日手术直接相关。

（5）两次术前告知问题、第二次术后病情告知情况。第一次术前没有告知肠系膜栓塞问题，第二次术前没有对患者病情详细告知；第二次术后病情危重，也没有详细告知家属。综上所述，因为A医院一系列医疗损害行为，导致患者死亡。

2. 医方认为：

（1）患者因肿瘤复发、腹痛进行性加重入院，有剖腹探查指征，医方对患者的诊疗符合诊疗指南及操作技术规范。

（2）患方认为被告手术导致患者肠系膜血栓形成和短肠综合征的说法没有依据。

（3）患方拒绝采取积极支持治疗措施，应自行承担责任。

（4）患方现有证据不能证明医院存在过错及与患者死亡有因果关系，医方不应承担责任。

**【鉴定意见】**

1. 本例属于对患者人身的医疗损害。

2. A医院在医疗活动中存在过错，与患者的死亡后果之间存在因果关系，原因力大小为次要因素。由于未能对死者进行尸检，其确切的病理死因无法明确，医方的过错对其短肠综合征的发生及之后病情的发展变化具有一定的参与作用。患者自身肿瘤等疾病的发展及家属放弃治疗系丙某死亡的主要因素。

**【裁判要旨】**

法院认为，本案中原、被告医患纠纷发生后，本次医疗事件经送司法鉴定所鉴定，司法鉴定所作出《司法鉴定意见书》，鉴定程序合法，该鉴定机构具备法定的鉴定资质，鉴定意见与本案基本案情相符，鉴定意见为：A医院的诊疗行为存在过错，与患者丙某的死亡后果之间存在因果关系，原因力大小为次要因素。对于被告在医疗行为中的过错与患者的人身损害后果之间是否存在因果关系，其原因力大小，《司法鉴定意见书》中已经作出了分析说明。在鉴定过程中司法鉴定所已对被告存在的过错进行了明确，且原告亦未向本庭提供被告还存在其他过错的证据。事实上本案患者在医院抢救过程中，由于原告的原因，转至上级医院治疗中途放弃了对患者的抢救治疗，并在患者死亡后又放弃了对患者进行尸检以查明原因，导致目前患者确切病理死亡原因无法明确，根据本案医疗损害后果中的责任程度、原因力大小、过错程度、医疗损害后果与原告及死者自身原因，法院认定被告应当承担本案原告损失30%的赔偿责任。根据《中华人民共和国侵权责任法》《最高人民法院关于审理人身损害案件适用法律若干问题的解释》《最高人民法院关于确定民事侵权精神损害赔偿责任若干问题的解释》的相关规定，法院对原告在本次医疗损害中所造成的损失作如下认定：

1. 原告主张医疗费×元，原告提供了被告医院药费票据3份共×元，B医院收费票据14份，共计×元，上述合计×元系为治疗本案丙某所涉病症的费用，法院应予确认。

2. 丧葬费，根据20××年度×省职工年平均工资×元计算六个月，应为×元。

3. 死亡赔偿金，本案所涉患者丙某，19××年×月×日出生，于20××年×月×日去世，生前系×市×厂职工，原告提供有双方签订的合同、工资发放的银行存折等予以证明，故赔偿时应参照城镇居民的赔偿标准予以赔偿，根据上一年度20××年度×省城镇居民人均可支配收入×元计算二十年，死亡赔偿金为×元。

4. 护理期，是指人体损伤后，在医疗或者功能康复期间生活不能自理，需要他人帮助的时间。原告于20××年×月×日至20××年×月×日，20××年×月×日至20××年×月×日住院共×天，一人护理，每天100元，护理费应为×元。20××年×月×日至20××年×月×日在B医院住院×天，护理费应为200元。后于20××年×月×日至20××年×月×日在被告处住院×天，护理费应为×元，上述合计×元。

5. 营养费，考虑丙某病情的实际情况，住院期间需要另行增加补充必需的营养物质，原告住院共109天，按每天×元计算，为×元（营养期，是指人体损伤后，需要补充必需的营养物质，以提高治疗质量或者加速损伤康复的时间）。

6. 住院伙食补助费，考虑丙某的病情的实际情况，原告住院共107天，按每天×元计算，住院伙食补助费为×元。

7. 交通费，考虑丙某20××年×月×日至20××年×月×日转至B医院治疗及陪护人员实际发生一定的费用，以及参加医学鉴定等实际情况确需交通费，法院予以确认×元。

8. 律师费，原告该主张不在人身损害赔偿范围内，故对该费用法院不予支持。

9. 鉴定费，本案原告为医疗损害鉴定用去×元，有鉴定机构出具的正式票据予以证明，该费用法院予以确认。

以上 1 至 9 项合计×元，被告应赔偿×元。

10. 精神损害抚慰金，原告主张了×元，死者丙某生前在被告处治疗后死亡，给原告的精神上造成一定的损害，根据本地实际生活水平以及本案被告在该案中的侵权程度，法院予以支持×元。

法院判决如下：

1. 被告医院于本判决发生法律效力之日起十日内赔偿原告方死亡赔偿金、丧葬费、交通费、食宿费、护理费、住院伙食补助费、营养费、医疗费、鉴定费共计×元；

2. 被告医院于本判决发生法律效力之日起十日内赔偿原告方精神损害抚慰金×元；

3. 驳回原告方的其他诉讼请求。

**【办案心得】**

在本案中，笔者代理的是患方。本案患方拒绝尸检，查明患者的死因着实困难。在体恤患方心情，尊重患方意愿的前提下，就本案的思考如下：

1. 医生在面对患方时，要在患方可接受的方式范围内，尽可能地为患者提供更好的医疗技术。

2. 虽未能通过尸检了解患者死因，但专业的医疗律师团队结合既往专业经验及患者病例，对患者的病例案情进行分析推理，通过了解诊疗各环节的细节信息，逐个拆解出医方的过错和失责行为，为后续诉讼中争取患方最大权益提供了强有力的论据支持。

## 案例十　甲某与 A 医院医疗损害纠纷

**【基本案情】**

20××年×月×日患者因 DVR（二尖瓣+主动脉瓣置换术）术后，发现心脏杂音 2 日收入 A 医院心外科。患者 4 年前曾在 A 医院行 DVR 术，二尖瓣替换为 25#Sorin 机械瓣，主动脉瓣替换 19#StJudeRegrent 机械瓣。入院前（×月×日）心超示二尖瓣+主动脉瓣置换术后，颈主动脉瓣口收缩期血流速度增快，约4.3m/s，跨瓣压差约76mmHg。轻度主动脉瓣关闭不全，请结合其他检查；轻度三尖瓣关闭不全，EF（左室射血分数）63%。入院后予以控制心率，利尿，改善内环境等对症治疗。20××年×月×日签署手术治疗知情同意书后于次日全麻体循环下行Redo-AVR（瓣环扩大术），术中探查原机械瓣，增生纤维组织嵌入瓣叶缝圈以及中央轴，导致瓣膜启闭受限，决定切除原人工机械瓣，向无冠瓣中点方向延长主动脉壁切口直至二尖瓣根部，见人工二尖瓣缝圈亦有增生纤维组织，经左房切口探查二尖瓣，切除增生组织，测试人工机械瓣开闭良好。切除原人工主动脉瓣，替换植入21号Edwards人工生物主动脉瓣，取自体心包补片作主动脉瓣瓣环扩大。术后给予维持内环境稳定等对症支持治疗。20××年×月×日患者神清，精神可，心率80次/分，未及明显心脏杂音，未及心包摩擦音，停门冬氨酸钾镁静滴，转回普通病房。20××年×月×日心超示二次主动脉瓣置换术后，尖瓣置换术后，轻中度三尖瓣关闭不全。EF70%。20××年×月×日心电监护示心率50次/分，三度房室传导阻滞。20××年×月×日心脏内科会诊示存在永久起搏器植入指征。于20××年×月×日磁导航室局麻下行永久性起搏器植入术。术顺，患者安返病房。20××年×月×日22：30记录：患者21：30左右诉气急，无法平卧，伴左下肢水肿，予吸氧，药物平喘，利尿等治疗后症状有所缓解。20××年×月×日7：34患者气促较前加重，端坐呼吸，不能平卧，考虑患者心衰可能大，转至监护室，并予以米力农强心，呋塞米静推利尿，抗感染等对症治疗。20××年×月×日11：12记录患者晨起进食后突发意识模糊，牙关紧闭，予以急插管，呼吸机辅助通气，加大肾上腺素剂量、纠酸等治疗。患者循环难以维持，于23：12自动出院。出院诊断心脏术后（DVR术后，Redo-AVR术后）、心脏术后心功能衰竭、主动脉狭窄、非感染性多器官功能障碍综合征。

20××年×月×日患者在家中死亡。死亡原因：二尖瓣和三尖瓣的心瓣膜疾病。

**【当事人意见】**

1. 患方认为：

（1）患者因风湿性心脏瓣膜病入院行主动脉瓣及二尖瓣置换术，医方术中操作不仔细，损伤传导束和生物主动脉瓣，且术后 2 日予以门冬氨酸钾镁静滴治疗，导致患者术后出现主动脉瓣中度关闭不全及三度房室传导阻滞，并于×月×日行植入心脏起搏器手术。

（2）×月×日 17：30 患者出现呼吸困难，且逐步加重，多次呼救。但医方直至 23：19 时才有医生来床边观察病情，并仅给予爱全乐喷雾剂止喘。×月×日凌晨医方才将患者转入监护室进行抢救。医方的拖延使患者丧失抢救时机。

（3）医方抢救不力，未重视患者酸碱平衡紊乱，乳酸增高等休克早期症状，未及时给予气管插管，镇静等措施，致使患者病情加重死亡。

（4）医方术前告知不全，对手术风险意识不足。

2. 医方认为：

（1）患者原有风湿性心脏瓣膜病，曾行主动脉瓣及二尖瓣置换术，入院后经相关检查明确为人工主动脉瓣失效造成主动脉瓣中度狭窄，医方行主动脉瓣置换术符合诊疗常规，后因患者存在三度房室传导阻滞行永久起搏器植入术，术后病情稳定，手术效果明显。

（2）×月×日夜间患者出现胸闷，气促，无法平卧等不适，医方根据其病情变化积极给予相应处理。后患者心功能急剧恶化，家属要求放弃后续治疗，自动出院。医方抢救过程无不妥。

**【鉴定意见】**

1. 诊断和手术指征：根据患者症状（有风湿性心瓣膜病史；曾行二尖瓣及主动脉瓣置换术；发现心脏杂音 2 日）；入院体征（心率 74 次/分，律齐，主动脉瓣听诊区可及 3/6 级收缩期杂音）及辅助检查（×月×日心超示颈主动脉瓣口收缩期血流速度增快，约 4. 3m/s，跨瓣压差约 76mmHg。轻度主动脉瓣关闭不全，轻度三尖瓣关闭不全，左室射血分数 63%），医方术前诊断“心脏瓣膜置换术后，主动脉瓣狭窄，心功能Ⅱ级”合理，予体外循环下行主动脉瓣置换术（瓣环拓宽）有手术指征，手术方案恰当。术前医方对手术必要性有书面告知，患方签字同意手术。

2. 术后处理：心脏术后医方予以维持内环境稳定等对症支持治疗，术后早期恢复可。在去除心脏临时起搏器后患者出现心率变慢，系术后心律失常，与门冬氨酸钾镁的应用无关，医方予以永久起搏器植入术，符合诊疗规范。

3. 死亡原因：患者死亡原因符合术后低心排，引起肾衰，酸中毒等，最终导致多器官功能衰竭。

4. 医方存在对患者病情变化评估不足的欠缺。×月×日患者出现气急，无法平卧等病情变化，医方虽给予止喘喷雾剂、利尿等相关处置，但未给予血气分析，胸片等检查，不能排除后期出现多器官功能衰竭与之有一定因果关系。但患者原有风湿性心瓣膜病，病情进展迅速，术后低心排与患者自身疾病严重，二次心脏手术风险增大等因素有关，故医方承担轻微责任。

结论：

1. 本例属于对患者人身的医疗损害。

2. 医院在医疗活动中存在对患者病情变化评估不足的医疗过错，与患者死亡的人身损害结果存在一定因果关系。

3. 参照《医疗事故分级标准（试行）》，患者人身医疗损害等级为一级甲等，无对应伤残等级。

4. 本例医疗损害医方的责任程度为轻微责任。

## 【裁判要旨】

法院认为，鉴于医疗技术的复杂性、医疗行为的专业性等特性，医疗纠纷中医疗单位有无过错以及医疗行为与损害结果之间的因果关系均应借助专业、权威的机构进行鉴定。根据市医学会出具的医疗损害鉴定意见书，本例医疗损害医方的责任程度为轻微责任，故A医院应承担相应的民事责任，责任程度法院酌定为10%。

法院判决如下：

被告A医院在本判决生效之日起十日内赔偿原告医疗费、死亡赔偿金、丧葬费、精神损害抚慰金、律师费、交通费、鉴定费等共计人民币×元。

## 【办案心得】

在本案中，笔者代理的是患方。患者入A医院后行主动脉瓣置换术，再行永久起搏器植入术，最终患者心功能急剧恶化导致死亡。就本案的思考如下：

1. 医方存在对患者病情变化评估不足的欠缺。×月×日患者出现气急，无法平卧等病情变化，医方虽给予止喘喷雾剂、利尿等相关处置，但未给予血气分析、胸片等检查，不能排除后期出现多器官功能衰竭与之有一定因果关系。特别是危急时刻，患者找不到床位医生，而医院管理应该是第一位的。

2. 要注意鉴定机构的选择。医疗事故鉴定意见是确定医疗纠纷赔偿的核心依据，医疗事故鉴定是处理医疗纠纷最重要的环节，绝大部分医疗案件，如果确定为医疗事故或在医疗行为中医疗机构有过错，患者就能够获得赔偿，反之患者就很难获得赔偿。笔者建议鉴定机构首选本地省会城市最专业最权威的机构，这样可以兼顾专业性和鉴定费用，次选临近省会城市的最专业最权威的机构。

## 案例十一　甲某、乙某、丙某与 A 医院医疗损害纠纷

### 【基本案情】

20××年×月×日患者在 A 医院行全麻下“胃癌根治性全胃切除+右侧 D-J 管（输尿管支架管）置入术”，后多次到该医院化疗。20××年×月×日至×月×日，在该医院第三次住院化疗，医方在临时医嘱单记录，“依诺肝素 4000u/qd，皮下注射，10 支”，但病程记录以及出院小结，均未记载低分子肝素使用情况，并且未告知实验室指标复查事项。20××年×月×日起，根据医嘱患者连续使用低分子肝素至 20××年×月×日。

20××年×月×日 8：08，患者为拔除 D-J 管收治入院。入院时血压 121/73mmHg，病程记录显示入院时医方已告知患者使用低分子肝素治疗，但术前小结、术前讨论中未提及。根据医嘱单，术前未行血小板及凝血指标检查。20××年×月×日 11：18 手术结束。根据医嘱单，手术结束后，×月×日 11：39，患者恶心呕吐，使用昂丹司琼针，此时才紧急查血五分类、肝肾功能等，但仍未查凝血指标。

12：30 患者昏迷，测血压 160/80mmHg。头颅 CTA（计算机体层血管成像）示脑室出血（双侧脑室第三第四脑室出血、脑室铸型）、梗阻性脑积水，未见脑血管畸形、烟雾病、颅内肿瘤、动脉闭塞等异常。神经外科会诊，考虑门诊行低分子肝素抗凝 8 天。15：15 患者行颅内血肿清除术+双侧脑室外引流术。

20××年×月×日才查凝血指标全套，提示，部分凝血活酶时间、纤维蛋白原降解产物等异常。不排除大出血后的高凝状态。医方病程记录也认为颅内出血量极大。

危重病人讨论以及死亡病人讨论中，多次提到使用低分子肝素。

20××年×月×日患者死亡，死亡诊断：脑室出血（双侧脑室第三第四脑室出血、脑室铸型）、肝素治疗后。

**【当事人意见】**

患方认为：

1. 使用低分子肝素指征问题：

患者为肿瘤术后化疗患者，凝血指标有异常，医方没有仔细评估试验结果，使用“依诺肝素 4000u/qd，皮下注射”，共用 9 天。且病程记录未记载为何使用低分子肝素，出院小结未显示低分子肝素使用情况及复查要求。

2. 20××年×月×日拔 D-J 管前的问题：

（1）依诺肝素药品说明书中，注明有出血风险。但术前 7 天内，未停用抗凝药物。

（2）患者连续使用低分子肝素 9 天，病史中也未能详细询问患者抗凝治疗情况，术前未能进行相关术前检查，尤其血凝全套这一重要指标，加之手术应激反应，导致患者术后脑室出血。

3. 20××年×月×日拔 D-J 管后的问题：

（1）头颅 CTA 示脑室出血，未见脑血管畸形、烟雾病、颅内肿瘤、动脉闭塞等异常，考虑出血原因与持续使用低分子肝素存在一定相关性。

（2）患者既往无高血压病史，入院时血压 121/73mmHg，拔除 D-J 管后 20××年×月×日 11：40 患者出现头晕恶心呕吐，随即出现昏迷，不排除低分子肝素使用后，拔管应激导致出血。

（3）神经外科会诊意见，提到门诊行低分子肝素抗凝 9 天；危重病人讨论以及死亡病人讨论中，也多次提到使用低分子肝素抗凝，且注明 20××年×月×日开始的低分子肝素治疗，是导致脑室出血的原因。医方神经外科丙医生，填写的居民死亡意见书中，注明直接死亡原因为脑室出血，医方已书面承认。

综上所述，因为被告医院一系列医疗损害行为，导致患者死亡。

**【鉴定意见】**

无。

**【裁判要旨】**

本案以调解方式结案。

**【办案心得】**

在本案中，笔者代理的是患方。本案患者是胃癌晚期且年龄偏大，坚持走诉讼做鉴定的话，患方失败的概率会很大。经过专业医疗律师团队的综合分析，以调解方式结案会更有利于为患方争取最大权益。就本案的思考如下：

1. 当事人对于申请医疗损害鉴定应该慎重。在医疗损害鉴定意见出具之后，启动重新鉴定程序是非常困难的，只有在鉴定人不具备相应资格、鉴定程序严重违法、鉴定意见明显依据不足等情形下，才会准许重新鉴定。所以这就要求当事人对于申请医疗损害鉴定更加谨慎，如果对鉴定结果的成功没有很大把握或预估大概率会失败的话，以调解结案求得一定赔偿会是最好的方式。

2. 本案律师团队及背后的医疗团队，通过分析患者相关病历实情，在尽可能找到医方不当行为的突破点之外，也对案件的结果有了大概的预判。本案由于鉴定意见极大可能对患方不利，律师建议寻求调解结案而不拘泥于诉讼途径，可以帮患方争取到最大的利益。

## 案例十二　乙某与 A 医院医疗损害纠纷

**【基本案情】**

20××年×月×日患者因腹腔积液 3 周至 A 医院门诊检查，PET（正电子发射体层仪）/CT 示腹盆腔肠系膜略增厚，腹盆腔大量积液、左侧胸腔积液。同年×月×日，患者入住该院消化内科，入院诊断：多发性结肠息肉、腹水、糜烂性胃炎，其中入院记录记载 20××年×月×日，患者曾因腹胀加重至外院检查，CA125（糖类抗原 125）示 357. 8U/mL（参考值 0~35U/mL），胃镜示浅表性胃炎伴糜烂。肠镜示结肠多发息肉，行息肉部分摘除术+部分高频电切术+钛夹置入术。术后病理示管状腺瘤伴低级别上皮内瘤变、增生性息肉、绒毛状腺瘤伴低级别上皮肉瘤变。腹部CT见腹腔内大量积液。×月×日腹水化验考虑为渗出液。×月×日上腹部MRI（磁共振成像）示腹腔积液，上腹部肠管内聚、网膜增厚，考虑恶性腹水可能性大。×月×日行腹腔穿刺，引流出1000mL深黄色腹水。×月×日引流出腹水850mL。腹水检查结果提示为渗出液，未见明确肿瘤细胞。×月×日引流出黄色混浊腹水约800mL。×月×日B医院出具腹水涂片病理示见个别异型细胞，疑恶性。×月×日B医院出具腹水涂片病理未见肿瘤细胞。住院期间患者发热，经抗感染治疗后热退。×月×日患者在全麻下行腹腔镜探查术，于脐孔下缘做切口建立气腹时出现困难，建立气腹成功后腹腔镜检查发现腹腔肠管与腹壁广泛粘连，无法建立操作空间，扩大脐孔，取腹膜及网膜疑似肿块组织3块送病理检查。

术后患者出现发热，体温38℃，最高38.8℃，腹部伤口有渗液，外科会诊予以腹腔镜伤口加强缝线。×月×日血白细胞$17.39\times10^4$（参考值3.5~$9.5\times10^7$/L），中性粒细胞93.9%（40%~75%）；C-反应蛋白285.4mg/L（参考值0~3mg/L）；行腹部平片示肠道局部扩张伴明显液平，肠梗阻可能，两侧膈下未见游离气体影。患者腹腔镜探查术切口渗液明显，普外科会诊认为暂无须缝合术切口，建议棉垫、腹带加压包扎。给予禁食、支持、美罗培南抗感染等处理。×月×日手术病理见小肠壁组织，低分化腺癌。当日给予胃肠减压。×月×日腹腔镜探查术切口渗液明显，为黄绿色渗出液，换药时见腹膨隆，切口周围红肿，较多黄绿色渗液从切口渗出。腹部平片未见异常。当日16：45外科会诊，查体：脐孔见黄绿色中量液体渗出伴气泡，拆线后引流通畅，余腹未及压痛与肌卫。外科考虑肠瘘，因术中探查腹腔广泛粘连，考虑感染局限，暂予18F导管置入引流，观察腹部体征及全身情况，必要时手术探查。患者仍反复发热。

×月×日行颈内静脉置管术，×月×日给予肠外营养。×月×日仍有腹水渗出，因考虑引流管堵塞，普外科会诊予以更换粗引流管、负压吸引、持续24小时冲洗引流管。现美罗培南及左氧氟沙星抗感染。×月×日体温最高39℃。×月×日加用奥硝唑抗感染，芒硝腹部外敷。×月×日血培养示真菌阳性，加用氟康唑。×月×日予泰能。×月×日11：57患者神倦，呼吸稍促，仍有发热，查体：两肺呼吸音粗，两肺底可闻及湿啰音，继续抗感染、祛痰、护胃、对症支持治疗。血培养回报白色念珠菌生长，继续氟康唑抗感染。当日19：00患者突发意识模糊，血压、氧饱和度测不出，双下肺满布干湿啰音，予心电监护、鼻导管吸氧，氧饱和度50%左右，故改BIPAP呼吸机辅助通气，患者意识较前好转，血压110/70mmHg，氧饱和度85%～88%，存在呼吸衰竭、血流感染、腹腔感染、肠瘘、双肺炎症、胸腔积液，告病危。

×月×日凌晨患者血氧饱和度下降，呼吸科会诊后建议气管插管机械通气，家属商议后放弃该治疗。10：53患者病情进一步加重，查体：意识不清、呼之不应，心率50次/分，点头样呼吸，血压、氧饱和度测不出，立即予胸外按压等抢救治疗。11：29宣告临床死亡。死亡诊断：呼吸衰竭、心功能不全、恶性肿瘤晚期、肺部感染、腹水、腹腔镜探查术后、多发结肠息肉、糜烂性胃炎。

20××年×月×日司鉴所尸检报告：患者为恶性胃肠道肿瘤（晚期）基础上，行腹腔镜检查后肠穿孔，继发弥漫性腹膜炎及多器官感染致多器官功能衰竭死亡。

**【当事人意见】**

1. 患方认为：

（1）肠镜术前医方告知不全，未提及消化道穿孔并发症。

（2）医方腹腔镜探查手术不当，造成患者肠穿孔、肠瘘乃至腹腔感染。内外科在对患者病情的衔接上未重视，耽误诊治。

（3）医方术后观察病情不力，病程记录中均未提到消化道穿孔的可能，×月×日腹腔置管未放置双腔引流管，漏诊肠瘘，治疗不合理，患者出现明显酸中毒症状未及时手术，导致患者发生MODS（多器官功能障碍综合征）而死亡。尸检证明肠穿孔、重症感染死亡。

2. 医方认为：

（1）术前知情同意书已向患方提及根据术中情况决定手术方式，以及因肿瘤浸润损伤邻近脏器风险，不存在告知不全。

（2）手术按照正规方式开放式进腹，不存在违规操作，患者因腹水原因不明行腹腔镜探查手术，本身属于疑难高风险病例。

（3）患者为消化道肿瘤晚期，腹水、营养不良、恶病质消耗，导致术后并发小肠瘘，最后多器官功能不全而死亡。

**【鉴定意见】**

专家综合分析后认为：

1. 初步诊治：患者因腹腔积液入院，经 CT、胃肠镜、PET/CT 等检查未能明确诊断，肿瘤标志物明显升高，数次腹腔引流液检查仅一次腹水涂片病示见个别异型细胞，疑恶性。为明确诊断，行腹腔镜检查术有适应证。术前医方对手术可能的风险（如损伤周围组织和邻近脏器）和并发症（如感染、肠梗阻等）有书面告知，患方签字同意手术。

2. 术后处理：患者腹腔镜检查术后反复发热，医方行血常规、血培养、腹部平片等检查，外科会诊后建议棉垫、腹带加压包扎，给予禁食、支持、抗感染等处理。×月×日予 18F 导管置入，后更换引流管。患者发生脓毒血症、肺部感染、呼吸衰竭，给予呼吸科会诊、机械通气，调整抗感染治疗。以上处理不违规。

3. 存在过错：医方对患者腹腔广泛粘连造成的探查困难估计不足，行组织活检的风险相对增大。术后患者反复发热，虽积极引流，感染未能控制。肠瘘处理的方式有手术及非手术治疗，医方仅采取非手术治疗，未向患方告知可采取手术治疗肠瘘的方案，对肠瘘并发症的处置和告知有欠缺。医方的过错与患者生存期缩短存在一定的因果关系。

4. 患者经尸检示胃、小肠、结肠壁肌层及浆膜层以及肠系膜组织低分化腺癌，部分为印戒细胞，证实为恶性胃肠道肿瘤（晚期）基础上，行腹腔镜检查后肠穿孔，继发弥漫性腹膜炎及多器官感染致多器官功能衰竭死亡。患者肠瘘的原因考虑与手术、恶性肿瘤、腹腔感染有关，发生肠瘘后即使行手术修复，围术期风险也相当大，预后不良。恶性肿瘤晚期是导致患者死亡的主要原因。

鉴定意见为：

1. 本例属于对患者人身的医疗损害。

2. A 医院在医疗活动中存在手术操作不谨慎的医疗过错，与患者甲某死亡的人身损害存在因果关系。

3. 参照《医疗事故分级标准（试行）》，患者的人身医疗损害等级为一级甲等。

4. 本例医疗损害医方的责任程度为次要责任。

**【裁判要旨】**

法院认为，公民的生命健康权受法律保护。医疗机构在对患者实施诊疗过程中存在过错，且其过错与患者的损害后果之间存在因果关系的，应承担医疗损害侵权赔偿责任。在医疗损害争议案件中，涉及医疗机构是否存在过错、医疗过错与患者的损害后果之间是否存在因果关系以及相应的因果关系程度，专业性均较强，而医学会医疗损害鉴定意见，是具有医学专业知识及大量临床实践经验的鉴定专家依照法定程序所作出，具有较强的证明力，在无其他证据足以证明其鉴定意见存在明显错误的情况下，法院应依此作为认定医疗机构是否构成侵权赔偿责任的主要依据。案涉医疗争议业经两级医学会进行了医疗损害鉴定，鉴定意见均明确了被告的医疗损害责任，原被告对×市医学会鉴定意见均无异议，故法院予以确认，被告应对患者的医疗损害后果承担侵权赔偿责任。鉴定意见明确被告承担次要责任，双方对此予以确认，故综合鉴定分析意见所明确的医方责任及其与患者死亡之间的因果关系，法院酌定被告就原告方各项损失承担30%赔偿责任。

A 医院支出的司法鉴定费，均系为明晰其是否存在医疗损害责任所支出，现根据医疗损害鉴定意见 A 医院确存在医疗损害责任，故应由医方予以承担，法院在诉讼费用项下予以处理。

法院判决如下：

A 医院应于本判决生效之日起十日内赔偿原告×元。

**【办案心得】**

在本案中，笔者代理的是患方。就本案的思考如下：

本案是在患者死后较长时间才进行尸体解剖，是有一定的风险的。

关于尸体解剖的问题，《医疗纠纷预防和处理条例》第二十六条第一款规定："患者死亡，医患双方对死因有异议的，应当在患者死亡后 48 小时内进行尸检；具备尸体冻存条件的，可以延长至 7 日……不同意或者拖延尸检，超过规定时间，影响对死因判定的，由不同意或者拖延的一方承担责任。”是否对尸体进行解剖对于大部分家庭来说是一件需要慎重思考的事情。这个问题可以在适当询问专业人员后再做决定，使其不对诉讼或者调解产生重大影响。

本案中外科医生到消化科为病人做肠镜，内外科在对患者病情的衔接上未重视。×月×日腹腔置管未放置双腔引流管，漏诊肠瘘，病程记录模糊不清，未提到消化道穿孔的可能，医方术后观察病情不力，延误了治疗。鉴定意见认为医方的过错一定程度上导致患者生存期减少，但导致患者死亡的主要原因是恶性肿瘤晚期。本案中原被告认可尸体解剖的结论，经过两级鉴定确定医方的责任程度为次要责任。

法院的判决是会参考尸体解剖、鉴定意见的，所以前期应当注重尸体解剖和鉴定，特别是在医疗损害鉴定意见出具之后，启动重新鉴定程序是非常困难的，只有在鉴定人不具备相应资格、鉴定程序严重违法、鉴定意见明显依据不足等情形下，才会准许重新鉴定。这就要求当事人对于申请医疗损害鉴定更加谨慎，尤其应重视鉴定程序中的听证陈述环节以及专家辅助人制度的运用。

## 案例十三　甲某与A医院医疗损害纠纷

### 【基本案情】

患者甲某，20××年×月×日在某体检中心体检，甲状腺超声检查：甲状腺左叶结节（多发）伴钙化，当日下午患者即去A医院检查。诊断：甲状腺左叶多发小结节，最大直径约5.1mm×1.9mm。随访。医方超声描述：甲状腺左侧叶内见数个低回声团，最大直径约5.1mm×4.9mm，边界清，形态规则，未见明显血流信号，部分内可见数枚点状强回声，余甲状腺实质回声分布均匀，血流分布未见明显异常。提示：甲状腺左侧结节，建议细针穿刺活检。患者立刻问医生，何时做细针穿刺。医生并没有给患者解释什么是细针穿刺，只解释了一些有关于甲状腺构造之类的医学上的知识。医生告知患者如果结节长得比较大，才需要手术切掉，让患者回家少吃点海带、紫菜等海产品，然后就让患者回家了。

20××年×月×日患者因体重两年间下降 6kg 再次至 A 医院就诊，发现甲状腺结节近 2 年，处理：双侧甲状腺结节细针穿刺。其间医方询问患者 20××年是否曾经就诊检查过，表示病历上面写着让患者做穿刺。患者表示当时的医生说没事就让其回家了，并没有开具穿刺相关的单据。

20××年×月×日患者在 A 医院行超声引导下双侧甲状腺结节+左侧颈部淋巴结细针穿刺活检术。

20××年×月×日细胞学诊断：〔双侧甲状腺〕：滤泡上皮细胞排列成片状、乳头状，核大、可见核沟及核内包涵体，倾向乳头状癌。(左侧淋巴结)：见红细胞、大量淋巴细胞。患者无法接受，询问医生，被告知两年前未做穿刺错过了最佳治疗时机。

20××年×月×日患者在 C 医学中心拟行超声引导下甲状腺结节穿刺活检联合微波消融术。术中发现无法将左侧甲状腺偏峡部结节与气管分开，消融无法进行，仅施行了穿刺活检。细胞病理学诊断意见（B 医院）：左颈部提示淋巴结甲状腺乳头状癌转移。气管前提示：淋巴结甲状腺乳头状癌转移。

20××年×月×日患者在 B 医院行甲状腺癌根治术。术中探查见：双侧甲状腺未见明显结节，气管前未见明显肿大淋巴结，中央组可见数个肿大淋巴结。病理诊断：（左甲状腺）乳头状微癌，3 灶，瘤体直径分别为 0.2cm、0.3cm 和 0.7cm。(右甲状腺）乳头状微癌，瘤体直径 0.2cm。(前淋巴结)：气管前淋巴结 1 枚见癌转移。

**【当事人意见】**

1. 患方认为：

（1）20××年×月×日病史记录不完整，诊疗过程缺乏严谨性，延误患者治疗。患者 20××年×月×日常规体检 B 超发现：甲状腺左叶多发结节伴钙化灶。建议医院进一步检查随访，患者来 A 医院进一步诊治。

①病史缺陷：

a. 病史记录中无查体内容。

b. 病史中无疾病诊断名称。医院再次 B 超检查：甲状腺左叶多发结节，最大直径约 5.1mm×4.9mm，部分内见点状强回声，建议细针穿刺检查，病史中就诊医生未能详细研读报告正文内容（部分内见点状强回声），故无疾病诊断名称。

②处理意见不严谨规范，告知不详细，直接导致患者甲状腺癌进一步进展，治疗延误。

病史中仅有随访，随访多久一次，未进一步检查，如甲状腺激素水平，甲状腺肿瘤标志物（如甲状腺球蛋白，球蛋白抗体等肿瘤标志物），甲状腺 CT，B 超导引下细针穿刺等有效检查，与患者甲状腺癌进展，治疗延误有直接因果关系。

（2）20××年×月×日 A 医院的 B 超诊断不规范。

B 超提示甲状腺左叶多发结节，最大直径约 5. 1mm×4. 9mm，部分内见点状强回声，应进一步 RADS（肺结节）分级评估结节情况，附上 RADS 评级表格，RADS 评级对治疗有重要指导意义。

（3）20××年×月×日 A 医院的病理报告遗漏淋巴结转移。

20××年×月×日 A 医院病理提示：左侧淋巴结见红细胞、大量淋巴细胞。但 20××年×月×日，A 医院病理提示：左颈部淋巴结甲状腺乳头状癌转移，气管前淋巴结甲状腺乳头状癌转移。A 医院的病理报告遗漏淋巴结转移。

2. 医方认为：

（1）患者门诊病史记录完善，诊断明确。20××年×月×日的超声检查虽未实行 B 超分级诊断，但已提出建议细针穿刺活检，符合诊疗规范要求。

（2）细针穿刺抽吸取材受到多种因素影响，病理结果阴性并不代表一定是阴性，超声穿刺报告有注明。并将淋巴结洗脱液甲状腺球蛋白测定值为 45. 79ng/mL，提示有甲状腺乳头状癌淋巴结转移可能并告知患者，履行了告知义务。

（3）患者两年后病情的进展，是患者贻误就医导致，与医方的诊疗过程不存在因果关系。

**【鉴定意见】**

20××年×月×日患者首次就诊，诉体检甲状腺结节灶。甲状腺 B 超。诊断：甲状腺多发小结节，最大直径约 5. 1mm×4. 9mm。20××年×月×日医方就诊，甲状腺结节近 2 年。20××年×月×日患者在 A 医院行超声引导下双侧甲状腺结节+左侧颈部淋巴结细针穿刺活检术。20××年×月×日细胞学诊断：双侧甲状腺乳头状癌。

依据法院送鉴材料，专家组分析认为：

1. 医方首次门诊就医记录中有“随访”，但病史中未予注明具体随访内容及时间，存在不足。患者时隔近 2 年方去复诊，对自身所患疾病也不够关心。

2. 临床疾病的发生发展有其一定规律性，疾病的发展走向趋势，是由疾病生物学行为起主导作用。

3. 医方门诊病史书写不够完善。缺体格检查记录。与患者沟通不够存在缺陷。但与患者目前状况无因果关系。

鉴定意见为：

1. 本例不属于对患者人身的医疗损害。

2. A 医院在医疗活动中存在：医方与患者沟通不够、病史书写（门诊病史中未见有体格检查记录）不完善。医方的医疗行为与患者的目前状况无因果关系。

**【裁判要旨】**

本案以调解方式结案。

**【办案心得】**

在本案中，笔者代理的是患方。就本案的思考如下：

本案风险比较大，在与患者反复沟通后，患方坚持要求鉴定。医方确实存在过错，但与患者损害结果之间的因果关系不明确，后双方当事人达成调解协议。医疗机构是否存在过错、患者是否存在损害后果、该过错与患者损害后果之间有无因果关系，均涉及医学专业问题。而患者的损害后果形成原因复杂多样，医疗行为与患者原发疾病、个人体质等因素共同作用导致损害后果发生的情况较为普遍。因此是否要进行鉴定，建议患者咨询专业律师，在判断鉴定对己方是否有利后，谨慎决定。

## 案例十四 甲某与A医院医疗损害纠纷

### 【基本案情】

20××年×月×日患者因反复上腹疼痛两年余至A医院门诊，血淀粉酶2114 U/L；20××年×月×日，腹部CT提示：胰腺肿胀伴周围组织渗出影，胰腺炎，胆囊结石、胆囊炎，胆总管下段结石可能。经门诊急诊治疗后，20××年×月×日淀粉酶降至136U/L。20××年×月×日收治入院，20××年×月×日手术。根据医方提供的病历，先行腹腔镜胆囊切除术LC，未考虑胆总管下段结石可能，后行内镜逆行胰胆管造影术ERCP+括约肌切开取石术EST+十二指肠鼻胆管引流术ENBD，术中胆总管下端见可疑结石影，取石球囊取出泥沙样结石，未取出胆总管下段结石。术后，患者一直剧烈腹痛，医生认为是术后正常疼痛。20××年×月×日两次给患者开具杜冷丁，腹痛仍未缓解。20××年×月×日2：43，患者胸闷气促，7：05再次入手术室，准备剖腹探查。医方仅告知家属是重症感染，并未告知系急性重症胰腺炎。当天11：52在CT导引下腹腔穿刺引流，15：40宣布死亡。经尸体解剖，死亡原因为：胆总管下段开口处胆管结石（最大径0.3cm）、急性胆源性胰腺炎伴胰腺间质及胰腺周围、大网膜、肠系膜脂肪坏死、出血；急性弥漫性腹膜炎。

### 【当事人意见】

1. 患方认为：

（1）患者术前经CT等检查提示有胆总管下段结石可能，术前医方未进一步行MRCP（磁共振胆胰管成像）明确结石大小，位置及数量。术前亦未告知患者有胆总管结石残留可能。术中医方仅取出泥沙样结石，未能取出胆总管下段成形结石，导致患者胆总管结石残留，引发胰腺炎。

（2）ERCP和胆囊切除术同时进行，加重患者手术应激反应，诱发胰腺炎。

（3）医方术后监测病情不力，未及时检测血淀粉酶变化，直至次日才行血淀粉酶检查。且术后13小时ENBD护理记录引流量为零，亦未做相应处理，存在延误治疗。

（4）无手术适应证。

2. 医方认为：

（1）结合患者术前病史、症状及实验室检查，术前明确为胆总管结石，胆源性胰腺炎（缓解期），手术指征明确，术中操作规范，通过 ERCP 取出胆总管泥沙样结石，术后尸检也证实胆总管内残存微小结石。

（2）医方术前与患方签署手术知情同意书，患方知情同意。

（3）医方术后给予防治急性胰腺炎各项措施，不存在延误。

（4）患者 ERCP 术后并发暴发性急性胰腺炎系不可避免，是无法预见的不良情形，目前医疗水平难以救治。

**【鉴定意见】**

某区医学会医疗损害鉴定意见书的鉴定意见为：

1. 本例不属于对患者人身的医疗损害。

2. A 医院存在对 ERCP 伴发暴发性胰腺炎及高死亡率的风险预估不足的欠缺，但与患者死亡无因果关系，故医方不应承担患者人身损害的责任。

原告对上述鉴定意见不予认可，于 20××年×月×日申请重新鉴定。法院依法委托某市医学会再次进行鉴定。

某市医学会医疗损害鉴定意见书的分析说明：

1. 20××年×月×日患者发生急性胰腺炎，经保守治疗，症状有所改善。为进一步治疗，于×月×日收治入院。入院后查 MRCP 示胆囊多发小结石，慢性胆囊炎；胆总管下段泥沙样结石可能。医方诊断胆囊结石伴慢性胆囊炎、胆总管结石、急性胆源性胰腺炎，诊断明确×月×日行 LC+ERCP+EST+ENBD 术，有手术指征，医方操作符合规范。

2. 《手术知情同意书》告知 LC+ERCP 术后可能出现急性胰腺炎胆石残留、腹腔内感染等并发症，甚至危及生命。家属知情并签字。

3. ERCP 术后发生胰腺炎为现有医学技术条件下难以完全避免的并发症之一。患者发生的出血坏死性胰腺炎，为术后严重并发症，病情凶险、发展迅速、死亡率高、救治难度大，是患者死亡的根本原因。

4. 术后患者腹痛未缓解时医方未及时予查血淀粉酶、腹部 CT 等相关检查，存在不足。但医方已针对术后胰腺炎的发生采取鼻胆管通畅引流、抑酶、抗感染等相关治疗。医方对疾病及并发症的严重程度在术前术后与患者家属沟通不充分，使患方对疾病的结局难以理解。医方以上不足与患者死亡无因果关系。

鉴定意见为：

1. 本例不属于对患者人身的医疗损害。

2. A 医院在医疗活动中存在未及时给予相关检查、对疾病及并发症的严重程度与患者家属沟通不充分的医疗不足，但与患者的死亡不存在因果关系。

**【裁判要旨】**

法院认为：本案系侵权之诉。基于医疗技术的复杂性、医疗活动的专业性等特性，医疗纠纷中医疗单位有无过错以及医疗行为与损害后果之间有无因果关系均需借助专业、权威的机构进行鉴定。本案中，某区医学会、某市医学会的鉴定意见均已明确本例不属于对患者人身的医疗损害。上述鉴定意见书可以作为审理本案的相关依据，故对原告的诉讼请求，法院依法不予支持。鉴于被告在医疗活动中存在未及时给予相关检查、对疾病及并发症的严重程度与患者家属沟通不充分的医疗不足，故被告应适当补偿原告经济损失。具体补偿金额，法院酌定为×元。

法院判决如下：

1. 被告 A 医院在本判决生效之日起十日内补偿原告人民币×元；

2. 驳回原告的诉讼请求。

**【办案心得】**

在本案中，笔者代理的是患方。就本案的思考如下：

本案进行了尸体解剖，患者的死因是胆总管下段开口处胆管结石（最大径 0.3cm）、急性胆源性胰腺炎伴胰腺间质及胰腺周围、大网膜、肠系膜脂肪坏死、出血；急性弥漫性腹膜炎。尸检报告显示的死因是对我方有利的。

本案的两次鉴定都认为不属于对患者人身的医疗损害，其只认定医方存在未及时给予相关检查、对疾病及并发症的严重程度与患者家属沟通不充分的医疗不足，却不认可其与患者死亡之间的因果关系。最后因为医方确存在不足，法院酌定补偿患方一定费用。

值得我们反思的是即使各种因素都偏向患方，由于鉴定事实尚存在不确定性，故仍应当谨慎鉴定。当医方同意调解，且情势对我方有利时，我们应当对鉴定和诉讼结果进行合理评估。若调解对我方有利，则应当说服患方尽快调解。

## 案例十五　甲某、乙某、丙某、丁某、戊某与 A 医院医疗损害纠纷

### 【基本案情】

20××年×月×日，患者因为左腹部疼痛由同事送往某县第一医院。因为无法确诊转入某县人民医院后又转入 A 医院。医方于 20××年×月×日 18：00 行左肾动脉血栓抽吸+球囊扩张+溶栓术。22 时左右，患者诉左侧腰背部疼痛，气喘、大汗。血压降至 72/32mmHg，心率 170～180 次/分，但是血氧饱和度正常。其后虽然经过抗休克治疗，但是患者血压始终偏低，HR（心率）明显过快，血氧饱和度始终未见异常，直至 23：40 患者出血量迅猛。于 20××年×月×日 23：40 行左肾动脉造影及栓塞术，术中于次日 3：51 死亡。

### 【当事人意见】

1. 患方认为：

（1）患者死亡原因为失血性休克，与手术操作有明显因果关系。

（2）患者发生术后大量出血，医方决定将抢救措施延迟。

（3）侵犯患者的知情选择权，告知不全。

（4）左肾动脉血栓抽吸+球囊扩张+溶栓术，无手术适应证。

（5）医方多处病历存在问题。

2. 医方认为：

医院对于患者的诊疗过程符合诊疗常规。医院于 18：00 左右为患者实施的“左肾动脉血栓抽吸+球囊扩张+溶栓术”，于 21：05 结束，手术顺利。术后患者突发心跳，呼吸骤停经抢救无效死亡。患者的病情十分紧急本身就有生命之虞，死亡结果是自身所致，不属于诊疗过错。

### 【鉴定意见】

1. 患者术后突然出现病情变化，血压下降等症状，B 超检查出来肾周有出

血，医方予以“左肾动脉造影及栓塞术”，不违反诊疗常规。

2. 入院诊疗情况。根据患者有心肌病、房颤病史，第一次术后1小时内突发病情变化的特点以及血红蛋白检查正常、两次肾动脉造影均未见造影剂渗漏，专家组推断不支持患者为失血性休克所致死亡。

3. 根据病历资料，患者具有明显的心脏病史，但是医方术前未进行检查以鉴别诊断，医方术前检查不完善。术前及术后病情发生变化后未及时请心内科会诊。

4. 医方病历书写不规范，如第一次术前告知记载手术名称为“左肾动脉腔内成形术”，与手术记录上的手术名称不一致。

5. 本例患者死亡原因主要系自身基础疾病病情加重，加之病情突然变化，且未进行尸体解剖，确切死因不明，但是患者死于心源性休克的可能性不能排除。

综上，鉴于医方存在对于患者的心肌病史考虑不充分，第一次手术检查不完善，未及时请心内科会诊等过错，与患者死亡的损害之间存在一定的因果关系。综合分析，建议其过错行为的原因力大小以轻微至次要为主。

**【裁判要旨】**

法院认为，原告到被告处就诊，双方由此建立医疗法律关系。被告作为医疗机构，对此负有特定的诊疗业务。医患人员对于患者以及健康利益应当具有高度的责任心，在实施医疗过程中，应当根据法律、行政法规、规章以及有关的诊疗规范，保持足够的审慎，以预见医疗行为结果和避免损害结果的发生。根据司法鉴定中心出具的鉴定意见，A医院对于患者的死亡存在一定的因果关系，原因力为轻微至次要要素。

法院判决如下：

1. 被告于本判决生效之日起十日内向原告支付赔偿金×元；

2. 驳回原告其他诉讼请求。

**【办案心得】**

在本案中，笔者代理的是患方。就本案的思考如下：

1. 本案中，作为原告的患者的近亲属人数众多，有完全民事行为能力人、限制民事行为能力人、无民事行为能力人，且当事人位于不同的地区，在收集身份信息、关系证明等方面对于整个诉讼和执行程序的推进都是一个难点。

2. 我们接到本案委托时，患者尸体已经火化，且未进行尸体解剖。因此对我们判断患者死因和司法鉴定的推进造成了困难。

3. 本案的鉴定类型选择也很考究。医疗损害鉴定可以申请医学会鉴定和司法鉴定，我们强烈要求法院进行司法鉴定。最后法院支持了我们的诉求。

4. 本案的司法鉴定申请六次被退回。连续六家司法鉴定机构以尸检报告缺失为由退回我们的鉴定申请。

5. 某鉴定机构接受鉴定，并认为鉴于医方存在对于患者的心肌病史考虑不充分，第一次手术检查不完善，未及时请心内科会诊等过错，与患者死亡的损害之间存在一定的因果关系。综合分析，建议其过错行为的原因力大小以轻微至次要为主。

本案没有尸检报告，笔者认为患者死亡原因可能是失血性休克死亡，也可能是心源性休克死亡，但医方病历书写和处置过程存在严重过错，甚至连手术名称都写错，值得医疗机构引以为戒。

## 案例十六 甲某与 A 医院医疗损害纠纷

### 【基本案情】

患者甲某于20××年×月×日诉右上腹持续性闷痛不适，门诊查上腹部CT：胆总管下端可疑结石伴肝内、外胆管扩张，血淀粉酶160U/L，AST（谷草转氨酶）22，于×月×日收治入院。入院诊断：胆总管结石伴胆管炎、胆源性胰腺炎。×月×日，拟在门诊手术室行ERC+取石术。术中准备麻醉时，发现患者血氧饱和度偏低，咳嗽、咳痰，考虑肺部感染，停止手术，回返普外科病房。查血白细胞15.44×$10^9$/L，中性粒细胞88.4%。

×月×日，B超：胆总管上段轻度扩张，中下段显示不清。患者腹部症状和体征已经明显缓解。

×月×日，在全麻下行ERCP+EST取石术，该手术使用的术前讨论记录是×月×日，患者11天来病情已经发生变化。手术记录提示，胆管插管，反复多次进入胰管。根据护理记录以及临时医嘱单，×月×日手术当天16：54患者出现腹痛，当时仅予以“屈他维林”解痉、“氟比洛芬酯”止痛；此时血淀粉酶已经434U/L，但医生病程记录没有任何记载，说明医方根本就不重视患者的病情，疏忽大意，错过最佳的治疗时间。

×月×日患者再次出现中上腹痛、呕吐，查体时腹肌紧张，压痛明显，存在腹膜炎表现，仍继续止痛、止吐处理，未进行影像学检查；直到20××年×月×日上腹部平扫+重建：胰腺头部增大，上腹部腹腔内及胰腺周围多发异常密度影，考虑急性胰腺炎及腹膜炎，双下肺炎症伴双侧胸腔积液。并且实验室炎症指标、淀粉酶呈进行性升高，电解质明显紊乱，方才提高护理等级，升级抗生素。

20××年×月×日对患者进行了疾病评分，其中APACHEⅡ评分、改良Balthazar CT评分、改良Marshall评分的结果均说明患者存在急性重症胰腺炎，根据急性重症胰腺炎的诊断标准亦支持该诊断，应向患者及其家属告知病情危重，预后不佳，医方没有充分告知病情变化。

20××年×月×日起因治疗方案的调整，患者的实验室指标出现下降趋势，似乎病情有好转，但根据护理记录，腹腔压力测定开始逐渐上升（18cm$H_2O$→24 cm$H_2O$→27cm$H_2O$），患者出现腹腔间隙综合征，但医方病程记录根本就没有体现，更加说明治疗效果不佳，病情加重。

20××年×月×日为了拯救患者生命，转入ICU治疗，紧急做了腹腔穿刺，显示脓血性液体。下午CT提示出血坏死性胰腺炎。

**【当事人意见】**

1. 患方认为：

被告方的医疗行为与患者损害后果有直接因果关系。

（1）医生病程记录与护理记录不一致。

根据护理记录以及临时医嘱单，×月×日手术当天16：54患者出现腹痛，当时仅予以“屈他维林”解痉、“氟比洛芬酯”止痛；此时血淀粉酶已经434U/L，但医生病程记录没有任何记载。

根据×月×日开始的护理记录，腹腔压力测定开始逐渐上升（18cm$H_2O$→24 cm$H_2O$→27cm$H_2O$），患者出现腹腔间隙综合征，护理记录有，但医方病程记录根本就没有体现。

不排除医方伪造病程记录可能，也不能排除医方疏忽观察病情，不重视患者病情发展。

（2）×月×日、×月×日延误病情。

×月×日患者再次出现中上腹痛、呕吐，查体时腹肌紧张，压痛明显，存在腹膜炎表现，仍继续止痛、止吐处理，未进行影像学检查；直到20××年×月×日上腹部平扫+重建：胰腺头部增大，上腹部腹腔内及胰腺周围多发异常密度影，考虑急性胰腺炎及腹膜炎，双下肺炎症伴双侧胸腔积液。并且实验室炎症指标、淀粉酶呈进行性升高，电解质明显紊乱，方才提高护理等级，升级抗生素。

医方忽视患者，在已经发现血淀粉酶等各项指标明确升高的情况，延误CT检查，治疗方案不规范，丧失了治疗患者最佳的两天时间。

为了拯救生命，患者×月×日从被告医院出院，立即转入D医院，入院诊断为急性重症胰腺炎，数月来，患者已花费80万元以上医疗费用。

综上所述，因为被告医院一系列医疗损害行为，导致患者人身损害。

2. 医方认为：

（1）被告诊疗行为没有过错。

原告于×月×日住院，×月×日拟行ERCP+EST取石术，因有咳嗽、咳痰等考虑肺部感染而暂停。×月×日手术时，原告的手术指征没有明显变化，可以按原计划施行手术。原告术后24小时（×月×日16：20至×月×日16：20），被告按指南要求予以严格禁食、禁饮，补液、TPN（全肠外营养）、抑制胰液分泌、奥曲肽12支、抑制酸等治疗，并予一级护理，心电监护、低流量氧气吸入2L/min，并予“头孢+吗啉硝唑”抗感染。原告腹痛，术后3小时查淀粉酶434U/L，考虑术后并发急性胰腺炎可能，予解痉止痛治疗，经过上述治疗NRS（疼痛评分）由6分降至4~3分，原告×月×日早8：00心率82次/分，血压124/79mmHg，血氧饱和度98%，原告安静休息，排便一次，腹痛好转，遂改二级护理。术后48小时（×月×日16：20至×月×日16：20）原告夜间腹痛加重，生化提示血淀粉酶1355U/L，低钙血症（血钙<1.71mmol/L），高度警惕SAP重症胰腺炎可能。×月×日早8点（术后40小时）改回一级护理，心电监护、吸

氧等处理。并与手术医师联系，考虑无器官功能衰竭，暂不考虑重症胰腺炎，并汇报科主任，考虑并发 SIRS（全身炎症反应综合征），改用碳青霉烯类 Q6H 加强抗感染。留置中心静脉导管以便精准补液治疗，改予生长抑素"思他宁"加强抑制胰液分泌。查上腹部 CT 平扫提示胰头增大，胰周脂肪间隙水肿，胰周液体积聚，考虑急性胰腺炎。没有出血坏死性胰腺炎征象。术后 72 小时（×月×日 16：20 至×月×日 16：20），原告低流量氧气吸入 2L/min 状态下出现低氧血症，$PaO_2$（血氧分压）：67.4mmHg，氧合指数：270mmHg，血象升高，中上腹局限性持续性闷痛、胀痛，NRS（疼痛评分）4～5 分，无发热，告知病重，请消化内科、ICU 等会诊，改予碳青霉烯类+"莫西沙星"加强抗感染，并行 CT 增强扫描，这是最具价值的检查，即急性胰腺炎诊断的金标准，其最佳检查时机为发病后 72～96 小时，20××年指南建议 5～7 天，过早检查无法反映病情。密切监测生命体征及 CVP（中心静脉压），原告胰周液体积聚，腹胀，予白蛋白消肿利尿、留置胃管，芒硝外敷等降低腹内压处理，因原告无法耐受胃管，予以拔除。术后第 4 天，原告仍局限中上腹疼痛，有排便排气，尿量 2500mL/日，压痛局限于中上腹。余腹软，有好转，$PaO_2$：78.9mmHg，氧合指数：315mmHg，低氧血症业已好转，原告腹内压由 $45cmH_2O$ 降至 $18cmH_2O$，手术医师再次会诊后考虑急性胰腺炎，未考虑重症胰腺炎，继续原治疗。所谓 ACS（腹腔间隔室综合征）是指 UBP（膀胱内压）持续>$27cmH_2O$，并伴有新发器官功能不全或衰竭时诊断为腹腔间隔室综合征，与原告症状体征明显不符。术后第 5—6 天，原告腹痛、腹胀，NRS：5～6 分，UBP：24～$27cmH_2O$，伴低热，尿量 2500mL，尿淀粉酶由 2162U/L 降至 561U/L，血常规、C-反应蛋白、低氧血症均好转，$PaO_2$（血氧分压）：78.9mmHg，氧合指数：315mmHg，B 超提示腹水量稍增加，×月×日当晚拟行腹腔穿刺，因原告家属要求转院，未执行。原告于×月×日 11：05 自动出院。出院时生命体征：体温 38℃，心率 125 次/分，呼吸 22 次/分，血压 152/92mmHg，血氧饱和度 99%。该原告病情发展符合急性胰腺炎的一般规律，最后诊断：1. 胆石症；2. 胆源性胰腺炎；3. PEP（ERCP 术后胰腺炎）（MAP-MSAP 轻症-中度重症胰腺炎，SIRS，急性胰周液体积聚）。我们在疾病出现的第一个 24 小时就密切关注 SAP 的发生，并根据临床相关证据及临床指南作出规范治疗，并发症治疗过程及时请手术组医师及相关科室会诊以及科室讨论，根据会诊意见调整治疗。病人转院前的相关指标动态观察也证实治疗有效。诊疗过程医务人员密切观察病情变化，及时与原告家属沟通，书面告知病重，按诊疗规范处置，尽到相关义务。护理记录是护士按照医师开具医嘱作出相关观察、治疗后的记录，同样是客观真实反映原告病情变化的依据。原告主张被告未予重视依据不足。上述分析可知：被告的诊疗行为符合诊疗指南，尽到高度谨慎注意义务，没有过错。

（2）原告的请求没有事实与法律依据。

①如上所述，被告没有过错，原告也没有证据证明被告过错之处，所以被告不应承担赔偿责任。

②即便被告有过错，原告的请求也没有事实与法律依据。

a. 关于在 B 医院的医疗费，这是治疗原告原发疾病所需，不是侵权责任法规定的为治疗损害结果所需费用，不应被支持。

b. 关于 C 药店的发票所购药品没有医嘱，没有原告姓名，且在×月×日到×月×日集中采购，这六张发票与本案是否有关联、是否为治疗损害结果所需用药没有得到证明。

c. 关于 D 医院门诊费用，首先原告当时已在 D 医院住院，不需要再行门诊；其次收据项目写明是“卫生材料费”，不能证明用于治疗本案相关疾病。

d. 关于 D 医院住院费用×元，没有证据证明，不能得到支持。

e. 关于律师费×元，同样无法律依据应予驳回。

f. 关于精神损害抚慰金没有事实依据，且金额过高应予削减。综上所述，被告请求法院驳回原告的诉讼请求。

**【鉴定意见】**

A 医院对被鉴定人甲某诊疗过程中存在手术操作不足，加重手术并发症概率以及病情进一步发展，未积极告知家属改变治疗替代方式或风险等过错；A 医院诊疗过错与被鉴定人疾病后果之间因果关系为轻微责任，其参与度考虑为 10%~20%为宜。甲某支出鉴定费×元。

**【裁判要旨】**

关于原告主张的各项损失，经法院审核综合认定如下：1. 医疗费。甲某主张花费医疗费×元，已提供20××年×月×日起至20××年×月×日医疗费票据、费用清单以及购药发票予以证实，法院予以确认。A医院虽提出应扣除药店自购药品费用、会诊费用以及部分门诊费用，但鉴于上述费用均发生在治疗期间，且考虑到医疗行为的专业性，其用药是在医生指导下根据病情进行，是否需要门诊、会诊以及用药种类、剂量非其可控，而A医院亦未提供证据证明上述费用与治疗行为无关，故对A医院提出扣除药店自购药品费用、会诊费用以及部分门诊费用的主张，法院不予采信。2. 护理费。甲某主张护理费×元，已提供护理发票予以证实，法院予以确认。3. 住院伙食补助费。甲某主张×元。法院认为，甲某主张按×元/日的标准计算住院伙食补助费，未明显偏高，结合甲某住院天数×天，甲某主张住院伙食补助费×元，于法有据，法院予以支持。4. 交通费、住宿费。甲某主张交通费、住宿费合计×元。A医院认为没有票据，甲某主张金额过高。法院认为，考虑到甲某治疗情况，其家属必然产生一定的交通费、住宿费，法院酌定交通费、住宿费为×元。5. 律师费。甲某主张律师费×元。A医院认为没有依据。法院认为，甲某的该项主张，缺乏依据，法院不予支持。综上，甲某的上述各项经济损失共计×元（医疗费+护理费+住院伙食补助费+交通费、住宿费+鉴定费）。

法院认为，患者在诊疗活动中受到损害，医疗机构及其医务人员有过错的，由医疗机构承担赔偿责任。本案中，A医院在为甲某提供的诊治过程中存在不足，与甲某在诊疗期间受到的损害有一定因果关系，应对甲某的损失承担赔偿责任。参考鉴定意见，因A医院的医疗过错与甲某的损害后果存在一定因果关系，其因果关系为轻微责任，参与度考虑为10%~20%，故法院认定甲某在A医院治疗开始以后的相关合理损失应由A医院按照15%的比例予以赔偿。因本次诊疗行为造成的各项损失金额以法院上述确认的金额×元为准，A医院则应按照责任比例承担15%的赔偿责任即×元。甲某诉请超出法院确认的部分，法院不予支持。

法院判决如下：

1. A医院应于本判决生效之日起十日内一次性支付给甲某赔偿款人民币×元；

2. 驳回甲某的其他诉讼请求。

【办案心得】

在本案中，笔者代理的是患方。患者在全麻下行 ERCP+EST 取石术，术后诱发重症胰腺炎。患者经反复手术，医方在诊疗过程中存在手术操作不足，加重手术并发症概率以及病情进一步发展，未积极告知家属改变治疗替代方式或风险等过错。本案经过司法鉴定后法院作出判决。就本案的思考如下：

在各类人身损害赔偿案件中，医疗损害责任纠纷可以说是最复杂的，其复杂之处主要在因果关系的认定上。患者的损害结果可能是自身病情发展所致，可能与医疗机构的过错有关，也有可能是患者隐瞒自身病史延误治疗所造成，或者三种情况皆具。由于医疗行为的专业性，审判人员很难根据自身的知识或日常生活经验对因果关系问题进行判断，即使是专业的鉴定机构往往也难以给出确切的答案。因此笔者认为，在无法准确判定原因力大小的情况下，医疗机构和患者的过错程度应成为确定医疗机构责任比例的重要考量因素。

## 案例十七　甲某、乙某、丙某与 A 医院、B 医院、C 医院（第三人）医疗损害责任纠纷

【基本案情】

患者丁某，系原告甲某之子、乙某之夫、丙某之父，其因病医治无效于20××年×月×日死亡。生前分别就诊于 A 医院、B 医院、C 医院，具体情况如下：

20××年×月×日，患者丁某因下腹疼痛至 A 医院就诊，经该院门诊初步诊断下腹痛，院方处理意见为处置 1. 血常规（三分类）2. C-反应蛋白检测(CRP)。20××年×月×日，被告对患者进行了无痛肠镜检查，内镜诊断为慢性结肠炎。20××年×月×日，被告对患者进行 DX 诊断，镜像所见腹部大、小肠积气、肠管未见明显扩张，中腹部小肠、结肠内有小气液平。双肾区、输尿管经路及膀胱区未见明显阳性结石影。两膈下未见游离气体，意见为肠功能紊乱，建议短期复查。同日，患者出现腹胀加重、出急汗、心慌、气促、测血压 90/60mmHg，心率 131 次/分，经其口服氯化钾腹胀未见好转，急打 120 转至 B 医院救治。

20××年×月×日，患者被转至B医院住院治疗，经该院外科检查：精神萎靡、痛苦貌、腹膨隆，未及蠕肠型及蠕动波，全腹部压痛，伴肌卫及反跳痛，板状腹，肝脾肋下未及，肝肾区无叩击痛，肠鸣音未闻及，无明显气过水声，余未见异常。实验室及器械检查：CT检查全腹部（平扫）：腹腔游离气体，提示消化道穿孔。腹腔、盆腔少量积液。腹腔肠管积气，局部肠管周围脂肪间隙模糊。肝多发囊肿可能。附见：两侧少量胸腔积液伴两肺下叶被动性不张。入院诊断：1. 消化道穿孔；2. 弥漫性腹膜炎；3. 感染性休克。同日，该院对患者行剖腹探查术+胃窦穿孔修补术+腹腔粘连松解术。20××年×月×日，该院对患者胃窦黏膜进行检查，诊断为：符合溃疡穿孔。20××年×月×日，患者家属与该院商议后，被转至C医院进行救治，出院诊断为：脓毒血症、感染性休克、胃窦溃疡穿孔、弥漫性腹膜炎、急性呼吸窘迫综合征、多重耐药菌感染、消化道瘘、咯血、肾功能不全。

20××年×月×日，患者即被转至C医院住院治疗，患者主诉“胃穿孔术后MODS（多器官功能障碍综合征）伴引流管流出肠液半月余”，经入院诊断为：1. 多器官功能障碍综合征；2. 肠瘘；3. 腹腔感染；4. 休克；5. 术后腹腔出血；6. 消化道出血；7. 昏迷。20××年×月×日，该院行腹腔粘连松解、腹腔出血止血、腹腔冲洗引流、临时关腹术。20××年×月×日中午，患者在无明显诱因下出现大量气道出血，迅速出现意识丧失、休克。该院向患者家属交代病情，其签署相关知情同意书后，办理出院手续。

20××年×月×日×时×分，患者丁某死亡。20××年×月×日，经某卫生健康委员会委托，某司法鉴定所就委托事项“对丁某进行尸体解剖、病理检查，并分析死亡原因”进行司法鉴定，并于20××年×月×日作出某司鉴所［20××］病鉴字第×号司法鉴定意见书，鉴定意见为丁某系胃溃疡穿孔修补术后，继发腹腔感染、小肠瘘、弥漫性感染性腹膜炎、腹腔内出血、脓毒血症、心肺多灶性脓肿形成，终致多器官功能衰竭死亡。

**【当事人意见】**

1. 患方认为：

A医院在患方C-反应蛋白明显异常的情况下，未予积极及时查找病因、明确诊断与鉴别诊断；肠镜前未拍片，肠镜检查前无告知签字，与诊疗常规不符；存在消化道（胃窦）溃疡漏诊的缺陷，与胃溃疡穿孔、疾病迅速恶化死亡存在一定因果关系。B 医院围手术期未尽谨慎细致的诊疗注意义务，术中损伤小肠多处并予修补，且未告知患方，对患方消化道瘘的诊疗存在延误诊治的缺陷，并对患方疾病的恶化、死亡存在因果关系。

2. 医方认为：

（1）A 医院认为：医方严格执行各项诊疗规范，患方胃溃疡穿孔及以后病情变化系自身疾病所致；发现患方病情变化后及时转诊，做到了规范诊疗、合理救治；医方不承担医疗损害责任。

（2）B 医院认为：患方入院诊断明确，具备强烈急诊手术指征且手术及时，方案合理，术中术后处置得当；ICU 治疗期间，治疗措施到位，抢救得力，会诊、检查及时；手术记录客观真实，未隐瞒任何病情；详细告知患方病情、治疗方案及预后，及时签订医患沟通、手术知情同意书等相关知情文件，充分尊重患方的知情权、同意权、选择权；死亡系胃溃疡穿孔修补术后，继发腹腔感染、小肠瘘、弥漫性感染性腹膜炎、腹腔内出血、脓毒血症、心肺多灶性脓肿形成，致多器官功能衰竭死亡；小肠瘘系自身严重的腹腔感染所致，与医方无关。

**【鉴定意见】**

1. 尸体解剖报告

根据委托方提供的案情及送检材料，丁某，20××年×月×日因“腹痛一周”就诊于 A 医院，查“上腹部膨隆，下腹压痛明显，肠鸣音活跃”，初步诊断为下腹痛。次日在该院行肠镜检查，内镜诊断为慢性结肠炎。20××年×月×日晨起出现上腹痛，进食时出现恶心呕吐，头昏无力，遂再次就医，予胃肠减压等对症处理无缓解，转至 B 医院，入院诊断为脓毒血症、感染性休克、胃窦溃疡穿孔、弥漫性腹膜炎、肾功能不全，行全腹部 CT 平扫后，在全麻下行剖腹探查术+胃窦穿孔修补术+腹腔粘连松解术，术中见：腹腔内黄色浑浊液体约 600mL，腹腔内组织广泛充血水肿，肠管炎性水肿，遍布脓苔，小肠广泛扩张，肠间粘连，多处可见散落菜叶状物，胃窦前壁可见一穿孔，直径约 1.0cm 大小，有胃液溢出，幽门未及梗阻，余脏器暂未见异常，20××年×月×日行经皮穿刺气管，切开手术，住院期间出现消化道瘘、咯血等临床表现，于×月×日转C医院治疗，诊断为肠瘘、腹腔感染、术后腹腔出血、休克、消化道出血、昏迷，床边打开腹腔，见切口下小肠破裂口，予腹腔开放，置入双套管冲洗、抗生素抗感染及肠外营养支持等治疗，病情改善不明显，于20××年×月×日中午无明显诱因下出现大量气道出血，迅速出现意识丧失、休克，后于当日死亡。

本次尸体解剖发现，死者腹部感染严重、切口敞开、未愈合，腹腔内肠管肿胀、广泛粘连、表面和腹腔内大量脓苔附着，右侧腹腔内小肠表面少量血凝块附着，肝、脾为脓苔包裹与肠管粘成一团，胃大弯处一类圆形直径约0.8cm溃疡，胃窦近十二指肠处一类圆形直径0.2cm可疑缝合处，对应的胃壁外侧见一缝线在位，气管切开术后改变，双侧胸腔、心包腔积液，双上肢、阴囊水肿。组织病理学检验证实胃修补术后改变，肠炎，弥漫性感染性腹膜炎，心、肺多灶性脓肿形成，支气管肺炎，肺瘀血、水肿伴灶性肺出血，间质灶性纤维结缔组织增生。经病理学检验同时还发现死者存在心脏肥大（重428.7g），右心室脂肪组织浸润心肌，小动脉硬化，灶性心肌梗死，左冠状动脉前降支、右冠状动脉轻度动脉粥样硬化，管腔狭窄Ⅰ级，主动脉轻度动脉粥样硬化，小灶性左顶叶脑梗死，慢性喉炎，肝右叶囊肿等慢性自身病变。

根据案情，本例丁某生前未提供机械性损伤、机械性窒息病史，尸体解剖亦未发现致死性机械性损伤、机械性窒息征象，不考虑其系机械性损伤、机械性窒息死亡；结合临床经过、尸体解剖、病理学检验，丁某既往有慢性胃炎、肠梗阻病史，本次以“下腹疼痛一周”门诊就诊，行保守治疗及肠镜检查，后病情变化，经手术发现腹腔内积液，肠管肿胀、粘连，胃窦前壁穿孔，住院期间出现消化道瘘、咯血等临床表现，转上级医院救治，最终患者死亡。本次法医病理学检验所见符合临床诊疗经过，综合分析认为，丁某系胃溃疡穿孔修补术后，继发腹腔感染，小肠瘘、弥漫性感染性腹膜炎、腹腔内出血、脓毒血症、心肺多灶性脓肿形成，终致多器官功能衰竭死亡。

鉴定意见：

丁某系胃溃疡穿孔修补术后，继发腹腔感染、小肠瘘、弥漫性感染性腹膜炎、腹腔内出血、脓毒血症、心肺多灶性脓肿形成，终致多器官功能衰竭死亡。

2. 医疗损害责任鉴定

丁某，因“下腹疼痛一周”于20××年×月×日、×日、×日三次至A医院门诊就诊，予抗感染、抑酸护胃、补液等治疗。×月×日病情加重，转入B医院，入院诊断：消化道穿孔、弥漫性腹膜炎、感染性休克。予急诊行剖腹探查术+胃窦穿孔修补术+腹腔粘连松解术。术后转ICU治疗，×月×日请普外科会诊，会诊意见：不排除应激性溃疡、消化道瘘。×月×日予转C医院，入院诊断：多器官功能障碍综合征、肠瘘、腹腔感染、术后腹腔出血、休克、消化道出血、昏迷。×月×日行腹腔粘连松解、腹腔出血止血、腹腔冲洗引流、临时关腹术，予置入双套管冲洗等治疗。×月×日办理出院后死亡。

A医院在对患者丁某的诊疗过程中，首次就诊时依据患者的主诉、病史及体格检查，予以血常规、CRP检查，预约肠镜检查，初步诊断为下腹痛，予以抗炎等治疗，首诊诊疗过程基本符合规范。但存在以下过错：（1）行肠镜检查前未签署知情同意书，未履行相关告知义务。（2）×月×日就诊时，患者生命体征差，医方作为一级医院条件有限，对疾病认识不足，未能及时建议患者至上级医院就诊。

B医院在对患者丁某的诊疗过程中，依据病史、体格检查及CT等检查，入院诊断为“消化道穿孔、弥漫性腹膜炎、感染性休克”，诊断明确，具备急诊手术指征，予剖腹探查术+胃窦穿孔修补术+腹腔粘连松解术，术前进行了医患沟通并签署了手术知情同意书，履行了告知义务。术后转ICU，予心电监护、呼吸机辅助呼吸、抗感染、护胃、补液、维持水电解质平衡等对症支持治疗。根据患者病情，请相关科室会诊，予细菌培养，纤支镜吸痰冲洗，床边CRRT治疗，调整抗生素、腹腔冲洗，持续肠外营养等治疗，后转上级医院进一步治疗。

B医院存在以下过错：（1）手术记录不详细：手术名称为“剖腹探查术+胃窦穿孔修补术+腹腔粘连松解术”，但手术记录无腹腔粘连松解术相关记载；C医院手术记录记载：切口下方及左上腹3处小肠修补处，其中两处明显破裂，有内容物流出；经鉴定会现场调查，医方陈述术中分离粘连肠管时有小肠浆膜层破裂，予修补。但医方对小肠浆膜层破裂修补未予记载，亦未告知患方。（2）术后对病情重视不够、处理不到位：术后×月×日腹腔引流量990mL；×月×日腹腔引流管有墨绿色液体引出，腹部切口渗出明显，美兰试验（+）；腹腔引流量较多，未能及时请会诊，未能及时建议患者至上级医院就诊。（3）医疗核心制度执行不到位：患者病情危重，未能组织科间、院内大会诊。

根据某司法鉴定所司法鉴定意见书的鉴定意见，丁某系胃溃疡穿孔修补术后，继发腹腔感染、小肠瘘、弥漫性感染性腹膜炎、腹腔内出血、脓毒血症、心肺多灶性脓肿形成，终致多器官功能衰竭死亡。患者死亡系自身疾病及A医院、B医院诊疗过错等多种因素共同作用所致。B医院、A医院存在的过错，对患者死亡共同承担的原因力大小为同等因素（其中B医院承担主要责任、A医院承担次要责任）。

鉴定意见：

B医院、A医院对丁某的诊疗行为存在过错，与患者死亡存在因果关系，共同承担的原因力大小为同等因素（其中B医院承担主要责任、A医院承担次要责任）。

**【裁判要旨】**

法院认为，公民的生命健康权受法律保护。社会医疗领域中，患者在诊疗活动中受到损害，医疗机构及其医务人员有过错的，由医疗机构承担赔偿责任；医务人员在诊疗活动中未尽到与当时的医疗水平相应的诊疗义务，造成患者损害的，医疗机构应当承担赔偿责任。案涉医疗纠纷经某医学会鉴定，鉴定意见书认为B医院、A医院对丁某的诊疗行为存在过错，与患者死亡存在因果关系，共同承担的原因力大小为同等因素（其中B医院承担主要责任、A医院承担次要责任）。鉴于原、被告双方对上述鉴定意见未提出实质性异议，故法院对某医学会所作鉴定意见书的合法性、真实性、关联性予以确认，该鉴定意见书应作为处理本案确定责任程度划分损失范围的依据使用。据此，结合当事人陈述、鉴定意见书载明的内容等，法院酌情认定被告A医院对患者丁某死亡所产生除精神损害抚慰金外的医疗费用、住院伙食费、营养费等各项损失承担15%的赔偿责任，B医院承担35%的赔偿责任。两名被告的过错医疗行为虽与患者丁某的死亡存在法律上的因果关系，但并非共同侵权行为，原告主张两名被告共同承担赔偿责任缺乏事实和法律依据，法院不予支持。

关于原告主张的各项损失，经法院审核综合认定如下：1. 住院伙食补助费。因患者丁某实际住院天数为×天，被告对原告主张的该项损失的计算方法无异议，法院确认为×元。2. 交通费。考虑到患者就医及转院治疗的实际情形，法院对原告主张的×元交通费予以支持。3. 护理费。原告主张×元，法院予以调减为×元。4. 丧葬费。因被告对此无异议，法院确认为×元。5. 死亡赔偿金。因被告对此无异议，法院确认为×元。6. 被扶养人生活费。本案中患者丁某死亡时，其父甲某年龄为85周岁，符合缺乏劳动能力且无生活来源的被抚养条件，故法院依法确认为×元，但该项费用不再作为单独的赔偿项目，依法应在死亡赔偿金中列支。7. 医疗费×元。原告向法院提供了医疗资料、医疗费票据、住院明细清单、医药费发票及临时医嘱、处方单等予以佐证，法院予以确认。8. 律师费×元。原告的该项主张无事实和法律依据，法院不予支持。9. 尸体解剖费×元。因被告对此无异议，法院予以确认。10. 殡葬服务费×元。法院认为丧葬费为办理死者殡葬事宜所支出的各项合理费用。因原告主张的殡葬服务费各项明细（尸体冷藏费、整容费、缝补费、场租费、劳务费等）均包含在丧葬费内，故原告的该项主张缺乏法律依据，法院不予支持。据此，原告在本案中的损失为×元。以上损失，应当由被告A医院承担×元，被告B医院承担×元。关于原告另行主张的精神损害抚慰金，视本案当事人的过错及受损程度酌定为×元，由被告A医院负担×元，被告B医院负担×元。

法院判决如下：

1. 被告A医院支付原告丙某、甲某、乙某赔偿款×元及精神抚慰金×元，合计×元，于本判决生效之日起十日内履行；

2. 被告B医院支付原告丙某、甲某、乙某赔偿款×元及精神抚慰金×元，合计×元，于本判决生效之日起十日内履行；

3. 驳回原告丙某、甲某、乙某的其他诉讼请求。

**【办案心得】**

在本案中，笔者代理的是患方。患者先后辗转于三家医院，三家医院都有一定程度上的过错，但是因为诉讼策略的问题，我们选择以A医院、B医院为被告，后来A医院、B医院申请C医院作为本案第三人参加诉讼。就本案的思考如下：

1. 本案在医院所在地医学会进行医疗损害鉴定，对我们来说存在一定的风险。即便如此，我们在鉴定会上做了最大的努力，最后争取到中间责任，符合我们的预期。

2. 本案的被告A医院、B医院认为其无过错，在鉴定会、法庭上全力论证其主张。医方的该反应出乎我们的意料，A医院、B医院在法庭上要求本案鉴定专家、第三人C医院出庭，并多次对鉴定意见提出异议，给我方代理带来一定的难度。

3. 本案的受理法院认真尽责，判决客观严谨。法院总共开庭六次，庭前庭后多方调查，不断询问诉讼各方主体和鉴定会专家的意见，了解真实情况。

## 十八、消化内科

### 案例　甲某与D医院医疗损害纠纷

**【基本案情】**

患者甲某，20××年×月×日于D医院电子肠镜诊断升结肠、横结肠均见三枚息肉，病理诊断：（横结肠、升结肠）绒毛管状腺瘤伴低级别上皮内瘤变。20××年×月×日，收治入D医院。目前病历中，未见结肠镜术前告知。20××年×月×日17：30行肠镜结肠息肉摘除术，治疗单中，仅见摘除了横结肠的3枚息肉，升结肠未作处理，草率了事，术后也未禁食。术后患者已感觉不适，20××年×月×日6时高热，体温39.2度，并觉腹部疼痛。医方没有第一时间行上腹部CT检查，仅仅8时48分做了腹部平片，回病房后未予特殊处理。×月×日中午11点，腹痛加剧，12：19才考虑禁食。到了14：15才去做上腹部CT。提示：隔下见游离气体，右半横结肠管壁水肿，局部系膜模糊渗出，考虑胃肠道穿孔，横结肠穿孔可能性大。16：01手术，手术名称：剖腹探查术、腹腔粘连松解术、横结肠部分切除术+结肠侧侧吻合术。术后诊断为：急性弥漫性腹膜炎、消化道穿孔、腹腔积液。术中可见：腹腔浑浊肠液及渗液约150mL，大网膜及部分小肠与腹膜广泛片状粘连，横结肠穿孔直径1.5cm；距穿孔远近端各3cm夹闭肠管，电刀离断结肠。病理送检横结肠组织两块，一块灰红灰褐色，一块灰白色，肠壁仍见息肉一枚。20××年×月×日出院。

【当事人意见】

患方认为：

1. 医方肠镜前告知疾病诊断有误，注明为小肠多发息肉，实际为结肠多发息肉，术前诊断、告知与实际操作不符，该告知无效。

2. 医方操作不当，手术方式选择错误，造成肠穿孔，需再次手术修补。

3. 发生肠穿孔后，医方判断不及时，检查不及时，延误了患者肠穿孔的诊治。术中所见肠壁明显水肿且附有脓液，进一步说明肠穿孔时间较久。

4. 医方病史存在多处伪造，记载混乱。术后首次病程记录在术前即记载完毕，术后查房记录也与实际术后天数不符等，由此推断医方伪造病史，并且缺乏对患者病情的观察及记录。

【鉴定意见】

20××年×月×日，A 医学会鉴定意见为：1. 本例属于对患者人身的医疗损害。2. 医院在医疗活动中存在行肠镜下息肉摘除治疗时操作不谨慎，致迟发性肠穿孔，而行肠道切除吻合术的医疗过错。3. 参照《医疗事故分级标准（试行）》，患者人身医疗损害等级为四级。4. 本例医疗损害医方的责任程度为轻微责任。

20××年×月×日，B 医学会鉴定意见为：根据 A 医学会鉴定意见书结论（四级，不对应伤残），排除原发病所需，根据医疗损害所致伤残后治疗及恢复的实际需要，并参照地方标准 DB31/T875－2015《人身损害受伤人员休息期、营养期、护理期评定标准》相关条款。被鉴定人的休息期为×日、护理期为×日、营养期为×日，其中医方的过失为次要责任。

【裁判要旨】

法院判决如下：

1. D 医院于本判决生效之日起十日内赔偿甲某医疗费、住院伙食补助费、营养费、护理费、交通费、律师代理费，合计×元的 30%即×元；

2. D 医院于本判决生效之日起十日内赔偿甲某精神损害抚慰金×元；

3. D 医院于本判决生效之日起十日内赔偿甲某鉴定费×元。

【办案心得】

在本案中，笔者代理的是患方。患者因肠内息肉进行摘除，但医院操作不谨慎导致肠穿孔。就本案的思考如下：

1. 第一次鉴定中，医方的责任程度为轻微责任。后经再次争取和充足的准备，第二次鉴定中，医方的责任程度为次要责任。

2. 发生医疗纠纷，患方要在第一时间做好证据固定。医疗纠纷一般对于个人而言，并不高频，所以患方并没有任何经验，甚至手足无措难有章法。建议患方在第一时间固定证据，即要求医院封存病历，而医院必须依法履行。封存病历的意义在于能将未来用于鉴定的全套病史材料及时固定，且能避免医方篡改、增减。

## 十九、心内科

### 案例一　甲某与A医院医疗损害纠纷

**【基本案情】**

20××年×月×日凌晨1：24，患者因胸闷三天，至A医院急诊，查血压140/80mmHg，心电图提示：ST-T改变。×月×日凌晨3：53，心率150次/分，血压91/58 mmHg，收治入院。

×月×日凌晨患者摔倒在病床边，4：41分护工电话告知患者家属患者正在抢救。5点30分，宣告抢救无效死亡，死亡诊断：心源性猝死，冠心病。

**【当事人意见】**

患方认为：

1. 程序方面。

（1）无医嘱单。

医方提供的封存病历复印件中，没有发现医嘱单，故原告对患者入院后，医方的诊疗措施、检验措施的真实性高度怀疑。

（2）死亡小结、护理记录存在造假嫌疑。

医方在死亡小结上写，×月×日凌晨4：16患者摔倒在床边；护理记录上也写×月×日凌晨4：16患者昏迷。

但患方调阅了医方的监控记录，发现医方不可能4：16发现患者昏迷，4：16

也没有人打铃，4：36 护士去病房抽血才发现患者情况不好。不排除医方在死亡小结、护理记录造假。

（3）不排除心电监护记录单造假。

本案心电监护为关键所在，但封存的病历中，竟然发现同一时间，两份心电监护记录，一份是×月×日，14：00，19：00，两个记录，仅有两个血压。一份从×月×日 9：00 至×月×日 3：00，19 个记录，但仅有心率，没有血压，没有呼吸，没有 $SpO_2$（血氧饱和度）的记录。不排除医方伪造心电监护记录的可能，同时也不能排除医方没有严密监测病人，特别是血压。

2. 实体方面。

（1）入院后未完善各项检查。

患者入院到死亡超过 24 小时，在心电图有 ST-T 变化的情况下，没有进一步复查心肌酶谱。也没有检查 BNP（脑钠肽）、D-D 二聚体、凝血功能等。

（2）对疾病的进展预见性不足。

患者凌晨突然死亡，医方没有告病危，没有履行告知义务，不排除医方对疾病进展的预见性不足，没有及时诊断治疗，导致患者死亡。

（3）心电监护问题。

发现心电监护记录内容不全，尤其是血压、呼吸、$SpO_2$ 方面，因为医方没有严密监护，导致患者死亡。

**【鉴定意见】**

无。

**【裁判要旨】**

本案以调解方式结案。

**【办案心得】**

在本案中，笔者代理的是患方。就本案的思考如下：

1. 医方应提高急诊识别危重症患者的能力。本案例中医方的急诊医生未对可能危及生命安全的患者进行进一步检查和严密监护，是缺乏对危重症预见的表现。医方应提高急诊医生对危重症的判断和预见能力。

2. 就办案过程来说，本案的关键点在于监控录像的调取。在调取监控录像后，我方在护士台的监控录像中发现存在系统报警的情况，但报警后没有护士关注，也没有人员及时对患者采取抢救措施，以致患者错过了急救的黄金时间。

## 案例二 甲某与A医院医疗损害纠纷

### 【基本案情】

20××年×月×日患者因“胸闷伴头晕1天”入院，当日外院心电图：心房颤动，左室高电压，S-T段压低（V4、V5、V6呈下斜型压低0.5mV）、T波改变（I、Ⅱ、aVF、V4-V6倒置）。患者既往高血压病史20年。查体：Bp：148/89mmHg，神清，精神可，两肺呼吸音粗，未闻及明显湿啰音。心率80次/分，心律绝对不齐，各瓣膜区未闻及明显杂音，腹软，无压痛及反跳痛，双下肢无水肿。入院诊断：冠状动脉粥样硬化性心脏病（心绞痛型心律失常 心房颤动，心功能I级）；高血压（3级 极高危）；2型糖尿病。入院后予双联抗血小板聚集（阿司匹林、氯比格雷）、降压（硝苯地平控释片）、降糖（格列美脲）、营养心肌及对症支持治疗。当日查NT-proBNP（心力衰竭标志物）182 pg/mL（阴性<500 pg/mL），肌钙蛋白10.29ng/mL（阴性<0.034 ng/mL），肌酸激酶同工酶2.0 ng/mL（参考值0~2.4 ng/mL），肌红蛋白MB 121.1ng/mL（参考值0~121ng/mL）。血常规：白细胞$6.05\times10^9$/L，中性粒细胞72.5%。医方考虑急性冠状动脉综合征、转入CCU治疗。×月×日医方予以“异舒吉”微泵扩冠治疗。

×月×日晚患者出现胸闷、胸痛不适，并呕吐一次，$SpO_2$（脉搏氧饱和度）80%~85%，予以BIPAP（呼吸机）辅助通气，“异舒吉、西地兰、喘定、呋塞米”对症处理。查NT-proBNP 2946pg/mL，肌钙蛋白14.85 ng/mL，肌酸激酶同工酶28.3ng/mL，肌红蛋白MB 2000ng/mL。

×月×日患者胸闷、胸痛，伴少许咳嗽咳痰。鼻导管吸氧中，$SpO_2$ 95%~97%，查体：双肺底可及散在湿啰音。血气分析：pH7.34，$PaCO_2$（二氧化碳分压）33.5mmHg，$PaO_2$（氧分压）52.5mmHg。血常规：白细胞$9.85\times10^9$/L，中性粒细胞76.6%。胸部CT：1. 慢性支气管炎、肺气肿，两肺下叶间质增生、炎症、请随访。2. 主动脉及冠状动脉壁钙化，肺瘀血，心影增大，双侧胸腔积液，心功能不全考虑，请结合临床。3. 附见：脂肪肝。心超：LA41，UV48/3，LEF 59%。左房增大，左室下壁及左室侧壁收缩活动减弱，主动脉瓣钙化伴主动脉。医方考虑肺部感染，予以“头孢他啶”抗感染，“单硝酸异山梨酯”微泵治疗。

×月×日 5：35 患者胸闷不适，伴气促，心电监护见短阵室速发作，予以 BIPAP（呼吸机）辅助通气，“呋塞米”静推，“胺碘酮”静滴维持，“单硝酸异山酯”微泵。8：00 患者心电监护示血压测不出，指末氧测不出，心率 90bpm、房颤律。患者呈点头样呼吸、精神萎靡。呼之有反应。不能对答、大动脉搏动可触及、水银血压计测血压 50/30mmHg。查体：双肺呼吸音粗、满肺闻及干啰音及湿啰音，远端肢体皮温低，足背动脉触及不到。予“多巴胺、肾上腺素、阿拉明、碳酸氢钠”等治疗。床边心超未见心包填塞。至 9：20 患者突发呼吸骤停，意识丧失，血压测不出、大动脉搏动消失、心电监护示室颤，予以电除颤，持续胸外按压、“肾上腺素、可拉明”静脉推注、“多巴胺”静滴等药物抢救半小时后，9：50 宣告临床死亡。死亡原因：急性冠状动脉综合征，急性左心衰，心源性休克。

## 【当事人意见】

患方认为：

1. 医方是否失职懈怠、对病情发展判断失误。

（1）20××年×月×日，病人入院时的检查结果显示心梗指征，冠状动脉造影是进一步检查手段，而医生解释因为当天是周六，手术时间需要等到周一科室主任诊断后确定。医院置患者危急病情于不顾，未及时采取恰当、积极处置，错失治疗时机。

（2）20××年×月×日，病人反复胸痛（护理记录单上有记载），仍未引起医院重视，未进一步检查，如检查发现肌钙蛋白进一步升高，及时实施 CAG 手术，仍有挽救生命的机会，医院再次错失手术时机。

（3）20××年×月×日，早上病人病情加重，医院未及时有效处置，更未联系病人家属，只是在 15：30 之后通知家属签署了病危通知书和手术治疗同意书。家属担心病人安危，医生答复医院会安排手术，但事实上医院仍未足够重视，甚至在发生危急值报告之后仍未采取有效措施，再次错失手术时机。

（4）20××年×月×日，在病人病情进一步加重，×日已告病危情况下，医院仍然未采取积极有效措施，甚至没有监测心肌酶谱的变化，医院失职懈怠，对病情发展的判断一再失误，再一次错失积极治疗时机。

（5）20××年×月×日，病情发生变化，从5：24发病到9：50病人死亡，历时4个半小时，医院仅采用普通抢救手段，既未采用CAG手术，更未通知家属，致使病人错失了最后的生存机会。

2. 医方疏于观察、延误治疗。

心肌梗死病人病情发展迅速，需要对生命体征及相关指标进行连续记录和观察，并根据病情进行针对性处置，但医院未对心肌酶谱、氧饱和度等进行连续观测，致使脏器缺血缺氧未能及时纠正，发生心源性休克，直至死亡。

（1）×月×日病人反复胸痛，医院未引起重视，未进行心肌酶谱检查，未及时发现病情变化，未进行及时处置而使病情逐渐加重。

（2）×月×日病人病情加重，心电图发生动态改变：ST-T改变（Ⅱ导联ST下斜压低，V1导联ST弓背样提高）。NT-proBNP 2946 pg/mL，肌钙蛋白14.85ng/mL，CPK-MB 28.3 ng/mL，肌红蛋白2000ng/mL，远超正常指标，病人处于极为危险的情况。一般护理记录中记录了危急值报告，但主观病历仅在×日的记录中体现，而且医院仍未进行及时处置。

（3）×月×日在病情变化后没有进行心肌酶谱的连续监测，在×日已经发出病危通知书，医院已经获得手术同意书的情况下，仍未采取针对性有效措施，致使病情进一步恶化，直至×日晨，病人因延误治疗而死亡。

（4）医方不适当使用“西地兰、地高辛”药物。患者为心肌梗死病人，但被告医院仍不适当地使用“西地兰、地高辛”等洋地黄药物，导致心肌耗氧量增大，加重病情。

（5）没有及时纠正酸中毒。血气分析显示患者酸中毒明显，但被告医院没有及时纠正。

患者从×月×日入院到×月×日死亡，共四天，超过90个小时，医院在得到病人及家属的积极配合，在家属按医方要求签署授权委托书、病危通知书和手术同意书等文件的情况下，仍未及时进行针对性有效治疗，致使病情逐渐恶化，从非ST-T段抬高性心梗，进展为ST-T变化性心梗，医院未把危重病人生命放在第一位，疏于观测，病情发展判断失误，违反诊疗常规，一再拖延，没有及时行冠状动脉造影等治疗，致使病人因延误治疗而死亡。

3. 医方是否为掩盖真相，病历造假。

患者病情清楚，应采用的治疗手段比较明确，但医院疏忽懈怠，未及时手术治疗，为掩盖延误治疗的责任，医院在主观病历和客观病历多处造假。

（1）隐藏关键文件。×月×日病人家属签署手术同意书，患方要求挽救生命、尽快手术。但医方为掩盖延误治疗责任，藏匿该手术同意书。

（2）医生篡改客观病历，修改家属签字时间，试图掩盖延误治疗的事实。医方已经当庭承认医生篡改了病危通知书发送时间（见庭审记录）。医方当庭承认病危通知书是×月×日发出，事后被医生改为×月×日，但对于篡改未给出合理理由。

（3）主观病历造假，造假后的主观病历与客观病历自相矛盾。为掩盖延误治疗是医院的责任这一事实，医院在主观病历多处伪造记载家属及患者不同意进行冠状动脉介入治疗。事实是患者和家属全程配合医院治疗，第一时间签署了包括手术同意书、心内科诊疗计划告知书、授权委托书、病危通知书等一系列文件。而且与医方篡改后的主观病历恰恰相反的是，在医方的客观病历中有患方同意手术的证据。如：临时医嘱单日期××-×-×早上08：41记录有“明行冠状动脉造影，备皮”；在一般护理记录×月×日早上9：46分记录有“患者明行CAG手术，做好宣教”等内容。没有患者和家属的同意，何来18日早上的手术准备？

4. 医院未妥善履行告知义务。

治疗期间，患者与家属积极配合治疗，每天在医方CCU规定的探视时间均到医院积极与医生沟通，为确保医院随时能联系到家属，家属甚至在手术同意书、授权委托书上都留有两个人的电话号码，并不厌其烦地嘱托任何情况随时可以联系家属，但医院并未与病人及家属及时沟通病人的病情，以及病情发展情况，更从未主动联系过病人家属。在×日早上病人出现心衰、×日下午检查出心肌酶谱严重超标，×日早上病人抢救等这些患者病情发生极为严重、明显的变化时均未通知病人家属。医院的失职、医生的淡漠使病人家属无法及时、真实了解病情，使病人及家属对病情没有充分和必要的了解，甚至病人和家属都没有临终告别的机会。

**【鉴定意见】**

专家综合分析后认为：

1. 诊断正确。

根据患者主诉（胸闷伴头晕 1 天）、心电图表现（V4、V5、V6 S-T 段压低。I、Ⅱ、aVF、V4-V6 T 波倒置）及之后的动态变化、心肌标志物进行性升高，医方诊断“急性冠状动脉综合征”依据充分。

2. 医方对病情变化估计不足。

患者入院后，医方虽已追踪心电图变化，并转入 CCU、给予抗血小板、抗凝等治疗，但入院当日未及时复查心肌酶标志物（肌钙蛋白、肌酸激酶同工酶、肌红蛋白等）以进一步了解患者病情变化。至×月×日患者心肌酶标志物明显升高，并出现心力衰竭症状（查体双肺湿啰音、NT-proBNP 显著升高）。依据患者入院时的心电图表现，患者为非 S-T 段抬高性心梗，根据人民卫生出版社 2013 年出版的《内科学》第 241 页：急性冠状动脉综合征中非 S-T 段抬高型心肌梗死一节治疗原则中关于经皮冠状动脉介入治疗（PCI）的阐述“对于有顽固性心绞痛、伴有心衰、威胁生命的室性心律失常以及血流动力学不稳定的患者，建议行急诊（<2 小时）冠状动脉造影及血运重建术，对于肌钙蛋白增高或 ST-T 动态改变的患者，建议早期 24 小时内行冠状动脉造影及血运重建术，对于症状反复发作且合并至少一项危险因素（肌钙蛋白升高、ST-T 改变、糖尿病、肾功能不全、左心室功能减低、既往心肌梗死、既往 PCI 或冠状动脉旁路移植术史等）的 UA/NESTEM（不稳定型心绞痛/非 S-T 段抬高型心肌梗死）患者建议于发病 72 小时内行冠状动脉造影”。患者入院时虽并不具备行 PCI 指征、但至×月×日行 PCI 术有一定指征，医方此时未行 PCI 术重建血运改善心肌缺血症状。与患者最后因急性冠状动脉综合征、急性左心衰、心源性休克死亡有一定的因果关系。

3. “西地兰、地高辛”用药有指征。

患者心电图表现为房颤律、入院后出现急性左心衰、医方予以“西地兰”纠正房颤律、“地高辛”纠正心力衰竭符合临床诊疗规范。

患者高龄、本身心脏基础疾病重（多年高血压导致左心室肥厚伴房颤律）且伴有十余年的糖尿病病史。自身基础疾病危重，行 PCI 术风险极大，疾病本身的严重性是其死亡的主要原因。

综上，医方承担次要责任。鉴定意见如下：

1. 本例属于对患者人身的医疗损害。

2. A 医院在医疗活动中存在对病情变化估计不足的医疗过错，与患者死亡的人身损害结果存在一定的因果关系。

3. 参照《医疗事故分级标准（试行）》，患者的人身医疗损害等级为一级甲等。

4. 本例医疗损害医方的责任程度为次要责任。

**【裁判要旨】**

本案以调解方式结案。

**【办案心得】**

在本案中，笔者代理的是患方。本案患者等待冠状动脉造影搭支架时间过长，且患者自身年龄也偏大，医方对患者病情变化估计不足。就本案的思考如下：

1. 医方对患者病情的变化情况，要时刻监测，并随着变化调整诊疗手段。患者入院时虽并不具备行 PCI 指征、但至×月×日行 PCI 术有一定指征，医方此时未行 PCI 术重建血运改善心肌缺血症状，这说明医方对患者的病情变化估计不足，也未深入了解患者的情况。人体的各类指标本就变化多端，所以医方才需在不同时期监测，从而给诊疗方式提供参考，医方要善于观测和利用这些指标给出的信息。

2. 在医疗纠纷实务中，鉴定方式、鉴定机构的选择往往也成为医患双方的争议点。司法鉴定中的法医，是医患双方以外的第三人，其出具的鉴定意见更具公平公正性、客观性，但司法鉴定相较于医学会鉴定，费用也更高昂，所以医疗纠纷在鉴定方式的选择上，极具考究。医方一般都更倾向于选择医学会鉴定。为避免争议发酵，医患双方最好还是协商一致，各执己见并不能合理高效地解决问题。

## 案例三　甲某、乙某与A医院医疗损害纠纷

**【基本案情】**

患者于×月×日手术，胸腔镜房颤消融术，手术时间9：39—13：13。×月×日，患者死亡。

**【当事人意见】**

患方认为：

患者的死亡与医院的医疗行为有因果关系。

1. 除颤一般是心内科，外科手术方式创面大。

2. 患者术前没有做肺功能检查。术前应行此常规。如本身有肺部疾患，可导致术后恢复缓慢，继发感染。

3. 一个简单的手术，用了近四个小时，手术中发生了什么？

4. 术后患者一直发热不退，有半月余，且频繁诉胸痛、无法脱机。胸痛的原因是什么？

5. 患者术后在ICU，多次发生心律失常，频繁房颤，室上速，说明手术本身不成功。

6. ×月×日，术后第二天，监护记录上出现电复律，恢复气管插管，其中发生了什么？

7. 气管食管瘘：×月×日的纤维支气管镜没有报告，×月×日纤维支气管镜示气管食管瘘。为何会发生气管食管瘘？是气管插管中损伤吗？

8. 心脏术后，术后不能脱机，往往原因是心脏衰竭或者严重心脏疾病，不排除手术原因导致。

9. 患者术后10天不到，就查出了鲍曼不动杆菌，一方面说明感染严重，另一方面说明呼吸机消毒存在缺陷。

10. 其他：病史中，术前的胸部CT没有看见报告，入院后的血气分析也没见到报告。

**【鉴定意见】**

无。

【裁判要旨】

本案以调解方式结案。

【办案心得】

在本案中，笔者代理的是患方。患者年龄较大，手术行胸腔镜房颤消融术，术后十天死亡。就本案的思考如下：

1. 医方对高龄患者的诊治应当全面评估。老年患者具有特殊性，单纯高龄就应当被视为高风险人群，在治疗上需要考虑到方方面面。因此，医方在诊断老年患者病情时应全面评估患者的生命状态，各器官功能及可能出现的风险。治疗切勿激进，要更留心，做全方面评估，权衡获益和风险。

2. 处理医疗纠纷机构的选择。医患双方一旦发生纠纷，若患方选择通过法院诉讼解决，可能会遇到医疗纠纷审理时限长、审理要求高、纠纷难化解的问题。通过医调委解决纠纷，是一个较好的缓冲方式，既有中间方调和医患双方，又有医疗专家给出专业且中立的意见，为医疗纠纷的化解提供了良好的基础。

## 案例四　甲某与A医院医疗损害纠纷

【基本案情】

20××年×月×日患者因反复胸闷、胸痛5年，加重伴气促1周入住A医院CCU（冠心病监护病房）。入院诊断：冠心病（不稳定型心绞痛，心功能Ⅱ级）；肺动脉栓塞；高血压（3级，极高危）。给予抗凝、抗血小板等治疗。×月×日5：30患者意识不清，瞳孔不等大，对光反射消失，行头颅CT：左侧丘脑、基底节、放射冠脑出血，破入脑室；×月×日8时许患者死亡。

【当事人意见】

1. 患方认为：

（1）医方对抗血小板、抗凝治疗的风险没有进行告知。

（2）对既往使用低分子肝素有过出血病史的患者，且入院时凝血功能指标异常，仍进行抗凝、抗血小板治疗。抗凝药物过度使用（未显示终止使用时间），不排除导致患者脑出血死亡。病情观察不仔细，病历记录不完整。

（3）未及时行肺动脉 CTA（计算机体层血管成像）检查，肺动脉栓塞诊断错误。

（4）对检验危急值处置流程欠规范。

2. 医方认为：

患者“冠心病，不稳定型心绞痛，心功能Ⅱ级；肺动脉栓塞；高血压 3 级，极高危组”的诊断明确，诊治过程符合规范，药物使用和剂量严格按照指南实施，医方也尽到了知情告知的义务。

**【鉴定意见】**

1. 某区医学会。

根据送鉴材料，专家组分析认为：

患者因胸闷胸痛加重伴气促入院，医方诊断为冠心病、不稳定型心绞痛、肺栓塞，给予阿司匹林、氯吡格雷、低分子肝素、丹参等抗血小板、抗凝治疗，后出现脑出血，最终死亡。

根据病史、体格检查及辅助检查，入院后医方诊断“冠心病、不稳定型心绞痛 、肺栓塞” 正确。

但医方存在以下医疗不足行为：

（1）对患者既往使用低分子肝素出血病史及本次入院后相关的出凝血指标异常重视不够。

（2）在多重抗血小板、抗凝药物同时使用的情况下，对病情观察不仔细，对相应的病情变化处理不及时（如血压升高、出现头痛），对应的病史记录也不够完整。

（3）对检验危急值的管理处置流程欠规范。

由于患者本身有冠心病、不稳定型心绞痛，高血压，脑动脉硬化等基础疾病，属脑血管意外高危患者，故医方医疗不足行为对患者死亡的后果承担对等责任。

鉴定意见：

（1）本例属于对患者人身的医疗损害。

（2）A 医院在医疗活动中存在抗血小板和抗凝药物使用欠规范等医疗不

足，参照《医疗事故分级标准（试行）》患者的人身医疗损害等级为一级甲等。

（3）本例医疗损害医方的责任程度为对等责任。

2. 某市医学会。

根据送鉴资料，专家组分析认为：

（1）抗凝、抗血小板治疗未违反诊疗常规。医方拟诊“不稳定型心绞痛”，有抗凝、抗血小板治疗指征，根据2次复查的出凝血指标结果（均正常范围），无治疗禁忌证，给予阿司匹林、氯吡格雷、低分子肝素等药物治疗（用法及剂量），符合不稳定型心绞痛诊疗指南。

（2）对检验危急值的处置存在不足。医方在患者入院后，对首次出凝血功能检查结果明显异常的情况，医方在病程记录中未见记录和分析，存在不足。但当日医方即两次复查上述出凝血指标，结果均在正常范围以内，且在患者出现脑出血后再次复查，上述指标仍正常。医方上述不足与患者死亡无因果关系。

（3）医方对患者头痛主诉重视不够。20××年×月×日下午患者主诉头痛，次日晨查头颅CT示脑出血。虽然护理记录显示当日夜间患者血压正常，且有喝水和解便等活动记录，但医方病程记录中未反映出当时对患者做过相应的体格检查和辅助检查以明确头痛原因，故无法完全排除医方不足与患者死亡存在一定因果关系。

（4）死亡原因：经现场阅读头颅CT片，患者为广泛脑出血，与自身基础脑血管疾病及抗凝治疗有关，属极危重状况，治疗困难，救治成功率低。

鉴定意见：

（1）本例属于对患者人身的医疗损害。

（2）A医院在医疗活动中存在对患者头痛主诉重视不够的医疗过错，无法完全排除此过错与患者死亡的人身损害结果存在一定的因果关系。

（3）参照《医疗事故分级标准（试行）》，患者的人身医疗损害等级为一级甲等。

（4）本例医疗损害医方的责任程度为轻微责任。

【裁判要旨】

本案以调解方式结案。

【办案心得】

在本案中，笔者代理的是患方。就本案的思考如下：

患者患有冠心病以及基础脑血管疾病，出现脑出血，最终死亡。某区医学会鉴定为医疗损害，医方的责任程度为对等责任。某市医学会推翻某区医学会鉴定意见，认为医方的责任程度为轻微责任。医方过错在于对患者头痛主诉重视不够。笔者认为，医疗机构在开展诊疗活动中，应重点关注患者的病情以及反应的生理症状；同时应全面掌握患者的过往病史，避免因疏忽大意造成医疗损害。

## 案例五　甲某与A医院医疗损害纠纷

【基本案情】

20××年×月×日患者甲某因“反复胸闷气促1年”入住A医院。据住院病案记载：入院时检查：患者神志清楚，发育正常，血压106/72mmHg，双肺呼吸音清，未闻及干湿啰音，心前区无隆起，未见异常搏动，未触及震颤，心率50次/分，心律绝对不齐，各瓣膜听诊区未闻及明显病理性杂音，双下肢无水肿。入院后诊断：心律失常-房颤伴长RR（心室搏动间距）间期，心功能Ⅲ级（NYHA〔心力衰竭分级〕），高血压Ⅰ级，极高危。予以营养心肌、改善心功能、抗凝等治疗。当日心脏超声提示左心及右房增大，二、三尖瓣少量反流，左室顺应性减低，收缩功能正常，射血分数62%；×月×日食道超声左房未见血栓形成。心脏CTA未见异常。×月×日在全麻下行心内电生理检查及射频导管消融术，术中诊断持续性房颤，消融后转为房扑，150J同步电复律后恢复窦性心律。×月×日查动态心电图提示窦性心律（最快心率97次/分，最慢心率56次/分，平均心率67次/分）；房性早搏，总计发生404次，其中单发364次，部分呈二联律，成对10对，短阵房速2阵，室性早搏，总计单发2次。经治疗至×月×日患者出院。

20××年×月×日患者因“头晕、心悸1天”入住B医院，诊断“心律失常-心房颤动射频消融术后，心房扑动”等，经治疗后于×月×日出院。

20××年×月×日患者因反复心慌不适1年余，射频消融术后4月，胸闷气促加重2月余入住D医院。予以抗凝、利尿、降压、抗心律失常、减少心肌耗氧等治疗。×月×日行心脏电生理检查、射频消融治疗+Carto3（三维心脏电解剖标测系统）。×月×日在静脉麻醉下予以200J双向同步心脏电复律治疗后恢复窦性心律，经治疗后于20××年×月×日出院。

20××年×月×日患者在C医院心电图检查提示窦性心律；次日心脏超声检查提示左房室增大（左心房内径45mm），射血分数60%。

**【当事人意见】**

1. 患方认为：

（1）医方的手术错误，导致患者术后两次住院，带来严重身体损害。

（2）医方的心血管介入手术记录表明有造假嫌疑，医方应承担全部责任。

2. 医方认为：

（1）患者是持续性房颤，行射频消融为首选，对患者的诊疗过程符合规范。

（2）患者出院后即外出，出行疲劳等成为复发诱因，其病情复杂多样化，在多家医院诊治中都不是同一疾病。故与医院诊疗行为没有直接关系。

**【鉴定意见】**

本病例暴露医方术前与患方沟通欠佳，患者对射频导管消融术后效果过于乐观，以致思想准备不充分，由此引发本起纠纷。而相关术者有无非法行医和病历涉嫌造假等问题非本医疗技术鉴定范畴。

本例不属于对患者人身的医疗损害。

**【裁判要旨】**

本案以调解方式结案。

**【办案心得】**

在本案中，笔者代理的是患方。患方入A医院经导管射频消融术后，导致反复心慌、胸闷等严重身体损害。就本案的思考如下：

1. 医疗损害的过错点不局限于诊疗手段，诊疗程序规范、病史问题等都是突破点。医疗纠纷具备医学专业性的特性，在对医院过错点实施判断时，需要结合专业知识来判断，且往往涉及的科室较为繁杂。除了诊疗过错点，对医疗行为要有系统性的认知，要对医疗行为的众多制度、规范和流程能有所了解，例如会诊制度、手术分级制度、病历书写基本规范与管理制度等。因为医疗纠纷除诊疗过程是否合理，还涉及诊疗程序是否规范、病历书写是否规范等程序问题。所以，医疗纠纷在诉讼中是一个既庞大繁杂，又包罗万象的纠纷类型，这也是需要予以鉴定的重要原因。

2. 加强医患沟通，能有效避免一部分的医疗纠纷。本案的鉴定意见中提到，本病例暴露医方术前与患方沟通欠佳，患者对导管射频消融术后效果过于乐观，以致思想准备不充分，由此引发本起纠纷。由此可见，如果医院能在术前对患方讲清楚手术的利弊和风险点，让患方有正确的风险认识和心理准备，可能不至于对患方造成较大的冲击，也就避免了此次纠纷的发生。

## 案例六　甲某与 A 医院医疗损害纠纷

**【基本案情】**

患者有糖尿病、高血压病史多年，长期服用降压降糖药物，20××年×月×日患者因胸痛一年伴左手臂麻木至 A 医院门诊，疑冠心病收治入院。入院诊断为冠心病、急性冠状动脉综合征，入院记录、首次病程记录中多个病历中既往史都遗漏患者高血压病史。×月×日，医方行冠状动脉造影、PCI 术（经皮冠状动脉介入治疗）。×月×日患者死亡。

**【当事人意见】**

1. 患方认为：

（1）医方术前对病情评估预判分析不足。门诊病历上记载患者原有糖尿病、高血压病史多年，长期服用尼群地平等药物，医方入院时遗漏患者有高血糖、高血压持续服药病史，且未予入院后继续给药。且患者有左手臂麻木，医方未行头颅 CT 即手术。介入术前血压 173/80mmHg，医方仍坚持手术，导致患者脑出血死亡。

（2）医方冠状动脉造影介入术适应证及时机掌握不恰当。对患者术中异常情况未中止操作或采取控制措施，导致患者颅内压升高，血管破裂，与患者死亡存在因果关系。

（3）医方知情同意书与术前告知不详，未告知脑出血风险，侵犯患方知情同意权。

（4）医方术中发生蛛网膜下腔出血后，抢救不当。医方没有立刻停止使用抗凝药物，导致患者出血加重；后续出现尿量大于入量，扩容不足，水电解质进一步紊乱，休克加重。医方诊治过程不当，与患者死亡存在因果关系。

2. 医方认为：

（1）患者入院前最近一次高血压、糖尿病配药记录为20××年×月×日，此后未再有门诊用高血压药记录。20××年×月×日入院后患者血压130/80mmHg，次日血压110/70mmHg，血压均正常，高血压诊断依据不足，故未使用降压药物。173/80mmHg为患者进入导管室心电监护测血压的结果，考虑术前紧张可能，并没有必须停止手术的指征。

（2）介入治疗的术前告知书列出了介入治疗中常见的一些风险和其他难以预料的意外。

（3）患者入院后检查空腹血糖8.4mmol/L，左手臂麻木不属于手术禁忌范围。

（4）患者有胸闷胸痛症状，心电图有S-T段压低，提示心肌缺血，TnI升高，故有冠状动脉造影的适应证。

（5）病史中有部分记录未签名，把年龄写错等，工作不够细致。医方在治疗过程中均按医疗常规，死亡系意外疾病所致，与医疗行为无明确的因果关系。

**【鉴定意见】**

1. 冠状动脉造影术有指征：患者有反复胸闷胸痛2年，本次加重10小时后入院，20××年×月×日在社区医院行心电图示S-T段压低0.05mV，T波改变，建议上级医院进一步诊治。当日10：52医方查肌钙蛋白I定量0.095ng/mL（参考值<0.034ng/mL），当日下午复查肌钙蛋白I定量0.089ng/mL，据人民卫生出版社2013年出版的《内科学》第227页，急性冠状动脉综合征包括不稳定型心绞痛、非S-T段抬高型心肌梗死和S-T段抬高型心肌梗死。本例患者有胸闷胸痛症状、心电图有心肌缺血表现以及心脏标志物检查心脏肌钙蛋白I定

量明显高于正常参考值上限，属于不稳定型心绞痛，医方诊断“冠状动脉粥样硬化性心脏病、急性冠状动脉综合征、心功能I级（NYHA）”正确。据《内科学》第239~242页，急性冠状动脉综合征的治疗包括一般治疗、药物治疗和冠状动脉血运重建术如经皮冠状动脉介入治疗等。医方在患者入院后给予“肠溶阿司匹林、氯吡格雷片、瑞舒伐他汀钙片、单硝酸异山梨酯片、美托洛尔、依诺肝素钠”等治疗，施行冠状动脉造影术有适应证。术前医方对手术风险和可能并发症以及替代医疗方案有书面告知，患方签字同意手术。

2. 手术时机无不当：患者为不稳定型心绞痛，急性冠状动脉综合征诊断后应早期施行介入治疗，本例患者介入术前血压173/80mmHg，并非介入术的禁忌证。

3. 脑出血后的处置符合规范：患者冠状动脉造影术中突发意识不清、呼之无反应、有呼吸暂停。鉴定会现场专家阅片，认为颅内脑动脉瘤破裂可能性大；根据当时病情严重状况，以对症处理、稳定生命体征为主。医方立即给予“地塞米松”、“甘露醇”降颅压、“硝酸甘油”控制血压，呼吸球囊辅助通气，同时联系五官科、神经内科、麻醉科等科室急会诊。患者一度出现呼吸微弱，指脉氧降至77%，心率下降，血压降至80/52mmHg，嘴唇及四肢发绀明显，给予“碳酸氢钠”纠酸，“肾上腺素”强心，停用“地尔硫卓针”，给予“多巴胺”升压。15：33患者急查头颅CT示部分脑池、脑沟密度增高影，鞍上池右侧为主，考虑动脉瘤破裂合并蛛网膜下腔出血可能，请神经外科会诊。16：32长期医嘱停用“阿司匹林、氯吡格雷、依诺肝素、丹红注射液”等药物。16：55长期医嘱开具告病危。神经外科会诊考虑动脉瘤破裂，自发性蛛网膜下腔出血，急性脑积水，脑室扩大，四脑室铸型，死亡率高。17：30患者于床边局麻下行颅内压监护探头置入术+右侧脑室外引流术。医方对脑出血发生后的处置符合医疗规范。患者后续出现尿量大于入量，与其脑出血后并发尿崩症有关。

4. 死亡原因：回顾相关鉴定资料，患者有隐匿性颅内动脉瘤可能，平素没有症状，普通头颅CT平扫无法发现。动脉瘤何时破裂不可预知，难以预防，一旦破裂，死亡率很高。该患者死亡与其自身疾病有关，非医疗行为所致。

5. 存在不足：患者有高血压，但医方在入院诊断中未记录该诊断，诊断欠完善。患者发生脑出血后医患沟通欠充分，以至于患方对患者的死亡原因无法理解。但此与患者死亡无因果关系。

综上所述：

1. 本例不属于对患者人身的医疗损害。

2. 医方在医疗活动中存在诊断欠完整、术后沟通欠缺的不足，但与患者死亡不存在因果关系。

**【裁判要旨】**

本案以调解方式结案。

**【办案心得】**

在本案中，笔者代理的是患方。患者反复胸闷胸痛，因胸痛加重入 A 医院，行心脏冠状动脉造影+介入术，后患者脑出血死亡。就本案的思考如下：

1. 尸体解剖是发现和明确死因的重要手段。患者死亡后，医患双方对死因无异议，可以不做尸体解剖。而患者家属对死因存有异议或者诊断不明的，应当通过尸体解剖及病理学检验来确定死因。拒绝或者拖延尸检、影响对死因的判定的，由拒绝或拖延的一方负责。本案由于患方拒做尸检，对患者的死因不能确定，依法应由患方承担举证不能的责任。由于没有尸体解剖，笔者对本案的压力很大。

2. 鉴定不利的情况下，要达到医患双方都满意的结果会很难。本案经历了两次鉴定，在鉴定前，医方愿意调解，双方未谈妥。在鉴定后，鉴定意见认为医方的医疗行为不属于对患者人身的医疗损害。这给患方和律师带来了很大压力，笔者认为虽然鉴定意见认定本案不属于医疗损害，但医方在诊疗活动中还是存在诊断不完整，沟通欠缺的问题，医生应加强与患者的良好沟通。

## 案例七　甲某与 A 医院医疗损害纠纷

**【基本案情】**

患方因窦性心律、室性早搏于 20××年×月×日至医方检查，同日住院接受射频消融术，因手术失败导致病情加重，后行双腔起搏器植入术。经某市医学会鉴定，医方构成三级乙等医疗事故，对应七级伤残，责任程度为对等责任，并评定相应的休息、营养、护理期限。故患方诉至某区人民法院，要求医方承担赔偿责任。

**【当事人意见】**

1. 患方认为：

（1）应判令医方按照50%的比例赔偿甲某医疗费×元（已扣除医疗保险基金统筹支付部分）、住院伙食补助费×元、营养费×元、残疾赔偿金×元、精神损害抚慰金×元、误工费×元、护理费×元、交通住宿费×元、律师代理费×元，合计×元，并要求医方承担鉴定费×元。

（2）患方声明保留向医方主张后续治疗费用的权利。

2. 医方认为：

对于患方诉称的诊疗经过无异议，但经某区医学会鉴定，医方并不构成对甲某的医疗损害。综合某区医学会和某市医学会的鉴定意见，医方酌情认可承担25%-30%的次要赔偿责任。对于甲某主张的具体赔偿项目：医疗费，凭据结合病历资料确认；住院伙食补助费、营养费、误工费、护理费，均无异议；残疾赔偿金，计算基数请求法院依法认定；精神损害抚慰金、律师代理费，请求法院酌情认定；交通住宿费，未见票据及支出的必要性，不予认可。

**【鉴定意见】**

1. 某区医学会出具鉴定意见分析认为：

（1）根据《室性心律失常中国专家共识》①，甲某动态心电图室早>10000次/24h，药物治疗效果欠佳，射频消融指征明确，手术符合诊疗规范。

（2）甲某射频消融术后出现Ⅲ度房室传导阻滞，未恢复，有植入起搏器适应证。

（3）部分特殊起源的室早，经射频消融手术无法完全避免发生Ⅲ度房室传导阻滞。

（4）医方在医疗活动中存在不足；术中标测后未再次强调可能出现Ⅲ度房室传导阻滞的风险。

某区医学会据此认定：

（1）本例不属于对甲某人身的医疗损害；

---

① 中华医学会心电生理和起搏分会、中国医师协会心律学专业委员会：《室性心律失常中国专家共识》，载《中国心脏起搏与心电生理杂志》2016年第4期。

（2）医方在医疗活动中存在术中标测后未再次强调可能出现Ⅲ度房室传导阻滞的风险的医疗不足，与甲某目前状况无因果关系。

2. 某市医学会出具鉴定意见分析认为：

（1）医方诊断“心律失常室性早搏，心功能Ⅱ级”正确；根据2016年《室性心律失常中国专家共识》指出“对于症状明显或不明原因的左心衰功能障碍的频发室早患者，推荐级别Ⅱa；症状明显、药物治疗效果不佳的高负荷流出道室早推荐导管消融……”病史记载患方曾口服中药治疗，但医方对具体服用药物及疗程未予记载，近期患方未经过正规抗心律失常药物治疗；患方虽有一定的手术治疗适应证，但医方手术指征掌握欠严谨。

（2）医方术中标测室性早搏起源部位距希氏束较近，应认识到有高风险出现Ⅲ度房室传导阻滞的可能，并再次有针对性地告知甲某；医方术中未再次与甲某确认告知。上述过错与患方发生Ⅲ度房室传导阻滞需终身依赖起搏器治疗有一定的因果关系。

（3）医方病史书写不规范，如×月×日术前讨论方案与实际操作不符等。

（4）医方行射频消融术前已常规告知甲某替代医疗方案（药物治疗）、手术风险及并发症（如病窦综合征、房室传导阻滞，严重者可能安装永久起搏器等）。甲某室性早搏起源部位靠近希氏束，手术难度大，风险高，发生Ⅲ度房室传导阻滞后，医方及时安装起搏器治疗，处理得当。

（5）甲某起搏器植入术后动态心电图提示基本为心房感知心室起搏心律，类比三级乙等医疗事故“不能控制的严重器质性心律失常，有中度功能障碍，存在一般医疗依赖，生活能自理”。

某市医学会据此认定：

（1）本例属于对甲某人身的医疗损害；

（2）医方在医疗活动中存在手术指征欠严谨、术中告知不充分的医疗过错，与患方Ⅲ度房室传导阻滞需起搏器治疗的人身损害结果有一定的因果关系；

（3）参照《医疗事故分级标准（试行）》，患方的人身医疗损害等级为三级乙等，对应七级伤残；

（4）本例医疗损害医方的责任程度为对等责任。

**【裁判要旨】**

法院认为，医务人员在诊疗活动中未尽到与当时的医疗水平相应的诊疗义务，造成患者损害，医疗机构应当承担赔偿责任。鉴于医疗技术的复杂性、医疗活动的专业性，医疗纠纷中医疗机构有无过错需借助专业、权威的机构进行鉴定。本案业经某市医学会重新鉴定，确定A医院在诊疗活动中已对甲某构成三级乙等的对等责任医疗损害，并对A医院的不足之处予以分析指出，已充分考虑到医疗过程中的具体情况，法院予以采纳。综合考量医疗机构的过错责任程度和甲某自身病情的发展因素，法院酌情认定A医院对甲某的损害后果应按50%的比例承担赔偿责任。

本案的损害赔偿范围确定如下：医疗费，凭据扣除住院伙食费×元和医疗保险基金负担部分，认定×元。交通住宿费，住宿费主张欠缺必要性和费用支出票据，考虑甲某就医、鉴定等合理代步支出，酌情认定×元。其余项目，患方主张金额均属合理，法院予以照准。医方应当按责承担×元。鉴定费×元，因属诉讼费用范畴，由法院依法决定。

法院判决如下：

A医院于本判决生效之日起十五日内赔偿甲某损失×元。

**【办案心得】**

在本案中，笔者代理的是患方。本案是典型的心内科医疗纠纷案件。本案患者当天门诊、当天住院、当天手术、当天发生损害后果。就本案的思考如下：

在申请某市医学会鉴定后，经过反复沟通、相关专家论证，最终某市医学会作出认定。其一，医方由于手术指征欠严谨、术中告知不充分，行射频消融术后导致患者Ⅲ度房室传导阻滞需植入永久起搏器，其责任程度为中间责任。其二，患者构成伤残，类比三级乙等医疗事故“不能控制的严重器质性心律失常，有中度功能障碍，存在一般医疗依赖，生活能自理”，患方的人身医疗损害等级为三级乙等，对应七级伤残。

由于患者后续需要依靠心脏起搏器，故我们还向法院主张了后续治疗费用，最终得到了法院的支持。

## 案例八 甲某、乙某、丙某、丁某与 A 医院医疗损害纠纷

### 【基本案情】

甲某与患者戊某系夫妻关系，生育乙某、丙某、丁某三人。患者戊某，因头晕、胸闷、胸痛，于20××年×月×日入住 A 医院心内科，×月×日检验肝功能指标异常，×月×日配了心内科疾病药物出院，A 医院北院心内科医生仅按心律失常处理，直至20××年×月×日在 A 医院 B 超诊断为肝内胆管癌，后行肿瘤射频消融术，20××年×月×日至×月×日期间入住 A 医院，20××年×月×日患者戊某死亡。

### 【当事人意见】

1. 患方认为：

（1）医方提供的病历复印件不符合《病历书写基本规范》。

（2）患者×月份住院期间两次发现肝功能指标异常，肝炎指标核心抗体阳性，既往病史记录否认肝炎病史，应进一步做相关检查。但医方病程记录没有记载，也未做如肝脏超声、CT 等影像学检查，以及肿瘤标志物化验等。第二次肝功能异常较前加重，仍未引起重视。

（3）患者住心内科期间发现肝功能异常，应请消化科会诊，协助诊治，但医方未采取上述措施，未做到首诊负责制。

（4）由于医方检查不完善，违反了高度注意、谨慎分析病情的诊疗常规，导致癌症漏诊，与患者死亡有直接因果关系。

2. 医方认为：

患者戊某的医疗损害鉴定已明确，本案不属于医疗事故，被告已完全履行了医疗服务合同的义务和目的，请求驳回原告方诉请。

### 【鉴定意见】

根据送检资料，专家组分析认为：

1. 医方检查欠完善，20××年×月×日患者因间断头晕 4 年，加重伴心悸，胸闷胸痛×月入住医方心内科，×月×日行冠状动脉造影，×月×日查肝功能示天门冬氨酸氨基转移酶 37U/L，碱性磷酸酶 210U/L，γ-谷氨酸转移酶 232 U/L，

谷氨酸脱氢酶 30.2 U/L，均高于正常值；丙氨酸氨基转移酶、胆红素及白蛋白正常。医方针对其肝功能异常给予复查，×月×日肝功能示直接胆红素 5.3μmol/L，白蛋白 35.8g/L，丙氨酸氨基转移酶 48U/L，天门冬氨酸氨基转移酶 63U/L，碱性磷酸酶 205U/L，γ-谷氨酸转移酶 262U/L，谷氨酸脱氢酶 53.3U/L。引起血清碱性磷酸酶升高为主的生物化学指标异常的原因很多，可见于（1）结石或肿瘤所致的胆管部分梗阻；（2）原发性硬化性胆管炎等；（3）肝脏浸润性疾病；（4）肝外疾病；（5）肝外肿瘤；（6）药物。对于肝功能异常的病人，需进一步行肝胆影像学检查（如腹部超声、CT、核磁共振等）方可排查肝功能异常原因，医方检查欠完善，存在不足。但复查肝功能后医方在 20××年×月×日出院记录中建议患者出院后至感染科门诊、肝病门诊或消化科门诊随访肝功能异常。医方对患者肝功能异常的后续处理意见已有书面告知，患方签收出院记录。出院后 3 月余，20××年×月×日患者至外院行腹部超声提示肝包块待查，同年×月患者诊断为肝内胆管癌，TxNxM1（骨）Ⅳ期，×月×日患者死亡。故医方的不足与患者恶性肿瘤发生发展乃至死亡无因果关系。

2. 原因力分析：胆管癌是胆管系统衬覆上皮发生的恶性肿瘤，具有恶性程度高、复杂难治、经规范治疗后的病例总体生存期较短的特点。本例患者年龄大，20××年×月在外院行超声提示肝包块待查，同年×月诊断“肝内胆管癌，TxNxMl（骨）Ⅳ期”，为恶性肿瘤晚期，×月×日死亡。自身疾病的特点是导致患者死亡的根本原因。

3. 关于病史问题：医方提供的复印病史缺少医生签名，不符合《病历书写基本规范》，应在今后工作中改进。

鉴定意见：

1. 本例不属于对患者人身的医疗损害。

2. A 医院在医疗活动中存在检查欠完善、病历书写欠规范的不足，但与患者死亡不存在因果关系。

**【裁判要旨】**

法院认为，由于诊疗活动具有专业性，在目前法律制度的框架下，对于诊疗活动是否存在过错有赖于专业机构进行判断，市医学会是专业、权威的鉴定机构，组织有关专家对原告、被告的医患之争进行了鉴定，鉴定操作程序合法，论证分析充分，鉴定意见符合客观事实，法院予以采信。根据鉴定意见，被告A医院在医疗活动中存在检查欠完善、病历书写欠规范的不足，但与患者死亡不存在因果关系，被告应承担相应医疗合同违约责任，具体金额由法院根据案件情况酌定。

法院判决如下：

被告A医院赔偿原告甲某、乙某、丙某、丁某鉴定费等损失×元，此款于判决生效之日起十日内付清。

**【办案心得】**

在本案中，笔者代理的是患方。就本案的思考如下：

1. 本案中A医院病历书写不规范，对检查发现患者戊某肝功能异常后没有引起重视并做进一步检查，也没有请消化科协助会诊，鉴定意见虽同样指出医方的上述过错行为，但最终认定A医院的诊疗活动与患者死亡无因果关系。

2. 律师团队在初期结合现有材料，考虑到鉴定意见的不确定性且本案医方确实在出院小结中提到肝功能异常，让患者复查，综合分析后认为，选择诉讼鉴定的方式对患者求得赔偿较为不利，所以一开始不建议患方诉讼，而是建议患者优先与医方进行调解，但医方态度坚决不予调解，最后患方只能走诉讼途径了。

3. 虽然鉴定意见不利于患方，但法院最终仍然采纳了律师的部分意见，为患方争取到了一定权益。

## 案例九　甲某与A医院医疗损害纠纷

**【基本案情】**

患者乙某为甲某母亲，乙某于20××年×月×日因骶尾部破溃2年入住A医院外科治疗压疮，原定病情稳定后×月回原实施PCI术（于经皮冠状动脉介入治疗）的B医院心血管造影复查。入院前生命体征平稳，20多年来于各大医院多次心电图，动态心电图检查中从未有过心动过缓现象，平均心率67次/分。×月×日心电图显示平均心率61次/分，偶发室性早搏。×月×日心超显示EF（射血分数）值正常63%。验血肌钙蛋白I 0.09ng/mL，肌酐87μmol/L，肾小球滤过57.06%，D-D二聚体910μg/L，血红蛋白132g/L，压疮创面干净，无感染征象。心衰指标在抗生素和利尿剂治疗后有所下降。但在A医院后期治疗过程中乙某死亡。

**【当事人意见】**

患方认为：

1. 患者乙某骶尾部破溃2年入住A医院创面中心。生命体征稳定，一般情况可。2天后伤口换药不易止血，医方创面中心未请血液科会诊评估病情而是邀请心内科会诊，停用利伐沙班改用阿司匹林药物，此医疗行为与临床诊疗常规不符；并与患者乙某日后血凝指标异常加剧，病情恶化有关，医方存有过失。

2. 患者入院后血糖指标控制不稳，与医方创面中心胰岛素剂量使用混乱，未请内分泌专科会诊，造成患者乙某日后多脏器功能不全，加剧有关，医方存有缺陷。

3. 医方创面中心对骶尾部破溃患者入住诊疗期间，只是一味地换药，经验性用药，未按照临床诊疗规范，予以积极清创，病原体检测，此与患者感染不断加深加重，器官衰竭、死亡之间存在因果关系。

4. 医生违规使用大剂量胰岛素，导致低血糖等一系列不良反应，与患者死亡存在因果关系。

**【鉴定意见】**

无。

**【裁判要旨】**

本案以调解方式结案。

**【办案心得】**

在本案中，笔者代理的是患方。就本案的思考如下：

根据《中华人民共和国医师法》第十四条第一款规定，医师经注册后，可以在医疗卫生机构中按照注册的执业地点、执业类别、执业范围执业，从事相应的医疗卫生服务。第十三条第四款规定，未注册取得医师执业证书，不得从事医师执业活动。故值班医生应取得医师执业证书后，从事医师执业活动。

## 案例十　甲某与A医院医疗损害纠纷

**【基本案情】**

20××年×月×日10：37患者因为咳嗽1月半，胸闷气促1周入住A医院。×月×日被行药物洗脱冠状动脉支架置入术。×月×日16：00出院，21：50出现胸闷不适，22：18救护车到场急救并送医院，当日死亡。

**【当事人意见】**

患方认为：

1. 医院术前心脏造影介入手术指征不明确，术前告知不清，有诊疗瑕疵。

术前，患者检查提示：胸片，心影增大；心超，左房扩大，左室收缩功能降低，EF40%；心电图，房颤。入院诊断，心房颤动，心功能不全。予行冠状动脉造影介入诊疗。此医疗行为存有手术指征不明确，术前告知不清的诊疗瑕疵。

2. 医院术后患者肌钙蛋白，心电图异常未予留院复查，有诊疗过失。

术后次日（×月×日）患者肌钙蛋白Ⅰ 0.18ng/mL（正常值0~0.03ng/mL）（术前心肌酶谱检查无异常），×月×日（术后第4天），心电图见房颤、ST-T改变，医方未予复查，存有缺陷。患者遵医嘱于×月×日16：00出院。6小时后胸闷不适经抢救后死亡。

术后检查出现问题，医生没有复查清楚原因还让患者出院，导致患者死亡，医院有不可推卸的责任。

3. 医院术后整整7日没有病程记录，严重违反病例书写规范。

患者家属封存病历后发现，没有×月×日以后的病程记录，而且住院后的病程记录也没有，病历严重缺失，多次询问医院，告知忘记写了。患者术后7天才出院，整整7天没有病程记录，这严重违反病历书写规范。

**【鉴定意见】**

无。

**【裁判要旨】**

本案以调解方式结案。

【办案心得】

在本案中，笔者代理的是患方。就本案的思考如下：

1. 医方有严重违反病历书写管理规范之嫌，因此本案以此作为与医院的谈判点，最终达成调解协议。

2. 落实各类诊疗制度，可有效预防医疗纠纷。《医疗纠纷预防和处理条例》第十五条第一款规定，医疗机构及其医务人员应当按照国务院卫生主管部门的规定，填写并妥善保管病历资料。该款旨在预防医疗纠纷，这也是本案医院出现的问题点之一，包括其他医疗质量安全管理制度，医疗风险防范制度等。可见，如果在前期做好充足的准备，能有效预防医疗纠纷，这也是《医疗纠纷预防和处理条例》的初衷，督促医院规范诊疗活动。

## 二十、心胸外科

### 案例一　甲某与 A 医院医疗损害纠纷

【基本案情】

20××年×月×日至20××年×月×日，患者第一次入住 A 医院心胸外科，头颅 CT 提示“两侧基底节区、半卵圆区斑点缺血灶，建议增强 MRI（磁共振成像）进一步检查”，临床症状为反复咳嗽、咳痰伴气促，肺功能检验报告为：“中重度阻塞性通气功能障碍，肺弥散功能中度减退。”

20××年×月×日患者第二次入住 A 医院心胸外科，于 20××年×月×日 8：30 在全麻下行支气管镜检。在支气管镜检前的《内窥镜术前（操作前）同家属谈话记录单》，没有告知家属脑血管意外风险，没有患者本人签字，家属签字没有得到患者本人授权。

根据患方陈述，×月×日 8：00 前，送患者去内窥镜室，患者家属对医生说明患者仍有气喘，但医方没有停止手术，仍坚持在全麻下，行支气管镜检。九点发现患者意识不清，尿失禁，医方没有就地抢救，而是说过一会儿就会好，十点以后，家属看患者没有恢复，也没有医生过问，只能推回病房。患者家属到处寻找医生，直至 11 点才找到，告知医生患者尿失禁以及左上肢及左下肢无法行动，但医方没有做对症治疗，仅仅是观察，并告知家属说患者可能年龄大了，恢复时间会长一点。患方还陈述，当天有多个麻醉师来到患者床边观察，但没有采取积极抢救措施，只是向家属说明患者不醒和麻醉无关。

根据医院的病历，患者×月×日 8：30 至 9：00 行无痛支气管镜检，9：40 已发现患者精神较微弱。临时医嘱单上，显示纤维支气管镜检的时间为 11：47，不排除医方伪造医嘱单可能。

×月×日 20：22 医方让患者行头颅 CT 检查，提示右侧额叶、颞叶、右侧基底节区及半卵圆区片状低密度影，考虑脑梗死可能。医方的临时医嘱单上显示 15：31 行头颅 CT，不排除医方伪造医嘱单可能。×月×日 15：45 头颅 MRI 提示右侧额颞顶枕叶、胼胝体及左侧额叶散在多发新发脑梗死。

根据医方记录×月×日 20：00 神经内科医生来会诊，没有采取有效治疗措施，×日转到 ICU 后，开始用降颅压、抗凝等药物，失去了脑梗死溶栓治疗最佳 6 小时时间。

因脑梗死诊断、治疗的延误，导致患者长期卧床，无法活动，进一步加重病情。且支气管镜检的结果未见明显异常。

根据患方陈述，患者 20××年×月×日起血压一直不好，患者家属与医生多次沟通，医方没有发病危通知书，没有使用监护仪器，没有采取任何抢救措施。患者 20××年×月×日 4：16 情况不佳，家属先后呼叫护士两次，护士喊医生，5：07 医生出现。根据家属陈述，医生没有使用听筒，没有做胸外心脏按摩，没有使用抢救药物（临时医嘱单上没有任何使用抢救药物的记录），看了患者瞳孔说患者死亡，同时现场也没有监护仪器。

患方发现，体温单及临时医嘱单上死亡时间是 4：50，但死亡记录上是 5：50。为此患方×月×日到医院封存了×月×日的相关录像。

**【当事人意见】**

患方认为：

1. 医嘱单造假。

根据医院的病历，患者×月×日 8：30 至 9：00 行无痛支气管镜检，9：40 已发现患者精神较微弱。但临时医嘱单上，竟然显示纤维支气管镜检的时间为 11：47，不排除医方伪造医嘱单可能。

×月×日 20：22 医方才让患者行头颅 CT 检查，提示右侧额叶、颞叶、右侧基底节区及半卵圆区片状低密度影，考虑脑梗死可能。但医方的临时医嘱单上，竟然显示 15：31 行头颅 CT，不排除医方伪造医嘱单可能。

2. 未告知脑血管意外可能，即行支气管镜检。

在支气管镜检前的《内窥镜术前（操作前）同家属谈话记录单》，也没有告知家属脑血管意外风险。医方应承担未告知所导致脑梗死的风险后果。

3.《内窥镜术前（操作前）同家属谈话记录单》的签字问题。

《内窥镜术前（操作前）同家属谈话记录单》没有患者本人签字，家属签字也没有得到患者本人授权。

4. 违反诊疗常规，在全麻下，给心肺功能差的患者行支气管镜检。

心肺功能差为支气管镜检的禁忌证，患者临床症状为反复咳嗽、咳痰伴气促，医方的肺功能检验报告为："中重度阻塞性通气功能障碍，肺弥散功能中度减退。"

医方违反诊疗常规坚持于 20××年×月×日 8：30 在全麻下行支气管镜检，而不是采用局部麻醉的方法。因为医方违反诊疗常规，导致患者脑梗死发生。

5. 脑梗死的诊断治疗延误。

根据医院的病历，患者×月×日 8：30 至 9：00 行无痛支气管镜检，9：40 已发现患者精神较微弱，尿失禁，左下肢及左上肢无法行动。但截止到×月×日 20：00 神经内科医生才来会诊，×月×日 20：22 医方才让患者行头颅 CT 检查，且×月×日当天没有采取有效治疗措施，截止到×日转到 ICU 后，才开始用降颅压、抗凝等药物，失去了脑梗死溶栓治疗最佳 6 小时时间。

因脑梗死诊断、治疗的延误，导致患者长期卧床，无法活动，进一步加重病情。

6. 没有抢救病人。

患者家属并没有签署放弃抢救的声明。患者 20××年×月×日起血压一直不好，患者家属与医生多次沟通，但医方也没有发病危通知书，没有使用监护仪器，没有采取积极抢救措施。20××年×月×日医生耽搁了 51 分钟才来病房，且看了患者瞳孔就说患者死亡，没有使用听筒，没有做胸外心脏按摩，没有使用抢救药物（临时医嘱单上没有任何使用抢救药物的记录），同时现场也没有监护仪器。

【鉴定意见】

无。

【裁判要旨】

本案以调解方式结案。

【办案心得】

在本案中，笔者代理的是患方。患者为老年男性，支气管镜后发生脑梗死，住院近三个月后死亡。就本案的思考如下：

1. 医疗行为与患者死亡的因果关系不明确。从医疗专业来说，医方违反诊疗常规，在全麻的状态下给心肺功能差的患者行支气管镜，确实存在一定的过错，但是由于本案患者年龄较大，自身也有基础疾病，那么医方的过错是否与患者的死亡有因果关系也是值得商榷的。

2. 专业律师擅于找准谈判抓手。笔者方经过分析认为，患方年龄较大，本案如果鉴定，存在较高的鉴定风险，故倾向于与医方调解。笔者方抓住医方诊疗上的失误、告知义务上的瑕疵来与医方进行谈判。医方在分析其医疗行为后也希望尽快了结此案，双方经过讨论，最终按照医方承担轻微责任，以调解方式结案。

## 案例二 甲某与A医院医疗损害纠纷

【基本案情】

患者乙某，甲某为乙某女儿，在20××的×月因感胸闷不适，去某社区医院就诊，经社区医生推荐，后独自去A医院门诊，做了心脏彩超，当时门诊医生告知需要马上住院手术治疗，当×月×日患者再次在A医院就诊，经医生确认是二尖瓣重度反流，当即提出要求患者住院开刀，在当晚无任何准备的情况下入住了A医院心外科。在入院第二天便做了冠状动脉造影和一系列常规检查，20××年×月×日17点左右护士为患者拆除手臂上的造影止血板，×月×日12点40分，患者推进手术室进行手术，行二尖瓣生物瓣膜置换术，术中某医生告知家属病人情况不大好，在×月×日午夜12点左右，患者送入被送进ICU。直至×月×日凌晨2点整患者确认死亡。

**【当事人意见】**

患方认为：

1. 尸体解剖结论发现：左房室沟处血肿2.5cm×1.5cm，尸检主要发现其重度心肌脂肪浸润，此心脏病变与术中缝合后渗血及出血有关，最终导致患者急性循环衰竭死亡。说明手术缝合中，主刀医生发生重大失误。术前告知是二尖瓣生物瓣膜置换术，术中改变手术方式，为胸腔镜辅助下微创二尖瓣成形术，没有跟家属沟通。

2. 医方术前准备不足，对可能发生的心脏破裂、出血准备不足，没有相关预案，且在术前告知中，没有涉及心脏破裂。术中医生麻痹大意，出血后，为了止血，把出血点周围一圈结扎，神经血管等都结扎在内。

3. 医方麻醉记录上，未见医生签名，手术记录，也未见医生签名，麻醉记录上，手术名称是二尖瓣生物瓣膜置换术+三尖瓣成形术+术中经食管超声心动图。但手术记录上，手术名称是胸腔镜辅助下微创二尖瓣成形术，转正中开胸二尖瓣成形术，术中经食管超声心动图。

4. 医方未见三尖瓣的手术，多了开胸手术。手术记录上，经探查发现心包膈面反复有鲜红色血液溢出，遂决定转正中开胸探查止血。靠瓣环处左房心内膜d部分撕裂，房室沟处心肌可见破口。修补心肌裂口，心脏复跳后，左房室沟处心脏外膜仍多处渗血。

5. 术前评估不足；手术缝合发生错误，出血不止，休克，死亡；术后出血，输血措施不力；术后血常规未见动态随访。

**【鉴定意见】**

无。

**【裁判要旨】**

本案以调解方式结案。

**【办案心得】**

在本案中，笔者代理的是患方。就本案的处理思考如下：

1. 医疗纠纷中，患方处于相对弱势的地位时，如何保障患方的合法权益？笔者认为应当加强医患双方的沟通以及改善医方对医疗纠纷的处理态度来深入、综合地解决。

2. 诊疗过程不能百分之百完美，患方要多一点理解，医方也要提升诊疗能力。本案医方有多项过错，关于手术，术前评估不足，多了开胸手术，且手术缝合有巨大失误；关于病历规范性，手术记录、麻醉记录均无医生签名，手术名称还存在不一致。尽管医疗纠纷不应该单一且割裂地去看待，但医方也不能一味地让患方理解医疗的复杂性，也应当做到自省。

## 案例三 甲某与 A 医院医疗损害责任纠纷

### 【基本案情】

患儿出生时听诊可及心脏杂音，于20××年×月×日至20××年×月×日，入住A医院。入院体检，神志清，无发绀。心脏超声：房间隔缺损（下腔型）。20××年×月×日于A医院行PDA结扎+房间隔缺损修补术，术后患儿出现口唇及四肢末端发绀，初不明显，后逐渐出现运动后乏力，运动耐量下降，剧烈运动后常有胸闷气促等表现。患儿家属20××年至20××年，一共十年，辗转各大医院就诊，完善各项检查，明确发绀病因，未果。20××年×月×日至×月×日，入住B医院，查经皮氧饱和度下肢84%，上肢90%，×月×日心血管造影：房间隔补片修补术后，下腔静脉异常回流入左房。×月×日在全麻体循环下行“房间隔补片修补术”：将下腔静脉隔回右心房。×月×日复查心脏超声：下腔静脉纠治入右房。患者第一次术前无发绀等表现，第一次术后出现发绀，严重影响患儿的发育。

患方认为，A医院的医疗行为与患者损害后果有直接因果关系：第一次入院无发绀，房间隔缺损（下腔型）术后患儿出现口唇及四肢末端发绀，初不明显，后逐渐出现运动后乏力，运动耐量下降，剧烈运动后常有胸闷气促等表现。某某大学附属儿科医院心血管造影：房间隔补片修补术后，下腔静脉异常回流入左房。×月×日手术将下腔静脉隔回右心房。×月×日复查心脏超声：下腔静脉纠治入右房。因为A医院手术失误，将下腔静脉隔入左心房，而不是右心房，导致患儿病情加重，心功能不全，左心房扩大。

综上所述，因为A医院一系列医疗损害行为，导致患者严重身体损害。

**【当事人意见】**

1. 患方认为：

患者第一次入院无发绀，房间隔缺损（下腔型）术后患儿出现口唇及四肢末端发绀，初不明显，后逐渐出现运动后乏力，运动耐量下降，剧烈运动后常有胸闷气促等表现。A 医院心血管造影：房间隔补片修补术后，下腔静脉异常回流入左房。×月×日手术将下腔静脉隔回右心房。×月×日复查心脏超声：下腔静脉纠治入右房。因为 A 医院手术失误，将下腔静脉隔入左心房，而不是右心房，导致患儿病情加重，心功能不全，左心房扩大。

2. 医方认为：

A 医院对于患儿的先天性疾病的诊断是正确的，对于患儿的手术正确。后来发生下腔静脉与上腔静脉是否在同一层面上的问题也要进一步检查。虽然患儿并未痊愈，但是从身高体重来看，该疾病未影响其发育。本案中应该考虑到医学的不完善，医疗活动是存在风险的，这是现有的医疗条件下不可避免的。A 医院对于患儿治疗的损害深表遗憾，但是对于患方主张的有关费用表示异议。

**【鉴定意见】**

经过司法鉴定机构的鉴定，该医院的诊疗行为做如下说明：

1. 诊疗过程诊断明确，具有手术指征，手术方式合理。

2. 该医院在行房间隔缺损修复时误将下腔静脉隔入左心房，存在过错，与患者后期出现发绀，运动耐力下降之间存在关系，医院没有尽到应有的注意义务，是导致目前后果的主要原因，参考度为 60%~80%。

关于伤残鉴定等级，根据有关规定，综合当事人的状况，被鉴定人术后再次接受房间隔补片的修复术治疗为十级伤残。

关于护理期有关问题，本次鉴定建议术后给予一年营养支持以及一人护理为宜。

关于护理依赖主要依据进食等情况，对于被鉴定人的综合评价为日常生活可以基本自理，无须特殊护理。

关于后续治疗问题，后续应当定期复查心脏彩超等。

【裁判要旨】

法院认为，患者在A医院处理疾病，因为A医院过错造成的患者损害，A医院应当依法承担损害赔偿责任。根据患者的诉请以及法院查明的事实，患者的各项经济损失为：交通费用×元，医疗费用×元，住院伙食补助费×元，营养费×元，伤残赔偿金×元计算，其主张按×元/年的标准计算，依据不充分，不予采纳。上述合计×元，根据鉴定意见的A医院过错参与度，法院酌情确定A医院承担其中75%的损失，共计×元。患者构成伤残造成精神痛苦，法院确定A医院承担精神损害赔偿金×元。司法鉴定系患者的必要举证支出，鉴于A医院在本案中承担主要责任，因此法院确定应当由A医院承担费用。律师代理费缺少法律依据，应当由患者自行承担，后续治疗费用可以等待实际发生后另行解决。

【办案心得】

在本案中，笔者代理的是患方。患者为未成年人，行PDA结扎+房间隔缺损修补术后出现发绀的情况。就本案的思考如下：

1. 未成年人的心脏手术风险高，后期管理也尤为重要。当事医生在鉴定会上，也很疑惑自己的过错，甚至未发现手术中的过错。对待未成年人的心脏手术，医生不仅要在术前评估到位，手术过程中也要细致有加，术后更要护理仔细。

2. 医务人员要加强专业能力，在对待未成年人诊疗时，务必谨慎对待。避免影响未成年人健康成长的同时，也避免医院面临长时间医疗纠纷的压力。

## 案例四　甲某与A医院医疗损害纠纷

【基本案情】

患者乙某20××年×月×日18：30因恶心呕吐入住A医院，×月×日3：00死亡，死亡诊断是心源性休克、心包填塞。尸体解剖报告主动脉夹层破裂、心包积血、心包填塞。

【当事人意见】

患方认为：

1. CT 漏诊主动脉夹层，×月×日 16：01 胸部 CT 提示：大量心包积液、升主动脉根部明显增宽。该 CT 漏诊了主动脉夹层。且根据尸体解剖报告，主动脉夹层从主动脉根部一直累及腹主动脉、肾动脉交叉处。

2. 根据医嘱单提示，B 医院、C 医院的专家，于×月×日 22：30 行心包穿刺术。术后四个半小时患者死亡。因之前医方 CT 漏诊主动脉夹层，故未采取合理有效措施，也未及时转院，后续治疗错误，心包穿刺术后，内压降低，致主动脉夹层进一步撕裂，加速死亡。

3. 未告病危，直至患者死亡，医院未发病危通知书，对患者的病情严重性及发展预计不足。

4. 根据患者家属告知，×月×日凌晨患者家属发现患者已经死亡，此时医方未严密监护。

**【鉴定意见】**

无。

**【裁判要旨】**

本案以调解方式结案。

**【办案心得】**

在本案中，笔者代理的是患方。医方 CT 漏诊主动脉夹层，但由于患者疾病凶险，患者在数小时后死亡，就本案的思考如下：

1. 医方的漏诊行为加速了患者死亡，但过错轻微。本案医方即使存在过错，最多也是轻微责任，但患者死亡对患者家属而言无疑是巨大的打击，患方原意图通过诉讼途径与医方对抗，但诉讼未必是解决本案的最佳途径。患方可能难以接受医方无责或轻微责任的结果，而医方也可能因诉讼而据理力争，届时难免陷入困境。因此本案的医患双方不如以较为平和的方式，经过协商，达成调解协议。

2. 医疗纠纷中，患方要学会保持理智。结合本案，若结果预料到是轻微责任还选择与医方通过诉讼途径解决纠纷，不是理智的行为。患方要试着理智对待医疗纠纷，而不是仅因接受不了家属的离世而进行情绪上的宣泄。

## 案例五 甲某与A医院损害纠纷

### 【基本案情】

20××年×月×日，患者因尿路感染、尿潴留、糖尿病伴外周神经病变，神经源性膀胱至A医院住院治疗。患者走入病房，入院后外科护理常规，二级护理，“头孢美唑”抗感染，×月×日空腹血糖17.9mmol/L，尿糖++++，酮体++++，当时未查血气分析。

×月×日医方仍给患者输注葡萄糖液体，且没有合理使用胰岛素。×月×日15：00患者突然心跳呼吸骤停，经抢救，恢复呼吸心跳，但已呈昏迷状态。查空腹血糖36mmol/L，血气分析pH6.71，$PaCO_2$（二氧化碳分压）8.9mmHg，代谢性酸中毒。

×月×日查白细胞18.2×$10^9$/L，空腹血糖16.4mmol/L，N-端脑钠肽前体2052.89pg/mL。×月×日查空腹血糖24.7mmol/L，肌钙蛋白9.065ng/mL，肌红蛋白279ng/mL，CPK-MB15.79 ng/mL。×月×日查空腹血糖20mmol/L，血气分析pH7.29，$PaCO_2$ 3.7mmHg，代谢性酸中毒。×月×日查白细胞13×$10^9$/L。从入院后，多次检测心电图，发现心电图有动态变化，ST-T改变，Ⅲ、avF导联有异常Q波或R波呈胚胎样。

同年×月×日宣布死亡，死亡诊断为心力衰竭、心源性休克、冠状动脉粥样硬化性心脏病、2型糖尿病、酮症酸中毒。

### 【当事人意见】

患方认为：

1. 患者本身患有糖尿病，但A医院在治疗时，在未合理使用胰岛素的情况下给患者使用葡萄糖注射液，且漏诊心脏病，是造成患者死亡的主要原因。

2. 患者死亡后，经患者家属多次与A医院交涉，双方于20××年×月×日封存病历，以待鉴定。封存病历时，双方均确认病历为74页，然待双方至医学会拆封病历时，原告发现病历变成了122页。患方认为，病历页数相差甚多，A医院存在篡改病历的嫌疑，故不同意依此病历进行鉴定。

3. A医院的错误用药、漏诊等原因造成了患者的死亡，也是A医院的原因造成了鉴定无法进行，A 医院应对患者的死亡承担主要责任。

**【鉴定意见】**

无。

**【裁判要旨】**

法院认为，原告提出被告方违规给患者使用葡萄糖注射液、漏诊心脏病等，然未经鉴定，仅据现有病历记录及原告陈述，法院实难就此认定被告方在医疗过程中存在医疗过失行为。相比患方，医方具备更强的专业知识、更丰富的处理医患纠纷的经验，应当明知病历是证明医疗过程合法性、合规性的关键证据，应对病历处理采取更严谨的态度，应严格按照相关规定制作、保存、封存病历。现因被告工作疏漏造成原告对病历真实性产生合理怀疑，而被告又无充分证据自证，应承担一定责任。

法院判决如下：

被告赔偿原告丧葬费、死亡赔偿金、精神损害抚慰金及律师费合计×元。

**【办案心得】**

在本案中，笔者代理的是患方。就本案的思考如下：

1. 医方应当填写并妥善保管病历资料，并且不得篡改、伪造、隐匿、毁灭或者抢夺病历资料。综观本案，医患双方在封存病历时，病历页数写错，而拆封病历时病历页数与封存时无法对应，导致无法鉴定，这也是本案胜诉的关键。病历书写、保存的规范性有时对医疗纠纷起到了决定性作用，医院对于病历的管理还是应当更加严谨，才能打消患方的顾虑和怀疑，也能增强医患双方的信任感。

2. 医疗纠纷中，是按照城镇常住居民还是农村常住居民的标准予以赔偿，也曾是争议焦点。具体到本案，患方无法证明患者是城镇常住居民且收入来源于该城镇，故法院根据患者户籍性质按照农村常住居民可支配收入的标准赔偿。根据《最高人民法院关于审理人身损害赔偿案件适用法律若干问题的解释》（2022 年修正）第十二条和第十五条的规定，残疾赔偿金根据受害人丧失劳动能力程度或者伤残等级，按照受诉法院所在地上一年度城镇居民人均可支配收入标准，死亡赔偿金按照受诉法院所在地上一年度城镇居民人均可支配收入标准，不再区分城镇和农村。

## 案例六 甲某与A医院医疗损害纠纷

### 【基本案情】

患者体检发现肺部阴影6个月，考虑肺部结节，于20××年×月×日收治入A医院。20××年×月×日，头部CT提示：两侧额叶及左侧基底节区见片状低密度阴影，边界欠清。未跟家属说明这种情况的风险，告知书上也未提及，术前小结、术前讨论记录也未提及脑梗死。按照外科学第九版，近期有脑卒中者，择期手术应至少推迟2周，最好6周。×月×日心脏超声报告提示，左室舒张功能减退可能。20××年×月×日，9：00术前病程记录记载，患者诉右侧大腿疼痛，但是没有做B超，排除深静脉血栓存在可能。20××年×月×日，行胸腔镜VATS右上叶后段切除术。20××年×月×日，术后16：05，血气分析，$PaO_2$（氧分压）74.2mmHg，$SaO_2$（血氧饱和度）93.8%，存在低氧血症，应该复查其他实验室指标，包括D-D二聚体，但医方没有复查。×月×日，18：12，根据医嘱下床行走时突发晕厥倒地，当天20：30抢救无效死亡。

医方死亡诊断为，肺栓塞可能大，心梗脑梗不除外，肺结节胸腔镜术后。

### 【当事人意见】

患方认为：

被告方的医疗行为与患者死亡有直接因果关系。

1. 下肢深静脉血栓致肺栓塞可能大。

患者死亡原因：下肢深静脉血栓致肺栓塞可能大。术前检查不完善，未及时处理，未和家属说明这种情况的风险，20××年×月×日，9：00术前病程记录记载，患者诉右侧大腿疼痛，但是没有做B超排除深静脉血栓存在可能。

2. 术前发现脑梗死。

患者术前出现脑梗死就应该高度警惕。术前小结、术前讨论记录也未提及脑梗死。按照外科学第九版，近期有脑卒中者，择期手术应至少推迟2周，最好6周。医方违反诊疗常规，该手术存在绝对禁忌证。

3. 术后血气分析存在低氧血症。

×月×日手术，术后 16：05 送检动脉血气，存在低氧血症，应该复查其他实验室指标，包括 D-D 二聚体，但医方没有复查，导致悲剧发生。

综上所述，因为被告医院一系列医疗损害行为，导致患者死亡。

【鉴定意见】

无。

【裁判要旨】

本案以调解方式结案。

【办案心得】

在本案中，笔者代理的是患方。就本案的思考如下：

1. 死因明确对于判断医疗损害结果来说具有必要性。本案患者没有经过尸体解剖，肺栓塞的可能大，但很难明确死因，风险比较大。在鉴定中，有时尽管无尸体解剖，但实务中仍有部分病例可以结合临床、病史材料等推断出患者死因，得出鉴定结果。因此，关于死因的推断，不应当局限于尸体解剖，应尝试通过多种方式尽可能地明确死因。

2. 进入诉讼程序后，本案以调解方式结案。医疗纠纷的解决途径是多样化的，如果医患双方都有调解意愿，可以通过医调委调解。但很多时候医院不配合调解，患方只能选择诉讼。诉讼要结合案件风险，未必要和医院争执到底。本案最终以诉讼达到调解的目的，平和化解矛盾。

## 二十一、血液科

### 案例　甲某与 A 医院医疗损害纠纷

【基本案情】

患者系甲某妻子。20××年×月×日，患者因发现皮下瘀斑 2 月，发热 9 天，于 A 医院门诊就诊，行骨髓穿刺涂片，倾向骨髓异常增生综合征。遂于×月×日入住 A 医院急诊科，患者感发热、咽痛伴有四肢疼痛。为进一步治疗，急诊以“骨髓增生异常综合征、肺部感染”收治血液内科。

患者发病以来，神志清楚、精神差，饮食欠佳，睡眠可，小便正常，大便发黑，体重无明显减轻。

×月×日夜间，患者诉胸痛，告知值班医生。遵医嘱给予“NS（生理盐水）100mL+地佐辛5mg静滴”镇痛。患者神志清楚，精神差，突感心悸、胸闷、气促明显，闻及喉部痰鸣音明显，测得氧饱和度为69%、心率为123次/分，测得体温38.7℃，告知医生，予安置床旁心电监护及面罩吸氧10升/分。

×月×日凌晨，患者仍感心悸、胸闷、气促明显，遵医嘱予“甲泼尼龙40mg、沐舒坦30mg静脉输入，速尿10mg静脉注射”，心电监护示：血氧饱和度为83%，心率为130次/分。血气分析示：氧分压56.6mmHg、二氧化碳分压24.9mmHg、pH7.417。约1小时后，患者病情危重，气促加重，遵医嘱予以无创呼吸机辅助通气、留置导尿，心电监护示：氧饱和度升至94%，心率为143次/分。患者给予无创呼吸机辅助通气后，仍感气促明显。请麻醉科急会诊，行气管插管术，导管距门齿22cm妥善固定，适时吸痰吸出粉红色泡沫痰，行球囊辅助通气，积极联系有创呼吸机。有创呼吸机到位，立即给予患者持续有创呼吸机辅助通气，微泵泵入“去甲肾、芬太尼及丙泊酚”抢救治疗。

患者7：50出现心率进行性下降，床旁心电监护示指末氧饱和度及血压测不出，双侧瞳孔散大，瞳孔等大等圆，通知医生，立即行持续床旁胸外心脏按压；遵医嘱予以“肾上腺素35mg分次静脉注射”，“持续丙泊酚、芬太尼稀释液及去甲肾上腺素稀释液静脉泵入”，持续有创呼吸机辅助通气，呼吸机给氧浓度为100%，频率16次/min，PEEP（呼气末正压）8cmH20，潮气量520mL，间断吸痰，吸出少量粉红色泡沫痰液。患者自主心跳、呼吸仍未恢复，血压测不出，双瞳散大固定，心电图呈一直线于10：30宣布临床死亡。

**【争议焦点】**

1. 医院是否存在医疗损害行为；
2. 医院的医疗行为与患者严重身体损害是否有直接因果关系。

【鉴定意见】

无。

【裁判要旨】

本案以调解方式结案。

【办案心得】

在本案中，笔者代理的是患方。就本案的思考如下：

对于医疗器械的管理，医方应当建立完整的管理标准并严格遵守，防止类似悲剧再次发生。

## 二十二、眼科

### 案例　甲某与A医院医疗损害纠纷

【基本案情】

20××年×月×日晚上患者到A医院看的眼科急症，当时急症诊断为急性青光眼，建议第2天去看门诊后入院开刀，×日早上去门诊就诊，将急诊诊断为急性青光眼的情况叙说后，门诊医生没有诊断出青光眼，因为患者青光眼并发头痛难忍，后开具了些活血药品建议到A医院神经内科入院治疗，在神经内科入院治疗期间，病人未检测出神经内科方面的病症，在×日晚上病人因青光眼导致眼睛严重出血的情况下才开始专家会诊，在神经内科住了3天后才转入眼科病房，在眼科病房住了5天后×日开刀，原右眼急性青光眼需开刀，左眼只需激光治疗即可，现右眼开刀后恢复到现在视力基本为0，左眼因延误治疗导致青光眼传染，现左眼刚开好刀在恢复中，视力也明显下降。

【当事人意见】

1. 患方认为：

（1）×月×日眼科门诊：

双眼压 T+1①，双眼角膜水肿，右眼对光反应迟钝，说明右眼是在青光眼急性发作中。眼科医生竟然散瞳处理。考虑患者是 TIA（短暂性脑缺血发作），让患者去神经内科门诊，最后神经内科病房收治入院。青光眼的诊疗原则是，缩瞳降眼压，控制补液量，医方违反诊疗常规。

（2）×月×日眼科会诊：

×月×日晚上眼睛严重出血，才请眼科会诊。医方仍未引起高度重视，没有立刻转眼科治疗，且眼科会诊单中没有写限制补液量，也没有说明每天点眼药水几次，所以神经内科仍旧补液，按活血化瘀治疗。青光眼的诊疗原则是，缩瞳降眼压，控制补液量，医方违反诊疗常规。

综上所述，被告医院违反诊疗常规，导致患者严重身体损害。

2. 医方认为：

（1）在检查未完善、诊断尚未明确时，眼科请神经内科会诊无过错。入院后及时请相关科室会诊，并按会诊意见治疗，符合诊疗规范。

（2）眼科会诊后及时转科，及时手术，不存在延误病情的情况。转入眼科病房后没有大量补液。

（3）急性闭角型青光眼属于眼科急症，临床诊断困难，疾病本身对视功能损害严重。

**【鉴定意见】**

1. 本例属于对患者人身的医疗损害；

2. A 医院在医疗活动中存在对疑似闭角型青光眼患者给予散瞳处理不当的医疗过错，与患者视神经损害存在一定因果关系；

3. 参照《医疗事故分级标准（试行）》，患者的人身损害等级为三级丙等，对应八级伤残；

4. 本例医疗损害医方的责任程度为次要责任。

**【裁判要旨】**

本案以调解方式结案。

---

① 表示眼压轻度增高。眼压正常一般记录为 Tn，以 T+1、T+2、T+3 表示不同程度的眼压升高。

**【办案心得】**

在本案中，笔者代理的是患方。本案虽以调解结案，但诊疗过程中一些细节问题仍然需要多加注意。就本案的思考如下：

1. 本案A医院在医务人员的专业医疗知识和各科室间沟通配合方面尚需进一步自检和改善，以避免医院和患者双方都遭受不必要的损失。具体来说：(1) A医院眼科医生在对疑似闭角型青光眼患者的诊疗过程中，非但没有按照青光眼的常规诊疗原则，做"缩瞳降眼压、控制补液量"的处理，反而背道而驰，对患者做散瞳处理，这一细微差异对患者造成了不可挽回的实质损伤；(2) A医院眼科医生在上述诊疗失误的前提下，未对患者症状做进一步充分检查，便将患者又推诿至神经内科，且没有附加诊疗注意事项。

2. 患者在没有医学专业背景的情况下，很难找准突破口寻求自我救济。借助拥有多年医疗经验的专业律师及背后的医疗团队，可以最大效率和限度地保障自己的合法权益。

## 二十三、内科

### 案例　甲某、乙某与A医院医疗损害纠纷

**【基本案情】**

20××年×月×日，患者在体检时被告知胸片异常后至A医院处复查，A医院给患者拍了普通CT后，以肺结核进行抗结核治疗。

20××年×月×日，B医院CT提示患者右肺上叶斑块影、纵隔、肺门淋巴结增大，恶性待排。经住院治疗后患者被诊断为右肺上叶腺癌，右锁骨上淋巴穿刺为转移性腺癌。

**【当事人意见】**

患方认为：

1. A医院存在肺部CT读片错误、肺结核误诊的过错，要求赔偿。

2. 请求医院赔偿原告医疗费、精神抚慰金等损失共计×元。

【鉴定意见】

因为病历问题无法送鉴定。

【裁判要旨】

本案以调解方式结案。

【办案心得】

在本案中，笔者代理的是患方。就本案的思考如下：

可以明显看出，医方保存的门诊病历经过改写。一般来说，住院病历是医方保存，门诊病历是患方保存。本案因为医方怀疑患者是结核病，所以按常规，结核病患者的病历医方患方各保存一份。首先，有一份门诊记录特别长，来证明医方做过诊断和鉴别诊断，和普通的门诊病历的书写习惯有差异。其次，在我们提出该病历疑点后，患者查到该日其并没有看过门诊，也没有医保记录及其他相关记录。本案由于病历问题无法申请鉴定，并聚焦病历问题，与医方进行调解，最后达到了一个比较满意的调解结果。

## 第二节 代理医方

### 一、骨科

#### 案例 甲某与 A 医院、B 医院医疗损害纠纷

【基本案情】

20××年×月×日至×日，甲某在某医院住院，出院诊断为先天性脊髓栓系综合征、脊椎脂肪瘤，因该院告知手术具有大小便失禁加重、瘫痪等风险，甲某家属不能接受手术风险，选择自动出院。

20××年×月×日至 20××年×月×日，甲某至 A 医院处住院 14 天进行治疗，花费医疗费×元。入院及出院诊断均为先天性脊柱裂、脊髓拴系综合征（脂肪瘤型）、右足皮肤裂伤、尿道感染。出院医嘱为：1. 乙某教授骨科门诊随访；2. 建议在医生指导下行双下肢功能训练；3. 隔日换药，术后 2 周拆线；4. 术后 3 周内不能自行坐立及下床活动。

甲某从A医院处出院后，在B医院处住院康复治疗11天，花费医药费×元及陆续花费门诊费用×元。康复治疗后仍遗留双下肢截瘫、大小便失禁。

**【当事人意见】**

1. 患方认为：

（1）A医院对患者手术后双下肢截瘫、大小便失禁的损害后果应负全部责任；

（2）B医院也存在不足。

2. 医方认为：

（1）A医院的意见：对患者的损害后果愿承担次要责任。

（2）B医院的意见：对患者的康复治疗无过错、无责任。

**【鉴定意见】**

1. 某人民法医学鉴定所出具法医临床鉴定意见书。

鉴定意见：（1）A医院在对患者甲某的诊疗过程中，存在手术操作不当造成患者医源性脊髓损伤的医疗过错；该过错与患者甲某术后双下肢截瘫、大小便失禁的损害后果之间存在直接因果关系；该过错在损害后果发生过程中的原因力大小评定为主要原因（过错参与度60%~90%）。（2）B医院对患者甲某术后双下肢截瘫、大小便失禁行康复治疗的医疗行为符合诊疗规范，不存在医疗过错，与患者甲某的损害后果之间无因果关系。

2. 某残疾辅助器具司法鉴定所出具残疾辅助器具装配鉴定意见书。

鉴定意见：根据《最高人民法院关于审理人身损害赔偿案件适用法律若干问题的解释》（法释〔2003〕20号）第二十六条（2022年修订后，对应第十三条）第一款“残疾辅助器具费按照普通适用器具的合理费用标准计算”的规定，结合被鉴定人的自身综合情况，提出以下鉴定意见：（1）被鉴定人适合使用的以下国产普通适用型残疾辅助器具：①适合家居及近距离代步轮椅；②轮椅配套使用的防压疮凝胶；③浴便两用坐便器；④护理型纸尿裤；⑤护理型床垫。以上残疾辅助器具价格约×元。（2）残疾辅助器具的赔偿期限参照中国人均寿命计算。

3. 某司法鉴定中心出具法医学鉴定意见书。

根据案情摘要、医院病历资料及影像学资料，参考某医院人身伤害司法医学鉴定专家咨询意见，结合本中心辅助检查及本法医检验所见，综合分析说明如下：

（1）伤残等级评定：被鉴定人甲某于20××年×月×日因“发现大小便失禁伴双下肢跛行 11 年”至 A 医院住院治疗，入院查体示：腰部可见一长约 7.5cm 手术切口，愈合良好，右足可见两处皮肤破口，大小约 2.5cm、1.8cm，表面无渗出，双下肢行走时灵活性差，双侧膝关节有轻度外翻畸形，双侧足轻度外翻，大小便不能控制，双侧下肢肌力减退，4+级，肌张力稍有增高，双足背伸肌力差，膝反射减弱，跟腱反射减弱，双足穿鞋困难，双下肢感觉有轻度减退。于×月×日行脊髓栓系松解术+脂肪瘤切除术，术后出现双下肢不能自主活动等情况，医院诊断：先天性脊柱裂、脊髓拴系综合征（脂肪瘤型）等。经阅影像学资料，故以上临床诊断成立。曾至某人民法医学鉴定所行司法鉴定，鉴定意见：A 医院在对患者甲某的诊疗过程中，存在手术操作不当造成患者医源性脊髓损伤的医疗过错；该过错与患者甲某术后双下肢截瘫、大小便失禁的损害后果之间存在直接因果关系；该过错在损害后果发生过程中的原因力大小评定为主要原因。MRI（磁共振成像）片示：脂肪瘤型脊髓拴系综合征，部分瘤体残留。本中心肌电图/诱发电位检查报告单结论：双侧胫神经运动神经传导速度：左侧隐约，右侧未引出；双侧腓总神经运动神经传导速度未引出。检见其目前双下肢肌力 1 级，肌张力正常，双下肢肌肉萎缩，腹股沟以远皮肤感觉减退，左踝跖屈畸形，被动活动不能，双下肢腱反射未引出，病理反射未引出，会阴部尿不湿在位，可见尿渍，腹部膀胱区按压未见尿液溢出，肛门括约肌收缩力消失，肛门反射（-）。参考某医院人身伤害司法医学鉴定专家咨询意见书专家意见：①膀胱残余尿阳性（120mL），尿动力学提示膀胱收缩力正常-，下尿路梗阻，考虑神经源性膀胱；②肛诊：肛门括约肌松弛，直肠感觉阈值消失。被鉴定人甲某截瘫（肌力 1 级）伴重度排便功能障碍与重度排尿功能障碍，其脊髓损伤伤残等级评定为一级。

（2）护理期、营养期评定被鉴定人甲某于20××年×月×日因“发现大小便失禁伴双下肢跛行 11 年”至 A 医院住院治疗，于×月×日行脊髓栓系松解术+脂肪瘤切除术，术后出现双下肢不能自主活动等情况。

鉴定意见：（1）被鉴定人甲某脊髓损伤伤残等级评定为一级。（2）被鉴定人甲某护理期、营养期均评定为自损伤之日起至首次伤残评定前一日止。

**【裁判要旨】**

法院认为，本案属于医疗损害责任纠纷。甲某在A医院处住院治疗并进行手术，后在B医院等处进行康复治疗。

法院判决如下：

1. A医院应于本判决生效之日起十日内赔偿甲某医疗费、护理费、交通费、住院伙食补助费、营养费、伤残赔偿金、精神抚慰金、鉴定费、后续治疗费、残疾辅助器具费共计×元；

2. 驳回甲某的其他诉讼请求。

**【办案心得】**

在本案中，笔者代理的是医方A医院。患者因先天性脊髓栓系综合征、脊椎脂肪瘤就诊于A医院，后双下肢截瘫、大小便失禁，患方认为与A医院诊疗过程有直接因果关系，引发诉讼。就本案的思考如下：

1. 法院的管辖权至关重要，决定着诉讼成本。原告甲某根据民事诉讼法及司法解释，通过将B医院列为共同被告，达到由B医院所在地基层人民法院管辖的目的。本案中，B医院经鉴定为无过错无责任，而关于A医院的过错程度，笔者认为最多为次要责任。笔者对本案提出管辖权异议，法院经过反复审查，最终驳回了管辖权异议。在医疗纠纷实务中，原告方于多家医院就医时，可能会为了管辖方便或基于诉讼考量将无过错方的医院列为共同被告。管辖地法院对于案件诉讼至关重要，对本地医院来说，异地法院交通不便利，会增加诉讼成本。

2. 法院对是否再次鉴定有裁量权，因此对待鉴定势必要准备充分。笔者认为，某司法鉴定中心法医学鉴定意见书，在对A医院的过错描述不清的情况下，仍然作出了A医院承担主要责任的判断不甚合理，故反复要求重新鉴定，但法院经斟酌后驳回我方重新鉴定的申请。最终法院判决A医院应对甲某的损害承担75%的赔偿责任。

3. 医方主要过错点为手术操作不当，这对医生的专业、细致都提出较高的要求。医方确实存在过错，后续需从诉讼中吸取教训，加强医护人员的管理与培训，不断总结和反思，才能降低出现医疗纠纷的概率。

## 二、急诊

### 案例一 甲某和A医院医疗损害责任纠纷

**【基本案情】**

20××年×月×日14点左右，患者因发热、呕吐、恶心、腹痛等身体不适由同事、妻子陪同至A医院处急诊挂号就医。值班医生根据患者病情，做了血常规检验，即“血常规全套（五分类），C-反应蛋白测定（CRP）”检验，当即诊断为胃炎、非感染性胃肠炎。检验报告出具后，医生诊断坚称为胃炎并安排患者输液，要求家属放心，等输完液后再进行CT检查。

CT检查后医生认为CT报告表明没有相关问题，但病情未好转，其妻再次向医生求助，轮班医生再次诊断为“胃炎、非感染性胃肠炎”，并要求再次化验“电解质、葡萄糖（GLU）”后，抢救无效死亡。

患者死后，经某机构尸体检验后，出具的《病理解剖诊断报告》，确认患者死于急性出血性坏死性胰腺炎、气管支气管炎伴肺内灶性小叶性肺炎；肺重度瘀血水肿；双侧胸腔积液（左侧150毫升，右侧150毫升）。

**【当事人意见】**

患方认为：

1. 对比《病理解剖诊断报告》与患者的诊疗过程，可知，医方存在严重误诊，导致死亡的后果发生；

2. 医方对“患者进行CT检查、电解质、葡萄糖（GLU）”等检查的时间与时机，明显存在延误检查，导致了其误诊的发生；

3. 在医生阅读CT报告时，未发现肺部病变，因此未能及时采取有针对性的医疗措施，进一步延误病情治疗；

4. 其在病历的书写上严重违反医疗规范，在抢救过程也未能采取积极手段。

【鉴定意见】

无。

【裁判要旨】

本案以调解方式结案。

【办案心得】

在本案中，笔者代理的是医方。患方经过尸体解剖，确认患者死于急性出血性坏死性胰腺炎、气管支气管炎伴肺内灶性小叶性肺炎。就本案的思考如下：

笔者认为，医方确实存在过错，若是经过鉴定，医方在责任程度上至少是中间责任。笔者建议医方以调解的方式和平解决此纠纷，这样对医患双方都有利。

## 案例二　甲某与 A 急救中心、B 医院医疗损害纠纷

【基本案情】

20××年×月×日×点 40 分左右，甲某的妻子乙某"突发头痛伴恶心呕吐后意识不清"，甲某拨打 120 急救电话，由 A 急救中心救护车送至医院，途中，乙某口中有大量呕吐物，心率最低 30~40 次/分，胸廓无起伏。×时 10 分，救护车将患者送至 B 医院，诊断脑血管意外（脑出血?），经抢救无效，于当日×时 43 分宣布临床死亡，据居民死亡医学证明书记载，直接死亡原因为脑血管意外（脑出血可能），促进死亡原因为高血压。

【当事人意见】

1. 与 A 急救中心的争议焦点：

（1）患方认为：

①医方在患者生命体征不稳的情况下，未对患者进行药物抢救，只是静脉输入 0.9%氯化钠。

②患者心率下降至 30~40 次/分，未实施心肺复苏，错过了最佳抢救时间。

③患者有呕吐，但医方未检查气道是否阻塞，未实施气管插管，延误患者抢救。

（2）医方认为：

①救护车及时到达，并立即将患者送达附近医院。

②送院途中急救医生予以吸氧、开通静脉、心电检查、测血糖、血氧等处理。

③患者因自身疾病问题，呼吸心跳停止。

2. 与 B 医院的争议焦点：

（1）患方认为：

①B 医院出示的心电图报告非患者名字，错误的心电图可能导致医生误诊而错过了患者的黄金抢救期。

②医方使用“肾上腺素”和“多巴胺”，但与补写病历中记录不一致。医方未尽到对危重病人积极抢救的诊疗责任。

③来院时患者口角可见大量呕吐物，医方未立即清除分泌物，亦未予气管插管、开放绿色通道、通知上级医生。患者未得到快速有序、安全有效的治疗。

④医方抢救不到半小时就让家属观察用药后心率是否恢复，并劝说家属放弃抢救，这种情形明显违反了危重症患者抢救制度。

⑤患者没有基础疾病，既往体健，所书写的诊疗记录不符合患者的真实情况。

⑥医方未及时行 CT 检查，未尽基本诊疗义务。

（2）医方认为：

医方对患者的诊疗过程遵循诊疗常规，未对患者造成医疗损害。

**【鉴定意见】**

1. 区医学会鉴定意见（针对 A 急救中心的医疗行为）：

患者在无明显诱因下突发意识丧失，伴呕吐多次，小便失禁，医方（急救中心）到场后查体：脉搏 30 次/分、呼吸 4 次/分、血压测不出，GCS 评分 3 分，初步诊断：意识障碍、脑血管意外？根据送鉴材料、阅片，专家组分析认为：

根据人民卫生出版社 2017 年出版的《急诊内科学》，昏迷的最初处理，第一，保持呼吸道通畅、氧疗，必要时气管插管或气管切开进行人工呼吸；第二，维持循环功能，尽快开通静脉，建立输液通道，出现休克应迅速扩充血容量，使用血管活性药物。

医方到场后，根据患者临床症状，病史中突发意识不清伴呕吐，现场查体脉搏30次/分、呼吸4次/分，血压测不出，GCS评分3分，初步考虑脑血管意外可能，立即给予心电图监护、测血糖、血氧饱和度，建立静脉通道并行补液治疗。以上处理符合诊疗规范。

医方发现患者有呕吐，仅给予体位引流，未充分及时清理呼吸道，必要时行气管插管同时转运，存有欠缺。

由于患者未作尸检，具体死亡原因尚不能断定。根据患者以往高血压病史，本次疾病发病急、病情重，结合临床症状考虑为急性脑血管意外可能性大，该病发病迅速，死亡率极高。

综上所述，考虑到患者死亡的主要原因为原发疾病所致，医方在医疗活动中存在气道清理和开放气道不及时的过错，与患者最终死亡的状况存有间接的因果关系，本例属于对患者人身的医疗损害，医方责任程度为轻微责任。

2. 市医学会鉴定意见（针对B医院的医疗行为）：

（1）医疗行为分析

人民卫生出版社2013年出版的《内科学》第十一章“初级心肺复苏即基础生命活动的支持，主要复苏措施包括人工胸外按压（C）、开放气道（A）和人工呼吸（B）；其中人工胸外按压最为重要，心肺复苏程序为CAB”。20××年×月×日×：10，患者“头痛伴恶心呕吐后意识不清50分钟”至医方急诊，有高血压史。查体无意识，无呼吸动作，口角可见大量呕吐物，口唇发绀，胸廓无活动，心音未及，血压未测出，腹软，无下肢水肿，巴氏征未引出。诊断脑血管意外（脑出血?），建立人工气道，×：15、×：17、×：27、×：35、×：54分别静推“肾上腺素”，同时予“多巴胺”升压，持续胸外按压。患者来院时意识丧失，无呼吸动作，心音未及，血压未测出，×：15心电图示室性逸搏心律，医方心肺复苏抢救处理符合医疗常规。患者当时生命体征未恢复，无条件行头颅CT等检查，故无法明确死亡病因。

（2）因果关系

因未行尸检，患者确切死亡原因难以明确。根据患者有高血压史，来院前有头痛、呕吐后意识不清的症状，引起患者心跳呼吸停止的原因考虑急性脑血管病，脑出血可能性大。死亡与自身疾病有因果关系。

（3）鉴定意见

本例不属于对患者人身的医疗损害。

【裁判要旨】

法院认为，患者在诊疗活动中受到损害，医疗机构及其医务人员有过错的，由医疗机构承担赔偿责任。医疗事故赔偿应当考虑医疗事故等级、医疗过失行为在医疗事故损害后果中的责任程度以及医疗事故损害后果与患者原有疾病状况之间的关系等因素。本案中，根据相关鉴定意见，被告A急救中心对患者乙某的诊疗行为存在过错，该过错与乙某的死亡后果存在间接因果关系，故被告A急救中心应承担相应赔偿责任。

综合考虑医疗事故等级、责任程度以及因果关系等因素，原告方要求A急救中心按15%的责任比例予以承担于法不悖，法院予以准许，即被告A急救中心应赔偿原告方各项损失合计×元。原告方另要求被告B医院承担赔偿责任的诉请缺乏依据，法院不予支持。

法院判决如下：

1. 被告A急救中心于本判决生效之日起十日内赔偿原告甲某各项损失合计×元；

2. 驳回原告其余诉讼请求。

【办案心得】

在本案中，笔者代理的是医方A急救中心。就本案的思考如下：

急救中心的过错在于提供的急救服务不完整。本案中，医方发现患者有呕吐，仅给予体位引流，未充分及时清理呼吸道，必要时行气管插管同时转运，存有欠缺。但是该过错在患者死亡损害中的因果参与度如何来认定呢？按照司法惯例，首先要先明确死者死亡的原因，如果导致死亡的疾病可通过短时间的急救抢救过来，那么急救中心的过错参与度就大，如果导致死亡的疾病非常严重，即使再及时的抢救也难以挽救，那么急救中心的过错参与度就小。

本案未行尸检，患者死亡原因难以明确，结合临床症状考虑为急性脑血管意外可能性大。该病发病迅速，死亡率极高。故最终认定医方为轻微责任。

## 三、精神科

### 案例一　甲某、乙某与A医院医疗损害责任纠纷

**【基本案情】**

20××年×月×日患者因“自言自语、行为异常加剧1月，总病程12年”入住A医院。入院诊断：精神分裂症。入院后予“氯氮平”“利培酮”及“丙戊酸钠”等药物治疗。20××年×月×日“安坦片（盐酸苯海索）”调整为“2mgBid口服”。20××年×月×日“氯氮平片”调整为“75mg-0-125mg口服”。×月×日“利培酮（单克）口服液”调整为“1mg-0-2mg口服”。×月×日9：15左右患者进食时突发呛咳，口唇面色发绀，呼吸困难，护士用手抠出口腔内积存的食物，并将病人倒转，用手拍击背部，予海姆立克法清除部分食物。现场查体：口中食物基本已清除，意识丧失，呼之不应，颈动脉搏动消失，心音微弱，无自主呼吸，予心肺复苏术、“肾上腺素、多巴胺”等抢救，患者无自主呼吸。9：40分拨打120急救电话，10：15到达曙光医院急诊（因患者死亡拒收），10：36宣布临床死亡，死亡诊断：1. 窒息；2. 精神分裂症。

×月×日司法鉴定科学技术研究所司法鉴定中心鉴定意见书：死者喉腔内见多量黄色半固体状食物，完全堵塞食管口及气管口。毒物检验于死者血液和胃内容物中均检出“氯氮平”“苯海索”和“利培酮”成分，血液中“氯氮平”“苯海索”和“利培酮”的质量浓度分别为851ng/mL、292ng/mL、28ng/mL，均未达到中毒致死血药浓度。系异物堵塞呼吸道致机械性窒息死亡。

**【当事人意见】**

1. 患方认为：

①医方未将“氯氮平”“利培酮”等药物副作用风险充分、详细告知患方家属；且药物管理存在严重过错，误用了“安坦片（盐酸苯海索）”；且存在超剂量用药问题，以上均加大了药物副作用的发生，与患者发生窒息有因果

关系。

②医方护理未履行监管职责、未进行过噎食/窒息风险评估工作，且噎食/窒息风险评估单分值设计不合理，以上不足最终导致了患者发生噎食窒息。

③医方抢救措施存在疏漏和不及时，最终导致了患者死亡。

2. 医方认为：

①患者入院后精神分裂症诊断明确，药物“氯氮平”“利培酮”“丙戊酸钠”等精神科药物治疗符合诊疗常规。

②患者出现呛咳、呼吸困难后，医方抢救得当、处理及时，并及时转至外院，未违反诊疗常规。

③患者系异物堵塞呼吸道致机械性窒息死亡，与医院诊治无因果关系。

**【鉴定意见】**

20××年×月×日患者因“自言自语、行为异常加剧 1 月，总病程 12 年”入住医方，诊断为精神分裂症。予以“氯氮平”“利培酮”及“安坦片（盐酸苯海索）”等药物治疗。20××年×月×日患者进食时突发呛咳导致窒息，经抢救后转入外院急诊时已死亡。

根据患者症状、病史，精神分裂症诊断明确。给予“氯氮平”“利培酮”及“盐酸苯海索（安坦）”的剂量均在正常范围内，且司法鉴定中心意见书中“血液中氯氮平、苯海索和利培酮的质量浓度均未达到中毒致死血浓度”。

根据精神疾病患者住院知情志愿书中第 2 点“在治疗过程中，会出现一些药物副反应，如：过敏、急性肌张力增高等”及多次谈话记录，医方就药物副作用及病情变化沟通告知充分，患方知情签字。

但医方存在抢救措施不到位的过错：患者虽经医方“手抠出口腔内食物，并将病人倒转，用手拍击背部，予海氏法清除部分食物”等措施，但最终死亡，且司法鉴定中心鉴定意见书中“死者喉腔内黄色半固体状食物，完全堵塞食管口及气管口”，证实为机械性窒息死亡，故不能排除与医方清除呼吸道异物措施不够彻底有关（如未及时使用吸引器等抢救措施），与患者最终死亡有一定的因果关系。患者系精神分裂症，病史长达 20 余年，长期服用精神类药物后已呈现锥体外系症状等药物副作用。锥体外系症状可有张口及吞咽困难等表现，故该患者为发生误吸及窒息的高风险人群。

A 医院为一家精神病专科医院，抢救设施及能力有一定限制。关于噎食/窒息风险评估单分值，经现场询问，医院按照×市质控要求设计符合医方的分值，并无不妥，但病史中未查见噎食/窒息风险评估表，存在不足，但该不足与患者死亡无因果关系。

综上所述，医方承担轻微责任。鉴定意见：

1. 本例属于对患者人身的医疗损害。

2. A 医院在医疗活动中存在抢救措施不到位的医疗过错，与患者死亡的人身损害存在因果关系。

3. 参照《医疗事故分级标准（试行）》，患者的人身医疗损害等级为一级甲等。

4. 本例医疗损害医方的责任程度为轻微责任。

**【裁判要旨】**

本案以调解方式结案。

**【办案心得】**

在本案中，笔者代理的是医方。患者入院治疗，结果吞食半固体状异物导致窒息死亡。就本案的思考如下：

1. 鉴定前一定要做好充足准备。精神病患者较难管理，且遇到危急情况抢救设施也受限。本案在鉴定前，与医方反复沟通，针对患方提出的争议焦点、鉴定专家可能会问的问题及律师对本案的理解和难点，反复斟酌演练，在鉴定会时就医方的诊疗过程、抢救措施一一应答，最后鉴定意见为医方承担轻微责任，医患双方达成一致。律师在鉴定前一定要做好充足的准备，重新梳理案子的前因后果，实事求是地把患方的疑问点、可能的疑问点都尽可能地拎出来，避免在鉴定会上无法作答或存有瑕疵，影响鉴定结果。

2. 律师代理医方，要认真研读病历材料，也要不局限于辩解，站在患方的立场上看问题。既要研究原告的突破点，也要研究被告的防范点和应对策略，这样才能更精准更全面地看问题，因此代理被告可能比原告要更困难。

3. 加强对精神病患者和医护人员的管理，强化流程的规范性。精神病患者的特殊性对诊疗行为和护理行为都提出了较高的要求。在日常诊疗中，医院需增强医护人员业务能力的培训，使其熟悉流程规范及风险意外的处理，在治疗和护理上使其能更细致、更具责任心。

## 案例二 甲某与 A 医院生命权纠纷

### 【基本案情】

患者乙某经诊断为精神分裂症，于20××年×月×日入住 A 医院治疗。20××年×月×日 22 时被护士发现吸入异物窒息，立即掏出异物，经抢救，于22：40 分宣布死亡。监控视频显示，乙某所在病房内共有十个床位，可见七名病人，均已躺在床上睡觉，西面下方左起第一、第五张床位只露出一个小角，乙某位于画面下方左起第二张床位。当日视频显示：21：03，医护人员到病房内巡视，乙某仰面躺睡在床上；21：07 至 21：12，乙某多次拉起、放下被子，其头部、嘴巴的画面多次被遮挡，未见到其吞食袜子的行为；之后，乙某一直仰面躺在床上，大多时间没有动作，不时有转动头部等一些小动作，未见到袜子露出嘴巴，无法看清其表情；21：31，一名护工到病房巡视；21：58：17，医护人员查看乙某的情况，轻拍、轻触乙某，然后叫来其他的医护人员于 21：58：57 从乙某口中抽出一个袜子，随后对乙某进行了抢救，但乙某经抢救后仍死亡。

### 【当事人意见】

1. 患方认为：

患者乙某因罹患精神分裂症被评定为一级精神残疾，自 20××年×月×日起一直在 A 医院住院治疗。20××年×月×日 22：40，甲某接到 A 医院电话称，乙某由于吞食袜子导致窒息死亡。甲某遂报警求助，×市公安局×分局×路派出所接警，在调阅乙某所居住病房监控录像后排除刑事案件可能。甲某在获准观看监控录像时，见乙某无意识地吞食袜子而至窒息死亡，死亡过程漫长而痛苦。尽管死亡时间并非深夜或者凌晨，然而在长达三个小时的时间内，乙某所住病房虽有监控录像却无人值守观看，未能及时发现并报告该病房及乙某本人的异常。乙某的生命权受到侵害而死亡，A 医院应当依法赔偿全部损失。

2. 医方认为：

（1）乙某在A医院住院13年，诊断精神分裂症。A医院根据相关规定进行巡查，尽到了巡视义务。事发当天晚上，在护士巡视后，乙某在21：07至21：12用被子盖住脸并吞食袜子，监控因被子阻挡，无法发现其吞食了袜子；护士21：58再次巡视时发现异常，立刻对乙某进行抢救，乙经抢救无效死亡，已尽到了及时抢救的义务。

（2）A医院是精神科专病医院，具有公益性，收治患者就要承担高风险。入院时，A医院将高度风险告知家属，甲某也签订了告知书。此次事故属意外事件，而且经调查，患者一直想出院，甲某多次拒绝，也是此次事故发生的因素之一。要求驳回甲某的诉请。

**【鉴定意见】**

无。

**【裁判要旨】**

法院判决如下：

驳回原告甲某要求被告A医院赔偿损失等诉讼请求。

**【办案心得】**

在本案中，笔者代理的是患方。本案患者为精神病人，在夜间吞食袜子导致窒息死亡。就本案的思考如下：

1. 医方已经尽到了相应的义务，不存在过错，法院的判决合法合理。首先，医方根据相关规定进行巡查，尽到了巡视义务，而医方人员巡视时，患者因被被子挡住无法发现其吞食袜子的现象，医方对此不存在过错；其次，在医方人员再次巡视时，发现患者的异常点，立即展开抢救，已经尽到了抢救义务；最后，医院对于收治精神病患者具公益性，在入院前已告知患方相应的风险。因此，不管是医方在巡视义务、抢救义务还是告知义务上，都已经尽到了相应的责任，法院的判决合法合理。

2. 对于患方而言，遇到问题可先选择和医方协商沟通，直接起诉不一定是最优的选择。本案的患方在事情发生后，未积极采取与医方协商的方式解决问题，而是直接提起诉讼，且诉讼中对抗性较强，让双方的纠纷没有回旋之地。所以患方在遇到纠纷时，可以先与医院协商，而不是直接诉讼让矛盾进一步升级。

## 四、麻醉科

### 案例 甲某与A医院医疗损害纠纷

**【基本案情】**

1. A医院住院情况：

患者甲某，20××年×月×日因“上腹疼痛10余天，右下腹疼痛10小时余”收治入外科病区，入院体检：右上腹、右下腹及左下腹压痛，伴反跳痛及肌卫，以右下腹明显，肠鸣音减弱，结肠充气试验（+），实验室检查：WBC（白细胞计数）$12.71\times10^{9}/L$，N 78.10%，B超提示：双肾尿结晶，阑尾区图像结合临床，入院诊断：弥漫性腹膜炎，急性阑尾炎可能，急性上消化道穿孔可能，当日即行剖腹探查术+阑尾切除术+腹腔引流术，术后生命体征不平稳，麻醉苏醒延迟，血气分析提示呼吸性酸中毒，二氧化碳潴留，转ICU治疗，急请D医院麻醉科主任会诊后，诊断考虑：1. 弥漫性腹膜炎；2. 麻醉后苏醒延迟，处理：1. 加强生命体征监测；2. 加强抗感染治疗；3. 患者清醒，呼吸恢复良好考虑尽早拔管。同时邀E医院ICU主任会诊后，建议深静脉穿刺置管，根据中心静脉压调整补液量；加强抗感染治疗；注意水电解质、酸碱平衡；提高免疫力；加强观察与维持生命体征。后予抗炎对症支持治疗，病情稳定后转外科继续治疗，病理报告提示：（阑尾）急性单纯性阑尾炎伴局灶性化脓，术后第8天伤口拆线，×月×日拟“急性化脓性盲肠炎”治愈出院。

×月×日患者因“精神行为异常10天”入住A医院神经内科，查体：四肢自发性活动，右上肢不自主运动，反复摸索样动作，右手强握现象，头颅CT示：两侧额叶见可疑片状低密度影。A医院神经外科主任会诊，行为异常伴认知障碍10余天，查体：体检不合作，肢体见有不自主的活动，双侧病理征未引出，诊断：双侧额叶病变。为进一步确定病因，转B医院行头颅MRI（磁共振成像）检查及高压氧治疗。

2. B 医院住院情况：

20××年×月×日患者拟“意识障碍原因待查”收治入 B 医院神经内科病区，头颅 MRI 诊断：两侧大脑半球白信号异常，颅内动脉显示欠佳，动脉硬化改变。医嘱给予营养神经，高压氧、康复训练等治疗，情况好转于×月×日予以出院。

3. C 医院住院情况：

20××年×月×日拟“脑白质病”入院，入院后给予营养神经，康复，高压氧，针灸，言语功能等治疗，目前患者可进行简单对答，大小便不能自理，四肢肌力正常，肌张力增高。20××年×月×日医院要求办理出院再入院手续。再入院后于 20××年×月×日复查头颅 MRI，诊断为符合脑白质病，较（20××-×-14）范围减小，两侧乳突气房积液。直至 20××年×月×日终止费用出院。

4. C 医院住院期间外出门诊及会诊情况：

经 A 医院、B 医院、C 医院等神经内科专家多次会诊，汇总专家意见：病情已达稳定状态，通过药物治疗的方式延缓病情的发展，目前暂无更加有效的治疗方式。

**【当事人意见】**

1. 患方认为：

（1）患者目前后果是脑缺血缺氧损害所致，脑缺血缺氧损害完全是医方过错所致，术后严重通气不足持续两个多小时。

（2）医方救治不力，隐瞒病情。未及时进行神经功能保护等治疗，对家属隐瞒病情，使患者丧失救治机会。

（3）医方存在隐匿病情，使患者丧失救治机会。

2. 医方认为：

（1）患者急性阑尾炎、弥漫性腹膜炎诊断正确，急诊全麻行剖腹探查术+阑尾切除术+腹腔引流术有手术指征，处理符合常规。

（2）麻醉用药符合规范，麻醉过程中生命体征平稳无异常，手术结束后麻醉苏醒过程中，反复出现二氧化碳升高，经手控过度通气及纠酸治疗后缓解，患者意识恢复好，带管进入ICU。

（3）患者外院确诊为脑白质病，考虑炎症感染太重，导致二氧化碳因为肺功能受影响排不出所致。

（4）患者经外院神经内科专家多次会诊，病情已达到稳定状态，通过药物治疗的方式延缓病情的发展，目前暂无更加有效的治疗方式。

**【鉴定意见】**

20××年×月×日患者因“上腹部疼痛10余天，右下腹疼痛10小时余”入住医方外科。当日行气管插管下行剖腹探查术+阑尾切除术+腹腔引流术。手术结束的麻醉恢复过程中患者发生呼气末二氧化碳明显升高，经救治后转入ICU。×月×日出院后患者出现精神行为改变，经神经内科多方诊治。患者目前仍有重度脑功能障碍。

根据送鉴资料、现场阅片及现场体格检查，专家组分析认为：

1. 手术及麻醉方式正确：20××年×月×日患者因“上腹部疼痛10余天，右下腹疼痛10小时余”入院，体检腹部有压痛、反跳痛及肌卫，血白细胞及中性粒细胞升高，医方入院诊断“弥漫性腹膜炎、急性阑尾炎穿孔？急性上消化道穿孔？”有依据，选择全身麻醉+气管插管下行剖腹探查术+阑尾切除术+腹腔引流术正确。术前医方对手术、麻醉的风险和并发症有书面告知。手术期间麻醉监测了血压、心率、氧饱和度、呼气末二氧化碳分压等指标，符合医疗规范。

2. 麻醉苏醒过程处置有欠缺：全麻患者应连续监测呼气末二氧化碳分压，呼气末二氧化碳分压的正常值为35～45mmHg，必要时测定动脉血二氧化碳分压，判定通气功能，在监测过程中注意呼气末二氧化碳分压和差值变化。正常成人平静呼吸时，潮气量为400～600mL。本例患者17：10手术结束，术后患者自主呼吸恢复过程中潮气量70～270mL，呼气末二氧化碳值进行性升高达96mmHg。患者在恢复自主呼吸过程中出现通气不足，医方在此期间对其病情变化认识不足，呼气末二氧化碳分压进行性升高时，医方未及时给予有效的辅助通气，致使患者苏醒延迟。医方对患者麻醉恢复期呼吸管理不恰当，存在过错。

3. 二氧化碳分压升高与脑损害之关联：pH 值降低或者二氧化碳分压升高时，血红蛋白对氧的亲和力降低，酸碱度对血红蛋白氧亲和力的这种影响称为波尔效应。二氧化碳分压改变时，可通过 pH 值的改变产生间接效应。另外，可通过二氧化碳与血红蛋白结合而直接影响血红蛋白与氧的亲和力。由此二氧化碳潴留影响氧与血红蛋白之间的结合、解离过程，可造成人体组织低氧血症的产生，最终引起机体组织与器官缺氧现象发生。而中枢神经系统对缺氧现象表现最为敏感，可以最先因缺氧出现神经系统损害，损害的部位主要是以大脑受累最为严重。

4. 术后处置无违规：20××年×月×日患者术后麻醉访视意识清楚，四肢肌力及感觉正常；20××年×月×日出院时神志清楚，在院期间给予头颅 CT 检查，患者感染控制后给予出院、门诊随访不违规。20××年×月×日患者因行为精神改变至医方门诊，给予进一步神经系统检查，并收治入院，给予修复神经髓鞘、营养神经、改善微循环治疗，请外院专家会诊指导治疗，并安排转院进一步行高压氧等康复治疗。医方术后处置无违规。

5. 其他问题：患者麻醉恢复过程在手术室内，麻醉单上有相关生命体征及处置记录，无需另行书写抢救记录。

6. 目前损害：患者术后逐渐出现认知和精神行为异常，结合术后多次影像学检查，考虑为迟发性二氧化碳中毒性脑病。鉴定会现场体格检查认定患者存在重度智能障碍，对应三级伤残。

7. 原因力分析：根据术前术后患者肺部影像片，且无慢性呼吸系统疾病史，无自身肺部疾病依据。本例患者术前未有认知和行为异常，术后逐渐出现认知和精神行为异常，此次病变不能以脑血管病变解释，考虑为迟发性二氧化碳中毒性脑病。医方麻醉苏醒期呼吸管理方法不当是其目前重度脑功能损害的主要因素。患者入院前 16 年因车祸致脑外伤昏迷 10 余小时，平素时有头晕不适；机体对麻醉、手术的应激反应程度不同以及感染（急性化脓性盲肠炎、急性阑尾炎、腹膜炎）对全身的影响也是术后认知功能障碍的参与因素之一。

鉴定意见：

1. 本例属于对患者人身的医疗损害。

2. A 医院在医疗活动中存在麻醉苏醒期呼吸管理方法不当的医疗过错，与患者目前重度脑功能损害的人身损害结果存在因果关系。

3. 参照《医疗事故分级标准（试行）》，患者的人身损害等级为二级乙等，对应三级伤残。

4. 本例医疗损害医方的责任程度为主要责任。

**【裁判要旨】**

本案以调解方式结案。

**【办案心得】**

在本案中，笔者代理的是医方。A 医院麻醉苏醒期呼吸管理方法不当导致麻醉意外，患者重度脑功能损害。就本案的思考如下：

1. 医方应加强麻醉苏醒期的监控。麻醉恢复期患者具有独特的病理生理特点和潜在的生命危险，需要有专业化训练的医务人员进行管理。麻醉后监测治疗主要是恢复患者的保护性反射，监护和治疗出现的生理功能紊乱，以保证患者生命体征的平稳，识别和处理麻醉和术后并发症，降低患者的发病率和死亡率。

2. 诉讼的时机选择。笔者认为，发生医疗纠纷，一事一议，需要根据案件具体情况来具体分析，有时需要速战速决，有时需要以时间换空间。本案中患者在医院住院多年，费用全是由医院承担，医院应当早日聘请专业律师，早日解决此事。因为对医院来说，赔偿金额往往越往后拖越高。提起诉讼时还要充分考虑是否有新的法律或司法解释出台，该法律或解释对我方诉讼是否有利。

## 五、泌尿外科

### 案例　甲某与 A 医院医疗损害责任纠纷

**【基本案情】**

20××年×月至 20××年×月，甲某因右腰痛数次至 A 医院就诊，超声示右侧输尿管上段扩张、双肾积水、右肾结石、左肾结晶。CT 示右输尿管下段结石伴上端尿路积水，右输尿管局部周围炎。建议住院治疗。

20××年×月×日，甲某因“右侧腰腹部疼痛不适2月余”在A医院处住院治疗。入院诊断：右侧输尿管结石。×月×日，行右侧输尿管镜下钬激光碎石术，留置双J管（输尿管支架管），术后给予抗炎等治疗。×月×日，甲某出院，出院诊断：右侧输尿管结石。嘱门诊随访，1月后拔双J管。×月×日，甲某拔除双J管。

×月×日、×月×日，甲某因输尿管碎石术后排尿变细至A医院处就诊，两次行尿道扩张。×月×日，A医院超声示右侧输尿管末端结石伴扩张，双肾积水。×月×日，A医院CT示右侧输尿管中下段结石，右侧肾盏结石，右肾积水。

×月×日，甲某因“右侧腰腹部疼痛不适半年余”再次在A医院住院治疗。入院诊断：右侧肾积水伴输尿管结石。×月×日行右侧输尿管镜下钬激光碎石术，留置导尿管，术后给予抗炎等治疗。×月×日出院，建议门诊随访、继续休息2周，术后1个月拔双J管。20××年×月×日，甲某拔除双J管。

×月×日，超声示右肾积水，左肾集合系统分离，左肾结晶。

×月×日，甲某至B医院就诊。×月×日，CTU（尿路成像）示右侧输尿管跨髂血管处管壁增厚、狭窄伴以上泌尿系统积水扩张，右肾及右输尿管结石；前列腺增大伴钙化等。

×月×日，甲某在B医院住院治疗。×月×日，SPECT（单光子发射计算机体层［显像］仪）/CT示右肾肾小球滤过率极重度降低；左肾肾小球滤过率正常。考虑右肾失功，建议切除。甲某拒绝。×月×日出院，出院诊断：右肾无功能、右侧输尿管狭窄伴肾积水、右侧肾上腺囊肿。

×月×日，甲某在C医院住院治疗。×月×日行右侧输尿管镜下球囊扩张术+双J管留置术，×月×日出院。×月×日再次住院，×月×日行右侧输尿管镜检查+双J管更换术，见右侧输尿管黏膜水肿，输尿管上段球囊扩张处愈合可，管腔仍稍有狭窄。×月×日，甲某拔除双J管。20××年×月×日，超声示右肾萎缩。×月×日，SPECT/CT检查示右肾肾小球滤过率重度降低；左肾肾小球滤过率正常。

20××年×月×日，B医院门诊诊断：梗阻性肾病、慢性肾脏病3期。×月×日，C医院超声示右肾形态缩小、皮质变薄。

**【当事人意见】**

1. 患方认为：

（1）医方20××年×月×日手术选择方式错误，未选择体外排石等方式处理，在行碎石手术过程中操作不当，导致患者输尿管创面过大形成瘢痕。

（2）医方20××年×月×日手术过程和第一次同样方法，插入激光光纤发射激光烧灼肉芽的方式错误，激光烧灼瘢痕面积扩大，导致输尿管创口加大，未采取瘢痕切除等方式对瘢痕进行彻底处理，导致输尿管严重堵塞，最终造成右肾功能重度下降。

（3）医方术后均明确表示治愈，未充分告知患者复查，4次就诊没有做B超复查，使得患者对病情误判，以为如同医嘱记载结论为“治愈”，最终导致患者肾积水严重，贻误治疗时机。

（4）医方手术方式选择错误、手术过程操作不当、治疗手术不当、术后告知不充分导致患者右肾功能重度下降，使得右肾必须进行切除。现患者的损害结果明确，医方错误诊断行为与损害后果之间亦存在直接的因果关系。

2. 医方认为：

（1）初次手术有指征和手术方式选择正确。术后出现输尿管狭窄并发症，与患者结石长期刺激和炎症有关，手术操作损伤也可加重并发症。患者术后出现尿道狭窄进一步支持患者容易形成瘢痕狭窄。疾病基础是结石、感染、瘢痕引起肾积水。

（2）肾功能损害不能完全归因于手术，患者本身就存在肾脏基础病变可能，因为患者输尿管狭窄经处理消失，但肾功能未恢复。

（3）患者二次术后未能解决积水问题，建议患者去上级医院处理，但患者未接受，导致处理时间拖延2个月，加重肾功能损害。

**【鉴定意见】**

专家综合分析后认为：

1. 第一次手术方案正确、告知义务已履行：根据患者首次入院检查，超声、腹部CT示右输尿管下段结石（长径8.2mm）伴其上端尿路积水，右输尿管局部周围炎，医方入院诊断“右侧输尿管结石”成立，行右输尿管镜下钬激光碎石术有适应证。术前医方对手术风险及并发症有书面告知，并在手术知情同意书上告知替代医疗方案可行“置管引流体外碎石”，患方知情签字同意手术治疗，医方实施的右输尿管镜下钬激光碎石术无违规。

2. 第二次手术方案不恰当：关于输尿管结石治疗后的随访，一般治疗后 3 个月，通过临床表现、X 线片、超声或者 CT 等可确定输尿管狭窄。输尿管狭窄可留置双 J 管、输尿管镜直视下气囊扩张术、输尿管狭窄的切开、狭窄段切除端-端吻合术、输尿管膀胱再植术或手术切除瘢痕等治疗。本例中 20××年×月×日超声示右侧输尿管末端结石伴扩张，双肾积水；×月×日 CT 示右侧输尿管中下段结石，右侧肾盏结石，右肾积水。×月×日患者因右侧腰腹部疼痛不适半年余再次入住医方，入院诊断为右侧肾积水伴输尿管结石。肌酐 127μmol/L，估算肾小球滤过率 54. 28mL/min（参考值 85～125mL/min）。此时患者已有输尿管明显狭窄，医方未按指南给予相应治疗，而给予了可能进一步增加输尿管瘢痕的右侧输尿管镜下钬激光操作。医方术后未按常规进行随访，第二次术前对右肾功能及右侧输尿管狭窄程度未给予充分评估不足（如肾图等检查），第二次手术方案不恰当，影响了患者输尿管狭窄的治疗时机及疗效，与患者右肾失功存在主要因果关系。

3. 患者存在尿路结石伴有积水、炎症，也是影响肾功能的部分因素。临床上钬激光碎石术有一定的输尿管狭窄发生率，首次行右侧输尿管镜下钬激光碎石术系治疗患者自身尿石症所需，术前医方对手术风险及并发症如输尿管狭窄有书面告知。此与患者右肾失功、右肾萎缩也有关系。

4. 患者 20××年×月×日同位素肾图检查示右肾肾小球滤过率 10. 93mL/min，右肾肾小球滤过率重度降低；左肾肾小球滤过率 40. 61mL/min，左肾肾小球滤过率正常范围。参照《医疗事故分级标准（试行）》，三级甲等医疗事故第二十一条规定“一侧肾缺失或输尿管狭窄，肾功能不全代偿”，对应六级伤残。

鉴定意见：

1. 本例属于对患者人身的医疗损害。

2. A 医院在医疗活动中存在术后随访不足、术前评估有欠缺、第二次手术方案不恰当的医疗过错，与患者右肾失功存在因果关系。

3. 参照《医疗事故分级标准（试行）》，患者右肾失功的人身损害等级为三级甲等，对应六级伤残。

4. 本例医疗损害医方的责任程度为主要责任。

**【裁判要旨】**

法院认为，患者在诊疗活动中受到损害，医疗机构及其医务人员有过错的，由医疗机构承担赔偿责任。案涉纠纷经法院委托某医学会鉴定、某市医学会重新鉴定，先后出具医疗损害鉴定意见书，应依法予以认定。两份鉴定意见一致认定本例构成医疗损害，对应六级伤残，A 医院承担主要责任。甲某主张A 医院承担全部责任，认为自身病理基础与损害后果无关、第一次手术不成功等意见，两份鉴定意见均已在分析说明中详细阐述，甲某未能就其意见提供充分的事实依据，法院不予采信。甲某认为手术医师无资质，经查，该医生持有执业医师执业证书，法院对甲某意见不予采信。因此，法院采信鉴定意见，认定 A 医院承担主要责任。综合考虑 A 医院的过错以及甲某自身基础疾病的影响，法院酌定本案中由 A 医院对于甲某的合理损失承担 70%的赔偿责任。

法院判决如下：

A 医院应于本判决生效之日起十日内赔偿甲某医疗费、住院伙食补助费、营养费、护理费、误工费、残疾赔偿金、交通费等，合计×元。

**【办案心得】**

在本案中，笔者代理的是医方。患者甲某在 A 医院行两次手术，第一次手术方案及程序都正确，第二次医方未按指南给予相应治疗，导致患者右肾功能损害加重。就本案的思考如下：

1. 手术方案的选择很重要。医方对于重要手术应当在讨论后再制订方案，严格按照诊疗指南进行操作。本案第二次手术方案不恰当，影响了患者输尿管狭窄的治疗时机及疗效，与患者右肾失功存在主要因果关系。我方在接受代理后即召集相关医务人员讨论较难突破区医学会鉴定。

2. 专业律师的介入时机很重要。患方起诉，并且已经经过区医学会鉴定后，A 医院才找到笔者代理。笔者在接受代理后即召集相关医务人员讨论，认为较难突破区医学会鉴定。对于医院发生医疗纠纷，尤其进入诉讼阶段的医疗纠纷，应该在接到诉讼的消息后立刻让医疗纠纷专业类律师介入。律师介入后，可以在分析案情的基础上，制定谈判方案，争取与对方进行调解，努力降低责任比例。

## 六、内科

### 案例 甲某与A医院医疗损害纠纷

**【基本案情】**

20××年×月×日患者因“体检发现高胆固醇血症，近期有头晕”至×市×区A医院就诊，颈动脉超声提示：左侧颈总动脉分叉口斑块形成，诊断：脑梗死后，脑供血不足，医方给予“复方地龙片、甲磺酸倍他司汀片”口服治疗。20××年×月×日患者再次至该院复诊，颈动脉超声提示：左侧颈总动脉分叉口软斑形成，诊断动脉粥样硬化，医方给予“阿托伐他汀钙片”口服治疗。

**【当事人意见】**

1. 患方认为：

（1）患者因头晕及颈部不适多次至医方处就诊，20××年×月×日该院血管超声报告提示：左侧颈总动脉分叉处斑块形成（大者：4mm×2mm）。20××年×月×日该院血管超声报告提示：左侧颈总动脉分叉处斑块形成（大小：5mm×3mm）。20××年×月×日B医院超声诊断报告提示：双侧颈动脉中膜略增厚，未见明显斑块形成。×月×日C医院超声诊断报告提示：左侧颈总动脉管壁局部稍增厚。

（2）由于A医院存在过错，和外院诊断存在很大差异，两年来患者在颈部斑块形成的阴影笼罩下生活，承受着巨大的心理压力，并服用了近两年“普伐他汀钠片”（20××-×-×改服阿托伐他汀钙片，在同年×-×停服），对患者身心造成严重伤害，医方应负全部责任。

2. 医方认为：

（1）根据患者主诉、临床表现、既往史、体格及辅助检查，20××年×月×日诊断：脑梗死后，脑供血不足，20××年×月×日诊断：动脉粥样硬化，均符合诊疗常规。

（2）患者20××年×月×日来我院就诊主诉头晕症状为主，结合病史，予以“复方地龙片”化瘀通络、益气活血，“甲磺酸倍他司汀片”扩张脑血管、改善微循环对症治疗，用药合理。

（3）患者20××年×月×日来我院就诊，根据病史及相关检查，予以“阿托伐他汀钙片”调脂、稳定斑块治疗，用药合理。

**【鉴定意见】**

鉴定过程说明：

20××年×月×日某人民法院委托我医学会组织医疗损害鉴定，经审核符合有关规定，20××年×月×日向委托法院发出受理通知，20××年×月×日交齐材料。

20××年×月×日，在我医学会医疗鉴定工作办公室主持下，医患双方从某区医学会医疗鉴定专家库（心血管内科专业）中各随机抽取1名专家编号、医学会工作人员从（药学科专业）中随机抽取1名专家编号，共3位专家组成专家鉴定组。医患双方从上述专业学科中再各随机抽取等额专家编号作为鉴定专家组候补成员，各方确认后签字。

20××年×月×日通知医患双方鉴定会正式日期。20××年×月×日组织召开鉴定会。20××年×月×日随机抽取的1位正式编号专家、2位候补编号专家出席，组成专家鉴定组并推选产生组长1名。到会的患方代表共1名 ，医方代表共2名。首先由医学会工作人员宣读鉴定会会场纪律，鉴定会由鉴定专家组组长主持。经过医患双方陈述、答辩，专家提问、表决、合议，根据半数以上专家鉴定组成员意见形成“不构成人身医疗损害 ”的鉴定意见。专家鉴定组成员在鉴定意见《专家合议书》上签名，并在《专家分析意见》原稿中说明理由，由专家鉴定组组长签发。

根据送鉴材料，专家组分析认为：

20××年×月×日患者因“体检发现高胆固醇血症，近期有头晕”，至A医院就诊，颈动脉超声提示：左侧颈总动脉分叉口斑块形成，诊断：脑梗死后，脑供血不足，医方给予“复方地龙片、甲磺酸倍他司汀片”口服治疗。20××年×月×日患者再次至该院复诊，颈动脉超声提示：左侧颈总动脉分叉口软斑形成，诊断动脉粥样硬化，医方给予“阿托伐他汀钙片”口服治疗。

1. 在临床诊疗活动中，超声检查内容仅供参考，接诊医师将结合患者病史、临床症状、体征及其他相关检查，作出诊断，并予以相应的治疗措施。

2. 20××年×月×日患者因体检发现高胆固醇血症，近期有头晕，至A医院就诊，超声提示：左侧颈总动脉分叉口斑块形成。诊断：脑梗死后，脑供血不足。医方给予“复方地龙片”（化瘀通络、益气活血）、“甲磺酸倍他司汀片”（扩张脑血管、改善微循环）口服治疗，并未医嘱患者服用他汀类药物。

3. 20××年×月×日患者再次至该院复诊，超声提示：左侧颈总动脉分叉口软斑形成。诊断动脉粥样硬化。医方给予“阿托伐他汀钙片”口服治疗。患者（××年生），有高血压、高脂血症等病史；医方检验报告单（20××-×-×）示：总胆固醇：5.31mmol/L、高密度脂蛋白：1.96mmo1/L、低密度脂蛋白：3.31mmol/L：根据业内共识，血脂低密度脂蛋白大于2.6mmol/L（中危水平），就需要开始血脂管理、治疗。

4. 医方的诊疗行为并未违反治疗原则。

5. 患者在就诊过程中出现的抑郁、焦虑等状况与医方的诊疗行为无因果关系。

鉴定意见：

本例不属于对患者人身的医疗损害。

**【裁判要旨】**

本案原告撤诉。

**【办案心得】**

在本案中，笔者代理的是医方。就本案的思考如下：

根据某医学会出具的鉴定意见，本案医方的诊疗行为并未违反治疗原则。患者在就诊过程中出现的抑郁、焦虑等状况与医方的诊疗行为无因果关系。本案不属于对患者人身的医疗损害。本案中笔者对照病史记载与诊疗规范，据理力争，最终获得有利于被告方的鉴定结果，奠定了案件胜诉的基本格局。

## 七、神经内科

### 案例 甲某与A社区卫生服务中心、家政服务公司健康权纠纷

**【基本案情】**

甲某患有脑萎缩，于20××年×月×日经法院宣告为无民事行为能力人。甲某生活不能自理，在A社区卫生服务中心长期住院。20××年甲某家属开始聘用家政服务公司为甲某提供生活护理服务。

20××年×月×日，甲某在床边马桶如厕后，甲某扶着床栏站立，护工乙某帮甲某去拿厕纸，后甲某身体落下膝部着地。恰逢家政服务公司护工管理人员看到。但均未告知医生及甲某家属。

20××年×月×日，A社区卫生服务中心医生在例行查房时，发现甲某左下肢肿胀、皮温升高、触痛明显，遂对甲某进行检查，发现甲某左股骨下端骨折，医生即告知甲某家属，甲某家属带甲某至某医院就诊，被诊断为左股骨髁上骨折，左股骨粗隆间骨折内固定术后改变，甲某行保守治疗。

20××年×月×日，甲某（乙方）与家政服务公司（甲方）签署《协议书》，双方约定："1. 甲方免费承担陪护甲某费用60天，自20××年×月×日起至20××年×月×日止。2. 甲方给乙方一次性经济补偿，自×月×日起至×月×日的护工费免费。3. 此事做一次性了结，双方再无其他争议，任何一方不得再变更或提起其他要求，也不得向医院就此事提出要求。4. 如果在此期间乙方违反本协议，承担违约为甲方给予的经济补偿。"家政服务公司按约向甲某提供了免费护理。

20××年×月，甲某向法院起诉，要求A社区卫生服务中心、家政服务公司承担赔偿责任。

**【当事人意见】**

1. 患方认为：

（1）被告A社区卫生服务中心存在以下过错：在甲某受伤后没有及时通知家属，亦未及时进行救治，延误病情；没有审核家政服务公司护工的资质；医

院设施不完善、人员不到位；上述过错与甲某受伤存在间接的因果关系。

（2）被告家政服务公司存在以下过错：护工没有尽到基本救助义务，在甲某摔伤后没有及时通知家属也没有及时向医生汇报，并存在隐瞒家属的行为，与甲某的受伤存在直接因果关系。

2. 医方认为：

（1）被告A社区卫生服务中心的意见：首先，其中心没有过错及违法行为。其中心对甲某受伤的情况认可，但甲某年事已高，长期卧床，有骨折病史，被告家政服务公司的护工在甲某摔倒后没有重视，其中心医生巡查病房时护工隐瞒不报，因骨折病人一般24小时后才发生肿胀、体温升高的症状，其医生在查房时未发现甲某有不良症状。至同年×月×日，其医生发现甲某左下肢肿胀，立即对甲某进行了相关检查并通知家属，已经尽到了合理的救治义务。其次，事发后，甲某与家政服务公司签署了《协议书》，约定此事已了结，不得向医院就此事提出要求，该协议已经履行完毕，不同意撤销该协议。故其医院不同意承担赔偿责任。同时，甲某尚欠付其中心医疗费×元，要求在本案中一并处理。

（2）被告家政服务公司的意见：首先，其公司不存在过错，事发当天甲某手扶床栏，护工去帮甲某拿厕纸，甲某自己蹲下，护工没有扶住，导致甲某膝部着地，护工无法判断甲某自身行为，尽到了合理注意义务；其次，护工仅是生活照顾，无法判断甲某病情，护工认为不严重才未报告，不是故意隐瞒；再次，甲某自身年老体弱，存在骨质疏松与骨折史，本次骨折是意外事件；最后，事发后，双方已经签署了《协议书》，其公司已按约定完成了护理服务，且甲某起诉时已经超过了一年，不同意撤销该协议，甲某不能再向其主张其他权益。

**【鉴定意见】**

根据委托单位提供的送鉴材料，结合本机构鉴定人检查所见，综合分析如下：

1. 被鉴定人甲某20××年×月×日因外伤致左股骨下端骨折（骨折断端重叠、短缩）等。保守治疗。目前测得股骨粗隆大转子上方至股骨外侧髁长度：

左 33.0cm，右 36.0cm。相当于双下肢长度相差 3.0cm。被鉴定人甲某双下肢长度相差 3.0cm，构成十级伤残。

2. 根据被鉴定人甲某损伤情况，参照《人身损害受伤人员休息期、营养期、护理期评定准则》（DB31/T875-2015）之规定，伤后一般需营养×日，护理×日。

鉴定意见：

1. 被鉴定人甲某双下肢长度相差 3.0cm，构成十级伤残。

2. 被鉴定人甲某伤后一般需营养×日，护理×日。

**【裁判要旨】**

法院认为：本案的争议焦点为：1.《协议书》是否应予撤销；2. 两被告是否要对甲某的损失承担赔偿责任及相应的比例。

关于争议焦点 1，根据法律规定，基于重大误解实施的民事法律行为，行为人有权请求人民法院或者仲裁机构予以撤销。甲某受伤后与家政服务公司签署了《协议书》，仅约定由家政服务公司免费提供护理，但现经司法鉴定，甲某构成十级伤残，故在签署协议书时，甲某对伤残的后果并不知晓，构成重大误解。同时，司法鉴定意见于 20××年×月×日出具，甲某现行使撤销权并未超出因重大误解而撤销的有效期间，故法院对该甲某撤销《协议书》的申请予以准许。因被告家政服务公司已按约履行了协议内容，双方均认可家政服务公司提供的免费护理按照×元/天计算，根据《协议书》约定的时间，家政服务公司提供护理对应的费用×元，甲某应予以支付。

关于争议焦点 2，公民的生命健康权受法律保护，侵害民事权益的，应当依法承担侵权责任。用人单位的工作人员因执行工作任务造成他人损害的，由用人单位承担侵权责任。

关于被告 A 社区卫生服务中心是否应当承担赔偿责任，法院认为，甲某患有脑萎缩，无法自述其病情，中心的医生不清楚甲某存在膝盖着地的情况，故其中心在×月×日发现异常后立即对甲某进行相关检查并通知家属，并不具有延误甲某病情的故意。B 家政作为独立的法人机构，具有病患陪护服务的资质，并无相关法律法规规定医院具有审核家政公司护工人员资质的义务。关于医院设施不完善、人员不到位。法院认为，甲某受伤系在床边未站稳，护工未及时扶住所致，并非医院设施导致。甲某要求A社区卫生服务中心承担赔偿责任并无依据，法院不予准许。

甲某受伤前已由家政服务公司提供生活护理多年，该公司应对甲某的身体情况有充分了解，在甲某高龄且没有行为能力的情况下，护工离开让甲某自行扶床站立，本身即存在风险，在甲某站立不稳时，护工未予以有效防护，致甲某膝盖着地，故甲某受伤系护工未尽到基本注意义务所致。家政服务公司系专业提供病患陪护服务的机构，其工作人员应对老龄患者出现意外倒地可能造成的后果有充分认识，护工乙某及家政服务公司另一管理人员明知甲某膝部着地，却未向A社区卫生服务中心说明，亦未通知家属，存在过错。上述两过错与甲某受伤之间存在直接因果关系。因乙某系为家政服务公司执行工作职务，故家政服务公司应对甲某受伤承担赔偿责任。被告家政服务公司认为甲某年老体弱，存在骨质疏松，有骨折史，但双方均确认前次骨折与本次受伤部位不一致，家政服务公司的上述意见不能减轻其赔偿责任。综上，家政服务公司应对甲某的合理损失承担全部的赔偿责任。

法院判决如下：

1. 撤销甲某与被告家政服务公司于20××年×月×日签署的《协议书》；

2. 被告家政服务公司应赔付甲某×元；

3. 驳回甲某其余诉讼请求。

**【办案心得】**

在本案中，笔者代理的是A社区卫生服务中心。患者甲某在A社区卫生服务中心长期住院。不慎受伤，要求A社区卫生服务中心和聘请的家政服务公司承担责任。就本案的思考如下：

1. 本案经过医疗鉴定和司法鉴定。最初甲某申请进行医疗损害鉴定，但医学会受理后，认为本案不符合受理条件，终止鉴定。后来甲某就其伤残等级及营养、护理期限申请司法鉴定。司法鉴定机构出具《司法鉴定意见书》，明确甲某的伤残等级和三期时长。

2. 专业的医疗律师能为医疗案件提供医学和法律两方面支持。甲某要求A

社区卫生服务中心承担责任，提出三点意见，律师代表医方一一进行辩护。第一，甲某提出，医生每日早上查房，但甲某20××年×月×日膝部着地后，医生至×月×日查房才发现甲某左下肢肿胀，存在故意隐瞒。医方提出一般骨折症状需24小时后才出现肿胀，体温上升，护工亦未将甲某膝盖着地的情况如实告知，故其医生并不掌握甲某的伤情。并且甲某患有脑萎缩，无法自述其病情，中心的医生不清楚甲某存在膝盖着地的情况，在×月×日发现异常后立即对甲某进行相关检查并通知家属，并不具有延误甲某病情的故意。第二，甲某提出A社区卫生服务中心没有审核家政服务公司护工的资质，医方提出家政服务公司作为独立的法人机构，具有病患陪护服务的资质，并无相关法律法规规定医院具有审核家政公司护工人员资质的义务。第三，甲某提出医院设施不完善、人员不到位。医方提出，甲某受伤系在床边未站稳，护工未及时扶住所致，并非医院设施导致。

## 八、推拿科

### 案例 甲某与A社区卫生服务中心医疗损害纠纷

**【基本案情】**

20××年×月×日，患者甲某因发育迟缓去A社区卫生服务中心进行康复治疗。20××年×月×日，A社区卫生服务中心医生为患者推拿时，造成患者股骨骨折。后甲某至B医院对腿部进行了治疗。A社区卫生服务中心曾为患者支付了部分医疗费，后又产生了×元医疗费，但医方拒绝支付。

**【当事人意见】**

1. 患方认为：

因被告处医生在治疗过程中的过失，导致原告腿部骨折非常不便，认为已构成伤残，且原告家属为照顾原告花费了大量的时间精力，也造成了严重的精神损害。由于被告拒绝为其过错所造成的后果支付后续医疗费，原告为维护自身合法权益，故诉诸法院。

2. 医方认为：

愿意与原告协商解决。

【鉴定意见】

无。

【裁判要旨】

本案以调解方式结案。

【办案心得】

在本案中，笔者代理的是医方。本案的诉讼价值不强，医方过错明显，且医方曾为患方支付过后续部分医疗费的赔偿，可见其也已经用实际行动承认了己方过错，继续应诉对医方在经济和名誉方面均不利。故律师建议本案医方和患方以和平方式沟通调解，尽量将双方损耗降到最低。经沟通，医方采纳了律师建议，患方也愿意接受调解。本案最终没有再走鉴定程序，在双方就调解协议达成一致的基础上，直接经法院以调解方式结案。就本案的思考如下：

1. 在医方过错明显的情况下，采用调解方式更有利于解决医患纠纷。诉讼中调解有利于低成本（节约诉讼受理费、鉴定费、差旅费）、高效率（通常早于判决时间）、可预期（调解方案由医患双方协商确定，相对鉴定及法院判决确定性较好）地彻底解决医疗纠纷，可以最大限度节省当事人双方的时间精力及社会资源。

2. 即使采用调解方式，也建议聘请专业律师进行把关。调解书一旦生效，几乎难以推翻，因此当事人应当充分权衡利弊（鉴定意见或判决结果可能好于调解方案，也可能坏于调解方案），合理商讨调解方案，严格把握调解底线。专业的律师团队因为有大量实践经验，在调解策略和底线的把控上，可以更好地帮当事人避免不必要的损失。

## 九、外科

### 案例一　甲某与 A 医院医疗损害纠纷

**【基本案情】**

患者甲某，20××年×月×日因“中上腹疼痛 3 天”至 A 医院外科门诊就医，查体：中上腹压痛，无包块，无肌卫，辅助检查：B 超提示胆囊床混合回声，诊断：胆囊炎。治疗方案：1. 5%葡萄糖氯化钠注射液+盐酸消旋山莨菪碱注射液+地塞米松磷酸钠注射液，静脉滴注；2. 乳酸左氧氟沙星注射液，静脉滴注。

×月×日患者因“中上腹疼痛 4 天，用左氧氟沙星后多处皮疹”再次至 A 医院外科门诊就医，查体：中上腹压痛。治疗方案：1. 乳酸左氧氟沙星注射液更换成阿奇霉素注射液，静脉滴注；2. 盐酸异丙嗪注射液，肌注。

×月×日患者因“补液左氧氟沙星后全身皮疹”第 3 次至 A 医院外科急诊就医，诊断：荨麻疹。治疗方案：1. 盐酸异丙嗪注射液+地塞米松磷酸钠注射液，肌注；2. 西替利嗪片，口服。

20××年×月×日患者拟诊“药物过敏反应综合征”收治入 B 医院，入院后完善相关检查，实验室化验提示炎症指标升高，肝功能异常，甲胎蛋白升高。结合患者病史与症状，考虑药物过敏反应综合征，予以相关对症治疗，×月×日好转出院。

**【当事人意见】**

1. 患方认为：

20××年×月×日，原告因腹痛至被告处就诊。治疗两天后，因被告过错，导致原告全身出现不同程度的红斑。

2. 医方认为：

患者全身之所以出现斑点，系其自身的疾病所致，与 A 医院外科医生的诊疗行为无因果关系。

（1）非皮肤科的医生去诊断皮肤科的病是不现实的。该医生第一时间诊断出胆囊炎，用了抗生素和激素，这个处理是没有错的；之后医生发现患者有皮疹后，立即更换抗生素，并加用抗过敏治疗；这些处理都是没有什么问题的。

（2）左氧氟沙星可能诱发严重的药疹，但目前未看出患者是否达到重症药疹的程度。普通药疹不会高热，因患者甲某第一次就诊时炎症指标就很高，因此高热的原因考虑为胆囊炎未控制，而非药物过敏引起。病人病史里显示皮疹4天，高热10天，也说明高热跟皮疹无关。

（3）药物过敏的治疗需要一个过程，不是一用药就能立刻好转。并且左氧氟沙星使用前不要求做皮试，此病例只能算医疗意外。

（4）病史记录和处方存在一定差异。病史上处理意见写了“左氧氟沙星，静滴，st（立即）”，但发票上显示用药是3天的用量，经过核实，病人实际只用了一天。

**【鉴定意见】**

某区医学会出具医疗损害鉴定意见书，结论为：

1. 原告因腹痛就诊，超声检查胆囊床混合回声，查血白细胞升高，被告考虑“胆囊炎症”，予以解痉、消炎抗感染处理后，原告腹痛症状缓解，被告的治疗过程未违反诊疗规范。

2. 被告首次抗炎治疗选择“乳酸左氧氟沙星”药物静脉点滴后，原告全身出现多处皮疹反应，据文献报道发生率为0.4%~2.2%（喹诺酮类药），非特异性变态反应性（过敏性皮疹）最常见。患者出现过敏反应后，次日复诊，医方及时更换“阿奇霉素”抗菌药物，同时予以激素及抗过敏治疗。

3. 患者出现药物不良反应，所导致的不良后果，即“药物过敏反应综合征”，发病机制复杂，不能简单归结于药物使用不当，与患者的自身疾病和个体差异密切相关。

综上，本例不属于对患者人身的医疗损害。

**【裁判要旨】**

法院认为，患者在诊疗活动中受到损害，医疗机构及其医务人员有过错的，由医疗机构承担赔偿责任。经鉴定，本例不属于对患者人身的医疗损害，原告无证据证明被告的诊疗行为存在过错，原告要求被告承担赔偿责任于法无据，法院不予支持。原告虽然申请对是否构成医疗损害进行重新鉴定，然其并无原鉴定违反程序或者鉴定意见确有错误的相关证据，法院对其重新鉴定申请不予准许。

法院判决如下：

驳回原告甲某要求被告 A 医院赔偿医疗费、误工费、营养费、护理费、交通费、鉴定费的全部诉讼请求。

**【办案心得】**

在本案中，笔者代理的是医方。本案经鉴定，不属于对患者人身的医疗损害，医方无过错零赔付。就本案的思考如下：

1. 医生要做到首诊负责，及时跟踪患者的治疗情况。在初期诊断时，医生无法保证全面了解患者病情，所以要持续关注患者用药反应，对于患者用药后出现的新症状或并发症等问题，应该及时调整治疗方案。

2. 医生在用药时，应严格按照用药规范进行，并做好相关记录。避免在出现医患纠纷时，被扣上“莫须有”的帽子。本案医生在上述两方面做得很到位，让患者无可指摘，值得学习。

3. 医方在遇到医疗纠纷时，轻易地选择花钱息事宁人容易给今后医患纠纷埋下更多隐患。建议选择专业的法律团队进行指导，如果并非医方过错，坚持己方立场才能更好地维护当下及长远的自身权益。

## 案例二　甲某诉 A 医院医疗侵权责任纠纷

**【基本案情】**

20××年×月×日患者因甲状腺结节至 B 医院就诊。查超声示右侧甲状腺结节样病灶，大小 15mm×10mm×12mm，血供高，TI-RADS（甲状腺影像报告和数据系统）3-4A 类，建议细胞学检查或密切随访；左侧甲状腺结节样病灶，可见几个低回声，一大小约 8.6mm×4.9mm，TI-RADS 3 类，随访。×月×日行右侧甲状腺肿块细针穿刺术。病理诊断示倾向甲状腺滤泡型腺瘤可能。×月×日复诊建议手术治疗。

20××年×月×日患者因“发现颈部肿块×月”入住A医院普外科。查体示左侧甲状腺I°肿大，质地中等，欠光滑，无压痛，边界清，随吞咽上下移动；右侧甲状腺I°肿大，可触及大小1.5cm×1cm肿块，质地中等，欠光滑，无压痛，边界清，随吞咽上下移动。入院诊断：甲状腺结节。×月×日行胸骨后甲状腺全部切除术+喉返神经探查术。术中于右侧甲状腺中下极可及肿块，延及胸骨锁骨后方，约2cm，质地中等，未穿破包膜。术中冰冻诊断示（右甲）腺瘤样结节，等石蜡。×月×日拔除皮管引流。×月×日出院。术后病理诊断示（右叶）甲状腺滤泡癌，微小浸润型，大小1cm×1cm×0.8cm，余为结节性甲状腺肿。

20××年×月×日C医院出具的外院病理切片会诊咨询意见为（右叶）甲状腺滤泡性肿瘤，灶区肿块包膜见瘤组织侵犯，可符合微小侵犯型滤泡性癌。

20××年×月×日患者再次到A医院入院治疗，×月×日行左侧甲状腺腺叶切除术+喉返神经探查术。术中左侧甲状腺可及一小结节，约0.6cm，质地硬，未穿破包膜。术中冰冻诊断示（左甲）结节性甲状腺肿伴炎性结节，癌待排，等石蜡。术后予以止血、祛痰等治疗。×月×日拔除皮管引流。×月×日术后病理诊断示（左叶）结节性甲状腺肿伴局灶亚急性甲状腺炎。×月×日出院，给予“优甲乐”等药。出院后患者长期服用“优甲乐”及补钙治疗。

20××年×月×日患者于D医院查血钙1.57mmol/L（参考值2.11～2.52mmol/L）。20××年×月×日查甲状旁腺激素5.4pg/mL（参考值12～88pg/ml）。

20××年×月×日患者于D医院查甲状旁腺激素0.0pg/ml，20××年×月×日患者于E医院查甲状旁腺激素<1pg/ml。20××年×月×日患者因“甲状腺术后2年余，四肢抽搐2天”入住E医院内分泌科，20××年×月×日查甲状旁腺激素1.03pg/mL。继续补钙、补充甲状腺激素治疗。20××年×月×日出院诊断：甲状腺机能减退症，低钙血症，甲状旁腺功能减退症。出院用药：“优甲乐”每日一次，一次75μg；碳酸钙D3片一天两次，一次一片；骨化三醇软胶囊一天两次，一次0.5μg。

**【当事人意见】**

1. 患方认为：

（1）被告违反诊疗规范，擅自更改手术方案为甲状腺全部切除术，在术中冰冻切片良性的情况下，被告扩大手术范围，被告施行的手术与原告签字同意的手术方案不一致，也未告知可替代手术方案，侵犯原告知情同意选择权，手术范围过大。

（2）即使原告系右叶甲状腺滤泡癌，但直径小于或等于 1cm 属于微小癌，右侧可行腺叶+峡叶切除，而并无行全甲状腺切除的适应证，行左侧甲状腺叶切除无必要。

（3）被告手术操作不仔细，是导致原告甲状旁腺功能损伤的另一重要原因。即使保留一侧甲状旁腺也足以维持其功能，被告两次手术中对甲状旁腺保护不力，导致原告术后出现甲状旁腺功能减退，严重低钙血症，且需永久性补钙维持。

（4）原告认为，被告对其两次手术记录造假，医生签名均不是本人所签，隐瞒手术医生肌无力无法亲自操刀行甲状腺手术的病史，被告伪造病历资料可推定为全部过错，故被告应对原告甲状腺术后低钙血症且不得不终身补钙并定期监测相关指标等损害后果承担全部赔偿责任。

2. 医方认为：

对原告在其医院的治疗无异议，原告是 20××年×月×日在医院进行穿刺，提示右甲状腺滤泡型腺瘤可能。其医院于 20××年×月×日为原告行全麻下胸骨后甲状腺全部切除术+喉返神经探查术，该手术名称是电脑固定的，实际只切除了右侧甲状腺。根据原告术前检查和术中冰冻病理，主刀医生仅切除了右侧甲状腺，术前谈话明确告知术中冰冻病理和石蜡病理可能存在不符情况，根据病理可能需要追加第二次手术，原告签字确认。术后石蜡病理报告示右侧甲状腺滤泡癌，微小浸润型，具有手术指征，故行追加手术。二次手术中，主刀医生未行中央组淋巴结清扫，仅行甲状腺切除，手术范围控制比较慎重。甲状旁腺功能减退是全甲状腺切除术中难以避免的并发症。甲状腺二次手术比第一次手术的风险、并发症发生率明显增高。原告二次术后出现甲状旁腺功能减退，而不是第一次术后出现，是难以避免、又难以预防的并发症。同时，主刀医生于20××年×月死亡，但具体死亡原因其医院不清楚，但该医生生前在其医院正常坐诊及手术时，不存在重症肌无力的情况。其医院提供的原告病史资料均是真实的，也是医生本人签名，不存在造假的情况。

**【鉴定意见】**

1. 区医学会鉴定意见：

根据送鉴材料，专家组分析认为：

（1）患者疾病为甲状腺滤泡癌，微小浸润型，两次手术均指征明确。

（2）手术方式选择合理。虽然两次手术记录均对术中甲状旁腺进行了描述及保留，但仍存在保护不足。

（3）患者术后永久性甲状旁腺功能减退诊断明确。目前依靠补充大剂量钙片及维生素D维持。

（4）患者疾病内在要求行全甲状腺切除。甲状旁腺功能减退是全甲状腺切除术中常见的并发症，有时虽然术中保留甲状旁腺，但术后还是会出现不同程度的甲状旁腺功能减退。

鉴定意见如下：

（1）本例属于对患者人身的医疗损害。

（2）A医院在医疗活动中存在术中对甲状旁腺保护不足的医疗过错，与患者永久性甲状腺旁腺功能减退的状况存在一定的因果关系。

（3）参照《医疗事故分级标准（试行）》，患者的人身医疗损害等级为二级丁等，对应五级伤残。

（4）本例医疗损害医方的责任程度为对等责任。

2. 市医学会鉴定意见：

根据送鉴资料，专家组分析认为：

（1）首次手术有指征：患者经超声检查示右侧甲状腺结节样病灶，血供高、TI-RADS 3-4A类，左侧甲状腺结节样病灶，TI-RADS 3类。20××年×月×日行右侧甲状腺肿块细针穿刺术，穿刺细胞病理学诊断倾向甲状腺滤泡型腺瘤可能。结合患者各项检查，行右侧甲状腺叶+峡部切除术有适应证。

（2）第二次手术有其依据：20××年×月×日超声示右侧甲状腺结节大小

15mm×10mm×12mm，左侧甲状腺内可见几个低回声，之一大小约 8.6mm×4.9mm，内部回声欠均匀。因 20××年×月×日术后病理诊断示（右叶）甲状腺滤泡癌，微小浸润型，余为结节性甲状腺肿。本例患者侧肿块直径大于 1cm，根据人民卫生出版社 2013 年 3 月出版的全国高等学校教材第八版《外科学》第 245 页，因良性病变性腺叶切除术后病理证实为分化型甲状腺癌者，若切缘阴性、对侧正常、肿块直径小于 1cm，可观察；否则，须再行手术。故医方施行第二次手术切除左侧甲状腺腺叶有其依据。

（3）手术操作有欠缺：20××年×月×日行左侧甲状腺腺叶切除术，术后患者出现四肢抽搐，经外院检查血钙及甲状旁腺激素低于正常，如 20××年×月×日血钙 1.57mmol/L（参考值 2.11~2.52mmol/L），长期需补钙治疗，以上均为甲状旁腺功能减退相关表现。甲状旁腺位于甲状腺附近，故本例患者甲状旁腺功能减退考虑与甲状腺手术有关。

（4）原因力分析：甲状腺切除术中甲状旁腺损伤在临床上有一定的发生率，甲状腺癌行甲状腺切除术系治疗患者自身疾病所需。第二次手术时解剖结构已有改变，增加了手术难度，在一定程度上增加了周围组织损伤的概率。以上为本例患者发生甲状旁腺损伤的部分原因。医方手术操作对甲状旁腺保护有欠缺也是导致甲状旁腺损伤的原因之一。

（5）根据《医疗事故分级标准（试行）》，参照二级丁等医疗事故第十一条，甲状旁腺功能重度损害，对应五级伤残。

鉴定意见如下：

（1）本例属于对患者人身的医疗损害。

（2）A 医院在医疗活动中存在甲状腺手术操作有欠缺的医疗过错，与患者术后甲状旁腺功能减退的人身损害结果存在一定的因果关系。

（3）参照《医疗事故分级标准（试行）》，患者的人身损害等级为二级丁等，对应五级伤残。

（4）本例医疗损害医方的责任程度为对等责任。

3. 三期鉴定意见：

根据区医学会医疗损害鉴定意见书、市医学会医疗损害鉴定意见书结论，排除原发病所需，根据医疗损害后治疗及恢复的实际需要，并参照上海市地方标准 DB31/T875-2015《人身损害受伤人员休息期、营养期、护理期评定准则》相关条款。被鉴定人的①休息期为×天；②护理期为×天；③营养期为×天；其中医疗过失参与度为对等责任。

**【裁判要旨】**

法院判决如下：

1. 被告 A 医院应赔付原告甲某×元，于本判决生效之日起十日内履行完毕；

2. 保留原告后续治疗的诉权（优甲乐、补钙及相关检查费用）；

3. 驳回原告其余诉讼请求（不含法院保留的诉权）。

**【办案心得】**

在本案中，笔者代理的是医方。就本案的思考如下：

本案经过区医学会、市医学会两次鉴定，鉴定意见均为本例属于对患者人身的医疗损害；A 医院的医疗活动与患者的人身损害结果存在一定的因果关系；患者的人身损害等级为二级丁等，对应五级伤残；医疗损害医方的责任程度为对等责任。

由于本案构成医疗损害，患方还申请了三期鉴定（营养期、护理期、误工期）。鉴定意见存在鉴定人不具备相应资质、鉴定程序严重违法、鉴定意见明显依据不足的，以及在鉴定意见不能作为证据使用的其他情形下，可以申请重新鉴定。但首次鉴定由市医学会作出，一般不再进行重新鉴定。

## 案例三　甲某与 A 医院医疗损害纠纷

**【基本案情】**

20××年×月×日患者因“腹痛呕吐 1 天”至医方急诊内科就诊，腹痛为阵发性。查体：腹软，剑突下有压痛。上腹部 CT 平扫示急性单纯性胰腺炎。白细胞 $19.02\times10^{9}$/L↑，中性粒细胞比率 85.6%↑，钾钠氯正常，谷丙转氨酶 112U/L↑，谷草转氨酶 960U/L↑，总胆红素 20μmol/L↑。肌酐 66μmol/L。血淀粉酶 1241U/L↑，葡萄糖 11.3mmol/L↑。诊断急性胰腺炎，嘱禁食禁水，转普通外科进一步治疗。

20××年×月×日 10：34 患者因“中上腹痛 1 天”入住医方外科病区。现病史：患者 1 天前进食油腻食物及饮酒后出现中上腹痛不适，程度较剧，为持续性，伴恶心呕吐多次，为胃内容物。既往有血糖升高史，未监测。有长期饮酒史，发病前饮用 1 斤左右白酒。查体：体温 36.2℃，脉搏 95 次/分，呼吸 21 次/分，血压 154/108mmHg，神清，腹部平软，左中上腹压痛（+），无肌卫，无反跳痛。入院诊断：急性胰腺炎。入院后给予Ⅱ级护理、禁食、“头孢美唑”抗炎、“奥美拉唑”抑酸、“加贝酯、奥曲肽”抑酶、“异甘草酸镁”保肝、“阿托品、哌替啶、罂粟碱”解痉止痛、维生素补液支持等处理。23：00 患者突发腹痛加剧，伴有明显胸闷气促，烦躁不安，查体见心率 160 次/分，血压 205/110mmHg，心律齐，双肺呼吸音清，未及干湿啰音，上腹部压痛明显，无肌卫，有反跳痛，肠鸣音减弱。即刻予以心电监护、吸氧、测指末血糖、床边心电图。予以止痛对症治疗。告知家属患者病情进展，有生命危险。×月×日 0 点开具“吗啡 10mg 肌注”。床边心电图示窦速。指末氧饱和度 90%，血压降至 140/105mmHg，心率 135 次/分，患者神清，稍烦躁，双肺呼吸音低，腹部膨隆，腹胀明显，上腹部压痛明显，反跳痛（+），肠鸣音减弱。家属签字要求转院。0：10 患者呼之不应，突发心搏骤停。立即心肺复苏、予以“肾上腺素”等抢救药物、请内科会诊，患者生命体征未恢复。2：00 宣告患者临床死亡。死亡诊断：急性坏死性胰腺炎，重症。

## 【当事人意见】

1. 患方认为：

（1）医方对疾病重视不足。入院后按二级护理开具长期医嘱，但病程记录中记录为重症，病案前后记录存在矛盾。未下病重或病危（通知），重视不足。医方未密切观察患者腹部体征变化，入院后主治医师仅晚间在家属多次要求后才查看病人，与诊疗计划不符。入院记录显示患者有饮酒史，医方在使用头孢类药物时未考虑双硫仑样反应。

（2）科室收治错误。急性胰腺炎属于消化内科治疗范围，医方收治入普通外科，确诊后未予以转科室或请消化内科会诊，存在错误。

（3）医方使用药物错误。吗啡可导致奥迪括约肌痉挛，医方应用吗啡会导致胰腺炎加重，本次患者抢救时间与注射吗啡时间点相符。医方在整个诊疗过程存在上述过错，导致患者死亡。

（4）医方存在延误治疗的过错，从入院到对症治疗后，未及时评估病情的发展，亦未根据病情进行治疗改变，存在延误治疗情况。

2. 医方认为：

（1）患者急性胰腺炎诊断明确，收入外科治疗，治疗措施合适。

（2）患者入院后给予胰腺炎非手术治疗方案，经治疗约 10 小时后腹痛、腹胀加剧，予以“开塞露”减轻腹内压、非甾体镇痛药对症处理，症状无明显改善，且同时合并心率呼吸加快、血压升高，心电图提示窦速。医方根据患者急速变化的病情考虑急性重症胰腺炎可能，向患方告知病情，随后患方签字要求转院。医方的诊治和告知符合规定。

（3）医方选用“头孢美唑”预防感染符合急性胰腺炎诊疗常规，患者未出现双硫仑样临床症状。吗啡镇痛对急性胰腺炎预后并无不良影响。医方的诊疗措施无违法违规之处。

**【鉴定意见】**

1. 概述。

20××年×月×日上午患者因“腹痛呕吐 1 天”至医方急诊，经检查后诊断为急性胰腺炎。当日患者入住该院外科，给予Ⅱ级护理、禁食、抗炎、抑酸、抑酶、保肝、解痉止痛、补液支持等处理。当晚患者腹痛加重，给予心电监护、镇痛等处理。×月×日 0：10 患者呼之不应，突发心跳骤停，经抢救后于 2：00 宣告患者临床死亡。

2. 医疗行为分析。

（1）收治科室无不当。根据人民卫生出版社 2013 年出版的《内科学》及 2018 年出版的《外科学》均有急性胰腺炎章节，急性胰腺炎病人收治于外科及消化内科均是可行的。

（2）病情评估及观察有欠缺。急性胰腺炎全身并发症主要包括器官功能衰竭、SIRS（全身炎性反应综合征）、全身感染、腹腔内高压等，符合以下临床表现中的 2 项及以上，可以诊断为 SIRS：心率>90 次/分，白细胞计数<$4\times10^9$/L 或>$12\times10^9$/L，呼吸频率>20 次/分等。SIRS 持续存在将会增加器官功能衰竭发生的风险。本例患者入院时体温 36.2℃，脉搏 95 次/分，呼吸 21 次/分，白细胞 $19.02\times10^9$/L，已达到 SIRS 诊断标准。鉴定会现场专家组阅片，腹部 CT 平扫显示胰腺周围渗出。结合患者存在胰周炎性改变和 SIRS，本例符合重症急性胰腺炎诊断。医方入院时对患者病情严重程度认识不足，按轻症胰腺炎给予Ⅱ级护理，入院后观察欠仔细，未告知病情危重，不能完全排除与患者死亡存在一定的因果关系。但入院后医方给予的禁食、“头孢美唑”抗炎、“奥美拉唑”抑酸、“加贝酯、奥曲肽”抑酶、“异甘草酸镁”保肝、解痉止痛、维生素补液支持等处理，符合胰腺炎的治疗规范。

（3）抗生素及镇痛药物与患者死亡无因果关系：根据 2018 年人民卫生出版社出版的《外科学》急性胰腺炎章节，“在诊断明确的情况下给予解痉止痛药，常用的解痉药有阿托品等，效果不明显的时候可以予以其他镇痛药物，如弱阿片类中枢镇痛药物、非甾体类镇痛药，吗啡虽可引起 Oddi 括约肌张力增高，但对预后并无不良影响”。×月×日 0：10 患者呼之不应，突发心搏骤停。故根据现有资料，无依据表明患者死亡与吗啡的应用有因果关系。双硫仑样反应系在应用头孢菌素类及硝基咪唑类等药物期间、用药前或停药后短期服用了含有酒精制品而引发。反应多在用药与接触酒精制品后出现，多表现为全身反应，如面部潮红、头痛、胸痛、气短、呕吐、出汗、血压下降等。鉴定会现场询问医患双方，患者入院后至呼之不应前无面部潮红、头痛、胸痛、气短、出汗、血压下降表现，故不支持患者发生双硫仑样反应。

3. 损害后果及程度（目前状况）患者死亡。

4. 因果关系及责任程度分析。

重症急性胰腺炎可危及生命，据 2018 年人民卫生出版社出版的《外科学》，重症急性胰腺炎病死率高达 30%。患者自就诊到死亡不到 20 小时，自身病情严重、凶险是导致其死亡的根本原因。医方对患者病情认识及观察不足，不能完全排除与患者死亡存在一定的因果关系，故医疗过错的参与度为轻微因素。

鉴定结果：

1. 本例属于对患者人身的医疗损害。

2. A 医院在医疗活动中存在对病情预判及观察有欠缺的医疗过错，不能完全排除与患者死亡的人身损害结果存在一定的因果关系，为轻微原因。

3. 参照《医疗事故分级标准（试行）》，患者人身损害后果为死亡。

**【裁判要旨】**

本案以调解方式结案。

**【办案心得】**

在本案中，笔者代理的是医方。笔者预判该案的鉴定结果是轻微责任到中间责任。最后鉴定结果为“A 医院在医疗活动中存在对病情预判及观察有欠缺的医疗过错，不能完全排除与患者死亡的人身损害结果存在一定的因果关系，为轻微原因”。就本案的思考如下：

医疗案件的关键是医疗损害鉴定。那么，是不是案件的走向全部依赖于鉴定专家，我们束手无策了呢？并不是的。鉴定意见是会受到专家的主观因素影响的，那么我们要做的是在鉴定会前做充分的准备，并且在鉴定会上说服专家。这是非常考验一个医疗律师的专业知识和沟通能力的。一个好的医疗律师可以尽可能地使鉴定结果倾向于自己的预期，从而对案件有一个整体的掌控力。

## 十、五官科

### 案例　甲某和 A 医院、B 公司医疗损害纠纷

**【基本案情】**

20××年×月×日患儿因“过敏性鼻炎”至 A 医院就诊。医方告知患儿及家属现有 B 公司的临床试验项目可供选择治疗。患儿及家属了解后加入《舌下含服“尘螨合剂”用于治疗变应性鼻炎的临床疗效及安全性评价——多中心、随机、双盲、多剂量、安慰剂平行对照的临床试验》。患儿过敏原皮试试验结果：粉尘螨（++）、户尘螨（++++）、蟑螂（+）。检查血尿常规无异常。×月×日患儿入组。试验期间，患儿鼻部症状好转。×月×日患儿出组，检查尿常规：尿蛋白 20mg/dl（参考值 0~80 mg/dl），肾功能正常。医方上报不良事件。

出组后患儿于医方及外院数次复查尿常规，尿蛋白反复增高。20××年×月×日研究者与申办方及检查员联系紧急揭盲，并报主要研究单位伦理及 A 医院伦理备案。揭盲结果：受试者为中剂量药物组。×月×日查双肾 B 超提示：左肾轻度积水。患儿未做治疗。20××年×月×日外院复查尿微量白蛋白 63.90mg/L（参考值 0~30mg/L）。×月×日至×月×日外院复查尿蛋白均正常范围。×月×日外院复查尿微量白蛋白 156mg/L。×月×日外院复查双肾 B 超报告提示：左肾盂分离，右肾、肾上腺、输尿管未见明显异常。20××年×月×日尿微量白蛋白：26.8mg/L。

【当事人意见】

1. 患方认为：

（1）因医方的推荐，患方参加了“尘螨合剂”二期试验，服用“尘螨合剂”与患儿蛋白尿的发生有直接关系。

（2）医方在服药前告知不全，未提及服药后可能发生尿蛋白持续异常情况。

（3）在出现蛋白尿后，医方未对患儿进行及时有效的治疗，给患方带来极大的身体损害及经济负担。

2. 医方认为：

（1）医方在患方在受试前已说明可能发生的风险及收益情况，患方均理解并签字。

（2）在试验期间，医方严格履行试验流程规定，根据日记记录卡，患方鼻部症状明显改善。

（3）患方于外院检查尿蛋白异常后，医方予其紧急揭盲，及时上报不良事件，并为患儿提供免费复查、联系肾内科专家为其诊治。整个过程符合伦理及操作规范。患方尿蛋白升高为非预期的不良事件。

【鉴定意见】

20××年×月×日患儿因“过敏性鼻炎”至 A 医院就诊。医方告知后，患方签署知情同意书后加入《舌下含服“尘螨合剂”用于治疗变应性鼻炎的临床疗效及安全性评价——多中心、随机、双盲、多剂量、安慰剂平行对照的临床试验》。入组前检查血尿常规无异常。试验期间，患儿鼻部症状好转。×月×日患儿出组，检查尿蛋白增高。此后复查尿微量蛋白时有增高。根据送鉴资料、陈述、答辩，专家组分析认为：

1. 患儿因“过敏性鼻炎”就诊医方，过敏原皮试试验结果：粉尘螨（++）、户尘螨（++++）、蟑螂（+），入组《舌下含服“尘螨合剂”用于治疗变应性鼻炎的临床疗效及安全性评价——多中心、随机、双盲、多剂量、安慰剂平行对照的临床试验》，出现蛋白尿增高后医方及时上报不良事件、提供医疗帮助，符合临床试验操作规范。

2. 患儿试验入组前检查尿蛋白正常，未检查尿微量白蛋白。20××年×月×日检查尿蛋白 20mg/dl（参考值 0~80mg/dl），但尿比重 1.029，为浓缩尿，可出现尿蛋白增高情况。此后检查多次尿常规提示尿微量蛋白时有升高，为持续性低水平微量蛋白尿。20××年×月×日尿微量白蛋白（26.8mg/L）正常范围。故蛋白尿出现的原因可能是浓缩尿所致。

3. 药物引起的肾脏毒性损害，常表现为血尿、蛋白尿进行性加重等症状，与用药剂量及用药时间正相关。本例不符合此量效关系，故目前无证据支持该试验药物与患儿出现蛋白尿有关。

结论：本例不属于对患儿人身的医疗损害。

**【裁判要旨】**

本案以调解方式结案。

**【办案心得】**

在本案中，笔者代理的是医方。患者因“过敏性鼻炎”至 A 医院就诊。后参加 B 公司的临床试验项目，试验结束后患者发生尿蛋白持续异常情况。就本案的思考如下：

在药物临床试验的过程中，受试者的安全是首位的，试验各方首先应采取措施以充分保障受试者的安全和个人权益。一旦受试者在临床试验过程中发生不良事件或严重不良事件受到损害，试验各方均应积极配合处理事件，无论何种情形下，以受试者的处置优先，任何一方不得逃避保护受试者安全的这一基本义务。当受试者出现不良事件时，应及时对受试者采取适当的治疗或处理措施，确保受试者安全。

对医方来说，尽管本案不属于医疗损害，但医方在日常药物试验项目中也应注意按照相关规范的要求操作。

## 十一、消化内科

### 案例 甲某与A医院医疗损害责任纠纷

**【基本案情】**

20××年×月×日，甲某因“腹痛腹胀伴呕吐”至A医院处就诊，咨询预检后，甲某分别挂了内科和外科。内科诊断为慢性胃炎。外科CT检查，医生开了3天补液。×月×日，甲某至A医院处复诊，因病情无改善，外科第二次CT检查，医生再次开了2天补液。×月×日，甲某浑身乏力，再次至A医院处就诊，医生在没有诊断的情况下，让甲某回家静养。当天晚上，甲某疼痛难忍，家人将甲某送至华山医院北院急诊，CT检查后诊断肠梗阻，立即禁食，普外科会诊后于×月×日进行造瘘术。20××年×月×日，甲某经肠镜检查确诊为结肠腺癌。

**【当事人意见】**

1. 患方认为：

在整个治疗过程中，由于A医院的漏诊、误诊，延误甲某的最佳治疗时机，给甲某造成了身体及精神上的损害，应当承担医疗损害赔偿责任，具体如下：

（1）A医院应赔偿甲某医疗费×元、护理费×元、住院伙食补助费×元、交通费×元、营养费×元、后续治疗费×元、精神损害抚慰金×元。

（2）A医院应承担本案鉴定费、律师费、诉讼费。

2. 医方认为：

本案不属于医疗损害，没有延误治疗和诊断。

【鉴定意见】

无。

【裁判要旨】

本案以调解方式结案。

【办案心得】

在本案中，笔者代理的是医方。经代理律师研判，本案不属于医疗损害，医方的医疗行为没有延误治疗和诊断。就本案的思考如下：

本案虽然不属于医疗损害，但一旦进入鉴定程序，有可能会对医方产生除经济损失外的其他不良影响。医疗案件诉讼需要经历鉴定排期。作为代理律师，除了能够凭借相关专业知识维护当事人的合法权益，还应注意沟通协调的技巧，在条件允许的情况下，积极促成医患双方调解结案。这样不论是对患方还是医方而言，都是一个节约成本且更加高效的解决方式。

## 十二、口腔科

### 案例一　甲某和 A 医院医疗损害纠纷

【基本案情】

患者于20××年×月×日因右下牙疼痛去医方口腔科就诊，查体：右下8近中低位阻生，近中邻面龋坏，叩（++）松（-），诊断：阻生齿，处理：2%利多卡因局麻下右下8完整拔除，牙槽窝刮治复位，压迫止血，门诊随访。×月×日因“右侧后牙疼痛”再次复诊，查体：8伤口愈合尚可，牙龈未见红肿，全口牙结石（++），X片示：8埋伏阻生，7远中牙根受累，冷热（++）叩（-）。诊断：牙髓炎，处理：建议上级医院8拔除，术后全口洁治，7根管治疗。×月×日去外院口腔科就诊，诊断：干槽症，×月×日因“下8疼痛”复诊，查体：右下8伤口愈合尚可，有肉芽增生，诊断：干槽症，处理：2%利多卡因局麻下8牙槽窝刮治，明胶碘仿牙槽窝填塞，抗炎治疗，予以青霉素+甲硝唑静脉滴注。×月×日患者因“右下8疼痛”复诊，查体：右下8伤口可见，愈合尚可，疼痛（-），诊断：干槽症，处理：患者要求冲洗上药，遂予以对症治疗。20××年×月×日去外院就诊，确诊为右上6折断。后患者在外院复诊数次，做根管治疗，现根管治疗结束，外院未做全冠修复。

**【当事人意见】**

1. 患方认为：

（1）医方违规操作，未做详细检查就进行了拔牙手术。

（2）医方专注度不够，在敲击右下智齿时触碰到患者右上磨牙，造成牙齿隐裂。

（3）复诊时医方没有准确诊断出牙疼的确切部位，延误了右上磨牙最佳治疗时机，最后不得不拔掉牙齿。

2. 医方认为：

（1）根据患者临床表现，拍片诊断：阻生齿，治疗符合诊疗常规。

（2）患者拔牙后自觉疼痛伴头痛，予以摄片：8埋伏阻生，7远中牙根受累，医方予以对症消炎治疗，用药合理。

（3）患者右上后牙折断，系患者自身疾病及用牙不当所致，与医方的诊疗行为无因果关系。

**【鉴定意见】**

患者于20××年×月×日因右下牙疼痛去医方口腔科就诊，诊断：阻生齿，处理：右下8完整拔除，牙槽窝刮治复位压迫止血，×月×日因“右侧后牙疼痛”再次复诊，查体：右下8伤口愈合尚可，X片示：右8埋伏阻生，右7远中牙根受累。×月×日去外院就诊，诊断：干槽症。×月×日、×月×日患者复诊，查体：右下8伤口可见愈合尚可，疼痛（-），诊断：干槽症，患者要求冲洗上药，遂予以对症治疗。20××年×月×日外院就诊，确诊为右上6折断。患者在外院复诊数次，做根管治疗，未做全冠修复。现场检查：右下8拔除牙龈愈合，无红肿；右下7无松动；右上6颌面充填，牙龈无红肿，已行根管治疗。根据送鉴材料、现场体检、阅片、专家组分析认为：1. 医方诊断正确。患者右下牙疼痛到医方就诊，检查右下8近中低位颌面龋齿，根据患者病史及查体，医方予以拔除，符合诊疗规范。2. 拔牙后患者出现疼痛，出现干槽症的状况属于阻生齿拔除正常并发症。3. 患者拔牙后出现右上第一磨牙（右上6）折裂，在外院处理，认为与医方拔牙有关，依据不足。

鉴定意见：本例不属于对患者人身的医疗损害。

**【裁判要旨】**

本案原告撤诉。

**【办案心得】**

在本案中，笔者代理的是医方。就本案的思考如下：

本案医方诊断正确；拔牙后患者出现疼痛，出现干槽症的状况属于阻生齿拔除正常并发症；患者拔牙后出现右上第一磨牙（右上6）折裂，在外院处理，认为与医方拔牙有关，依据不足。

## 案例二　甲某诉A牙病防治所医疗损害纠纷

**【基本案情】**

20××年×月×日，患者因“左下后牙牙龈肿痛1周”，前往A牙病防治所进行治疗。A牙防所经过口内、口外检查，拍摄全景片及CBCT（锥形束CT）片后诊断38水平阻生。A牙防所书面告知患者诊疗计划及并发症：拔左下8，可能出现出血、感染、牙根无法完全拔除、邻牙损伤等，患者知情同意。其后，A牙防所行左下8拔除术，因患者相应牙根位置靠近下牙槽神经管，牙根拔除困难，A牙防所未拔除残余牙根，并予止痛、消炎、营养神经等治疗。

20××年×月×日，患者因“左下唇麻木5月余”就诊×医院，主诉拔牙后下唇麻木，牙根未拔出残余5月，口服“甲钴胺”、消炎药物后无缓解。×医院查体颌面部对称，无明显肿胀，张口轻度受限，口内检查左下8，拔牙创口愈合，无明显肿胀。CT显示左下8残余牙根，靠近神经根不明显，但紧贴。×医院告知患者拔牙风险后将左下8剩余牙根拔除，并予抗生素抗炎治疗。后因患者下唇麻木未有好转，多次前往×医院复诊。

20××年×月×日，患者因“左侧下唇及唇龈无触电感9月余”就诊B医院。B医院经检查后诊断结果为：左侧三叉神经痛V3。次日，B医院在局麻下行左侧三叉神经V3射频术。术后，患者相关症状有所缓解。

**【当事人意见】**

1. 患方认为：

（1）医方暴力拔牙，导致患者牙根残留、下陷、三叉神经损坏。

（2）医方暴力拔牙，术后患者出现麻木等症状，医方敷衍了事，告知正常，无须治疗，延误患者的最佳治疗时机。

（3）医方未寻找麻木的病因，无指征使用营养神经药物。

2. 医方认为：

（1）患者左下颌第三磨牙水平阻生诊断正确，有拔除指征。

（2）术前告知风险及并发症，因牙根位置较低，取出困难，可待其萌出后二次手术取出。

（3）拔除后1月内无明显神经麻木症状，1月后出现左侧面部麻木，术后5月出现下唇麻木，影像片提示根尖未触及牙槽神经管。考虑炎症导致麻木。

**【鉴定意见】**

1. 概述。

20××年×月×日患者因38水平阻生，于医方拔牙，牙根残留，术后患者自觉下唇麻木。20××年×月×日外院拔除牙根，症状无缓解。×月×日患者外院诊断左侧三叉神经痛，行左侧三叉神经V3射频术。现仍有下唇麻木症状。

2. 医疗行为分析。

（1）20××年×月×日患者因左下后牙牙龈肿痛1周就诊医方，根据牙齿检查（左下8口内未萌出等）、X线示左下8水平颊向生长，根尖近下牙槽神经管。医方诊断38水平阻生。予左下8拔出，处置合理。牙拔除术术前检查包括口内、口外检查，全景片，相对复杂的阻生牙科拍摄CBCT片从三维角度分析阻生牙关系。根据送鉴资料，医方拔牙术前检查完善。

（2）医方术前书面告知诊疗计划及并发症：拔左下8，可能出现出血、感染、牙根无法完整拔除、邻牙损伤等。患方知情。

（3）拔牙后牙根残留，断根是拔牙术常见的并发症。阻生牙拔除方法分牙应用高速涡轮机或其他动力系统进行分牙，对于近中阻生和水平阻生者在牙颈部将冠根分开，该患者的断根非手术操作不当所致，而是因为分牙所致。根据现场阅读术前 CBCT 片提示牙根位置靠近下牙槽神经管，牙根拔除困难，医方选择暂不拔除残留牙根，无不当，后续给予止痛消炎营养神经等治疗，符合诊疗常规。

（4）患者术后出现下唇麻木，2 月后至医方复诊，医方检查创面未见明显感染，CBCT 提示未见牙根尖压迫牙槽神经，建议随访观察、上级医院就诊。临床上，拔牙后下唇麻木等症状经过时间推移可逐渐恢复，可暂观察处理，医方术后处理无不当。

（5）医方的不足：牙根断裂残留后，医方未充分与患方沟通，未告知可能出现的并发症等。

3. 损害后果患者现仍有下唇麻木。

4. 因果关系分析。

患者拔牙后出现下唇麻木，考虑与拔牙操作相关，但为拔牙术难以完全避免的并发症，尤其下颌第三磨牙拔除时极易出现。阅读患者术后 CBCT 片牙槽神经管显示清晰，未见塌陷、变形、损伤表现。患者现仍存在下唇麻木症状，因 20××年×月于外院行三叉神经 V3 射频治疗，故无法判断引起麻木的明确原因。医方虽存在沟通不足的欠缺，但此与患者下唇麻木无因果关系。

鉴定意见：

1. 本例不属于对患者人身的医疗损害。

2. A 牙防所在医疗活动中沟通欠缺的医疗不足，但此与患者下唇麻木的结果无因果关系。

**【裁判要旨】**

法院判决如下：

原告要求 A 牙病防治所赔偿医疗费、交通费、精神损害抚慰金、律师代理费的诉讼请求，法院不予支持。

**【办案心得】**

在本案中，笔者代理的是医方。就本案的思考如下：

1. 鉴定意见认为在医疗活动中欠缺的沟通，但此与患者下唇麻木的结果无因果关系。笔者认为，医方行为与损害结果之间是没有因果关系的，在鉴定前笔者方也做了充足的准备，鉴定中与鉴定专家充分沟通。

2. 对于法院最后判决鉴定费由医方负担这一点，即便医疗损害鉴定的结果是本例不属于对患者人身的医疗损害，即医方完全没有责任，但很多时候鉴定意见的举证责任在医方，所以要求医方来承担鉴定费。

## 十三、整形科

### 案例一　甲某与A门诊部医疗损害责任纠纷

**【基本案情】**

甲某通过某互联网平台找到主刀医生丙某。20××年×月×日，丙某在A门诊处为甲某进行切开重睑成形术、内眦赘皮矫正术等手术。20××年×月×日，甲某在A门诊部处进行鼻部整形美容手术、颅颌面整形美容手术。因A门诊部处的手术不规范，造成甲某的耳朵创面较大、红肿发炎、鼻子内有小洞经常性出血、时常有不明黄色液体流出、下巴有一定程度歪斜等不良后果。在医疗美容之前，甲某身体没有任何异常，在A门诊部处进行美容术后，甲某非但没有变得更美，身体上反而出现了上述严重后果。

**【当事人意见】**

1. 甲某术后的现状是否构成伤残；

2. 甲某的损害后果与A门诊部是否有因果关系。

**【鉴定意见】**

无。

**【裁判要旨】**

本案以调解方式结案。

**【办案心得】**

在本案中，笔者代理的是医方。患者在医方处进行整形手术，结果导致耳朵、鼻子等有发炎流血等现象，因此患方起诉。就本案的思考如下：

1. 患方在医疗美容纠纷中诉讼成本高，建议和医美机构先协商处理。医疗美容纠纷不是一类普通的合同纠纷，在诉讼时按医疗纠纷处理，即一般需申请鉴定。首先，医疗美容的损害结果一般是整容效果不好，引起死亡、伤残的情况比较少；其次，医疗美容的标的额不高；最后，诉讼的成本包含诉讼费、鉴定费、律师费等，患者要付出的经济成本和预期的结果不一定成正比。综上，解决医疗美容纠纷，不如首先选择和医方协商，既节省成本也可能达到解决纠纷的目的。

2. 民营医院也应当建立自己的诊疗规范并积极执行。对于医方而言，在医疗美容行业，很容易因为操作不当引起医疗纠纷，因此，医美的民营医院应当制定和执行严格的诊疗规范和流程，在医生操作方面也应规定一定的标准。医院要清楚地意识到医院提供的是医疗服务，应严格按照医疗标准对待。

## 案例二　甲某与A医疗美容门诊部有限公司医疗损害纠纷

**【基本案情】**

20××年×月×日，患者甲某因欲改善形体前往A医疗美容门诊部有限公司咨询。前期沟通过程中，医方工作人员告知患者可以做“抽脂丰臀”手术，且承诺手术效果好、术后恢复快等，患者遂决定在医方处做“抽脂丰臀”手术。20××年×月×日，患者按医方要求，将×元医美手术费用支付至医方指定的“乙某”个人账户内。嗣后，患者于20××年×月×日在医方处做“双上肢脂肪抽吸术，腰腹部脂肪抽吸术、自体脂肪填充臀部术、面颊部射频消融术、下颜部射频消融术”（手术记录记载，实际就是“抽脂丰臀”手术），手术医生丙某。

术后恢复阶段，患者出现了严重感染等诸多不适症状，经与医方处医生多次沟通调整，症状仍未见好转，患者在此期间备受疼痛折磨。故患者将医方诉至法院，认为自己的术后不适症状始终没有得到根除，与医方术前说明的效果以及情况完全不同，且上述各种症状，给患者的身心健康、正常生活造成严重损害。

**【当事人意见】**

1. 患方认为：

（1）因被告操作医师没有麻醉资质，且可能术中没有无菌操作，导致原告术后即出现严重感染。感染后，原告询问被告方，被告工作人员让原告先打针吃药，但原告臀部上的肿胀发炎处还是没有退下去。在原告多次询问后，被告处丙医生遂安排原告晚上在被告医院做了引流，原告躺在手术台上没有全麻的情况下，用抽脂针抽了原告将近四个小时。在此期间的两个月里，原告天天白天打针，晚上臀部引流插管。且原告臀部在术后也出现明显不对称，甚至出现术后腹部积水；身体抽脂部分没有效果，且至今仍有明显的凹凸不平的症状。原告在被告处初步处理并引流后，仍然没有好转；而后原告因身体疼痛无法前往被告处，又专门找医师上门打消炎针数十天之久。但上述症状至今没有得到根除，与被告术前说明的效果以及情况完全不同，且上述各种症状，给原告的身心健康、正常生活造成严重损害。

（2）在此期间，都是原告自己主动找被告沟通询问相关情况，而被告医院从来没有主动找原告询问相关情况。更有甚者，微信里面问所谓的医院负责人，竟然把原告微信也删掉了，微信群也被退出了，完全没有履行到相应的服务，而后，经原告多次要求，并向行政主管部门投诉后，被告才提供相关病历资料，但查看后发现被告存在修改病历的情况，包括：原告确认手术过程中是插管全麻手术，但“手术记录”记载麻醉方式为“局麻+监护”；抽脂量与实际不符等。据此，原告认为被告也存在伪造病历的情况。

（3）被告在术前承诺“抽脂丰臀”手术的效果与本次术后的完全不同，本次医美完全没有实现；且原告术后出现严重感染，至今身体仍然没有完全恢复，在相关聊天记录以及录音中，被告工作人员也确认相关事实。

2. 医方认为：

愿意与原告协商解决。

**【鉴定意见】**

无。

**【裁判要旨】**

本案以调解方式结案。

【办案心得】

在本案中，笔者代理的是医方。本案最终经法院调解结案，没有进行鉴定。结合过往经验，假如没有上述病历资料，原告病情经鉴定大概率是不能认定为人身损害伤残的。就本案的思考如下：

1. 本案患者术后感染的可能因素比较多，毕竟是门诊手术，并不一定是院内感染所致。但由于医方未进行充分的术前术后告知提示，且病历存在不属实或篡改伪造的可能，所以在过错认定方面对医方并不利。假如医方告知清楚，病历记录清晰，对于患者发生术后感染并发症，一般鉴定中多认定为医方承担次要责任。

2. 建议医方以此为戒，在今后的诊疗过程中注意各个环节的规范性，这既是对患者负责，也可以尽量避免不必要的过错承担。

## 案例三　甲某与A医疗美容门诊部有限公司医疗损害纠纷

【基本案情】

20××年×月×日患者因“单睑、低鼻、面颊及下颌缘脂肪堆积多年”于医方就诊。查体单睑，内眦处有赘皮包绕；低鼻，鼻小柱短，鼻头大，鼻翼肥大；双面颊、下颌缘脂肪堆积。诊断单睑，内眦赘皮，低鼻，面颊脂肪堆积，下颌缘脂肪堆积，鼻基底填充凹陷。当日于局麻+镇静麻醉下行假体肋软鼻隆鼻（术）、重睑成形术、内眦赘皮矫正术、面颊脂肪抽吸术、下颌缘脂肪抽吸术。×月×日患者无特殊不适主诉，予出院。

20××年×月×日患者因自觉鼻部外形不佳3月余再次至医方就诊。查体局部皮肤无红肿、破溃。诊断低鼻，当日于局麻下行鼻假体取出术。

20××年×月×日患者因隆鼻（肋骨鼻整形）术后3月，取出术后近2周于×大学医学院附属人民医院整形外科就诊。查体隆鼻术后假体和软骨（肋软骨）取出后观，鼻小柱有凹陷。诊断隆鼻术后假体取出。建议随访。

20××年×月×日患者因鼻部瘢痕5个月于×中心医院门诊就诊，查体鼻尖部可见长1cm瘢痕，呈凹陷状，鼻小柱可见横行瘢痕，长约0.4cm。诊断鼻部瘢痕。建议继续抗瘢痕治疗；后期修复治疗；不适随诊。

**【当事人意见】**

1. 患方认为：

（1）被告实施的整形手术不但没有达到预期效果，反而导致原告鼻部出现严重的不良反应，鼻尖处出现包膜挛缩，并出现明显的瘢痕，给原告造成了沉重的心理负担，严重影响了原告的生活、工作和社交。被告的医疗行为与原告的损害后果具有完全因果关系。

（2）被告应返还原告假体肋软骨隆鼻费用、押金；赔偿原告住宿费、交通费、精神损害抚慰金、律师费、残疾赔偿金；被告承担本案鉴定费、诉讼费。

2. 医方认为：

（1）对×市医学会的鉴定意见无异议。

（2）精神损害抚慰金过高，根据其伤残等级，认可×元；律师费过高，认可×元以内。

（3）×市医学会的鉴定费由被告承担，但×区医学会的鉴定费应由原告承担。

（4）对原告主张的其余各项费用均无异议。

**【鉴定意见】**

1. ×区医学会鉴定意见：

根据送鉴材料、现场医学检查，×区医学会专家组分析认为：

（1）患者因鞍鼻就诊，有手术适应证。医方在第一次手术时操作不当导致切口愈合不良、局部有渗出，且首次手术时应慎重行肋软骨隆鼻。

（2）患者术后 2 周左右出现鼻部流脓时应考虑术后感染，医方未及时随访追踪并提供合理的治疗方案，未告知患者随后可能出现的鼻部损害的严重性，耽误了最佳治疗时间。

（3）在第二次取出鼻假体及肋软骨手术时由于操作不当造成术后鼻部大范围畸形，畸形涉及鼻尖、鼻小柱、双侧软三角、双侧鼻翼；鼻尖塌陷，有一个明显的长 1.8cm、深 0.3cm 凹陷性切迹；双侧鼻孔不对称，受瘢痕牵拉右侧变形更明显。在鼻部出现畸形后，医方预估不足，未及时进行修复，造成患者目前整个面部鼻外形、功能的明显损害。

鉴定意见：

（1）本例属于对患者人身的医疗损害。

（2）A 医疗美容门诊部有限公司在医疗活动中存在手术操作不当、术后 2 周出现感染未及时随访追踪治疗、鼻部出现畸形后未及时进行修复的过错，与患者目前整个面部鼻外形、功能的明显损害存在完全的因果关系。

（3）参照《医疗事故分级标准（试行）》，患者的人身医疗损害等级为三级乙等，对应七级伤残。

（4）本例医疗损害医方的责任程度为完全责任。

2. ×市医学会鉴定意见：

（1）医疗行为分析。

①20××年×月×日患者因低鼻于医方就诊。查体低鼻，鼻小柱短，鼻头大，鼻翼肥大。医方诊断低鼻，鼻基底凹陷，诊断明确，符合整形矫正手术指征。当日行假体肋软鼻隆鼻（术）。医方手术方案选择合理，诊治符合诊疗常规。

②《鼻部整形美容手术术前知情同意书》有风险告知，包括手术部位会有瘢痕或色素沉着，其严重程度与患者的体质有关；鼻假体为人工材料，若出现排异反应或异常情况（如渗出等），须及时来院复诊，将假体取出，以免发生严重后果等，患者本人签字同意手术。告知书一式两份，应分别交医方与患方保存。本案例，医方未将告知书给予患者，术前告知不够充分，存在不足。

③医方的过错：患者第一次术后 1 月出现鼻部流脓，考虑与医方手术操作不当有关。患者与医方沟通后，医方跟踪不及时，未及时取出假体，错过了最佳治疗时机，导致鼻部感染未及时消除，与患者目前鼻部畸形存在因果关系。

（2）损害后果（目前状况）。

目前患者鼻部畸形、鼻尖塌陷。

（3）因果关系分析。

医方术中、术后处理不当与患者目前鼻部畸形、鼻尖塌陷的状况存在因果关系。

（4）人身损害等级及责任程度的分析。

由于医方术中、术后处理不当，导致患者鼻部畸形、鼻尖塌陷，医方过错为完全原因。鉴定会现场体检，患者鼻尖部凹陷畸形，鼻小柱瘢痕畸形，鼻小柱短小、偏斜畸形，双侧鼻孔不对称畸形，双侧鼻翼、鼻软骨三角瘢痕牵拉畸形，类比《医疗事故分级标准（试行）》三级戊等总则“器官部分缺损或畸形，有轻微功能障碍，无医疗依赖，生活能自理”，对应十级伤残。

鉴定意见：

（1）本例属于对患者人身的医疗损害。

（2）A 医疗美容门诊部有限公司在医疗活动中存在术中、术后处理不当的医疗过错，与患者鼻部畸形、鼻尖塌陷的目前状况存在因果关系。

（3）参照《医疗事故分级标准（试行）》，患者的人身医疗损害对应十级伤残。

（4）本例医疗损害医方的过错在损害后果中的原因力为完全原因。

**【裁判要旨】**

一审法院判决如下：

1. 被告 A 医疗美容门诊部有限公司于本判决生效之日起十日内返还原告甲某假体肋软骨隆鼻费用、押金，合计×元；

2. 被告 A 医疗美容门诊部有限公司于本判决生效之日起十日内赔偿原告甲某住宿费、交通费、精神损害抚慰金、律师费、残疾赔偿金、×区医学会鉴定费，合计×元。

二审法院判决如下：

1. A 医疗美容门诊部有限公司于 20××年×月×日之前支付原告×元；

2. 双方就本案无其他争执。

**【办案心得】**

在本案中，笔者代理的是医方。患者因低鼻于医方行假体肋软鼻隆鼻术。后于医方处行鼻假体取出术。因术后鼻部畸形，鼻尖塌陷而起诉。就本案的思考如下：

1. 本案经历两次鉴定，两次鉴定结果相差较大。因为在司法实践中，由于鉴定程序启动及进行会经历一段时间，部分就诊者的身体可能恢复，也可能会自行去外院主动修复，这就导致鉴定在不同的时间得出的结论相差较大。

2. 从笔者代理的案件类型来看，医美纠纷越来越多。究其原因，第一，如今人们对美的追求越来越高，医疗美容行业也迅速发展，而在当前的医美行业，部分医美机构和求美者缺乏危机意识。第二，医美效果多是主观评价，易受到自身审美修养、喜好及他人评价的影响。建议医美机构的经营者对医美纠纷的处理特别注意，如遇纠纷，要在律师指导下尽快解决，避免事态发酵。

## 十四、妇产科

### 案例　甲某与 A 医院医疗损害责任纠纷

**【基本案情】**

甲某于20××年×月×日至20××年×月×日在 A 医院行产检（15 次）。×月×日（孕 23 周）在 A 医院进行胎儿系统超声筛查（四维彩超筛查），超声检查诊断结果：中孕 单活胎（超声孕周相当于$23^{+5}$周）胎儿体重预测 619±90 克，并告知某些异常可能在孕晚期或产后才能发现；鉴于医学的局限性，超声检查没办法检出所有的胎儿畸形，其局限性当时已告知甲某并签字确认。20××年×月×日甲某孕晚期因巨大儿医学指征剖宫产分娩一女婴，新生儿 apgar 评分 9-9-9，体重 4295 克。术后诊断：1. G3P1（孕 3 产 1）孕$39^{+4}$周难产活婴；2. 巨大儿；3. 新生儿双足外翻。出生后新生儿一般情况良好。婴儿出生后 109 天突然发病，于 20××年 1×月×日送 B 医院住院，告知病情危重，出院诊断：1. 先天性心脏疾病：单心房、完全型心内膜垫缺损、一组房室瓣、房室瓣重度关闭不全；2. 呼吸衰竭；3. 心源性休克。20××年×月×日转 C 医院住院，入院后告知病情危重，建议手术，20××年×月×日经家长同意实施手术，手术失败，小孩死亡，死亡诊断：1. 心脏术后心功能衰竭；2. 房室间隔缺损（完全型）；3. 单心房；4. 肺动脉高压；5. 心功能不全；6. 永存左上腔静脉。

**【当事人意见】**

1. 患方认为：

孩子患有严重的先天性心脏病为单心房，最终因该病导致死亡，A 医院的诊疗行为具有过错，导致患方在妊娠中期失去了选择终止妊娠的机会。同时在分娩中采用的剖宫产的生产方式，导致子宫损伤，需要等待两年之后才能再次受孕，且下次妊娠为高危妊娠。孩子出生后，患方倾注了爱和时间，精神上和经济上都受到巨大的损失。

2. 医方认为：

（1）因现有 B 超技术筛查的局限性，我院已经尽到了告知义务。

（2）患方自身原因导致增加了筛查难度，我院接诊医生对于筛查尽心尽责。

（3）我院医生曾建议患方进一步做胎儿心脏超声筛查，但其未采纳，因此错过了专项筛查。

（4）综上所述，我院在产检阶段的诊疗，未违反规定。

（5）程序上因本案不属于医疗损害责任中过错推定的情形，适用一般过错原则，由患者承担医院存在过错的举证责任。

（6）新生儿的死亡结果是由于心脏病，并不归责于产检，死亡与产检没有因果关系，我方不承担责任。

**【鉴定意见】**

鉴定机构出具意见书：

经审核相关材料，该案因果关系难以评定，患儿死亡原因不清，故无法完成委托，根据《司法鉴定程序通则》相关规定，予以退案。

**【裁判要旨】**

本案以和解方式结案。

**【办案心得】**

在本案中，笔者代理的是医方。因医方在孕妇产检时没有检测出患儿的先天疾病而导致的后续问题，患方要求赔偿。就本案的思考如下：

一方面，医院在孕妇产检时没有检测出来患儿的先天疾病，是有一定问题的。另一方面，患儿的死亡是因为自身疾病，与医院的行为没有因果关系。

本案若是走鉴定，双方都没有十足的把握能赢，相比于零和博弈，双方最后选择在法官的调解下达成了和解协议，司法鉴定被退回。

# 后　记

医疗损害纠纷的形成根源有其复杂性和特殊性，所以完善相关纠纷处理机制的工作不可能毕其功于一役，需要多领域工作人员共同努力，以水滴石穿的韧劲，攻坚克难。

要特别指出的是，本书的撰写得到了上海市卫生健康委员会医疗事故处理办公室主任万里涛博士的全程悉心指导。万里涛博士将构建医患和谐关系视为自己的初心和使命，长期奋战在处理医疗纠纷，化解医患矛盾的第一线。万里涛博士以卫生管理学及卫生法学为视角，为本书逻辑架构、案例筛选及写作提纲提出了整体性的指导意见，并结合其多年丰富的医疗安全监管工作经验，运用医疗安全监管研究成果，从医学伦理、纠纷非诉讼解决、医疗风险分担机制等多元医疗纠纷预防和干预措施等方面，完善本书的理论体系架构。为此，再次向万里涛博士对本书写作所做出的独创性贡献表示衷心感谢。

目前，我国的医疗纠纷处理取得了长足的进步，但仍有提升空间。应以咬定青山不放松的韧劲，以行百里者半九十的清醒，集聚各方力量、汇集百家所长，持续推进医疗纠纷处理工作水平不断迈上新台阶。

对于医疗纠纷处理开展研究的相关著作，本书既不是起点，更不是终点。构建风清气正的医疗环境，维护和谐安定的社会环境是医疗行业从业者及广大患者的共同追求，一本著作所能发挥的能量毕竟是有限的，但我们将秉持功成不必在我的精神境界，功成必定有我的历史担当，久久为功，砥砺前行，为奋进者答疑解惑，为后来者指明方向。

**图书在版编目（CIP）数据**

医疗纠纷实务精要 ：疑难问题与案例解析 / 王政主编 . — 北京：中国法制出版社，2023. 6（2025.2 重印）
（实务精要系列）
ISBN 978-7-5216-3545-4

Ⅰ. ①医… Ⅱ. ①王… Ⅲ. ①医疗纠纷-中国-问题解答 Ⅳ. ①D922. 165

中国国家版本馆 CIP 数据核字（2023）第 082294 号

责任编辑　韩璐玮　　　　封面设计　杨泽江

**医疗纠纷实务精要：疑难问题与案例解析**
YILIAO JIUFEN SHIWU JINGYAO：YINAN WENTI YU ANLI JIEXI

主编 / 王政
经销 / 新华书店
印刷 / 北京虎彩文化传播有限公司
开本 / 710 毫米×1000 毫米　16 开　　　印张 / 22. 75　字数 / 277 千
版次 / 2023 年 6 月第 1 版　　　2025 年 2 月第 3 次印刷

中国法制出版社出版
书号 ISBN 978-7-5216-3545-4　　　定价：89. 00 元

北京市西城区西便门西里甲 16 号西便门办公区
邮政编码：100053　　　传真：010-63141600
**网址：http：//www. zgfzs. com**　　　**编辑部电话：010-63141790**
**市场营销部电话：010-63141612**　　　**印务部电话：010-63141606**

（如有印装质量问题，请与本社印务部联系。）